TAX

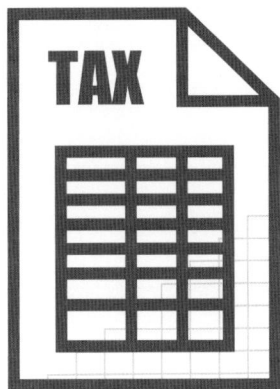

企业重组的税会处理与筹划

TAX ACCOUNTING AND
TAX PLANNING IN
CORPORATE RESTRUCTURING

梁俊娇　刘金科　编著

中国人民大学出版社
·北京·

图书在版编目（CIP）数据

企业重组的税会处理与筹划/梁俊娇，刘金科编著
. --北京：中国人民大学出版社，2021.10
ISBN 978-7-300-29835-1

Ⅰ.①企… Ⅱ.①梁… ②刘… Ⅲ.①企业合并—税
务会计—研究 Ⅳ.①F271

中国版本图书馆 CIP 数据核字（2021）第 182085 号

企业重组的税会处理与筹划

梁俊娇 刘金科 编著

Qiye Chongzu de Shuikuai Chuli yu Chouhua

出版发行	中国人民大学出版社				
社 址	北京中关村大街 31 号		**邮政编码**	100080	
电 话	010-62511242（总编室）		010-62511770（质管部）		
	010-82501766（邮购部）		010-62514148（门市部）		
	010-62515195（发行公司）		010-62515275（盗版举报）		
网 址	http://www.crup.com.cn				
经 销	新华书店				
印 刷	涿州市星河印刷有限公司				
规 格	170 mm×230 mm 16 开本		**版 次**	2021 年 10 月第 1 版	
印 张	25.25 插页 2		**印 次**	2021 年 10 月第 1 次印刷	
字 数	322 000		**定 价**	86.00 元	

版权所有 侵权必究 印装差错 负责调换

前　言

　　当你打开这本书，一定会被它的系统性、完整性、全面性、深入性的内容所吸引。对企业重组业务的税会处理与税收筹划历来都是税收、财会、法律人士普遍关注的问题，但企业重组业务的多样性以及税会差异处理的复杂性给读者学习和理解这部分知识带来了很大的困难与迷惑。基于上述原因，本书对各种企业重组形式进行了详细阐述，包括企业重组的概念、税收政策、会计处理、税会差异分析及税收筹划，并通过大量的图示加以说明，以便读者进行理解和掌握。在税会差异的处理、税收筹划的方案设计上通过大量的案例加以分析，因而本书可以称为一部有关企业重组税会处理的百科全书。

　　作为一名长期从事税务教学及税会研究的专业人士，一直存有编写一本有关企业重组的著作的梦想，但苦于没有完整的时间进行思考和写作而止步。2020年的一场疫情打破了正常的工作和生活秩序，于是我便利用在家抗疫的180多个日日夜夜，通过不懈的坚持和努力，终于完成了初稿，并了却了持续十年的一个心愿，而后又历经反复审稿和校对，最终把这本书呈现在了读者的面前。

　　本书涵盖了企业重组的所有形式，包括债务重组、股权收购、资产收购、企业合并、企业分立、股权资产划转、跨境重组、非货币性资产投资

等，并结合当前的热点讲解了对赌协议、借"壳"上市、资产证券化以及
VIE 结构搭建和拆除的相关税会处理。由于企业会计准则的不断变化以及
作者的能力所限，对于企业会计准则以及税会差异的分析和理解有可能出
现偏差，恳请读者在学习过程中能够提出批评和建议。

梁俊娇

目　录

1 >>>>>>>>

企业重组概述

1.1　企业重组的概念

企业重组是指企业在日常经营活动以外发生的法律结构或经济结构重大改变的交易，包括企业法律形式改变、债务重组、股权收购、资产收购、企业合并、企业分立等。[①]

1.2　企业重组的类型

（1）企业法律形式改变。企业法律形式改变是指企业注册名称、住所以及企业组织形式等的简单改变。

（2）债务重组。债务重组是指在债务人发生财务困难的情况下，债权人按照其与债务人达成的书面协议或者法院裁定书，就债务人的债务做出让步的事项。

（3）股权收购。股权收购是指一家企业（以下简称"收购企业"）购买另一家企业（以下简称"被收购企业"）的股权，以实现控制被收购企业的交易。收购企业支付对价的形式包括股权支付、非股权支付或两者的组合。

―――――――――

① 本书有关企业重组的定义参见《财政部、国家税务总局关于企业重组业务企业所得税处理若干问题的通知》（财税〔2009〕59号）的规定。

股权支付是指在企业重组中购买、换取资产的一方支付的对价中，以本企业或其控股企业的股权、股份作为支付的形式。非股权支付是指以本企业的现金、银行存款、应收款项以及本企业或其控股企业股权和股份以外的有价证券、存货、固定资产、其他资产及承担债务等作为支付的形式。

（4）资产收购。资产收购是指一家企业（以下简称"受让企业"）购买另一家企业（以下简称"转让企业"）实质经营性资产的交易。受让企业支付对价的形式包括股权支付、非股权支付或两者的组合。

（5）企业合并。企业合并是指一家或多家企业（以下简称"被合并企业"）将其全部资产和负债转让给另一家现存或新设企业（以下简称"合并企业"），被合并企业股东换取合并企业的股权或非股权支付，实现两家或两家以上企业的依法合并。

（6）企业分立。企业分立是指一家企业（以下简称"被分立企业"）将部分或全部资产分离转让给现存或新设的企业（以下简称"分立企业"），被分立企业股东换取分立企业的股权或非股权支付，实现企业的依法分立。

（7）股权、资产划转。股权、资产划转是指对 100% 直接控股的居民企业之间以及受同一或相同多家居民企业 100% 直接控股的居民企业之间按账面净值划转股权或资产。

企业重组的税务处理

2.1　企业所得税

　　企业重组的企业所得税处理区分不同条件分别适用一般性税务处理规定和特殊性税务处理规定。同一重组业务的当事各方应采取相同的税务处理原则，即统一适用一般性或特殊性税务处理规定。

2.1.1　一般性税务处理

　　1. 企业法律形式改变

　　（1）税务处理。企业由法人转变为个人独资企业、合伙企业等非法人组织，或将登记注册地转移至中华人民共和国境外（包括港、澳、台地区），应视同企业进行清算、分配或者股东重新投资成立新企业。企业的全部资产以及股东投资的计税基础均应以公允价值为基础确定。

　　企业发生其他法律形式简单改变的，可直接变更税务登记，除另有规定外，有关企业所得税纳税事项（包括亏损结转、税收优惠等权利和义务）由变更后的企业承继，但因住所发生变化而不符合税收优惠条件的除外。

　　（2）管理要求。企业由法人转变为个人独资企业、合伙企业等非法人组织，或将登记注册地转移至中华人民共和国境外（包括港、澳、台地区），应按照《财政部、国家税务总局关于企业清算业务企业所得税处理若干问题的通知》(财税〔2009〕60号)的规定进行清算。

企业在报送《中华人民共和国企业清算所得税申报表》时,应附送以下资料:

1)受理企业改变法律形式的工商部门或其他政府部门的批准文件。

2)企业全部资产的计税基础以及评估机构出具的资产评估报告。

3)企业债权、债务处理或归属情况说明。

4)主管税务机关要求提供的其他资料证明。

2. 债务重组

(1)税务处理。企业债务重组的相关交易应按以下规定处理:

1)以非货币性资产清偿债务,应当分解为转让相关非货币性资产、按非货币性资产公允价值清偿债务两项业务,并确认相关资产的所得或损失。

2)发生债权转股权的,应当分解为债务清偿和股权投资两项业务,并确认有关债务清偿所得或损失。

3)债务人应当按照支付的债务清偿额低于债务计税基础的差额,确认债务重组所得;债权人应当按照收到的债务清偿额低于债权计税基础的差额,确认债务重组损失。

4)债务人的相关所得税纳税事项原则上保持不变。

(2)管理要求。企业发生债务重组交易后,应准备以下相关资料,以备税务机关检查:

1)以非货币性资产清偿债务的,应保留当事各方签订的清偿债务协议或合同以及确认非货币性资产公允价值的合法证据等。

2)债权转股权的,应保留当事各方签订的债权转股权协议或合同。

3. 股权收购

(1)税务处理。企业股权收购重组的相关交易应按以下规定处理:

1)被收购方应确认股权转让所得或损失。

2）收购方取得股权的计税基础应以公允价值为基础确定。

3）被收购企业的相关所得税事项原则上保持不变。

（2）管理要求。企业发生股权收购重组业务后，应准备以下相关资料，以备税务机关检查：

1）当事各方签订的股权收购业务合同或协议。

2）有关股权公允价值的合法证据。

4. 资产收购

（1）税务处理。企业资产收购重组的相关交易应按以下规定处理：

1）被收购方应确认资产转让所得或损失。

2）收购方取得资产的计税基础应以公允价值为基础确定。

3）收购企业的相关所得税事项原则上保持不变。

（2）管理要求。企业发生资产收购重组业务后，应准备以下相关资料，以备税务机关检查：

1）当事各方签订的资产收购业务合同或协议。

2）有关资产公允价值的合法证据。

5. 企业合并

（1）税务处理。企业合并的当事各方应按下列规定处理：

1）合并企业应按公允价值确定所接受的被合并企业各项资产和负债的计税基础。

2）被合并企业及其股东都应按清算进行所得税处理。

3）被合并企业的亏损不得在合并企业结转弥补。

合并各方涉及享受原企业整体（即全部生产经营所得）享受的税收优惠过渡政策尚未期满的，仅就存续企业未享受完的税收优惠，按照规定执行。

注销的被合并企业未享受完的税收优惠，不再由存续企业承继；因合并而新设的企业不得再承继或重新享受上述优惠。

（2）管理要求。企业发生合并后，应按照财税〔2009〕60号文的规定进行清算。

被合并企业在报送《中华人民共和国企业清算所得税申报表》时，应附送以下资料：

1）受理企业合并的工商部门或其他政府部门的批准文件。

2）企业全部资产和负债的计税基础以及评估机构出具的资产评估报告。

3）企业债务处理或归属情况说明。

4）主管税务机关要求提供的其他资料证明。

6. 企业分立

（1）税务处理。企业分立的当事各方应按下列规定处理：

1）被分立企业对分立出去的资产应按公允价值确认资产转让所得或损失。

2）分立企业应按公允价值确认所接受资产的计税基础。

3）被分立企业继续存在时，其股东取得的对价应视同被分立企业分配进行处理。

4）被分立企业不再继续存在时，被分立企业及其股东都应按清算进行所得税处理。

5）企业分立中各相关企业的亏损不得相互结转弥补。

（2）管理要求。企业发生分立后，若被分立企业不再继续存在，应按照财税〔2009〕60号文的规定进行清算。

被分立企业在报送《中华人民共和国企业清算所得税申报表》时，应附送以下资料：

1）受理企业分立的工商部门或其他政府部门的批准文件。

2）被分立企业全部资产的计税基础以及评估机构出具的资产评估报告。

3）企业债务处理或归属情况说明。

4）主管税务机关要求提供的其他资料证明。

分立企业涉及享受原企业整体（即全部生产经营所得）享受的税收优惠过渡政策尚未期满的，仅就存续企业未享受完的税收优惠，按照规定执行；注销的被分立企业未享受完的税收优惠，不再由存续企业承继；因分立而新设的企业不得再承继或重新享受上述优惠。

2.1.2 特殊性税务处理

2.1.2.1 特殊性税务处理的条件

企业重组只有在符合特殊性税务处理的条件下才能适用特殊性税务处理。企业在重组发生前后连续 12 个月内分步对其资产、股权进行交易，应根据实质重于形式的原则将上述交易作为一项企业重组交易进行处理。

1. 境内企业之间的税务重组

企业重组同时符合下列条件的，适用特殊性税务处理规定：

（1）具有合理的商业目的，而且不以减少、免除或者推迟缴纳税款为主要目的。

（2）被收购、合并或分立部分的资产或者股权比例符合规定的比例。

（3）企业重组后的连续 12 个月内不改变重组资产原来的实质性经营活动。

（4）重组交易对价中涉及的股权支付金额符合规定比例。

（5）企业重组中取得股权支付的原主要股东，在重组后连续 12 个月内，不得转让所取得的股权。

2. 境内与境外之间的资产重组

企业发生涉及中国境内与境外之间（包括港、澳、台地区）的股权和资产收购交易，除应符合上述规定条件外，还应同时符合下列条件，才可选择适用特殊性税务处理规定：

（1）非居民企业向其 100% 直接控股的另一非居民企业转让其拥有的居民企业股权，并未造成以后该项股权转让所得预提税负担变化，且转让方非居民企业向主管税务机关书面承诺在3年（含3年）内不转让其拥有的受让方非居民企业的股权。

（2）非居民企业向具有100%直接控股关系的居民企业转让其拥有的另一居民企业的股权。

（3）居民企业以其拥有的资产或股权向其100%直接控股的非居民企业进行投资。

（4）财政部、国家税务总局核准的其他情形。

2.1.2.2　特殊性税务处理方法

1. 股权支付部分的税务处理

企业重组符合特殊性税务处理规定的，交易各方对其交易中的股权支付部分，可以按以下规定进行特殊性税务处理：

（1）债务重组。企业债务重组确认的应纳税所得额占该企业当年应纳税所得额50%以上，可以在5个纳税年度内，均匀计入各年度的应纳税所得额。

企业发生债权转股权业务，对债务清偿和股权投资两项业务暂不确认有关债务清偿所得或损失，股权投资的计税基础以原债权的计税基础确定。企业的其他相关所得税事项保持不变。

债务重组的常见方式及对应的税务处理方式见图2-1。

（2）股权收购。收购企业购买的股权不低于被收购企业全部股权的50%，且收购企业在该股权收购发生时的股权支付金额不低于其交易支付总额的85%，可以选择按以下规定处理：

1）被收购企业的股东取得收购企业股权的计税基础，以被收购股权的原有计税基础确定。

2）收购企业取得被收购企业股权的计税基础，以被收购股权的原有计税基础确定。

3）收购企业、被收购企业的原有各项资产和负债的计税基础以及其他

```
                        ┌──────────────┐
                        │  债务重组方式  │
                        └──────────────┘
        │                    │                         │
   对债务人：涉及偿还债           对债务人：涉及偿还债
   务，增资扩股两项交易           务，资产出让两项交易
   对债权人：涉及收回债           对债权人：涉及收回债
   权，出资入股两项交易           权，取得资产两项交易
        │                    │                         │
 ┌──────────────┐    ┌──────────────┐      ┌──────────────┐
 │ 以低于原债务全额 │    │    债转股     │      │ 非货币资产偿债／ │
 │   的现金清偿    │    └──────────────┘      │ 股权＋非股权偿债 │
 └──────────────┘                           └──────────────┘
        │        不满足特殊性                              不满足特殊性税务
        │        税务处理条件                              处理条件
        │              │                         │
        │      ┌──────────────┐      ┌──────────────┐
        │      │ 特殊性税务处理条件 │      │ 特殊性税务处理条件 │
        │      ├──────────────┤      ├──────────────┤
        │      │•特殊性税务处理5 │      │•特殊性税务处理5 │
        │      │ 项条件        │      │ 项条件        │
        │      └──────────────┘      │•重组所得超当年  │
        │              │             │ 应纳税所得额50% │
        │      ┌──────────────┐      └──────────────┘
        │      │•暂不确认有关债务 │             │
        │      │ 清偿所得或损失  │      ┌──────────────┐
        │      │•股权投资的计税基 │      │•5年内递延纳税  │
        │      │ 础以原债权的计税 │      └──────────────┘
        │      │ 基础确定       │             │
        │      └──────────────┘             │
        │              │                     │
 ┌───────────────────────────────────────────────────────┐
 │ 一般性税务处理：按照资产交易和债务清偿两部分，分别确认当期损益 │
 └───────────────────────────────────────────────────────┘
```

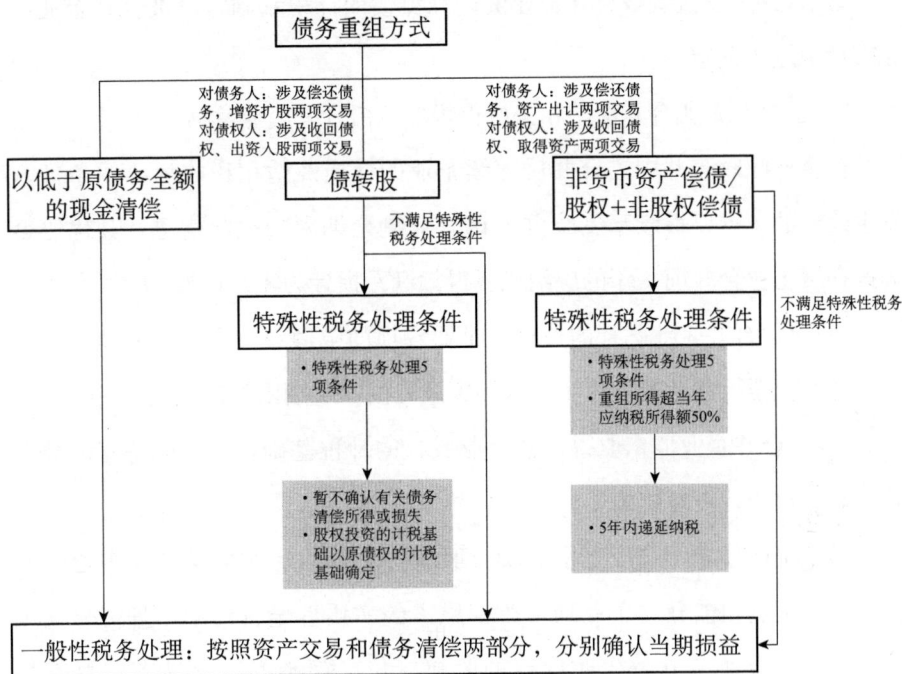

图 2 - 1 债务重组方式及税务处理

相关所得税事项保持不变。

（3）资产收购。受让企业收购的资产不低于转让企业全部资产的50%，且受让企业在该资产收购发生时的股权支付金额不低于其交易支付总额的85%，可以选择按以下规定处理：

1）转让企业取得受让企业股权的计税基础，以被转让资产的原有计税基础确定。

2）受让企业取得转让企业资产的计税基础，以被转让资产的原有计税基础确定。

（4）企业合并。企业股东在该企业合并发生时取得的股权支付金额不低于交易支付总额的85%以及同一控制下且不需要支付对价的企业合并，可以选择按以下规定处理：

1) 合并企业接受被合并企业资产和负债的计税基础，以被合并企业的原有计税基础确定。

2) 被合并企业合并前的相关所得税事项由合并企业承继。

在企业吸收合并中，合并后存续企业的性质及适用税收优惠的条件未发生改变的，可以继续享受合并前该企业剩余期限的税收优惠，其优惠金额按存续企业合并前一年的应纳税所得额（亏损计为零）计算。

3) 可由合并企业弥补的被合并企业亏损的限额＝被合并企业净资产公允价值×截至合并业务发生当年末国家发行的最长期限的国债利率。

4) 被合并企业股东取得合并企业股权的计税基础，以其原持有的被合并企业股权的计税基础确定。

(5) 企业分立。被分立企业所有股东按原持股比例取得分立企业的股权，分立企业和被分立企业均不改变原来的实质性经营活动，且被分立企业股东在该企业分立发生时取得的股权支付金额不低于交易支付总额的85％，可以选择按以下规定处理：

1) 分立企业接受被分立企业资产和负债的计税基础，以被分立企业的原有计税基础确定。

2) 被分立企业已分立出去的资产相应的所得税事项由分立企业承继。

在企业存续分立中，分立后存续企业的性质及适用税收优惠的条件未发生改变的，可以继续享受分立前该企业剩余期限的税收优惠，其优惠金额按该企业分立前一年的应纳税所得额（亏损计为零）乘以分立后存续企业资产占分立前该企业全部资产的比例计算。

3) 被分立企业未超过法定弥补期限的亏损额可按分立资产占全部资产的比例进行分配，由分立企业继续弥补。

4) 被分立企业的股东取得分立企业的股权（以下简称"新股"），如果需要部分或全部放弃原持有的被分立企业的股权（以下简称"旧股"），新股的计税基础应以放弃旧股的计税基础确定。如果不需要放弃旧股，则其取得新股的计税基础可从以下两种方法中选择确定：直接将新股的计税基础确定为零；或者以被分立企业分立出去的净资产占被分立企业全部净资产的比例先调减原持有的旧股的计税基础，再将调减的计税基础平均分配到新股上。

（6）境内向境外投资。居民企业以其拥有的资产或股权向其 100% 直接控股的非居民企业进行投资，其资产或股权的转让收益如选择特殊性税务处理，可以在 10 个纳税年度内均匀计入各年度应纳税所得额。

2. 非股权支付部分的税务处理

对上述交易中股权支付暂不确认有关资产的转让所得或损失的，其非股权支付仍应在交易当期确认相应的资产转让所得或损失，并调整相应资产的计税基础。

$$\begin{aligned}&\text{非股权支付对应的}\\&\text{资产转让所得或损失}\end{aligned} = \left(\begin{aligned}&\text{被转让资产的}\\&\text{公允价值}\end{aligned} - \begin{aligned}&\text{被转让资产的}\\&\text{计税基础}\end{aligned}\right) \times \left(\begin{aligned}&\text{非股权}\\&\text{支付金额}\end{aligned} \div \begin{aligned}&\text{被转让资产的}\\&\text{公允价值}\end{aligned}\right)$$

2.1.2.3　特殊性税务重组的管理要求

（1）按照重组类型，企业重组的当事各方是指：

1）债务重组中的当事各方是指债务人、债权人。

2）股权收购中的当事各方是指收购方、转让方及被收购企业。

3）资产收购中的当事各方是指收购方、转让方。

4）合并中的当事各方是指合并企业、被合并企业及被合并企业股东。

5）分立中的当事各方是指分立企业、被分立企业及被分立企业股东。

在上述重组交易中，股权收购中的转让方、合并中的被合并企业股东和分立中的被分立企业股东可以是自然人。

当事各方中的自然人应按个人所得税法的相关规定进行税务处理。

（2）重组当事各方企业适用特殊性税务处理的，应按如下规定确定重组主导方：

　　1）债务重组，主导方为债务人。

　　2）股权收购，主导方为股权转让方，涉及两个或两个以上股权转让方，由转让被收购企业股权比例最大的一方作为主导方（转让股权比例相同的，可协商确定主导方）。

　　3）资产收购，主导方为资产转让方。

　　4）合并，主导方为被合并企业，涉及同一控制下多家被合并企业的，以净资产最大的一方为主导方。

　　5）分立，主导方为被分立企业。

　　（3）企业重组业务适用特殊性税务处理的，除企业发生其他法律形式简单改变的情形外，重组各方应在该重组业务完成当年，办理企业所得税年度申报时，分别向各自主管税务机关报送《企业重组所得税特殊性税务处理报告表及附表》和申报资料。合并、分立中重组一方涉及注销的，应在办理注销税务登记手续前进行申报。

　　在重组主导方申报后，其他当事方向其主管税务机关办理纳税申报，在申报时还应附送重组主导方经主管税务机关受理的《企业重组所得税特殊性税务处理报告表及附表》。

　　（4）企业重组业务适用特殊性税务处理的，在申报时，应从以下方面逐条说明企业重组具有合理的商业目的：

　　1）重组交易的方式。

　　2）重组交易的实质结果。

　　3）重组各方涉及的税务状况变化。

　　4）重组各方涉及的财务状况变化。

　　5）非居民企业参与重组活动的情况。

　　适用特殊性税务处理的企业，在以后年度转让或处置重组资产（股权）

时，应在年度纳税申报时对资产（股权）转让所得或损失情况进行专项说明，包括特殊性税务处理时确定的重组资产（股权）的计税基础与转让或处置时的计税基础的比对情况，以及递延所得税负债的处理情况等。

（5）企业重组业务适用特殊性税务处理的，在申报时，当事各方还应向主管税务机关提交重组前连续 12 个月内有无与该重组相关的其他股权、资产交易情况的说明，并说明这些交易与该重组是否构成分步交易，是否作为一项企业重组业务进行处理。

（6）根据财税〔2009〕59 号文的规定，若同一项重组业务涉及在连续 12 个月内分步交易，且跨两个纳税年度，当事各方在首个纳税年度交易完成时预计整个交易符合特殊性税务处理条件，经协商一致选择特殊性税务处理的，可以暂时适用特殊性税务处理，并在当年企业所得税年度申报时提交书面申报资料。

在下一纳税年度全部交易完成后，企业应判断是否适用特殊性税务处理。适用特殊性税务处理的，当事各方应按要求申报相关资料；适用一般性税务处理的，应调整相应纳税年度的《企业所得税年度申报表》，计算缴纳企业所得税。

（7）企业发生财税〔2009〕59 号文规定的债务重组，应准确记录应予确认的债务重组所得，并在相应年度的企业所得税汇算清缴时对当年确认额及分年结转额的情况做出说明。

主管税务机关应建立台账，对企业每年申报的债务重组所得与台账进行比对分析，加强后续管理。

（8）居民企业以其拥有的资产或股权向其 100％直接控股的非居民企业进行投资，居民企业应准确记录应予确认的资产或股权转让收益总额，并在相应年度的企业所得税汇算清缴时对当年确认额及分年结转额的情况做出说明。

主管税务机关应建立台账，对居民企业取得股权的计税基础和每年确认的资产或股权转让收益进行比对分析，加强后续管理。

（9）适用特殊性税务处理的企业，在以后年度转让或处置重组资产（股权）时，应在年度纳税申报时对资产（股权）转让所得或损失情况进行专项说明，包括特殊性税务处理时确定的重组资产（股权）的计税基础与转让或处置时的计税基础的比对情况，以及递延所得税负债的处理情况等。

适用特殊性税务处理的企业，在以后年度转让或处置重组资产（股权）时，主管税务机关应加强评估和检查，将企业在特殊性税务处理时确定的重组资产（股权）的计税基础与转让或处置时的计税基础及相关的年度纳税申报表进行比对，发现问题的，应依法进行调整。

特殊性税务处理与一般性税务处理的企业所得税政策比较见表2-1。

表2-1　资产重组税务处理差异比较

类型	税务处理
特殊性税务处理	1. 以原有计税基础确定，原有各项资产和负债的计税基础与其他相关所得税事项保持不变 2. 对交易中的股权支付暂不确认有关资产的转让所得或损失，非股权支付仍应在交易当期确认相应的资产转让所得或损失，并调整相应资产的计税基础 3. 企业债务重组确认的应纳税所得额占该企业当年应纳税所得额50%以上的，可以在5个纳税年度内，均匀计入各年度的应纳税所得额
一般性税务处理	1. 计税基础应以公允价值为基础确定 2. 相关所得税事项原则上保持不变 3. 确认重组所得或损失

2.2　其他税种

2.2.1　增值税

根据《国家税务总局关于纳税人资产重组有关增值税问题的公告》（国

家税务总局公告 2011 年第 13 号），纳税人在资产重组过程中，通过合并、分立、出售、置换等方式，将全部或者部分实物资产以及与其相关联的债权、负债和劳动力一并转让给其他单位及个人，不属于增值税的征税范围，其中涉及的货物转让，不征收增值税。

根据《财政部、国家税务总局关于全面推开营业税改征增值税试点的通知》（财税〔2016〕36 号），在资产重组过程中，通过合并、分立、出售、置换等方式，将全部或者部分实物资产以及与其相关联的债权、负债和劳动力一并转让给其他单位及个人，其中涉及的不动产、土地使用权转让行为，不征收增值税。

根据增值税法的相关规定，在资产重组过程中的股权转让行为，如果为非上市企业未公开发行股票，其股权不属于有价证券，转让非上市公司股权不属于增值税征税范围；转让上市公司股权应按照"金融商品转让"税目征收增值税，以卖出价扣除买入价后的余额为销售额，适用的增值税税率为 6%，小规模纳税人适用 3% 的征收率。根据《财政部、税务总局关于明确无偿转让股票等增值税政策的公告》（财政部、税务总局公告 2020 年第 40 号），自 2020 年 9 月 29 日起，纳税人无偿转让股票时，转出方以该股票的买入价为卖出价，按照"金融商品转让"项目计算缴纳增值税；在转入方将上述股票再转让时，以原转出方的卖出价为买入价，按照"金融商品转让"项目计算缴纳增值税。

2.2.2 印花税

根据《财政部、国家税务总局关于企业改制过程中有关印花税政策的通知》（财税〔2003〕183 号），企业在改制过程中涉及的印花税政策如下：

（1）关于资金账簿的印花税。

1）实行公司制改造的企业在改制过程中成立的新企业（重新办理法人

登记的），其新启用的资金账簿记载的资金或因企业建立资本纽带关系而增加的资金，凡原已贴花的部分可不再贴花，未贴花的部分和以后新增加的资金按规定贴花。

公司制改造包括国有企业依《中华人民共和国公司法》（以下简称《公司法》）整体改造成国有独资有限责任公司；企业通过增资扩股或者转让部分产权，实现他人对企业的参股，将企业改造成有限责任公司或股份有限公司；企业以其部分财产和相应债务与他人组建新公司；企业将债务留在原企业，而以其优质财产与他人组建新公司。

2）以合并或分立方式成立的新企业，其新启用的资金账簿记载的资金，凡原已贴花的部分可不再贴花，未贴花的部分和以后新增加的资金按规定贴花。

合并包括吸收合并和新设合并。分立包括存续分立和新设分立。

3）企业债权转股权新增加的资金按规定贴花。

4）企业改制中经评估增加的资金按规定贴花。

5）企业其他会计科目记载的资金转为实收资本或资本公积的资金按规定贴花。

（2）关于各类应税合同的印花税。企业在改制前签订但尚未履行完的各类应税合同，在改制后需要变更执行主体的，对仅改变执行主体、其余条款未做变动且改制前已贴花的，不再贴花。

（3）关于产权转移书据的印花税。企业因改制签订的产权转移书据，免予贴花。

2.2.3 土地增值税

根据《财政部、税务总局关于继续实施企业改制重组有关土地增值税政策的公告》（财税〔2021〕第21号），企业在改制重组过程中涉及的土地增值税政策如下：

（1）企业按照《公司法》的有关规定整体改制，包括非公司制企业改制为有限责任公司或股份有限公司，有限责任公司变更为股份有限公司，股份有限公司变更为有限责任公司，对改制前的企业将国有土地使用权、地上的建筑物及其附着物（以下简称"房地产"）转移、变更到改制后的企业，暂不征土地增值税。

整体改制是指不改变原企业的投资主体，并承继原企业权利、义务的行为。

不改变原企业投资主体、投资主体相同，是指企业改制重组前后出资人不发生变动，出资人的出资比例可以发生变动；投资主体存续，是指原企业出资人必须存在于改制重组后的企业，出资人的出资比例可以发生变动。

（2）按照法律规定或者合同约定，两家或两家以上企业合并为一家企业，且原企业投资主体存续的，对原企业将房地产转移、变更到合并后的企业，暂不征土地增值税。

（3）按照法律规定或者合同约定，企业分设为两家或两家以上与原企业投资主体相同的企业，对原企业将房地产转移、变更到分立后的企业，暂不征土地增值税。

（4）单位、个人在改制重组时以房地产作价入股进行投资，对其将房地产转移、变更到被投资的企业，暂不征土地增值税。

（5）上述与改制重组有关的土地增值税政策不适用于房地产转移任意一方为房地产开发企业的情形。

（6）改制重组后再转让房地产并申报缴纳土地增值税时，对"取得土地使用权所支付的金额"，按照改制重组前取得该宗国有土地使用权所支付的地价款和按国家统一规定缴纳的有关费用确定；经批准以国有土地使用权作价出资入股的，为作价入股时县级及以上自然资源部门批准的评估价格。按购房发票确定扣除项目金额的，按照改制重组前购房发票所载金额并从购买年度起至本次转让年度止每年加计 5％ 计算扣除项目金额，购买年度是指购房发票所载日期的当年。

2.2.4 契 税

根据《财政部、税务总局关于继续支持企业、事业单位改制重组有关契税政策的通知》（财税〔2018〕17 号），企业、事业单位改制重组涉及的契税政策如下：

（1）企业改制。企业按照《公司法》的有关规定整体改制，包括非公司制企业改制为有限责任公司或股份有限公司，有限责任公司变更为股份有限公司，股份有限公司变更为有限责任公司，原企业投资主体存续并在改制（变更）后的公司中所持股权（股份）比例超过 75％，且改制（变更）后公司承继原企业权利、义务的，对改制（变更）后公司承受原企业土地、房屋权属，免征契税。

（2）事业单位改制。事业单位按照国家有关规定改制为企业，原投资主体存续并在改制后的企业中出资（股权、股份）比例超过 50％ 的，对改制后企业承受原事业单位土地、房屋权属，免征契税。

（3）公司合并。两家或两家以上的公司，依照法律规定、合同约定，合并为一家公司，且原投资主体存续的，对合并后公司承受原合并各方土地、房屋权属，免征契税。

（4）公司分立。公司依照法律规定、合同约定分立为两家或两家以上与原公司投资主体相同的公司，对分立后公司承受原公司土地、房屋权属，免征契税。

（5）企业破产。企业依照有关法律法规规定实施破产，债权人（包括破产企业职工）承受破产企业抵偿债务的土地、房屋权属，免征契税；对非债权人承受破产企业土地、房屋权属，凡按照《中华人民共和国劳动法》等国家有关法律法规政策妥善安置原企业全部职工的规定，与原企业全部职工签订服务年限不少于三年的劳动用工合同的，对其承受所购企业土地、房屋权属，免征契税；与原企业超过30％的职工签订服务年限不少于三年的劳动用工合同的，减半征收契税。

（6）资产划转。对承受县级以上人民政府或国有资产管理部门按规定进行行政性调整、划转国有土地、房屋权属的单位，免征契税。

同一投资主体内部所属企业之间土地、房屋权属的划转，包括母公司与其全资子公司之间，同一公司所属全资子公司之间，同一自然人与其设立的个人独资企业、一人有限公司之间土地、房屋权属的划转，免征契税。

母公司以土地、房屋权属向其全资子公司增资，视同划转，免征契税。

（7）债权转股权。经国务院批准实施债权转股权的企业，对债权转股权后新设立的公司承受原企业的土地、房屋权属，免征契税。

（8）划拨用地出让或作价出资。以出让方式或国家作价出资（入股）方式承受原改制重组企业、事业单位划拨用地的，不属上述规定的免税范围，对承受方应按规定征收契税。

（9）公司股权（股份）转让。在股权（股份）转让中，单位、个人承受公司股权（股份），公司土地、房屋权属不发生转移，不征收契税。

资产重组涉及的其他税收政策见表2-2。

表2-2　企业重组涉及的税收政策规定

税种	主要法规	相关规定
增值税	国家税务总局公告2011年第13号	● 纳税人在资产重组过程中，通过合并、分立、出售、置换等方式，将全部或者部分实物资产以及与其相关联的债权、负债和劳动力一并转让给其他单位及个人，不属于增值税的征税范围，其中涉及的货物转让，不征收增值税

续表

税种	主要法规	相关规定
个人所得税	财税〔2015〕41号	● 个人以非货币性资产投资，属于个人转让非货币性资产和投资同时发生。对个人转让非货币性资产的所得，应按照"财产转让所得"项目，依法计算缴纳个人所得税 ● 个人以非货币性资产投资，纳税人一次性缴税有困难的，可合理确定分期缴纳计划并报主管税务机关备案后，自发生上述应税行为之日起不超过5个公历年度（含）分期缴纳个人所得税
契税	财税〔2018〕17号	● 合并：两家或两家以上的公司，依照法律规定、合同约定，合并为一家公司，且原投资主体存续的，对合并后公司承受原合并各方土地、房屋权属，免征契税 ● 分立：公司依照法律规定、合同约定分立为两家或两家以上与原公司投资主体相同的公司，对分立后公司承受原公司土地、房屋权属，免征契税 ● 资产划转：同一投资主体内部所属企业之间土地、房屋权属的划转，包括母公司与其全资子公司之间，同一公司所属全资子公司之间，同一自然人与其设立的个人独资企业、一人有限公司之间土地、房屋权属的划转，免征契税；母公司以土地、房屋权属向其全资子公司增资，视同划转，免征契税 ● 债转股：经国务院批准实施债权转股权的企业，对债权转股权后新设立的公司承受原企业的土地、房屋权属，免征契税 ● 股权转让：在股权（股份）转让中，单位、个人承受公司股权（股份），公司土地、房屋权属不发生转移，不征收契税
土地增值税	财税〔2021〕21号	● 合并：按照法律规定或者合同约定，两家或两家以上企业合并为一家企业，且原企业投资主体存续的，对原企业将房地产转移、变更到合并后的企业，暂不征土地增值税 ● 分立：按照法律规定或者合同约定，企业分设为两家或两家以上与原企业投资主体相同的企业，对原企业将房地产转移、变更到分立后的企业，暂不征土地增值税 ● 作价入股：单位、个人在改制重组时以房地产作价入股进行投资，对其将房地产转移、变更到被投资的企业，暂不征土地增值税 ● 整体改制：对改制前的企业将国有土地使用权、地上建筑物及其附着物转移、变更到改制后的企业，暂不征土地增值税 ● 上述与改制重组有关的土地增值税政策不适用于房地产转移任意一方为房地产开发企业的情形

企业法律形式改变

3.1　企业法律形式改变的税务处理

企业法律形式改变是指企业注册名称、住所以及企业组织形式等的简单改变。

3.1.1　企业组织形式的改变

（1）企业所得税。企业组织形式改变是指企业由法人转变为个人独资企业、合伙企业等非法人组织。

企业由法人转变为个人独资企业、合伙企业等非法人组织，应视同企业进行清算、分配，股东重新投资成立新企业。企业的全部资产以及股东投资的计税基础均应以公允价值为基础确定。也就是说，企业不再持续经营，结束了自身业务，开始从事处置资产、偿还债务以及向所有者分配剩余财产等活动，并对清算所得、清算所得税、股息分配等事项进行处理。企业清算通常包括以下内容：

1）全部资产均应按可变现价值或交易价格确认资产转让所得或损失。

2）确认债权清理、债务清偿的所得或损失。

3）改变持续经营核算原则，对预提或待摊性质的费用进行处理。

4）依法弥补亏损，确定清算所得。

5）计算并缴纳清算所得税。

6）确定可向股东分配的剩余财产、应付股息等。

企业全部资产的可变现价值或交易价格减除资产的计税基础、清算费用、相关税费，加上债务清偿损益等后的余额，为清算所得。企业应将整个清算期作为一个独立的纳税年度计算清算所得。

企业全部资产的可变现价值或交易价格在减除清算费用，职工的工资、社会保险费用和法定补偿金，结清清算所得税、以前年度欠税等税款，清偿企业债务后，按规定计算可以向所有者分配的剩余资产。

被清算企业的股东分得的剩余资产的金额，其中相当于被清算企业累计未分配利润和累计盈余公积中按该股东所占股份比例计算的部分，应确认为股息所得；剩余资产减除股息所得后的余额，超过或低于股东投资成本的部分，应确认为股东的投资转让所得或损失。

被清算企业的股东从被清算企业分得的资产应按可变现价值或实际交易价格确定计税基础。

（2）其他税种。

1）增值税。根据《国家税务总局关于纳税人资产重组有关增值税问题的公告》（国家税务总局公告 2011 年第 13 号），纳税人在资产重组过程中，通过合并、分立、出售、置换等方式，将全部或者部分实物资产以及与其相关联的债权、负债和劳动力一并转让给其他单位及个人，不属于增值税的征税范围，其中涉及的货物转让，不征收增值税。

2）契税。根据《财政部、税务总局关于继续支持企业、事业单位改制重组有关契税政策的通知》（财税〔2018〕17 号），同一投资主体内部所属企业之间土地、房屋权属的划转，包括母公司与其全资子公司之间，同一公司所属全资子公司之间，同一自然人与其设立的个人独资企业、一人有限公司之间土地、房屋权属的划转，免征契税。

3) 土地增值税。根据《财政部、税务总局关于继续实施企业改制重组有关土地增值税政策的通知》（财税〔2018〕57号），单位、个人在改制重组时以房地产作价入股进行投资，对其将房地产转移、变更到被投资的企业，暂不征土地增值税。

【案例3-1】 甲企业是由A、B、C三个自然人各投资200万元注册成立的有限责任公司。经投资人一致协商同意后，将甲企业转变为个人独资企业乙。股东A向股东B和股东C各支付475万元后，股东B和股东C退出。甲企业改制前的资产负债表见表3-1。

要求：请做出相应的涉税处理。

表3-1 甲公司改制前的资产负债表

项目	账面价值	计税基础	公允价值
资产	1 500	1 300	2 000
负债	400	400	400
实收资本	600		
未分配利润	380		
盈余公积	120		

解析：甲企业由法人转变为个人独资企业，应视同甲企业进行清算、分配，A股东重新投资成立新企业乙。乙企业的全部资产以及股东投资的计税基础均应以公允价值为基础确定。

甲企业的清算所得＝2 000－1 300＝700（万元）

应缴企业所得税＝700×25％＝175（万元）

可分配剩余资产额＝2 000－400－175＝1 425（万元）

股东应税所得＝1 425－600＝825（万元）

应纳个人所得税＝825×20％＝165（万元）

股东各自应缴个人所得税＝165÷3＝55（万元）

此外，乙企业资产的计税基础为2 000万元。

另外，按税法的规定，股东A应视同投资重新成立新企业，可以免缴增值税、土地增值税、契税等。需要注意的是，免征契税的条件必须是股东 A 将房地产资产划转到乙企业中。

3.1.2 企业名称、住所的改变

《中华人民共和国税收征收管理法实施细则》规定，纳税人因住所、经营地点变动，涉及改变税务登记机关的，应当在向工商行政管理机关或者其他机关申请办理变更或者注销登记前或者住所、经营地点变动前，向原税务登记机关申报办理注销税务登记，并在 30 日内向迁达地税务机关申报办理税务登记。企业发生注册名称等法律形式简单改变的，如注册名称、住所、经营地点变动不涉及改变税务登记机关的，可直接变更税务登记。除另有规定外，有关企业所得税纳税事项（包括亏损结转、税收优惠等权利和义务）由变更后的企业承继，但因住所发生变化而不符合税收优惠条件的除外。其他法律形式简单改变的也不需要进行企业所得税的清算，比如企业由有限责任公司变更为股份有限公司，这种法律形式的变更需要注销原工商登记后重新办理工商登记，并进行原税务登记注销；同理，企业进行跨区域经营因地址变更而注销税务登记时，原生产经营地的企业所得税不用清算。

需要注意的是，企业将登记注册地转移至中华人民共和国境外（包括港、澳、台地区），应视同企业进行清算、分配，股东重新投资成立新企业。企业的全部资产以及股东投资的计税基础均应以公允价值为基础确定。

根据《国家税务总局关于全民所有制企业公司制改制企业所得税处理问题的公告》（国家税务总局公告 2017 年第 34 号）的规定，全民所有制企业改制为国有独资公司或者国有全资子公司，属于财税〔2009〕59 号文第四条规定的"企业发生其他法律形式简单改变"的，可依照以下规定进行企业所得税处理：改制中资产评估增值不计入应纳税所得额；资产的计税

基础按其原有计税基础确定；资产增值部分的折旧或者摊销不得在税前扣除。

全民所有制企业资产评估增值的相关材料应由改制后的企业留存备查。

企业发生其他法律形式简单改变的，可直接变更税务登记。除另有规定外，有关企业所得税纳税事项（包括亏损结转、税收优惠等权利和义务）由变更后的企业承继，但因住所发生变化而不符合税收优惠条件的除外。

3.2　企业法律形式改变的税收筹划

（1）企业法律形式改变后，税收筹划应关注的重点包括：

1）对利用公司、自然人、合伙企业以及个人独资企业等不同股东身份税收政策不同而调整股东身份类型的，视同企业进行清算、分配，股东重新投资成立新企业处理。

2）对其他法律形式简单改变的，可直接变更税务登记，有关企业纳税事项由变更后的企业承继。

（2）企业法律形式改变的筹划方法。在企业法律形式简单改变的情况下，不涉及企业所得税问题，只有当企业由法人组织变成非法人组织时，原法人企业要进行清算。如果有清算所得的，清算企业需要缴纳企业所得税。从税负角度来看，纳税人在考虑是否改变企业组织形式时应考虑以下两个方面：

第一，比较清算所得的税负与资产的抵税效应。在改变企业的法律组织形式后，企业要进行清算，并就清算所得缴纳企业所得税，同时股东个人要计算个人所得税，但资产的计税基础应按公允价值确定，因而计税基础的大小会影响未来的抵税效应。另外，股东以非货币性资产进行投资的，还会涉及增值税、城市维护建设税、印花税等。

【**案例3-2**】 以案例3-1为例，股东B、股东C撤资，各分得现金533.33万元［＝（2 000－400）÷3］，股东A增加1 066.67万元投资，即股东A全资控制甲企业。

要求：请做出相应的涉税处理。

解析：甲企业不用计算缴纳企业所得税。

股东B、股东C撤资后，则有

股东B、股东C的投资收益＝（533.33－200）×2＝666.66（万元）

应纳个人所得税＝666.66×20％＝133.33（万元）

股东A不用计算转让所得。

甲企业资产的计税基础保持不变，为1 300万元。

案例3-2与案例3-1的税负比较，见表3-2。

表3-2 税负比较情况表

项目		清算所得	企业所得税	股息、转让所得	个人所得税	资产计税基础	抵税效应*
案例3-1	甲（乙）	700	175			2 000	700
	A			275	55		
	B、C			550	110		
案例3-2	甲	0				1 300	325
	A						
	B、C			666.67	133.33		

* 在计算抵税效应时，个人独资企业以最高一级税率35％计算，法人企业以25％的企业所得税税率计算。

需要注意的是，甲企业为了保持有限责任公司的法律地位，投资者人数必须符合法定要求。

从股东A的角度来看，案例3-1的净抵税效应为470万元（＝700－175－55），案例3-2的净抵税效应为325万元，因而选择改成个人独资企业的税负较轻；从股东B和股东C的角度来看，选择撤资形式的税后净所得最大（案例3-1的净所得＝475－200－55＝220万元，案例3-2的净所得＝533.33－200－66.67＝266.66万元）。需要注意的是，个人独资企业的资产抵税效应是以35％的税率计算的，如果企业未来适用的税率低于企业所得税税率 25%，则其抵税效应会降低，净抵税效应会减小。

第二，考虑企业未来的边际税率和税收优惠政策。法人组织形式作为企业所得税的纳税人，可以享受企业所得税的相关税收优惠政策，比如小微企业税收优惠、加速折旧税收优惠、研发费用加计扣除税收优惠等，而个人独资企业和合伙企业等组织形式是个人所得税的纳税人，适用 5%～35%的五级超额累进税率，而且税收优惠政策较少。因此，在企业法律形式改变的决策中，不仅要考虑重组日的税收负担，而且要考虑未来适用的边际税率和税收优惠情况。

■■■■ 案例讨论①

1. 2018 年 7 月 5 日，经全体股东表决通过，决定解散甲公司，并于2018 年 7 月 5 日成立清算组，以甲公司 2018 年 7 月 15 日的财务为基础对甲公司开展清算工作。甲公司的相关财务情况及清算情况见下表。

2017 年 12 月 31 日甲公司的财务报表　　　　　　单位：元

日期	2017 - 12 - 31	2016 - 12 - 31
货币资金	588 584.14	30 647.55
其他流动资产	8 005 956.56	9 000 000.00
长期股权投资	58 931 200.70	58 931 200.70
资产总计	67 525 741.40	67 961 848.25
负债合计	0	0
实收资本（或股本）	30 959 280.00	30 959 280.00
资本公积	27 971 920.70	27 971 920.70
盈余公积	8 095 236.81	7 367 042.15
未分配利润	499 303.89	1 663 605.40
所有者权益（或股东权益）合计	67 525 741.40	67 961 848.25
负债和所有者权益（或股东权益）总计	67 525 741.40	67 961 848.25

---

① 本教材中的部分案例讨论是根据公众号《陇上税语》中的有关案例进行整理和改编的。

清算损益表（2018 年 7 月 5 日至 2019 年 1 月 18 日）　　　　单位：元

项目	行	金额
一、清算收益：	1	382 792 394.43
1. 应收债权损益	2	
2. 实物资产处置损益	3	
3. 其他资产处置损益	4	382 798 087.30
4. 债务处理损益	5	－5 692.87
5. 其他收入	6	
清算收益合计	7	382 792 394.43
	8	
二、清算费用	9	4 420 251.95
1. 清算人员工资	10	
2. 资产处置费用	11	
3. 劳务费	12	
4. 办公费	13	
5. 审计评估费	14	
6. 税务清算审核费	15	
7. 税金支出	16	4 118 828.73
8. 业务费用	17	
9. 其他支出	18	300 000.00
10. 债务处理损益纳税调增	19	1 423.22
清算费用合计	20	4 420 251.95
三、清算净损益（清算净损失以"－"号表示）	21	378 372 142.48
清算所得税	22	96 313 862.41
四、清算净收益	23	282 058 280.07

试讨论：清算过程中涉及的各税种的税务处理。

债务重组

4.1 债务重组的概念

财税 [2009] 59 号文所称的债务重组，是指在债务人发生财务困难的情况下，债权人按照其与债务人达成的书面协议或者法院裁定书，就债务人的债务做出让步的事项。

从以上债务重组的概念可以看出，债务重组强调的前提条件是债务人处于财务困难，并且债权人做出让步。例如，A 公司因向 B 公司销售产品而拥有 B 公司 10 万元的债权，在合同期届满时，B 公司因经营不善无力还款，于是双方达成书面协议，同意 A 公司的债权转为对 B 公司拥有的股权，这种情形便属于债务重组。

债务重组主要有以下四种方式：

（1）以资产清偿债务，是指债务人转让其资产给债权人以清偿债务的债务重组方式。债务人用于偿债的资产主要有现金、存货、固定资产、无形资产等。在债务重组的情况下，以现金清偿债务，通常是指以低于债务账面价值的现金清偿债务。

（2）债务转为权益工具，是指债务人将债务转为资本，同时债权人将债权转为股权的债务重组方式。

（3）修改其他债务条件，是指修改不包括上述第一种、第二种情形在内的债务条件，进行债务重组的方式，如调整债务本金、改变债务利息、变更还款期限等。

（4）组合方式，是指采用以上三种方式共同清偿债务的债务重组方式。例如，以转让资产清偿某项债务的一部分，另一部分债务通过修改其他债务条件进行债务重组。组合方式主要包括以下几种可能的方式：

1）债务的一部分以资产清偿，另一部分转为权益工具。

2）债务的一部分以资产清偿，另一部分通过修改其他债务条件清偿。

3）债务的一部分转为权益工具，另一部分通过修改其他债务条件清偿。

4）债务的一部分以资产清偿，一部分转为权益工具，剩余部分通过修改其他债务条件清偿。

4.2　债务重组的税务处理

4.2.1　企业所得税

根据财税［2009］59号文的规定，债务重组分为一般性税务处理和特殊性税务处理。

（1）一般性税务处理。企业债务重组的相关交易应按以下规定处理：

1）以非货币性资产清偿债务，应当分解为转让相关非货币性资产和按非货币性资产的公允价值清偿债务两项业务，并确认相关资产的所得或损失。

非货币性资产是指货币性资产以外的资产，包括存货、固定资产、无形资产、股权投资以及不准备持有至到期的债券投资等。

2）发生债权转股权的，应当分解为债务清偿和股权投资两项业务，并确认有关债务清偿所得或损失。

3）债务人应当按照支付的债务清偿额低于债务计税基础的差额，确认债务重组所得；债权人应当按照收到的债务清偿额低于债权计税基础的差额，确认债务重组损失。

4) 债务人的相关所得税纳税事项原则上保持不变。

【案例 4-1】 甲公司应收乙公司的货款（含税价）为 95 万元，由于乙公司不能偿还货款，双方签订了债务重组合同，乙公司以一项专利技术偿还。该无形资产的账面余额与计税基础均为 100 万元，累计摊销额为 15 万元，公允价值为 85 万元。在重组日，甲公司该笔应收款项的公允价值为 85 万元，乙公司该笔应付款项的账面价值与计税基础仍为 95 万元，公允价值为 85 万元。此外，甲公司支付评估费用 4 万元。

要求： 请做出相应的税务处理。

解析： 以非货币性资产清偿债务，应当分解为转让相关非货币性资产和按非货币性资产的公允价值清偿债务两项业务，并确认相关资产的所得或损失。

以非货币性资产清偿债务的，债务人应分清债务重组利得与资产转让损益的界限，并于债务重组当期予以确认。债务重组利得是指重组债务的账面价值与非货币性资产（即抵债资产）的公允价值的差额。资产转让损益是指用于抵债的非货币性资产的公允价值与其账面价值之间的差额。

债务人应当按照支付的债务清偿额低于债务计税基础的差额，确认债务重组所得；债权人应当按照收到的债务清偿额低于债权计税基础的差额，确认债务重组损失。

甲公司应确认的债务重组损失＝95－85×(1＋6％)＝4.9（万元）

乙公司应确认的无形资产转让所得＝85－(100－15)＝0（万元）

乙公司应确认的债务重组所得＝95－85×(1＋6％)＝4.9（万元）

(2) 特殊性税务处理。企业重组同时符合下列条件的，适用特殊性税务处理规定：具有合理的商业目的，且不以减少、免除或者推迟缴纳税款为主要目的；企业重组后的连续 12 个月内不改变重组资产原来的实质性经营活动；企业重组中取得股权支付的原主要股东，在重组后连续 12 个月内，不得转让所取得的股权。特殊性税务处理的内容如下：

1）企业债务重组确认的应纳税所得额占该企业当年应纳税所得额的 50％以上，可以在 5 个纳税年度的期间内，均匀计入各年度的应纳税所得额。债务重组确认的应纳税所得额包括两部分：相关资产所得和债务重组所得。企业应首先测算企业债务重组确认的应纳税所得额是否占当年应纳税所得额的 50％以上，如果已达到该比例，可分 5 年平均摊入各年度的应纳税所得额中。

【案例 4-2】 以案例 4-1 为例，假定符合特殊性税务重组的条件。

要求：请做出相应的税务处理。

解析：企业债务重组所得 4.9 万元可以分 5 年平均摊入各年度的应纳税所得额中。

2）企业发生债权转股权业务，对债务清偿和股权投资两项业务暂不确认有关债务清偿所得或损失，股权投资的计税基础以原债权的计税基础确定。企业的其他相关所得税事项保持不变。

【案例 4-3】 以案例 4-1 为例，假设双方商定将该债权转为股权投资，甲、乙两公司分别支付手续费等相关费用 1 万元和 1.2 万元。在债转股后，甲公司持有的抵债股权占乙公司总股本的 5％，乙公司的总股本为 100 万元，该股权的公允价值不能可靠计量。假设符合其他特殊性税务重组的条件。

要求：请做出相应的税务处理。

解析：企业发生债权转股权业务，对债务清偿和股权投资两项业务暂不确认有关债务清偿所得或损失，股权投资的计税基础以原债权的计税基础确定。

甲公司不确认债务重组损失，长期股权投资的计税基础为 96 万元（＝95＋1）。

乙公司不确认债务重组所得。

4.2.2 其他税种

（1）增值税。在债务重组过程中涉及非货币性资产转让的，需要缴纳增值税。

如果纳税人在资产重组过程中，通过合并、分立、出售、置换等方式，将全部或者部分实物资产以及与其相关联的债权、负债和劳动力一并转让给其他单位及个人，不属于增值税的征税范围。

（2）土地增值税。在债务重组过程中涉及不动产、土地使用权转让的，转让方需要缴纳土地增值税。

（3）契税。经国务院批准实施债权转股权的企业，对债权转股权后新设立的公司承受原企业的土地、房屋权属，免征契税。

（4）印花税。在债务重组过程中签订重组合同需要缴纳印花税，企业债权转股权新增加的资金按规定贴花。

4.3 债务重组的会计处理与纳税调整

4.3.1 债务重组的会计处理

根据《企业会计准则第 12 号——债务重组》，债务重组是指在不改变交易对手方的情况下，经债权人和债务人协定或法院裁定，就清偿债务的时间、金额或方式等重新达成协议的交易。

由以上概念可以看出，企业会计准则中的债务重组不强调在债务人发生财务困难的背景下进行，也不论债权人是否做出让步。也就是说，无论何种原因导致债务人未按原定条件偿还债务，或者双方是否同意债务人以低于债务的金额偿还债务，只要债权人和债务人就债务条款重新达成了协议，就符合企业会计准则中债务重组的定义。例如，债权人在减免债务人部分债务本金的同时提高剩余债务的利息，或者债权人同意债务人用等值库存产品抵偿到期债务等，均属于债务重组。

4.3.2　债务重组的涉税会计处理

（1）以资产清偿债务或将债务转为权益工具。

1）债权人的会计处理。

第一，受让金融资产。金融资产在初始确认时应当以其公允价值计量，金融资产确认金额与债权终止确认日账面价值之间的差额，记入"投资收益"科目。

第二，受让非金融资产。债权人在初始确认受让的除金融资产以外的资产时，应当按照下列原则以成本计量：

存货的成本，包括放弃债权的公允价值以及使该资产到达当前位置和状态所发生的可直接归属于该资产的税金、运输费、装卸费、保险费等其他成本。

对联营企业或合营企业投资的成本，包括放弃债权的公允价值以及可直接归属于该资产的税金等其他成本。

投资性房地产的成本，包括放弃债权的公允价值以及可直接归属于该资产的税金等其他成本。

固定资产的成本，包括放弃债务的公允价值以及使该资产达到预定可使用状态前所发生的可直接归属于该资产的税金、运输费、装卸费、安装费、专业人员服务费等其他成本。在确定固定资产的成本时，应当考虑预计弃置费用因素。

生物资产的成本，包括放弃债权的公允价值以及可直接归属于该资产的税金、运输费、保险费等其他成本。

无形资产的成本，包括放弃债权的公允价值以及可直接归属于使该资产达到预定用途所发生的税金等其他成本。

放弃债权的公允价值与账面价值之间的差额，记入"投资收益"科目。

2）债务人的会计处理。

第一，以金融资产清偿债务。债务人以单项或多项金融资产清偿债务的，债务的账面价值与偿债金融资产账面价值的差额，记入"投资收益"科目。对于以分类为用公允价值计量且其变动计入其他综合收益的债务工具投资清偿债务的，此前计入其他综合收益的累计利得或损失应当从其他综合收益中转出，记入"投资收益"科目。对于以分类为用公允价值计量且其变动计入其他综合收益的非交易性权益工具投资清偿债务的，此前计入其他综合收益的累计利得或损失应当从其他综合收益中转出，记入"盈余公积""利润分配——未分配利润"等科目。

第二，以非金融资产清偿债务。债务人将所清偿债务的账面价值与转让资产的账面价值之间的差额，记入"其他收益——债务重组收益"科目。

债务人以日常活动产出的产品或服务清偿债务的，应当将所清偿债务的账面价值与存货等相关资产的账面价值之间的差额，记入"其他收益——债务重组收益"科目。

第三，将债务转为权益工具。债务重组将债务转为权益工具的，应当按照权益工具的公允价值计量，权益工具的公允价值不能可靠计量的，应当按照所清偿债务的公允价值计量。所清偿债务的账面价值与权益工具确认金额之间的差额，记入"投资收益"科目。债务人因发行权益工具而支出的相关税费等，应当依次冲减资本溢价、盈余公积、未分配利润等。

债务人以股权投资清偿债务或者将债务转为权益工具，如果使债权人取得对被投资单位或债务人的控制权，则债权人取得资产和负债的确认与计量适用《企业会计准则第 20 号——企业合并》的有关规定。

债务重组构成权益性交易的，应当适用权益性交易的有关会计处理规定，债权人和债务人不确认构成权益性交易的债务重组相关损益。债务重组构成权益性交易的情形包括：一是债权人直接或间接对债务人持股，或者债务人直接或间接对债权人持股且持股方以股东身份进行债务重组；二是债权人与债务人在债务重组前后均受同一方或相同多方的控制，并且该债务重组交易的实质是债权人或债务人进行了权益性分配或接受了权益性投入。

例如，甲公司是乙公司的股东。为了弥补乙公司临时性经营现金流短缺，甲公司向乙公司提供 1 000 万元无息借款，并约定于 6 个月后收回。在借款期满时，尽管乙公司具有充足的现金流，甲公司仍然决定免除乙公司的借款本金 800 万元。在此项交易中，甲公司和乙公司应当将该交易作为权益性交易，不确认债务重组的相关损益。

在债务重组中不属于权益性交易的部分仍应确认债务重组的相关损益。假如前例中的债务人乙公司出现了财务困难，其他债权人对其债务普遍进行了减半的豁免，那么甲公司作为股东比其他债务人多豁免 300 万元债务的交易应当作为权益性交易，而正常豁免 500 万元债务的交易应当确认债务重组的相关损益。

【案例 4－4】 以案例 4－1 为例，请做出相应的涉税会计处理。

解析：（1）债权人的涉税会计处理。

①会计处理。甲公司取得无形资产的成本为债权公允价值 85 万元与评估费用 4 万元的合计值（即 89 万元）。

借：无形资产   890 000

  应交税费——应交增值税（进项税额）

          51 000（850 000×6%）

  投资收益   49 000

  贷：应收账款   950 000

    银行存款   40 000

②税务处理与纳税调整。税法确定的债务重组损失为 4.9 万元，税务处理与会计处理相同，不用做纳税调整。

（2）债务人的涉税会计处理。

①会计处理。

借：应付账款   950 000

  累计摊销   150 000

  贷：无形资产   1 000 000

    应交税费——应交增值税（销项税额） 51 000

    其他收益——债务重组收益   49 000

②税务处理与纳税调整。税法确定的债务重组收益为 4.9 万元，税务处理与会计处理相同，不用做纳税调整。如果符合特殊性税务重组的条件，可分 5 年确认重组所得。

[说明：按照税法的规定，以非货币性资产清偿债务，应当分解为转让相关非货币性资产和按非货币性资产公允价值清偿债务两项业务，并确认相关资产的所得或损失。税法确认的无形资产转让收入为 85 万元，无形资产转让成本为 85 万元。无形资产转让收入 85 万元视同销售收入，在计算业务招待费、广告费等限额时作为计提基数。]

【案例 4-5】 以案例 4-3 为例，假设双方商定将该债权转为股权投资，甲、乙两公司分别支付手续费等相关费用 1 万元和 1.2 万元。在债转股后，甲公司持有的抵债股权占乙公司总股本的 5%，乙公司的总股本为 100 万元。该股权的公允价值不能可靠计量。

要求： 请做出相应的涉税会计处理。

解析：

（1）债权人的涉税会计处理。

①会计处理。甲公司对乙公司长期股权投资的成本为应收款项的公允价值 85 万元与相关税费 1 万元的合计值（即 86 万元）。

借：长期股权投资——乙公司 860 000

　　投资收益 100 000

　贷：应收账款——乙公司 950 000

　　银行存款 10 000

②税务处理与纳税调整。企业发生债权转股权业务，对债务清偿和股权投资两项业务暂不确认有关债务清偿所得或损失，股权投资的计税基础以原债权的计税基础确定。

甲公司不确认债务重组损失，应调增应纳税所得额 10 万元。长期股权投资的计税基础为 96 万元。计税基础与账面价值之间的差额应确认对递延所得税的影响。①

借：递延所得税资产 25 000（100 000×25%）

　贷：所得税费用 25 000

（2）债务人的涉税会计处理。

①会计处理。由于乙公司股权的公允价值不能可靠计量，在初始确认权益工具的公允价值时应当按照所清偿债务的公允价值 85 万元计量，并扣除因发行权益工具支出的相关税费 1.2 万元。

---

① 如果对长期股权投资准备长期持有，可不确认长期股权投资的计税基础与账面价值的差异对递延所得税的影响，后同。

```
借：应付账款                                      950 000
    贷：实收资本                                    50 000
        资本公积——资本溢价                        788 000
        银行存款                                    12 000
        投资收益                                   100 000
```

或

```
借：应付账款                                      950 000
    贷：实收资本                                    50 000
        资本公积——资本溢价                        800 000
        投资收益                                   100 000
借：资本公积——资本溢价                            12 000
    贷：银行存款                                    12 000
```

②税务处理与纳税调整。乙公司不确认债务重组所得，应调减应纳税所得额 10 万元。

（2）修改其他条款。

1）债权人的会计处理。债务重组采用以修改其他条款方式进行的，债权人应当按照修改后的条款以公允价值来计量新的金融资产。新金融资产的确认金额与债权终止确认日账面价值之间的差额，记入"投资收益"科目。

2）债务人的会计处理。债务人应当按照公允价值计量重组债务，终止确认债务的账面价值与重组债务的确认金额之间的差额，记入"投资收益"科目。

【案例 4-6】 A 公司由于出现资金周转困难，到期未偿还银行贷款本金 1 000 万元。银行与 A 公司重新达成协议，免除 A 公司 100 万元债务本金，并将尚未偿还的债务本金展期 2 年。

要求：请做出相应的涉税会计处理。

解析：

（1）债权人的涉税会计处理。

借：贷款——本金		9 000 000
投资收益		1 000 000
贷：贷款——本金		10 000 000

税务处理与纳税调整：应确认重组损失 100 万元，税务处理与会计处理相同，不需要做纳税调整。

（2）债务人的涉税会计处理。

借：长期借款——本金		10 000 000
贷：长期借款——本金		9 000 000
投资收益		1 000 000

税务处理与纳税调整：应确认重组所得 100 万元，如果符合特殊性税务处理的条件，可分 5 年确认，每年确认 20 万元的应纳税所得额。

（3）组合方式。

1）债权人的会计处理。债权人应当按照修改后的条款，以公允价值来计量新的金融资产和受让的新金融资产，按照除受让的金融资产以外的各项资产在债务重组合同生效日的公允价值比例，对放弃债权在合同生效日的公允价值扣除受让金融资产在重组债权当日公允价值后的净额进行分配，并以此为基础分别确定各项资产的成本。放弃债权的公允价值与账面价值之间的差额，记入"投资收益"科目。

2）债务人的会计处理。债务重组采用以资产清偿债务、将债务转为权益工具、修改其他条款等方式的组合进行的，对于权益工具，债务人应当在初始确认时按照权益工具的公允价值计量。权益工具的公允价值不能可靠计量的，应当按照所清偿债务的公允价值计量。所清偿债务的账面价值与转让资产的账面价值以及权益工具和重组债务的确认金额之和的差额，记入"其他收益——债务重组收益"或"投资收益"（仅涉及金融工具时）科目。

【案例 4-7】 以案例 4-1 为例，假定乙公司用其生产的产品、用作固定资产的机器设备和一项债券投资抵偿欠款。乙公司发生设备运输费 0.5 万元（不含增值税），甲公司发生人工安装费用 0.3 万元。甲公司将受让的产品、设备和债券投资分别作为原材料、固定资产和以公允价值计量且其变动计入当期损益的金融资产核算。抵债资产的成本及公允价值见表 4-1。

表 4-1 抵债资产的价值表   单位：万元

项目	账面价值	累计折旧	账面净值	计税基础	公允价值
库存产品	15			15	20
固定资产	100	70	30	30	40
债权投资	15			15	17.2

要求： 请做出相应的涉税会计处理。

解析：（1）债权人的涉税会计处理。

①会计处理。受让的原材料和固定资产的成本应当以其公允价值比例（20：40）对放弃债权的公允价值扣除受让金融资产的公允价值后的净额进行分配后的金额为基础确定。

原材料的进项税额＝20×13％＝2.6（万元）

固定资产的进项税额＝40×13％＝5.2（万元）

原材料的成本＝20÷（20＋40）×（85－17.2－2.6－5.2）＝20（万元）

固定资产的成本＝40÷（20＋40）×（85－17.2－2.6－5.2）＝40（万元）

借：原材料   200 000

　　固定资产   403 000（400 000＋3 000）

　　应交税费——应交增值税（进项税额）

　　　　　　　　　　　　　　　　　　　78 000（26 000＋52 000）

　　交易性金融资产   172 000

投资收益   100 000

   贷：应收账款   950 000

      银行存款   3 000

②税务处理与纳税调整。

应确认的债务重组损失＝95－(20＋40)×(1＋13％)－17.2＝10（万元）
与会计确认的损失相同，不需要做纳税调整。

(2) 债务人的涉税会计处理。

①会计处理。

借：固定资产清理   300 000

    累计折旧   700 000

   贷：固定资产   1 000 000

借：固定资产清理   5 000

     应交税费——应交增值税（进项税额）   450

   贷：银行存款   5 450

借：应付账款   950 000

   贷：固定资产清理   305 000

     库存商品   150 000

     债权投资——成本   150 000

     应交税费——应交增值税（销项税额）   78 000

     应交税费——转让金融商品应交增值税

               1 245[(172 000－150 000)÷(1＋6％)×6％]

     其他收益——债务重组收益   265 755

②税务处理与纳税调整。

$$\begin{matrix}\text{应确认的}\\\text{资产转让收益}\end{matrix}=(20-15)+(40-30)+(17.2-15)-0.124\ 5-0.5$$

$$=16.575\ 5（万元）$$

应确认的债务重组收益＝95－(20＋40)×(1＋13％)－17.2＝10（万元）

税法确认的收益与会计确认的收益相同，不需要做纳税调整。如果符合特殊性税务重组的条件，可分5年确认重组所得。

［说明：按照税法的规定，以非货币性资产清偿债务，应当分解为转让相关非货币性资产和按非货币性资产公允价值清偿债务两项业务，并确认相关资产的所得或损失。税法确认的固定资产转让收入为40万元，库存产品转让收入为20万元，金融产品转让收入为17.075 5万元（＝17.2－0.124 5），在计算业务招待费、广告费等限额时作为计提基数］。

4.4 债务重组的税收筹划

4.4.1 债务重组税收筹划应关注的重点

（1）充分理解债务重组的税法定义。债务重组是指在债务人发生财务困难的情况下，债权人按照其与债务人达成的协议或者法院的裁定做出让步的事项。若按照双方协议或法院裁定，债权人实质未做出让步，只是将债权换成了其他资产，则不属于债务重组的范围。

（2）分解交易内容。债权转股权应分解为债务清偿和股权投资两项业务，并确认有关债务清偿所得或损失；以非货币性资产清偿债务应分解为转让相关非货币性资产和按非货币性资产的公允价值清偿债务两项业务，并确认相关资产的所得或损失。

（3）合理策划，以享受企业所得税递延纳税政策。企业债务重组确认的应纳税所得额符合条件的，可在5个纳税年度内均匀计入各年度的应纳税所得额；对于债权转股权业务，债务清偿和股权投资两项业务暂不确认所得或损失。

4.4.2 债务重组税收筹划的方法

（1）适用特殊性税务处理。对于以资产抵偿债务进行债务重组的，只要符合特殊性税务处理的条件，其债务重组所得可以分5年递延缴纳企业所得税。

对于债转股业务，符合特殊性税务处理条件的，暂不确认债务清偿所得或损失，只要债转股企业在12个月内未将股份转让，则在债务重组环节可享受暂免征收所得税的优惠政策，从而降低了债转股环节债务人的税收负担。需要注意的是，对于债权人来说，暂不确认债务清偿损失，但取得股权的计税基础应按原债权的计税基础确定，也就是损失了亏损的抵税效应，形成了提前纳税。

（2）债转股可以免缴增值税。对于债转股重组交易，由于不涉及非货币性资产的转让，可以免缴货物转让环节的增值税、契税和土地增值税等。

（3）变资产抵债为资产整体转让，可以免缴增值税。单一资产的抵债重组行为要缴纳转让环节的增值税、土地增值税等，如果将抵债资产连同负债及劳动力一并转让，则免缴转让环节的增值税。

【案例4-8】 以案例4-6为例，假定乙公司将抵债的产品、机器设备和债券投资，连同95万元的负债及设备操作人员一并转让给甲公司。

要求： 请做出相应的税负分析。

解析： 纳税人在资产重组过程中，通过合并、分立、出售、置换等方式，将全部或者部分实物资产以及与其相关联的债权、负债及劳动力一并转让给其他单位和个人，不属于增值税的征税范围，其中涉及的货物转让，不征收增值税。

乙公司将抵债的产品、机器设备和债券投资，连同95万元的负债及设备操作人员一并转让给甲公司的行为，可以免缴转让环节的增值税。

（4）变资产抵债为股权收购，可以免缴增值税、土地增值税和契税。

【案例4-9】 以案例4-6为例，假定乙公司将抵债的产品、机器设备和债券投资，连同95万元的负债及设备操作人员分立出来成立子公司，然后将子公司的股权转让给甲公司，即甲公司实现了承债式收购。

要求： 请做出相应的税负分析。

解析： 纳税人在资产重组的过程中，通过合并、分立、出售、置换等方式，将全部或者部分实物资产以及与其相关联的债权、负债及劳动力一并转让给其他单位和个人，不属于增值税的征税范围，其中涉及的货物转让，不征收增值税。

按照法律规定或者合同约定，企业分设为两家或两家以上与原企业投资主体相同的企业，对原企业将房地产转移、变更到分立后的企业，暂不征土地增值税。

单位、个人在改制重组时以房地产作价入股进行投资，对其将房地产转移、变更到被投资的企业，暂不征土地增值税。

以合并或分立方式成立的新企业，其新启用的资金账簿记载的资金，凡原已贴花的部分可不再贴花，未贴花的部分和以后新增加的资金按规定贴花。

公司依照法律规定、合同约定分立为两家或两家以上与原公司投资主体相同的公司，对分立后公司承受原公司土地、房屋权属，免征契税。

在股权（股份）转让中，单位、个人承受公司股权（股份），公司土地、房屋权属不发生转移，不征收契税。

因此，乙公司在企业分立过程中不用缴纳增值税、土地增值税、契税和印花税。乙公司在股权转让环节不用缴纳增值税、土地增值税和契税。

■■■案例讨论

甲上市公司在破产重组时，应付乙公司5 000万元。双方的重组计划约定，甲公司增发1 000万股股票（每股面值1元）来偿还对乙公司的欠款。甲公司在做出发行股票的决定时，其股票市价为每股2元，而增发价也为每股2元。假设一年后，甲公司的股价为每股6元，乙公司全部减持，减持所得为6 000万元（假设乙公司未计提坏账准备或公允价值变动损益）。

试讨论：

（1）本次债务重组中涉及的税种。

（2）本次债务重组是否适用特殊性税务处理。

（3）本次债务重组适用特殊性税务处理与一般性税务处理会产生什么差异？

股权收购

5.1 股权收购的概念

财税〔2009〕59号文所称的股权收购，是指一家企业（以下简称"收购企业"）购买另一家企业（以下简称"被收购企业"）的股权，以实现对被收购企业控制的交易。收购企业支付对价的形式包括股权支付、非股权支付或两者的组合。股权支付是指在企业重组中购买股权的一方以本企业或其控股企业的股权、股份作为支付的形式。非股权支付是指以本企业的现金、银行存款、应收款项、本企业或其控股企业股权和股份以外的有价证券、存货、固定资产、其他资产以及承担债务等作为支付的形式。

例如，A公司与B公司达成协议，A公司收购B公司下属子公司C公司60%的股权，A公司支付B公司的对价为500万元银行存款。A公司在收购股权后实现了对C公司的控制。在该股权收购中，A公司为收购企业，B公司为转让企业，C公司为被收购企业。股权收购示意图见图5-1。

5.2 股权收购的企业所得税处理

根据对应税所得和计税基础的不同规定，财税〔2009〕59号文将股权收购重组分成两种类型，即一般性税务处理、特殊性税务处理。

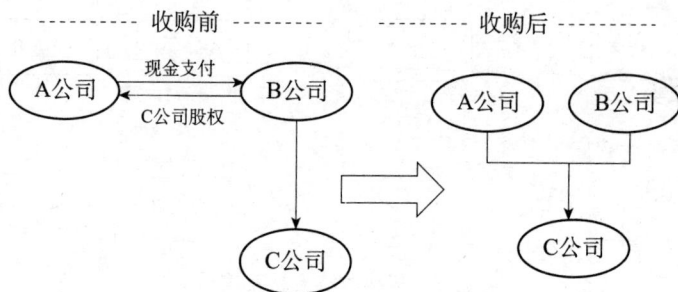

图 5-1　股权收购示意图

注：A 公司为收购企业，B 公司为转让企业，C 公司为被收购企业。

5.2.1　一般性税务处理

（1）一般性税务处理的政策规定。在一般性税务处理下，企业股权收购重组的相关交易应按以下规定处理：第一，被收购企业应确认股权转让所得或损失；第二，收购企业取得股权的计税基础应以公允价值为基础确定；第三，被收购企业的相关所得税事项原则上保持不变。

（2）一般性税务处理方式及涉税处理。在一般性税务处理情形下，收购企业在支付被收购企业的对价时有两种支付方式：一是全部以非股权作为支付对价；二是采用非股权＋股权的混合支付方式，且股权支付比例低于 85％。

1）非股权支付方式。在支付股权收购的对价时，收购企业以非股权支付方式来取得被收购企业的股权。

【案例 5-1】　A 公司持有 B 公司 100％的股权，成本是 100 元，按照公允价值 150 元转让给 C 公司。假定 C 公司以现金作为支付对价。A、B 两公司的股权收购交易过程见图 5-2。

要求：请分析相应的涉税处理。

解析：在 A、C 公司的股权收购行为中，不符合特殊性税务处理的条

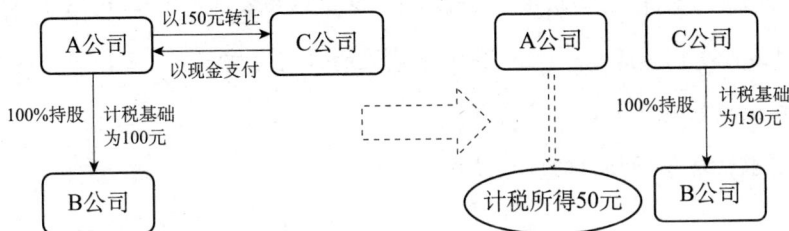

图 5-2 股权收购交易流程图 1

注：A 公司为转让企业，C 公司为收购企业，B 公司为被收购企业。

件，因而按一般性税务处理进行涉税核算。A 公司获得股权转让所得 50 元（=150-100），C 公司获得 B 公司 100％的股权，该股权的计税基础为 150 元。假定以后 C 公司按照 170 元转让其持有的 B 公司股权，则 C 公司的应税所得是 20 元（=170-150）。A、C 两公司的涉税情况见表 5-1。

表 5-1 案例 5-1 中 A、C 两公司的涉税情况汇总表

项目	交易对价		重组类型		重组所得	股权计税基础	股权再次转让价格	股权转让所得
	股权	现金	一般	特殊				
A		150	√		50			
C	100％（B）					150	170	20
合计					50			20

2）混合支付方式。在股权收购交易的对价支付中，收购企业是以非股权＋股权的混合支付方式来取得被收购企业的股权，且股权支付比例低于 85％。

在股权支付方式下，又分为以企业自己的股权作为对价支付和以公司下属企业的股权作为对价支付。

第一，以企业自己的股权作为部分对价。在收购企业以自己的股权作为部分交易对价的支付方式中，收购企业和转让企业在重组交易环节均需确认股权转让所得或损失。

【案例 5-2】 A 公司持有 B 公司 100％的股权，成本是 100 元，并按照公允价值150元转让给C公司。假定C公司以现金135元和C公司公允价值为15元的10%股权（假定该部分股权的计税基础为10元）作为支付对价。该股权收购交易过程见图5-3。

要求： 请分析相应的涉税处理。

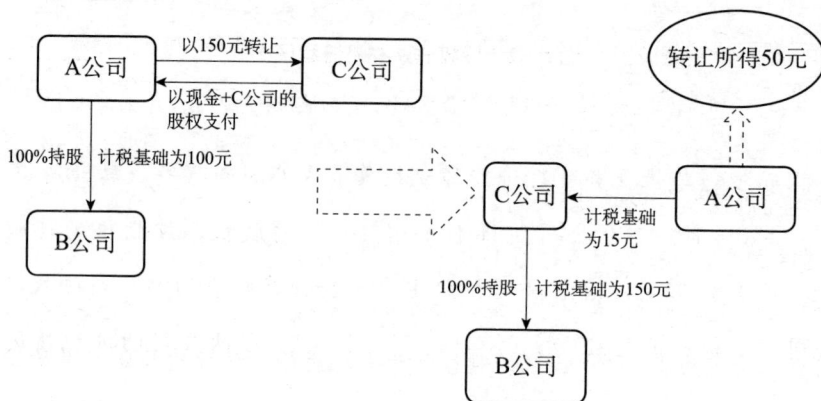

图5-3 股权收购交易流程图2

注：A公司为转让企业，C公司为收购企业，B公司为被收购企业。

解析：

在A、C两公司的股权收购行为中，股权支付比例为10%，低于85%，不符合特殊性税务处理的条件，因而按一般性税务处理进行涉税核算。A公司获得股权转让所得50元（=150-100）；C公司获得B公司100%的股权，该股权的计税基础为150元。假定以后C公司按照170元转让其持有的B公司股权，则C公司的应税所得为20元（=170-150）。

C公司的股权支付为15元，计税基础为10元，因而C公司的股权转让所得为5元①；A公司获得C公司10%的股权，该股权的计税基础为15元。假定以后A公司按照17元的价格转让其持有的C公司股权，则A公司的应

_____

① 如果C公司的股权支付采用的是定向增发方式，则公允价值超过面值的部分记入"资本公积"科目。

税所得为 2 元（＝17－15）。A、C 两公司的涉税情况见表 5－2。

表 5－2　案例 5－2 中 A、C 两公司的涉税情况汇总表

项目	交易对价		重组类型		重组所得	股权计税基础	股权再次转让价格	股权转让所得
	股权	现金	一般	特殊				
A	10%（C）	135	√		50	15	17	2
C	100%（B）				5	150	170	20
合计					55			22

第二，以企业下属子公司的股权作为部分对价。收购企业以下属企业的股权作为部分交易对价的支付方式，收购企业和被收购企业在重组交易环节均需确认股权转让所得或损失。

【案例 5－3】　A 公司持有 B 公司 100% 的股权，成本是 100 元，按照公允价值 150 元转让给 C 公司。假定 C 公司以现金 135 元和 C 公司持有的 D 公司公允价值为 15 元的 10% 的股权作为支付对价。该股权收购交易的过程见图 5－4。

要求：请分析相应的涉税处理。

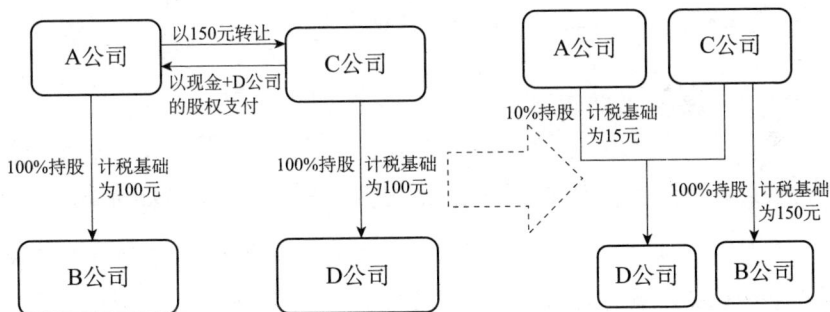

图 5－4　股权收购交易流程图 3

注：A 公司为转让企业，C 公司为收购企业，B 公司为被收购企业。

解析：在 A、C 公司的股权收购行为中，股权支付比例为 10%，低于 85%，不符合特殊性税务重组的条件，因而按一般性税务重组进行涉税处理。A 公司的股权转让所得为 50 元（＝150－100），C 公司获得 B 公司

100％的股权，股权的计税基础为150元。假定以后C公司按照170元转让其持有的B公司股权，C公司的应税所得为20元（＝170－150）。

C公司用股权支付了15元，计税基础为10元，C公司的股权转让所得为5元；A公司获得了D公司10％的股权，计税基础为15元。假定以后A公司按照17元转让其持有的D公司股权，A公司的应税所得为2元（＝17－15）。A、C公司的涉税情况见表5-3。

表5-3　案例5-3中A、C公司涉税情况汇总表

项目		交易对价		重组类型		重组所得	股权计税基础	股权再次转让价格	股权转让所得
		股权	现金	一般	特殊				
案例5-3	A	10％（D）	135	√		50	15	17	2
	C	100％（B）				5	150	170	20
	合计					55			22

（3）一般性税务处理的管理规定。若企业发生上述股权收购重组业务，应准备以下相关资料，以备税务机关检查：

1）当事各方所签订的股权收购、资产收购业务的合同或协议。

2）相关股权、资产公允价值的合法证据。

5.2.2　特殊性税务处理

股权收购同时符合下列条件的，适用特殊性税务处理规定：

（1）具有合理的商业目的，而且不以减少、免除或者推迟缴纳税款为主要目的。

（2）被收购、合并或者分立部分的资产或股权比例符合规定比例。

（3）企业重组后的连续12个月内不改变重组资产原来的实质性经营活动。

（4）重组交易对价中涉及的股权支付金额符合规定比例。

（5）企业重组中取得股权支付的原主要股东，在重组后连续12个月内，

不得转让所取得的股权。

根据《财政部、国家税务总局关于企业重组业务企业所得税处理若干问题的通知》（财税〔2009〕59号）和《财政部、国家税务总局关于促进企业重组有关企业所得税处理问题的通知》（财税〔2014〕109号）的规定，收购企业购买的股权不低于被收购企业全部股权的50%，且收购企业在该股权收购发生时的股权支付金额不低于其交易支付总额的85%，可以选择按以下规定处理：第一，被收购企业的股东取得收购企业股权的计税基础，以被收购股权的原有计税基础确定；第二，收购企业取得被收购企业股权的计税基础，以被收购股权的原有计税基础确定；第三，收购企业、被收购企业的原有各项资产和负债的计税基础及其他相关所得税事项保持不变。

1. 特殊性税务重组的方式[①]

在特殊性税务重组下，交易对价支付有两种方式：一是全部以股权支付。在股权支付方式下，收购企业可以以自己的股权作为对价，也可以以自己持有的下属公司股权作为支付对价。二是以股权和非股权混合支付，其中股权支付比例不低于85%。

【案例5-4】 A公司持有B公司100%的股权，成本为100元，按照公允价值150元转让给C公司。假定C公司全部以自己的股权作为对价，支付了全部150元收购款，该股权的成本为100元。

另假定C公司的整个交易都满足财税〔2009〕59号文关于股权收购特殊性税务处理的其他条件要求。

在重组完成后，A公司持有C公司股权，C公司持有B公司股权。该股权收购过程见图5-5。

---

① 本部分内容参考并借鉴了智方圆原创税坛"转让方特殊重组，收购方税负加重"的有关内容。

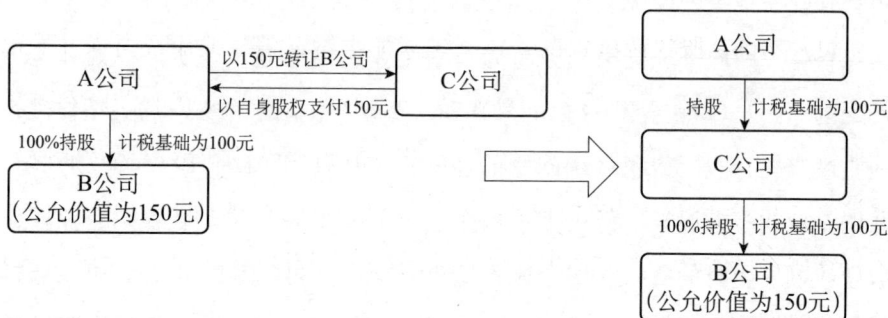

图 5 - 5　股权收购交易流程图 4

注：A 公司为转让企业，C 公司为收购企业，B 公司为被收购企业。

【案例 5 - 5】　A 公司持有 B 公司 100% 的股权，成本为 100 元，按照公允价值 150 元转让给 C 公司。假定 C 公司全部以自己持有的下属 D 公司股权作为支付对价，其持有 D 公司股权的成本为 130 元，公允价值为 150 元。

另假定 C 公司的整个交易都满足财税 [2009] 59 号文关于股权收购特殊性税务处理的其他条件要求。

在重组完成后，A 公司持有 D 公司股权，C 公司持有 B 公司股权。该股权收购过程见图 5 - 6。

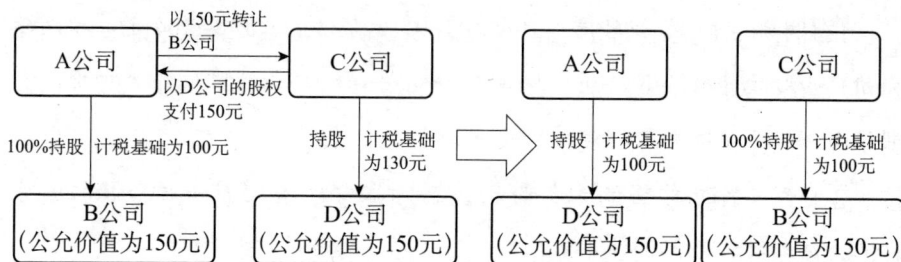

图 5 - 6　股权收购交易流程图 5

注：A 公司为转让企业，C 公司为收购企业，B 公司为被收购企业。

2. 特殊性重组的税务处理

对于特殊性重组，在重组时，不计算纳税人的应纳税所得，有关股权或资产的计税基础保持不变。

（1）不确认股权转让所得。关于特殊性重组过程中的应税所得，财税〔2009〕59号文第六条第（六）项规定："股权支付暂不确认有关资产的转让所得或损失的，其非股权支付仍应在交易当期确认相应的资产转让所得或损失，并调整相应资产的计税基础。"不确认转让所得意味着股权转让方不计算所得，暂时不会因转让股权而产生所得税纳税义务。

在案例5-4中，A公司将成本为100元的B公司股权，按照公允价值150元转让给C公司。由于满足特殊性税务处理的条件，该交易可以按照特殊性重组处理，暂不确认50元的所得，因而暂不缴税。由于A公司没有现金流入，解决了A公司没钱缴税的问题。

（2）计税基础不变，递延影响该股权处置时的转让所得。根据财税〔2009〕59号文第六条第（二）项的规定："被收购企业的股东取得收购企业股权的计税基础，以被收购股权的原有计税基础确定。收购企业取得被收购企业股权的计税基础，以被收购股权的原有计税基础确定。"在特殊性重组的情形下，由于重组时没有确认所得，因而取得的股权价值按原有计税基础确定，等再次处置该股权时，将影响到处置收益的计算。

在案例5-4中，被收购企业的股东（即A公司）取得收购企业（即C公司）股权的计税基础，以被收购股权的原计税基础（即100元）确定。也就是说，A公司持有C公司股权的计税基础是100元。此后，假定A公司按照170元转让其持有的C公司股权，则其应税所得为70元（＝170－100），70元实际可以分为50元和20元：50元实际是第一次转让B公司股权的所得，当时没确认所得，因而没征税；在以后转让时，A公司再确认所得，再征税。所以，对A公司而言，特殊性重组只是递延纳税，而不是免税。

C公司取得的B公司股权的计税基础，以被收购股权的原有计税基础确定（即 100 元）。假定以后 C 公司按照 170 元转让其持有的 B 公司股权，应税所得为 70 元（＝170－100）。A、C 公司的涉税情况见表 5-4。

表5-4 案例5-4中A、C公司涉税情况汇总表

项目		交易对价		重组类型		重组所得	股权计税基础	股权再次转让价格	股权转让所得
		股权	现金	一般	特殊				
案例 5-4	A	持股（C）			√		100	170	70
	C	100%（B）					100	170	70
	合计								140

在案例 5-5 中，A 公司将成本为 100 元的 B 公司股权，按照公允价值 150 元转让给 C 公司。由于该交易满足特殊性税务处理条件，可以按照特殊性重组处理，暂不确认 50 元的所得，因而暂不缴税。被收购企业的股东（即 A 公司）取得收购企业（即 C 公司）下属的 D 公司股权，其计税基础以被收购股权的原计税基础（即 100 元）确定。也就是说，A 公司持有 D 公司股权的计税基础为 100 元。假定以后 A 公司按照 170 元转让其持有的 D 公司股权，则其应税所得为 70 元（＝170－100）。

C 公司取得的 B 公司股权的计税基础，以被收购股权的原有计税基础确定，即 100 元。假定以后 C 公司按照 170 元转让其持有的 B 公司股权，则其应税所得为 70 元（＝170－100）。A、C 公司的涉税情况见表 5-5。

表5-5 案例5-5中A、C公司涉税情况汇总表

项目		交易对价		重组类型		重组所得	股权计税基础	股权再次转让价格	股权转让所得
		股权	现金	一般	特殊				
案例 5-5	A	持股（D）			√		100	170	70
	C	100%（B）					100	170	70
	合计								140

（3）特殊性重组交易的各方对交易中的股权支付暂不确认有关资产的转让所得或损失的，其非股权支付仍应在交易当期确认相应的资产转让所得或损失，并调整相应资产的计税基础。

$$\begin{aligned}
&\begin{array}{c}\text{非股权支付对应的}\\\text{资产转让所得或损失}\end{array}\\
&=\left(\begin{array}{c}\text{被转让资产的}\\\text{公允价值}\end{array}-\begin{array}{c}\text{被转让资产的}\\\text{计税基础}\end{array}\right)\times\left(\begin{array}{c}\text{非股权}\\\text{支付金额}\end{array}\div\begin{array}{c}\text{被转让资产的}\\\text{公允价值}\end{array}\right)
\end{aligned}$$

5.2.3 两种税务处理下的税收负担比较

由于一般性重组和特殊性重组的税务处理不同，使得股权转让所得的纳税义务时间发生了改变，因而重组双方的税收负担有可能发生改变。

【案例 5-6】 以案例 5-4 的数据为例，假定该重组不满足特殊性重组的其他条件。其涉税处理如下：

由于未同时满足特殊性税务处理条件，只能按一般性重组进行税务处理，所以被收购企业 A 公司应确认 50 元的所得，其取得了收购企业（即 C 公司）的股权，该股权的计税基础以被收购股权的公允价值 150 元确定，也就是 A 公司持有的 C 公司股权的计税基础是 150 元。假定以后 A 公司按照 170 元转让其持有的 C 公司股权，则其应税所得为 20 元（=170-50）。

C 公司将成本为 100 元的本公司股权，按照公允价值 150 元作为对价支付给 A 公司，按照一般性重组应确认 50 元的所得。C 公司取得的 B 公司股权的计税基础，以被收购股权的公允价值确定（即 150 元）。假定以后 C 公司按照 170 元转让其持有的 B 公司股权，则其应税所得为 20 元（=170-150）。A、C 公司的涉税情况见表 5-6。

表 5-6 案例 5-6 中 A、C 公司涉税情况汇总表

项目		交易对价		重组类型		重组所得	股权计税基础	股权再次转让价格	股权转让所得
		股权	现金	一般	特殊				
案例 5-6	A	持股（C）		√		50	150	170	20
	C	100%（B）				50	150	170	20
	合计					100			40

【案例 5-7】 以案例 5-5 的数据为例，假定该重组不满足特殊性重组的其他条件，其涉税处理如下：

由于未同时满足特殊性税务处理条件，只能按一般性重组进行税务处理，所以被收购企业 A 公司应确认 50 元的所得，其取得了收购企业——C 公司下属的 D 公司股权。该股权的计税基础以被收购股权的公允价值 150 元确定，也就是 A 公司持有的 D 公司股权的计税基础是 150 元。假定以后 A 公司按照 170 元转让其持有的 D 公司股权，则其应税所得为 20 元（=170－150）。

C 公司将成本为 130 元的 D 公司股权，按照公允价值 150 元作为对价支付给 A 公司，按照一般性重组应确认 20 元的所得。取得 B 公司股权的计税基础以被收购股权的公允价值确定（即 150 元）。假定以后 C 公司按照 170 元转让其持有的 B 公司股权，则其应税所得为 20 元（=170－150）。A、C 公司的涉税情况见表 5-7。

表 5-7　案例 5-7 中 A、C 公司涉税情况汇总表

项目		交易对价		重组类型		重组所得	股权计税基础	股权再次转让价格	股权转让所得
		股权	现金	一般	特殊				
案例 5-7	A	持股（D）		√		50	150	170	20
	C	100%（B）				20	150	170	20
	合计					70			40

【案例 5-8】 以案例 5-5 的数据为例，假定 D 公司股权的原计税基础为 90 元，该重组不满足特殊性重组的其他条件。其涉税处理如下：

由于未同时满足特殊性税务处理条件，只能按一般性重组进行税务处理，所以被收购企业 A 公司应确认 50 元的所得，其取得了收购企业 C 公司下属的 D 公司股权。该股权的计税基础以被收购股权的公允价值 150 元确定，也就是 A 公司持有的 D 公司股权的计税基础是 150 元。假定以后 A 公司按照 170 元转让其持有的 D 公司股权，则其应税所得为 20 元（=170－150）。

C公司将成本为90元的D公司股权,按照公允价值150元作为对价支付给A公司,按照一般性重组应确认60元的所得。C公司取得的B公司股权的计税基础,以被收购股权的公允价值(即150元)确定。假定以后C公司按照170元转让其持有的B公司股权,则其应税所得为20元(=170-150)。A、C公司的涉税情况见表5-8。

表5-8 案例5-8中A、C公司涉税情况汇总表

项目		交易对价		重组类型		重组所得	股权计税基础	股权再次转让价格	股权转让所得
		股权	现金	一般	特殊				
案例5-8	A	持股(D)		√		50	150	170	20
	C	100%(B)				60	150	170	20
	合计					110			40

通过以上案例比较,可得出如下结论:

(1)在收购方与被收购方的股权原计税基础相同的情况下,特殊性税务处理只是递延了所得的计税时间,实现了递延纳税,如案例5-6和案例5-4的汇总数据,见表5-9。

表5-9 两种税务处理纳税情况比较表

项目		交易对价		重组类型		重组所得	股权计税基础	股权再次转让价格	股权转让所得	所得合计
		股权	现金	一般	特殊					
案例5-6	A	持股(C)		√		50	150	170	20	70
	C	100%(B)				50	150	170	20	70
	合计					100			40	140
案例5-4	A	持股(C)			√		100	170	70	70
	C	100%(B)					100	170	70	70
	合计								140	140

一般性重组和特殊性重组的所得总额相同(均为140元),但所得的实现时间不同。在一般性重组情形下,140元的所得分成两个环节:重组环节的所得为100元,股权再次转让环节的所得为40元。

(2)在收购方作为对价支付的股权与被收购方的股权原计税基础不相同的情况下,特殊性税务处理对转让企业可以实现递延纳税,对收购企业

还可能带来税收负担绝对额的改变。

1）作为对价支付的股权原计税基础高于被收购股权的原计税基础，特殊性重组将会增加收购企业的税负。

C公司作为对价支付的D公司股权的原计税基础为130元，被收购企业B公司股权的原计税基础为100元，特殊性重组增加了收购企业C公司的税收负担，如案例5-7和案例5-5的数据所示，见表5-10。

表5-10　两种税务处理纳税情况比较表（2）

项目		交易对价		重组类型		重组所得	股权计税基础	股权再次转让价格	股权转让所得	所得合计
		股权	现金	一般	特殊					
案例5-7	A	持股（D）		√		50	150	170	20	70
	C	100%（B）				20	150	170	20	40
	合计					70			40	110
案例5-5	A	持股（D）			√		100	170	70	70
	C	100%（B）					100	170	70	70
	合计								140	140

在这两种重组形式下的A公司所得总额相同（均为70元），但所得的实现时间不同。在一般性重组的情形下，70元的所得分成两个环节：重组环节的所得为50元，股权再次转让环节的所得为20元，即特殊性重组实现了递延纳税。

在这两种重组形式下的C公司所得总额不同：特殊性重组方式下的所得合计为70元，一般性重组方式下的所得合计为40元（＝20＋20），即特殊性重组增加了收购企业的税收负担。

2）作为对价支付的股权原计税基础低于被收购股权的计税基础，特殊性重组可以降低收购企业的税负。C公司作为对价支付的D公司股权的原计税基础为90元，被收购企业B公司股权的原计税基础为100元，特殊性重组减轻了收购企业C公司的税收负担，如案例5-8和案例5-5的数据所示，见表5-11。

表 5-11　两种税务处理纳税情况比较表（3）

项目		交易对价		重组类型		重组所得	股权计税基础	股权再次转让价格	股权转让所得	所得合计
		股权	现金	一般	特殊					
案例5-8	A	持股（D）		✓		50	150	170	20	70
	C	100%（B）				60	150	170	20	80
	合计					110			40	150
案例5-5	A	持股（D）			✓		100	170	70	70
	C	100%（B）					100	170	70	70
	合计								140	140

在这两种重组形式下的 A 公司所得总额相同（均为 70 元），但所得的实现时间不同。在一般性重组的情形下，70 元的所得分成两个环节：重组环节的所得为 50 元，股权再次转让环节的所得为 20 元，即特殊性重组实现了递延纳税。

在这两种重组形式下的 C 公司所得总额不同，特殊性重组方式下的所得合计为 70 元，一般性重组方式下的所得合计为 80 元（＝60＋20）。也就是说，特殊性重组降低了应纳税所得额，减轻了税收负担。

5.3　股权收购的会计处理与纳税调整

股权收购会形成收购方的股权投资，股权收购方也就成为投资单位，被收购方成为被投资单位。

5.3.1　股权投资的会计处理

根据投资单位在投资后对被投资单位能够施加影响的程度，企业会计准则将股权投资区分为应当按照金融工具准则进行确认和计量以及应当按照长期股权投资准则进行确认和计量两种情况。

1. 按照金融工具准则进行确认和计量

投资单位在取得被投资单位的股权后，不能对被投资单位施加影响的，其股权投资按照金融工具准则进行确认和计量。

2. 按照长期股权投资准则进行确认和计量

投资单位在取得被投资单位的股权后，能够对被投资单位施加影响的，其股权投资按照长期股权投资准则进行确认和计量。长期股权投资包括投资方持有的对联营企业、合营企业以及子公司的投资。

（1）联营企业投资。联营企业投资是指投资方能够对被投资单位施加重大影响的股权投资。重大影响是指投资方对被投资单位的财务和生产经营决策有参与的权力，但不能控制或与其他方一起共同控制这些政策的制定。

重大影响是指投资单位只要能够参与被投资单位的生产经营决策即可。在实务中，较为常见的重大影响体现为在被投资单位的董事会或类似权力机构中派有代表，通过在被投资单位财务和经营决策制定过程中的发言权实施重大影响。从股权比例来看，当投资单位直接或是通过子公司间接持有被投资单位20％以上但低于50％的表决权股份时，一般认为对被投资单位具有重大影响，除非有明确的证据表明投资单位在这种情况下不能参与被投资单位的生产经营决策，不形成重大影响。

通常说来，企业可以通过以下一种或几种情形来判断是否对被投资单位具有重大影响：

第一，在被投资单位的董事会或类似权力机构中派有代表。

第二，参与被投资单位财务和生产经营决策的制定过程，包括股利分配政策等的制定。

第三，与被投资单位之间发生重要交易。

第四，向被投资单位派出管理人员。

第五，被投资单位提供关键技术资料。

（2）合营企业投资。合营企业投资是指投资单位持有的对构成合营企业的合营安排的投资。投资单位通过与其他方共同出资设立被投资单位或是通过购买等方式取得对被投资单位的投资，能够与其他方一起对被投资单位实施共同控制。

（3）对子公司的投资。对子公司的投资是指投资单位持有的能够对被投资单位施加控制的股权投资。

控制是指投资单位拥有对被投资单位的权力，通过参与被投资单位的相关活动而享有可变回报，并且有能力运用对被投资单位的权力影响其回报金额。

如果对被投资单位的控制是通过持有被投资单位的权益工具而获得一定比例的表决权或是潜在表决权的方式来实现，当不存在其他改变决策机制的安排时，对控制的判断主要着重于判断哪一方能够通过行使表决权来决定被投资单位的财务和生产经营决策。在通常情况下，持有半数以上表决权的投资单位可以控制被投资单位，但如果章程规定对被投资单位相关活动的决策需要2/3以上表决权比例才能通过，那么拥有半数以上表决权并不意味着必然能够对被投资单位实施控制。

对子公司投资的取得一般是通过企业合并方式。

5.3.2 股权收购的涉税会计处理

5.3.2.1 股权收购适用的会计准则

1. 股权收购形成对子公司的投资

股权收购是指一家企业购买另一家企业的股权，以实现对被收购企业进行控制的交易。根据税法的规定，股权收购分别适用一般性税务处理和特殊性税务处理。适用特殊性税务处理的条件之一是收购企业购买的股权不低于被收购企业全部股权的50%。按照会计准则的相关规定，通常持有50%以上表决权的投资单位可以控制被投资单位。

从股权收购的定义来看，收购股权必须对被收购企业实施控制（即纳入合并会计报表的范围），也就是在收购后，投资单位将成为被收购企业的第一大股东。如果不能对被收购企业实施控制，则不能作为股权收购重组对待，而是一般的股权购买业务。

对于支付对价的方式，可以是非股权支付，也可以是股权支付，或者是两者的组合。但只有以本公司或控股企业的股权、股份作为对价，才能作为股权支付对待。如果以持有的非控股企业的股权、股份作为对价，则属于非股权支付。

在股权收购后，由于收购企业取得了被收购企业的控制权，一般符合会计准则中子公司投资的定义，因而股权收购的会计处理适用于对子公司投资的相关准则规定。[①] 股权收购、股权投资及其会计处理、税务处理的关系，见图 5-7。

2. 非股权收购交易形成一般股权购买业务

如果收购企业购买的股权低于被收购企业全部股权的 50%，不会形成对被收购企业的控制，不属于税法中的"股权收购"，而是形成对联营、合营企业的股权投资或金融资产，需要按一般性税务处理，即长期股权投资按公允价值确定。

根据《中华人民共和国企业所得税法实施条例》的规定，投资资产是指企业对外进行权益性投资和债权性投资形成的资产。投资资产按照以下方法确定成本：第一，通过支付现金方式取得的投资资产，以购买价款为成本；第二，通过支付现金以外的方式取得的投资资产，以该资产的公允价值和支付的相关税费为成本。

如果企业在购买股权交易过程中是以现金作为对价，其会计处理与税务处理一致，不需要做纳税调整。

---

① 如果章程规定被投资单位相关活动的决策需要 2/3 以上表决权比例通过，那么拥有半数以上表决权并不意味着必然能够对被投资单位实施控制。

```
------ 税法 -------------------- 会计 ------
```

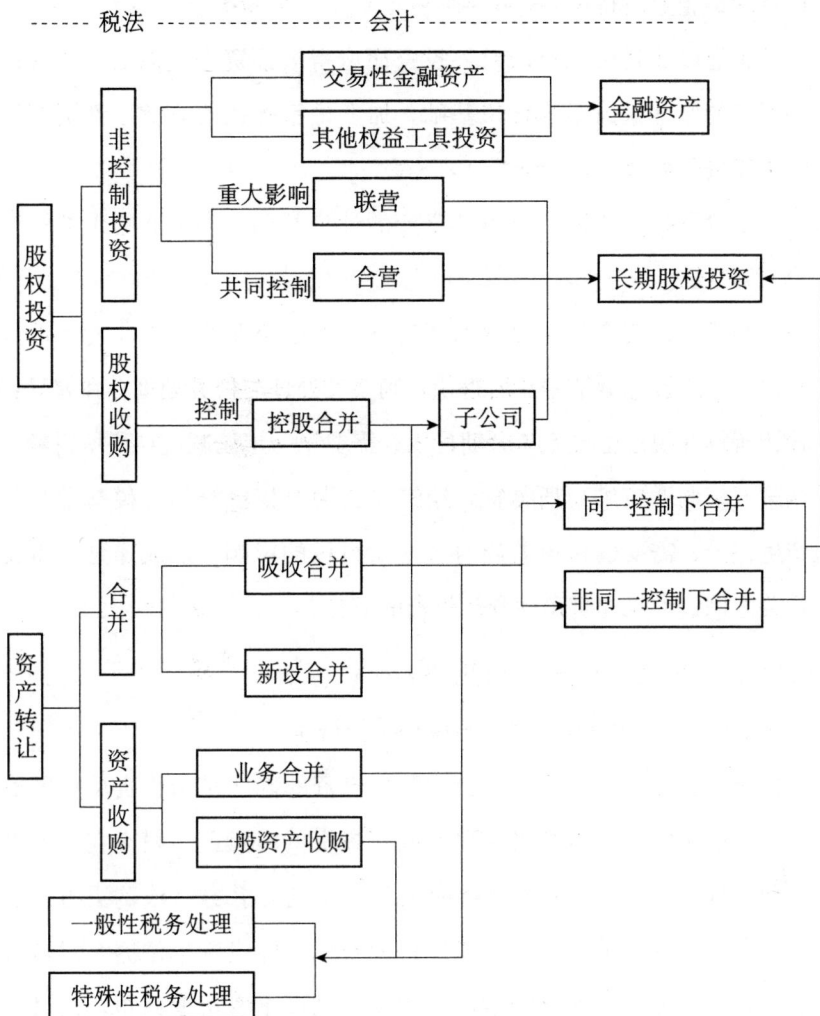

图 5-7 股权投资涉税会计处理关系图

如果企业在购买股权交易过程中是以非货币性资产作为对价，企业可以根据《国家税务总局关于非货币性资产投资企业所得税有关征管问题的公告》（国家税务总局公告 2015 年第 33 号）的规定，对非货币资产投资选择以下税务处理：

（1）非货币性资产转让所得，可分 5 年均匀计入相应年度的应纳税所得额，计算缴纳企业所得税。

（2）企业以非货币性资产对外投资而取得被投资企业的股权，应以非货币性资产的原计税成本为计税基础，加上每年确认的非货币性资产转让所得，逐年进行调整。

（3）被投资企业取得非货币性资产的计税基础，应按非货币性资产的公允价值确定。

在以非货币性资产作为对价的情况下，如果企业选择了非货币性资产转让所得分 5 年计算缴纳企业所得税，则会计处理与税务处理存在差异：第一，转让所得在税法上分 5 年分期计入，需要第一年调减应纳税所得额，第二年至第五年调增应纳税所得额；第二，长期股权投资的计税基础与账面价值产生差异，需要确认该差异对企业所得税的影响，形成递延所得税负债。相关案例请参见非货币性资产投资的部分。

5.3.2.2　股权收购的会计处理与纳税调整

1. 长期股权投资的确认时点与税会差异调整

根据企业会计准则的规定，长期股权投资的确认是指投资单位能够在自身账簿和报表中确认对被投资单位股权投资的时点，一般应在企业合并日（或购买日）确认。合并日（或购买日）是指合并方（或购买方）实际取得对被合并方（或被购买方）控制权的日期，即投资单位拥有对被投资单位的权力，通过参与被投资单位的相关活动而享有可变回报，而且有能力运用对被投资单位的权力影响其回报金额。

根据《国家税务总局关于企业重组业务企业所得税征收管理若干问题的公告》（国家税务总局公告 2015 年第 48 号）的规定，股权收购以转让合同（协议）生效且完成股权变更手续日为重组日。关联企业之间发生股权收购，转让合同（协议）生效后 12 个月内尚未完成股权变更手续的，应以转让合同（协议）生效日为重组日。重组业务完成当年是指重组日所属的企业所得税纳税年度。根据《国家税务总局关于非货币性资产投资企业所得税有关征管问题的公告》（国家税务总局公告 2015 年第 33 号）的规定，关联企业之间发生的非货币性资产投资行为，投资协议生效后 12 个月内尚未完成股权变更登记手续的，应于投资协议生效时确认非货币性资产转让收入的实现。

【案例 5-9】 A 公司为境内上市公司，2019 年 7 月 16 日经决策机构的批准，A 公司决定收购非关联企业 C 公司。

2019 年 7 月 20 日，A 公司对外公告。

2019 年 10 月 22 日，A 公司向有关监管机构提交并购重组申请材料。

2019 年 12 月 20 日，该重组事项获监管部门批准。

2019 年 12 月 31 日，A 公司取得监管部门批文，并于当日对 C 公司董事会进行改组。在 C 公司 7 名董事会成员中，A 公司派出 5 名董事，取得了对 C 公司的控制权，同时办理了 C 公司有关财产的交接手续。

2020 年 1 月 6 日，C 公司完成注册资本验资程序，C 公司向工商部门申请变更股东并获批准。

2020 年 1 月 28 日，A 公司在有关股权登记部门完成股东登记手续。

要求：请判定长期股权投资的确认时点。

解析：根据会计准则的规定，A 公司长期股权投资的时点，应根据 A 公司取得对 C 公司控制权的时间确定。2019 年 12 月 31 日，A 公司已通过派出董事会成员，对 C 公司的生产经营决策进行控制。虽然 2019 年 12 月 31 日该项重组交易并未完全完成，但后续在 2020 年 1 月完成的工商登记及股东登记程序为程序性的，对交易本身不构成实质性障碍，亦不会因 2020 年的有关程序未完成而发生交易逆转的情况，因而可以认为 2019 年 12 月 31 日为该交易的购买日，并在会计上确认"长期股权投资"。

根据税法的规定，长期股权投资的确认时点为股权变更日，即 2020 年

1 月 28 日。

　　纳税调整：会计与税法对"长期股权投资"的确认时间不同。

　　2. 长期股权投资的初始计量与税会差异调整

　　对于形成控股合并的长期股权投资，应分为同一控制下控股合并与非同一控制下控股合并两种情况。

　　（1）同一控制下控股合并形成的对子公司长期股权投资。同一控制下企业合并是指在交易发生前后，合并方、被合并方均处于相同的最终控制方控制之下。最终控制方在企业合并前及合并后能够控制的资产并没有发生变化，只是由于合并方的加入，致使其所控制子公司相互的层级、直接或间接关系产生变化。同一控制下控股合并的示意图见图 5 - 8。

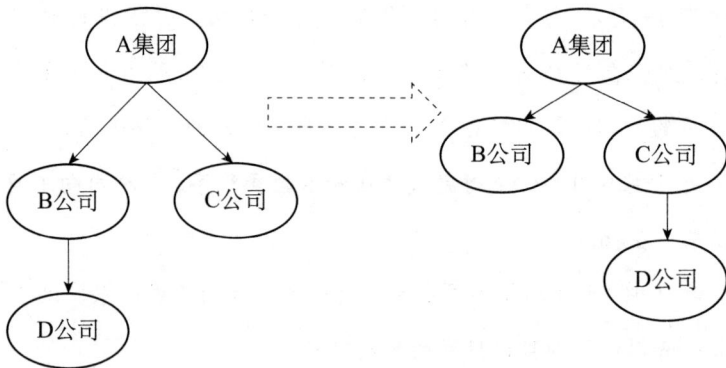

图 5 - 8　同一控制下控股合并的示意图 1

　　1）合并方以支付现金、转让非现金资产或承担债务方式作为合并对价的，应当于合并日按照取得的被合并方所有者权益在最终控制方合并财务报表中账面价值的份额作为长期股权投资的初始成本。长期股权投资的初始成本与支付的现金、转让的非现金资产或所承担债务账面价值之间的差额，应当调整资本公积（资本溢价或股本溢价）；资本公积（资本溢价或股本溢价）的余额不足冲减的，调整留存收益，即

　　借：长期股权投资

贷：现金等

　　资本公积——资本溢价或股本溢价

或

借：长期股权投资

　资本公积——资本溢价或股本溢价

　盈余公积

　利润分配——未分配利润

贷：现金等

【案例 5-10】 B、C 公司均为 A 集团控制的子公司（非上市公司），适用的企业所得税税率为 25%。2019 年 4 月 1 日，C 公司自 B 公司取得其下属子公司 D 的 100% 股权。同日，D 公司的净资产价值为 10 亿元，D 公司股权的账面价值为 8 亿元。C 公司的所有者权益构成为：股本为 16 亿元，资本公积为 3 亿元，盈余公积为 2 亿元，未分配利润为 5 亿元。在该项交易中，以 2018 年 12 月 31 日为评估基准日，D 公司全部股权经评估确定的价值为 12 亿元，C 公司支付现金 12 亿元作为对价。其控股合并示意图见图 5-9。

要求：请做出相应的涉税会计处理。

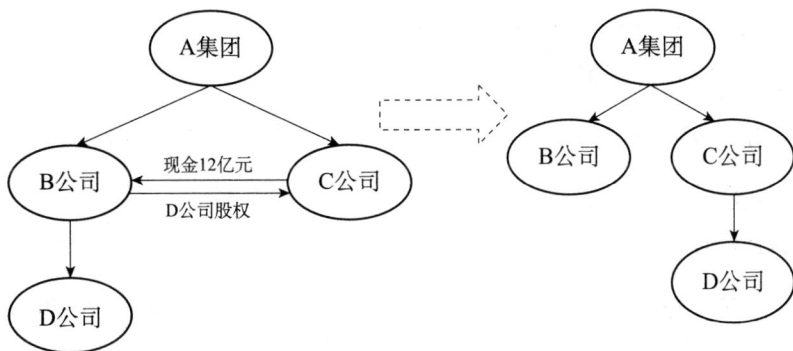

图 5-9　同一控制下控股合并的示意图 2

解析：C 公司取得 D 公司的股权属于同一控制下企业合并。按照企业会计准则的规定，投资方应当按照合并取得的被合并方账面净资产的份额确认对被合并方的长期股权投资。该长期股权投资与所支付对价账面价值之间的差额应当调整资本公积，资本公积余额不足的，应当依次调整盈余公积和未分配利润。

①C公司的涉税会计处理。

会计处理：

C公司对D公司长期股权投资的成本确认为10亿元。

借：长期股权投资——D公司   1 000 000 000

    资本公积   200 000 000

  贷：银行存款   1 200 000 000

税务处理：因为该股权收购行为的对价支付形式为全部现金支付，不符合特殊性税务处理条件，适用一般性税务处理，收购方取得股权或资产的计税基础应以公允价值为基础确定，即C公司确认的长期股权投资成本为12亿元。

根据企业会计准则的规定，在企业合并业务中购买的资产和承担的债务因账面价值与计税基础不同形成的暂时性差异应确认对递延所得税的影响0.5亿元 [＝(12－10)×25％]。①

借：递延所得税资产   50 000 000

  贷：资本公积   50 000 000

②B公司的涉税会计处理。

会计处理：

借：银行存款   1 200 000 000

---

① 对于采用权益法核算的长期股权投资，如果企业拟长期持有，则因初始投资成本的调整而产生的暂时性差异预计未来期间不会转回，所以对未来期间企业所得税没有影响，可以不确认相关的企业所得税影响。

贷：长期股权投资——D公司等　　　　　　　　800 000 000

　　　资本公积　　　　　　　　　　　　　　　400 000 000

税务处理：B公司需要确认股权转让所得4亿元（＝12－8），应调增应纳税所得额4亿元。

【案例5－11】　以案例5－10为例，假定C公司以自己的一宗土地使用权作为支付对价，该土地使用权的成本为8亿元，已摊销2亿元，评估价值为12亿元。

要求：请做出相应的涉税会计处理（暂不考虑增值税等其他税费）。

解析：股权支付是指在企业重组中购买、换取资产的一方支付的对价中，以本企业或其控股企业的股权、股份作为支付的形式。非股权支付是指以本企业的现金、银行存款、应收款项、本企业或其控股企业的股权和股份以外的有价证券、存货、固定资产、其他资产以及承担债务等作为支付的形式。C公司以土地使用权作为支付对价，属于非股权支付，应按一般性重组进行税务处理。

①C公司的涉税会计处理。

会计处理：C公司对D公司长期股权投资的成本确认为10亿元。

借：长期股权投资——D公司　　　　　　　1 000 000 000

　　累计摊销　　　　　　　　　　　　　　200 000 000

贷：无形资产——土地使用权　　　　　　　800 000 000

　　资本公积　　　　　　　　　　　　　　400 000 000

税务处理：因为该项股权收购行为的对价支付形式为非股权支付，不符合特殊性税务处理条件，适用一般性税务处理，收购方取得股权或资产的计税基础应以公允价值为基础确定，即C公司确认的长期股权投资成本为12亿元，确认土地使用权的转让收益为6亿元 [＝12－(8－2)]，应调增应纳税所得额6亿元。

②B公司的涉税会计处理。

会计处理：

借：无形资产——土地使用权   600 000 000

    资本公积   200 000 000

    贷：长期股权投资——D公司等   800 000 000

税务处理：B公司确认的土地使用权的计税基础为12亿元，应确认递延所得税资产1.5亿元 [=(12-6)×25%]；B公司确认的股权转让所得为4亿元（=12-8），应调增应纳税所得额4亿元。

借：递延所得税资产   150 000 000

    贷：所得税费用   100 000 000

        资本公积   50 000 000

【案例5-12】 以案例5-10为例，假定C公司以自己拥有的E公司股权（非控股企业）作为支付对价。

要求：请做出相应的涉税会计处理。

解析：根据《财政部、国家税务总局关于企业重组业务企业所得税处理若干问题的通知》（财税 [2009] 59号）的规定，股权支付是指在企业重组中购买、换取资产的一方支付的对价中，以本企业或其控股企业的股权、股份作为支付的形式。非股权支付是指以本企业的现金、银行存款、应收款项、本企业或其控股企业的股权和股份以外的有价证券、存货、固定资产、其他资产以及承担债务等作为支付的形式。C公司以自己拥有的非控股企业E公司的股权作为支付对价，属于非股权支付。另外，C公司也可以选择适用国家税务总局公告2015年第33号的规定。

相关涉税会计处理可参见案例5-11。

2) 合并方以发行权益性证券作为合并对价的，应按合并日取得的被合并方所有者权益在最终控制方合并财务报表中账面价值的份额确认长期股权投资，按发行权益性证券的面值总额作为股本，长期股权投资的初始投资成本与所发行权益证券面值总额之间的差额，应当调整资本公积（资本溢价或股本溢价）；资本公积（资本溢价或股本溢价）不足调减的，可调整留存收益，即

借：长期股权投资

　贷：股本

　　　资本公积——资本溢价或股本溢价

或

借：长期股权投资

　　　资本公积——资本溢价或股本溢价

　　　盈余公积

　　　利润分配——未分配利润

　贷：股本

【案例5-13】　以案例5-10为例，假定C公司通过增发1.1亿股本公司股票（每股面值1元）作为对价，该股份的公允价值为12亿元。其控股合并的示意图见图5-10。

要求：请做出相应的涉税会计处理。

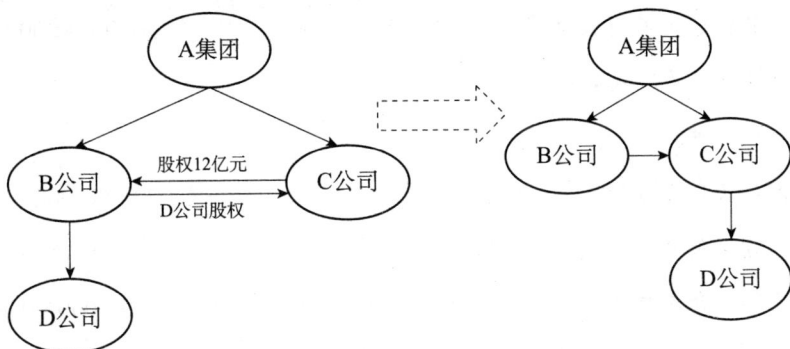

图5-10　同一控制下控股合并的示意图3

解析：C公司取得D公司的股权属于同一控制下的企业合并，应按合并日取得的被合并方所有者权益在最终控制方合并财务报表中账面价值的份额确认长期股权投资，按发行权益性证券的面值总额作为股本，长期股权投资的初始投资成本与所发行权益证券面值总额之间的差额，应当调整资本公积（资本溢价或股本溢价）；资本公积（资本溢价或股本溢价）不足调减的，可调整留存收益。

①C公司的涉税会计处理。

会计处理：C公司对D公司的长期股权投资成本确认为10亿元。

借：长期股权投资——D公司   1 000 000 000

 贷：股本   110 000 000

  资本公积   890 000 000

税务处理：因为该项股权收购行为的对价支付形式为全部股权支付，符合特殊性税务处理条件，适用特殊性税务处理，收购方取得股权或资产的计税基础应以被收购股权的原账面价值为基础确定，即C公司确认的长期股权投资成本为8亿元。长期股权投资的计税基础与账面价值的差异应确认对递延所得税的影响。

借：资本公积   50 000 000

 贷：递延所得税负债   50 000 000

②B公司的涉税会计处理。

会计处理：

借：长期股权投资——C公司   1 000 000 000

 贷：长期股权投资——D公司   800 000 000

  资本公积   200 000 000

税务处理：因符合特殊性税务处理条件，取得的C公司股权的计税基础为8亿元，B公司不用确认股权转让所得。长期股权投资的计税基础与账面价值的差额，应确认对递延所得税的影响。

借：资本公积　　　　　　　　　　　　　　　　50 000 000

　　贷：递延所得税负债　　　　　　　　　　　　　　50 000 000

说明：根据国家税务总局公告2015年第33号，B公司以D公司的股权作为出资取得C公司的股权，也可以选择按非货币性资产投资处理。假定B公司选择将股权转让所得分5个年度平均确认，每年确认的转让所得金额为0.8亿元 [＝(12－8)÷5]，应调增应纳税所得额0.8亿元，同时长期股权投资的计税基础在第1年为8.8亿元 (＝8＋0.8)。

根据企业会计准则的规定，在企业合并业务中购买的资产和承担的债务因账面价值10亿元与计税基础8.8亿元不同而形成的暂时性差异，应确认对递延所得税的影响。

借：所得税费用　　　　　　　　　　　　　　　　30 000 000

　　贷：递延所得税负债　　　　　　　　　　　　　　30 000 000

C公司对D公司的长期股权投资的计税基础为12亿元。计税基础与账面价值之间的差额应确认对递延所得税的影响。

借：递延所得税资产　　　　　　　　　　　　　　50 000 000

　　贷：资本公积　　　　　　　　　　　　　　　　50 000 000

3）形成同一控制下控股合并的长期股权投资，如果子公司按照改制时确定的资产、负债经评估确认的价值调整资产、负债的账面价值，合并方应按照取得子公司经评估确认的净资产份额，作为长期股权投资的初始投资成本。

【案例5-14】 以案例5-10为例，假定D公司已按照改制时确定的资产、负债经评估确认的价值调整了资产、负债的账面价值，净资产的账面价值调整为12亿元，C公司支付现金12亿元作为对价。

要求： 请做出相应的涉税会计处理。

解析：根据企业会计准则的规定，如果子公司按照改制时确定的资产、负债经评估确认的价值调整资产、负债的账面价值，合并方应当按照取得的子公司经评估确认的净资产份额，作为长期股权投资的初始投资成本。因此，C公司购入D公司的长期股权投资成本为12亿元。

①C公司的涉税会计处理：

借：长期股权投资——D公司   1 200 000 000

    贷：银行存款   1 200 000 000

税务处理：账面价值与公允价值相同，长期股权投资的计税基础为12亿元，税务处理与会计处理相同。

②B公司的涉税会计处理：

借：银行存款   1 200 000 000

    贷：长期股权投资——D公司   1 200 000 000

税务处理：长期股权投资的账面价值与公允价值相同，没有转让所得，税务处理与会计处理相同。

4) 在企业合并中，合并方发生的审计、法律服务、评估咨询等中介费用以及其他相关的管理费用，应于发生时计入当期损益（管理费用）。

借：管理费用

    贷：银行存款

(2) 非同一控制下控股合并形成的对子公司的长期股权投资。购买方在支付有关对价后，对交易中自购买方取得的各项资产、负债应当按照其在购买日的公允价值计量。

1) 在非同一控制下控股合并中，购买方应当按照确定的企业合并成本作为长期股权投资的初始投资成本。企业合并成本包括购买方付出的资产、发生或承担的负债、发行的权益性证券的公允价值。

借：长期股权投资

贷：固定资产（银行存款、长期股权投资、股本）等

　　资产处置收益（投资收益、资本公积）

非同一控制下控股合并涉及以库存产品等作为合并对价的，应按库存产品的公允价值，贷记"主营业务收入"或"其他业务收入"科目，同时结转相关的成本。将以公允价值计量且其变动计入其他综合收益的债权性金融资产作为合并对价的，原持有期间公允价值变动形成的其他综合收益应一并转入投资收益，借记"其他综合收益"科目，贷记"投资收益"科目。

【案例 5 - 15】 假定 B、C 公司为非关联公司（非上市公司），适用的企业所得税税率为 25％。2019 年 4 月 1 日，C 公司自 B 公司取得其下属子公司 D 的 100％ 股权；同日，D 公司股权的公允价值为 12 亿元，账面价值为 10 亿元。C 公司支付现金 12 亿元作为对价。其控股合并示意图见图 5 - 11。

要求： 请做出相应的涉税会计处理。

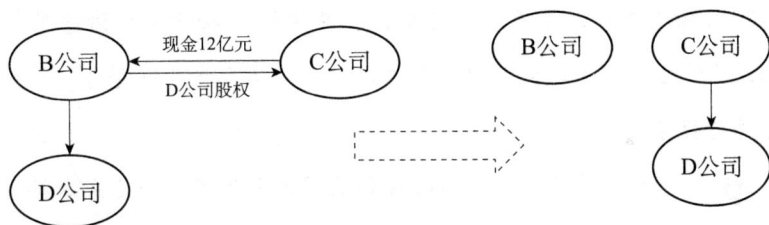

图 5 - 11　非同一控制下控股合并的示意图 1

解析： ①C 公司的涉税会计处理。

会计处理：

借：长期股权投资——D 公司　　　　　　　　　　1 200 000 000

　　贷：银行存款　　　　　　　　　　　　　　　　1 200 000 000

税务处理：由于全部是现金支付，按一般性税务处理规定，长期股权投资的计税基础为公允价值 12 亿元，税务处理与会计处理相同。

②B公司的涉税会计处理。

会计处理：

借：银行存款   1 200 000 000

  贷：长期股权投资   1 000 000 000

     投资收益   200 000 000

税务处理：由于全部是现金支付，按一般性税务处理规定，应确认股权转让所得2亿元，税务处理与会计处理相同。

【案例5-16】 以案例5-15为例，假定C公司以一宗土地使用权作为支付对价，该土地使用权的成本为8亿元，已摊销2亿元，评估价值为12亿元。

要求： 请做出相应的涉税会计处理（暂不考虑增值税等其他税费）。

解析： 股权支付是指在企业重组中购买、换取资产的一方支付的对价中，以本企业或其控股企业的股权、股份作为支付的形式。非股权支付是指以本企业的现金、银行存款、应收款项、本企业或其控股企业的股权和股份以外的有价证券、存货、固定资产、其他资产以及承担债务等作为支付的形式。C公司以土地使用权作为支付对价，属于非股权支付，应按一般性重组进行税务处理。

C公司的涉税会计处理：C公司对D公司的长期股权投资成本按付出资产的公允价值确认为12亿元。

借：长期股权投资——D公司   1 200 000 000

  累计摊销   200 000 000

  贷：无形资产——土地使用权   800 000 000

     资产处置收益   600 000 000

税务处理：因为该项股权收购行为的对价支付形式为全部非股权支付，不符合特殊性税务处理条件，适用一般性税务处理，收购方取得的股权或资产的计税基础应以公允价值为基础确定，即C公司确认的长期股权投资成本为 12 亿元，确认的土地使用权转让收益为 6 亿元 $[=12-(8-2)]$，会计处理与税务处理相同。

【案例 5-17】 以案例 5-15 为例，假定 C 公司以自己拥有的 E 公司股权（非控股企业）作为支付对价。

要求： 请做出相应的涉税会计处理。

解析： 根据财税 [2009] 59 号文，股权支付是指企业重组中购买、换取资产的一方支付的对价中，以本企业或其控股企业的股权、股份作为支付的形式；非股权支付是指以本企业的现金、银行存款、应收款项、本企业或其控股企业的股权和股份以外的有价证券、存货、固定资产、其他资产以及承担债务等作为支付的形式。C 公司以自己拥有的非控股企业 E 公司的股权作为支付对价，属于非股权支付。另外，C 公司也可以选择适用国家税务总局公告 2015 年第 33 号的规定。

相关涉税会计处理可参见案例 5-16。

【案例 5-18】 以案例 5-15 为例，假定 C 公司通过增发 1.1 亿股本公司股票（每股面值 1 元）作为对价，该股份的公允价值为 12 亿元。其控股合并的示意图见图 5-12。

要求： 请做出相应的涉税会计处理。

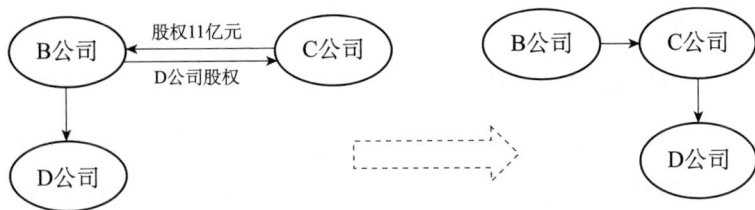

图 5-12 非同一控制下控股合并的示意图 2

解析： C 公司取得 D 公司的股权属于非同一控制下企业合并，购买方应在购买日按照发行的权益性证券的公允价值确认长期股权投资的初始成本，按发行权益性证券的面值总额作为股本，长期股权投资的初始投资成本与所发行权益证券面值总额之间的差额，应当贷记"资本公积（资本溢价或股本溢价）"科目。

①C公司的涉税会计处理。

会计处理：C公司对D公司的长期股权投资成本确认为12亿元。

借：长期股权投资——D公司　　　　　　　　　　1 200 000 000

　贷：股本　　　　　　　　　　　　　　　　　　110 000 000

　　资本公积——股本溢价　　　　　　　　　　1 090 000 000

税务处理：因为该股权收购行为的对价支付形式为全部股权支付，符合特殊性税务处理条件，适用特殊性税务处理，收购方取得的股权或资产的计税基础应以原账面价值为基础确定，即C公司确认的长期股权投资成本为10亿元。

根据企业会计准则的规定，在企业合并业务中购买的资产和承担的债务因账面价值12亿元与计税基础10亿元不同而形成的暂时性差异，应确认对递延所得税的影响。

借：资本公积　　　　　　　　　　　　　　　　50 000 000

　贷：递延所得税负债　　　　　　　　　　　　　50 000 000

②B公司的涉税会计处理。

会计处理：

借：长期股权投资——C公司　　　　　　　　　1 200 000 000

　贷：长期股权投资——D公司　　　　　　　　1 000 000 000

　　投资收益　　　　　　　　　　　　　　　200 000 000

税务处理：符合特殊性税务处理条件，取得的C公司股权的计税基础为10亿元，B公司不用确认股权转让所得。应调减应纳税所得额2亿元，长期股权投资的账面价值和计税基础之间的差额2亿元，应确认对递延所得税的影响。

借：所得税费用   50 000 000

    贷：递延所得税负债   50 000 000

说明：根据国家税务总局公告2015年第33号，B公司以D公司的股权为出资取得C公司的股权，B公司也可以选择按非货币性资产投资处理。假定B公司选择股权转让所得分5个年度平均确认，每年确认的转让所得金额为0.4亿元（＝2÷5），应调减应纳税所得额1.6亿元，同时长期股权投资的计税基础在第1年为10.4亿元（＝10＋0.4）。

根据企业会计准则的规定，在企业合并业务中购买的资产和承担的债务因账面价值12亿元与计税基础10.4亿元不同而形成的暂时性差异，应确认对递延所得税的影响。

借：所得税费用   40 000 000

    贷：递延所得税负债   40 000 000

C公司对D公司的长期股权投资的计税成本为12亿元，会计处理与税务处理相同，不需要做纳税调整。

3. 长期股权投资的后续计量与纳税调整

根据企业会计准则的规定，投资企业在持有长期股权的投资期间，应当根据对被投资单位能够施加的影响程度进行划分，分别采用成本法及权益法进行核算。成本法适用于企业持有的、能够对被投资单位实施控制的长期股权投资。

股权收购行为形成对被收购单位的控制，因而股权收购投资的后续计量在会计上适用成本法。投资企业应当按照享有被投资单位宣告发放的现金股利或利润确认投资收益。当长期投资的账面价值大于享有被投资单位净资产账面价值的份额时，企业应当按照企业会计准则的规定对长期股权投资进行减值测试，可收回金额低于长期股权投资账面价值的，应当计提减值准备。

根据税法的相关规定,居民企业之间的投资收益免征企业所得税,同时对企业计提的长期股权投资减值准备不得在企业所得税税前扣除。

【案例5-19】 以案例5-18为例,假定B公司宣告发放利润100万元。

要求: 请做出C公司相应的涉税会计处理。

解析: 按照企业会计准则的规定,应确认投资收益100万元。

借:应收股利　　　　　　　　　　　　　　　　　　1 000 000

　贷:投资收益　　　　　　　　　　　　　　　　　1 000 000

纳税调整:该投资收益属于免税收入,应调减应纳税所得额100万元。

【案例5-20】 以案例5-18为例,假定C公司的该股权投资发生减值200万元。

要求: 请做出C公司相应的涉税会计处理。

解析: 按照会计制度的规定,应计提减值准备200万元。

借:资产减值损失　　　　　　　　　　　　　　　　2 000 000

　贷:长期股权投资减值准备　　　　　　　　　　　2 000 000

纳税调整:该减值准备不得在企业所得税税前扣除,应调增应纳税所得额200万元。由于计提减值准备,使得该长期股权投资的账面价值与计税基础产生差异200万元,应确认相应的递延所得税影响50万元。

借:递延所得税资产　　　　　　　　　　　　　　　500 000

　贷:所得税费用　　　　　　　　　　　　　　　　500 000

5.4 股权收购的税收筹划

5.4.1 股权收购税收筹划应关注的重点

1. 合理筹划以享受企业所得税递延纳税政策

对于股权支付比例与收购股权比例符合特殊性税务处理条件的,被收购企业股东无须确认股权转让所得，收购企业、被收购企业的原有各项资产和负债的计税基础及其他相关企业所得税事项保持不变。收购企业应合理规划股权支付比例和收购股权比例，使其符合特殊性税务处理条件，以实现递延纳税的目标。

2. 先分配，后转让

若股权收购选择一般性税务处理，应合理筹划并通过提前分配利润，将应税转让所得转为免税分配所得，从而降低股权转让的税收成本。

5.4.2　股权收购的税收筹划思路

若收购方在股权收购交易中以股权作为对价支付方式，在其他条件符合特殊性重组规定的情况下，重组双方可以选择适用特殊性重组的税务处理规定。由于一般性重组和特殊性重组的税务处理不同，使得股权转让所得的纳税义务时间发生了改变，重组双方之间的税收负担有可能发生改变。纳税人应根据股权转让价格、股权原计税基础以及适用企业所得税税率的情况选择是否适用特殊性重组。

5.4.2.1　重组所得或损失的考量

1. 重组所得

当纳税人在重组过程中股权的公允价值大于原计税基础时，选择特殊性税务处理会实现递延纳税。

（1）收购方以对价支付的股权与被收购股权的原计税基础相同。在收购方以对价支付的股权与被收购股权的原计税基础相同的情况下，特殊性税务处理递延了所得的计税时间，实现了递延纳税。正如案例 5-6 和案例 5-4 所示，一般性重组和特殊性重组的所得总额相同，但所得的实现时间不同。在一般性重组下，所得分成两个环节，即重组环节和股权再转让环节。在特殊性重组下，所得递延到股权再转让环节。

（2）收购方以对价支付的股权与被收购股权的原计税基础不同。在收购方以对价支付的股权与被收购股权的原计税基础不同的情况下，特殊性税务处理对被收购企业可以实现递延纳税，对收购企业还可能带来税收负担绝对额的改变。

1）以对价支付的股权原计税基础高于被收购股权的原计税基础。以对价支付的股权原计税基础高于被收购股权的原计税基础，则特殊性重组将会增加收购企业的税负。正如案例5-7和案例5-5所示，在两种重组形式下转让方的所得总额相同，但所得的实现时间不同。在一般性重组情形下，所得分成两个环节，即重组环节和股权再转让环节，而特殊性重组实现了递延纳税；若两种重组形式下收购方的所得总额不同，则特殊性重组方式下的所得高于一般性重组方式下的所得，收购企业的税负增加。

2）以对价支付的股权原计税基础低于被收购股权的原计税基础。以对价支付的股权原计税基础低于被收购股权的原计税基础，则特殊性重组可以减轻收购企业的税负。正如案例5-8和案例5-5的数据所示，在两种重组形式下转让方的所得总额相同，但所得的实现时间不同。在一般性重组情形下，所得分成两个环节，即重组环节和股权再转让环节，而特殊性重组把所得的实现时间递延到了股权再转让环节，实现了递延纳税；若两种重组形式下收购方的所得总额不同，在特殊性重组方式下的所得小于一般性重组方式下的所得，不仅实现了递延纳税，而且实现了应纳税额绝对额的减少。

2. 重组损失

当纳税人在重组过程中股权的公允价值小于原计税基础时，选择一般性税务处理会在重组环节确认股权转让的损失，从而实现亏损的抵税效应。

5.4.2.2 预期边际税率的考量

纳税人在进行一般性重组和特殊性重组的选择时，应考虑所适用的企业所得税边际税率的变化情况。

1. 预期所得税税率不变，选择特殊性税务处理

在预期所得税税率不变的情况下，特殊性税务处理将所得递延到股权再转让环节，从而递延了所得的计税时间，实现了递延纳税。

2. 预期所得税税率提高，选择一般性税务处理

如果预期企业所得税税率会提高，就会增加未来转让环节的应纳税额。如果企业所得税的边际税率预计上升，则需要比较递延纳税所带来的货币时间价值与税率上升所带来的税负增加额，进而做出选择。例如，企业在重组期间有亏损或者处于所得税免税或减税期间，则选择一般性税务处理将所得提前确认，可以享受免税或减税的好处。

3. 预期所得税税率降低，选择特殊性税务处理

如果预期企业所得税税率会降低，就会降低未来转让环节的应纳税额，则选择特殊性税务处理，不仅可以实现递延纳税，而且会带来应纳税额绝对额的减少。

5.4.3　股权收购的税收筹划方法

1. 控制股权的支付比例，适用特殊性重组

在一般性税务处理条件下，股权收购应确认股权转让所得，收购方取得股权的计税基础以公允价值为基础确定，而在特殊性税务处理条件下，股权转让所得暂时无须确认，收购方和被收购方取得股权的计税基础以账面价值确定。在特殊性税务处理条件下，暂时无须缴纳企业所得税，起到了免税重组的效果，即使日后转让时需要纳税，也起到了延期纳税的效果。因此，企业应尽量使股权收购满足特殊性税务处理条件，并且收购的股权不低于被收购企业全部股权或资产的 50%，同时保证在股权收购发生时的股权支付金额不低于其交易支付总金额的 85%，以满足特殊性税务处理条

件，达到免税重组的目的。

【案例5-21】 假设A公司持有C公司100％的股权，该股权的计税基础是300万元，公允价值为600万元。B公司欲收购C公司的全部股权，价款为600万元。B公司在对价支付方式上有两种选择：

方案一：全部价款以非股权形式作为对价支付。

方案二：以本公司540万元的股权和60万元的现金作为对价支付。

要求： 请从税负的角度对这两个方案进行选择。

解析：

①方案一。全部价款以非股权形式支付，该股权收购适用一般性税务处理。A公司转让C公司股权的增值额为300万元（＝600－300），需要缴纳企业所得税75万元（＝300×25％）。B公司收购A公司所持C公司股权的计税基础为600万元。

②方案二。如果B公司收购C公司的全部股权，分别以本公司540万元的股权和60万元的现金作为对价支付给A公司，由于B公司收购C公司的股权超过了C公司全部股权的50％，且股权支付占全部价款的比例为90％（＝540÷600×100％），超过了85％，假设该收购同时满足税法规定的其他特殊性税务处理条件，则可以适用特殊性税务处理方式。根据特殊性重组的有关规定，540万元的股权支付对应的股权转让不需要纳税，但60万元的非股权支付对应的增值额需要缴纳企业所得税。

A公司转让所持C公司股权的增值额为300万元（＝600－300），60万元的非股权支付对应的增值额为30万元（＝300×60÷600），因而A公司需要缴纳的企业所得税为7.5万元（＝30×25％），比全部以非股权形式支付少缴纳企业所得税67.5万元（＝75－7.5），达到了递延纳税的筹划目标。

2. 交易双方身份互换

交易双方身份互换是指在换股的情况下，如果收购方变成转让方，就会减轻税收负担。

【案例 5-22】 以案例 5-5 为例，A 公司持有 B 公司 100％ 的股权，成本是 100 元，按照公允价值 150 元转让给 C 公司。C 公司以自己持有的下属 D 公司 100％ 的股权作为支付对价，其持有 D 公司股权的成本是 130 元，公允价值是 150 元。在交易完成后，A 公司持有 D 公司股权，C 公司持有 B 公司股权。A 公司是转让方，C 公司是收购方。

筹划方案：如果将 C 公司作为股权转让方，A 公司作为收购方，则确认的所得就会降低。在 C 公司作为转让方、A 公司作为收购方的交易身份变化后，也符合特殊性税务重组条件。C 公司作为股权转让方和重组主导方，重组所得是 20 元，暂免征税。A 公司用公允价值为 150 元的 B 公司股权作为对价，重组所得是 50 元，暂免征税；A 公司取得股权的计税基础为 130 元，以后再次转让 D 公司股权，确认所得 40 元。筹划前后的税负比较见表 5-12。

表 5-12　身份互换税负比较情况表

项目		交易对价		重组类型		重组所得	股权计税基础	股权再转让价格	股权转让所得
		股权	现金	一般	特殊				
筹划前	A	持股（D）			√		100	170	70
	C	100％（B）					100	170	70
	合计								140
筹划后	A	持股（D）			√		130	170	40
	C	100％（B）					130	170	40
	合计								80

通过上面的分析可以看出，在股权交易双方的身份互换前后，都符合特殊性重组，重组环节的所得都暂免征收企业所得税。由于交易双方身份互换影响到换入股权的计税基础不同，从而带来股权再次转让环节的所得产生差异。从上例来看，由 A 公司作为收购方，税负更低。也就是说，由股权原计税基础更低的一方作为收购方会带来税负的降低。

3. 变资产转让为股权收购

单纯的资产转让行为在资产转让环节都要计算转让所得并缴纳企业所得税，还会涉及增值税、土地增值税、契税、印花税等相关税种。股权收购行为在交易环节免征企业所得税，同时免征交易环节的增值税、土地增值税、契税和印花税等。纳税人应对资产转让行为进行合理规划，使之满足特殊性税务处理条件，实现递延纳税。

【案例 5 - 23】 A 公司欲将一栋写字楼转让给 B 公司（非上市企业），B 公司以其拥有的下属子公司 C 的部分股权作为对价支付。该栋房产的原值为 10 亿元，已提折旧 2 亿元，公允价值为 15 亿元；B 公司作为对价支付的 C 公司股权的原值为 12 亿元，公允价值为 15 亿元。假定 A、B 公司适用的企业所得税税率为 25%，当地规定的契税税率为 3%。其资产转让过程见图 5 - 13。

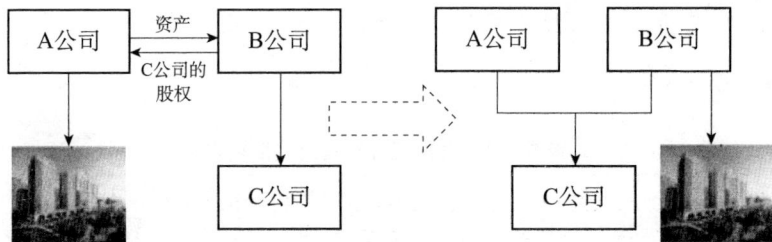

图 5 - 13 A、B 公司资产转让交易的流程图

A 公司应纳税款的情况如下：

增值税销项税额 $= 15 \times 9\% = 1.35$（亿元）

印花税 $= 15 \times 0.05\% = 0.007\,5$（亿元）

土地增值税 $= (15 - 10 - 0.007\,5) \times 30\% = 1.5$（亿元）

资产转让所得 $= 15 - 5 - 1.5 - 0.007\,5 = 8.492\,5$（亿元）

A 公司以资产换股权，属于非货币性资产投资，该转让所得可以分 5 年缴纳企业所得税。

B 公司应纳税款的情况如下：

股权转让不征增值税。

印花税＝15×0.05%＝0.007 5（亿元）

契税＝15×3%＝0.45（亿元）

股权转让所得应纳企业所得税＝(15－12－0.007 5－0.45)×25%

＝0.64（亿元）

筹划方案：A公司首先以该房产出资分立子公司D，然后将D公司的股权转让给B公司。该筹划方案的交易流程见图5-14。

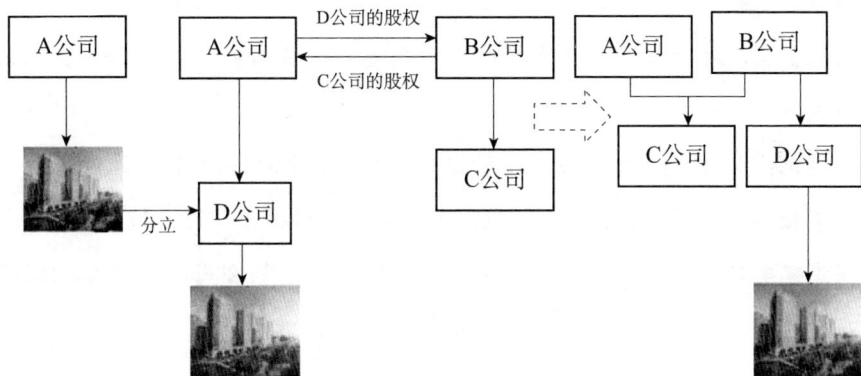

图5-14　筹划后A、B公司转让交易的流程图

筹划后的应纳税款情况如下：

(1) A公司。

增值税：A公司分立D公司，根据《财政部、国家税务总局关于全面推开营业税改征增值税试点的通知》（财税〔2016〕36号），在资产重组的过程中，通过合并、分立、出售、置换等方式，将全部或者部分实物资产以及与其相关联的债权、负债和劳动力一并转让给其他单位及个人，其中涉及的不动产、土地使用权转让，不征收增值税。

A公司转让D公司股权，根据增值税的相关规定，在资产重组过程中的股权转让行为，如果为非上市企业未公开发行股票，其股权不属于有价证券，转让非上市公司股权不属于增值税征税范围。

印花税：A公司以实物出资成立D公司，根据《财政部、国家税务总局关于企业改制过程中有关印花税政策的通知》（财税〔2003〕183号），以合并或分立方式成立的新企业，其新启用的资金账簿记载的资金，凡原已贴花的部分可不再贴花，未贴花的部分和以后新增加的资金按规定贴花。

股权转让部分应纳印花税＝15×0.05％＝0.007 5（亿元）

土地增值税：A公司分立D公司，根据《财政部、税务总局关于继续实施企业改制重组有关土地增值税政策的通知》（财税〔2018〕.57号），按照法律规定或者合同约定，企业分设为两家或两家以上与原企业投资主体相同的企业，对原企业将房地产转移、变更到分立后的企业，暂不征土地增值税。

契税：A公司分立D公司，根据《财政部、税务总局关于继续支持企业、事业单位改制重组有关契税政策的通知》（财税〔2018〕17号），公司依照法律规定、合同约定分立为两家或两家以上与原公司投资主体相同的公司，对分立后公司承受原公司土地、房屋权属，免征契税。

企业所得税：A公司转让D公司股权的行为属于股权收购，符合特殊性税务处理条件，重组环节暂不确认重组所得。

（2）B公司。

增值税：股权转让不征增值税。[①]

印花税：

股权转让部分应纳印花税＝15×0.05％＝0.007 5（亿元）

契税：A公司转让D公司股权，公司土地、房屋权属不发生转移，不征收契税。

[①] 如果B公司以后再转让D公司的该房产，仍要缴纳增值税，则在不考虑货币时间价值的情况下，与资产转让方案下的增值税金额相同，只是递延缴纳增值税。另外，转让房产还需缴纳土地增值税，可能会带来由于增值额提高而适用较高的土地增值税税率（资产转让方案下的土地增值税分两个环节：资产转让环节和再出售环节，可能会带来土地增值税税率的降低）。

企业所得税：B公司购买D公司股权的行为属于股权收购，符合特殊性税务处理条件，重组环节暂不确认重组所得。

4. 控制股权收购比例，适用特殊性重组

适用特殊性税务处理条件之一是收购的股权比例不低于被收购企业全部股权的50%。因此，企业应尽量使股权收购不低于被收购企业全部股权的50%，同时保证在股权收购发生时的股权支付金额不低于其交易支付总金额的85%，以满足特殊性税务处理条件，达到免税重组的目的。

【案例5-24】　假设A公司、B公司和C公司各持有甲公司45%、25%和30%的股权，股权的计税基础是1 000万元，公允价值为1 500万元，甲公司累计未分配利润和盈余公积为100万元。D公司欲从A公司手中收购其持有的甲公司全部股权并长期持有，价款为675万元。在股权收购后，不改变甲公司的实质性经营活动。D公司以其持有的子公司股票作为对价支付，该部分股权的计税基础为500万元。D公司在重组日的累计未分配利润和盈余公积为0。

要求：请设计股权收购筹划方案，并进行税负分析。

解析：在现方案下，由于股权收购比例低于50%，不符合特殊性税务处理条件。

A公司的股权转让所得为225万元（＝675－1 000×45%），应缴纳企业所得税。

根据《国家税务总局关于贯彻落实企业所得税法若干税收问题的通知》（国税函［2010］79号）的规定，企业转让股权收入，应于转让协议生效且完成股权变更手续时，确认收入的实现。转让股权收入扣除为取得该股权所发生的成本后，为股权转让所得。企业在计算股权转让所得时，不得扣除被投资企业未分配利润等股东留存收益中按该项股权所可能分配的金额。

D公司的股权转让所得为175万元（＝675－500），应缴纳企业所得税。

筹划方案 1：D 公司从 A 公司手中收购其所持甲公司的 45% 股权，再从 B 公司或 C 公司手中收购 5% 的股权，使股权收购比例符合特殊性重组的条件，股权收购方和转让方均不计算股权转让所得。

筹划方案 2：等分配后收购。甲公司先进行利润分配，股权的公允价值随之降低，股权转让所得会随之减少。

■■■ 案例讨论

甲企业定向增发 540 万元，另支付现金 60 万元，收购乙企业持有的 A 公司 75% 的股权。在交易发生时，乙企业持有的 A 公司全部股权的计税基础为 400 万元，公允价值为 800 万元。假设同时满足特殊性重组的其他条件，双方选择按特殊性重组处理。

试讨论：

(1) 乙企业确认的与非股权支付对应的股权转让所得是多少？

(2) 乙企业确认的取得甲企业股份的计税基础是多少？

(3) 甲企业确认的取得 A 公司股权的计税基础是多少？

资产收购

6.1 资产收购的概念

财税〔2009〕59号文所称的资产收购，是指一家企业（以下称为"受让企业"）购买另一家企业（以下称为"转让企业"）实质经营性资产的交易。受让企业支付对价的形式包括股权支付、非股权支付或两者的组合。

实质经营性资产是指企业用于生产经营活动、与产生经营收入直接相关的资产，包括经营所用的各类资产、企业拥有的商业信息和技术、经营活动产生的应收款项、投资资产等。例如，A公司与B公司达成协议，A公司购买B公司经营性资产（包括固定资产、存货等），该经营性资产的公允价值为1 000万元，A公司支付的对价为本公司10％的股权、100万元银行存款以及承担B公司的200万元债务。在该资产收购中，A公司为受让企业，B公司为转让企业。

在判定一项交易行为是否属于资产收购时，需要特别注意以下两点：

（1）资产收购不同于会计上的业务合并。财税〔2009〕59号文的资产收购是指涉及实质经营性资产的交易，与《企业会计准则第20号——企业合并》第二条所称的业务合并不同。业务合并是指一家企业必须是购买另一家企业内部某些生产经营活动或资产的组合。该组合一般具有投入、加工处理过程和产出能力，能够独立计算其成本费用或所产生的收入，但不构成独立法人资格的部分。与此同时，企业在购买这些资产组合后，必须实际经营该资产，以保持经营上的连续性。例如，A 企业单纯购买 B 企业的房产、土地就不是业务合并，只是一般的资产买卖，属于资产收购；如果 A 企业购买了 B 企业的一个独立生产车间，该车间具有投入、加工处理过程和产出能力，因而该交易行为既属于业务合并又属于资产收购。

（2）资产收购不同于企业合并。资产收购是一场企业与企业之间的资产交易，交易的双方都是企业。企业合并是一场企业与企业股东之间的交易，即合并方企业与被合并方企业的股东之间就被合并企业进行的一场交易。因此，相对于企业合并而言，资产收购不涉及法律主体资格的变更或者法律权利与义务的概括承受，可以避免被收购方向收购方转嫁债务。在资产收购中，只要收购方对所购资产支付了合理对价，就不再承担被收购方的任何债务。这样，收购方就可有效避免因转让方不如实告知债务或者发生或有债务带来的债务风险。

资产收购示意图见图 6-1。

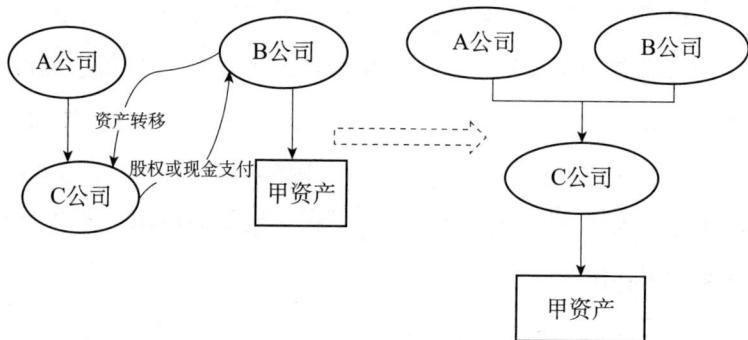

图 6-1 资产收购示意图

注：C 公司为收购方（受让方），B 公司为转让方。

6.2 资产收购的企业所得税处理

根据对应税所得和计税基础的不同规定，财税〔2009〕59 号文将资产收购重组分成两种类型：一般性重组和特殊性重组。

6.2.1 一般性重组

1.一般性重组的政策规定

在一般性重组下，企业资产收购重组的相关交易应按以下规定处理：第一，被收购方应确认资产转让所得或损失；第二，收购方取得资产的计税基础应以公允价值为基础确定；第三，被收购方的相关所得税事项原则上保持不变。

在一般性税务处理下，资产收购的所得税处理和一般意义上的企业资产买卖交易的税务处理原则是完全一致的，即被收购方按资产的市场价格或公允价值与计税基础的差额确认资产转让所得或损失；如果收购方是用非货币性资产进行交换的，应分两步走，即先按公允价值销售来确认非货币性资产的转让所得或损失，再按公允价值购买资产。由于资产收购不涉及企业法律主体资格的变更，因而被收购方的相关所得税事项原则上保持不变。

2.一般性重组方式及涉税处理

在一般性税务处理下，收购方在支付被收购方的对价时有两种支付方式：一是全部以非股权作为支付对价；二是采用"非股权＋股权"的混合支付方式，且股权支付比例低于85％。

（1）非股权支付方式。在资产收购的对价支付中，收购方以现金支付方式取得被收购企业的资产。

【案例6-1】 A公司持有C公司100％的股权，C公司购买B公司的一种实质性经营资产。该资产的成本为100元，按照公允价值150元转让给C公司。假定C公司全部以现金作为支付对价。资产收购交易过程见图6-2。

B、C公司的资产收购行为不符合特殊性税务处理条件，因而按一般性

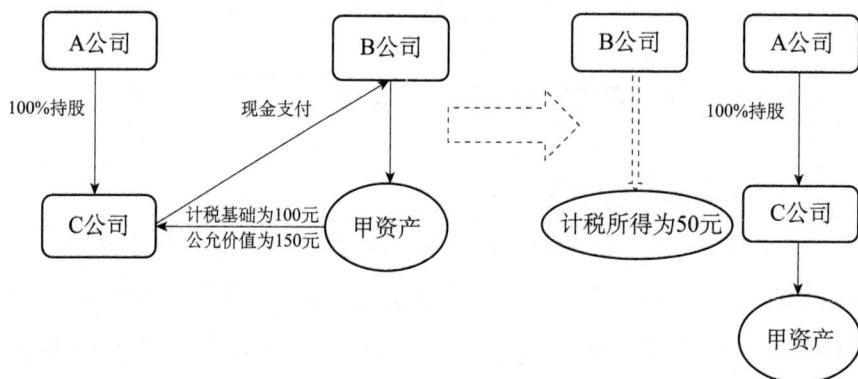

图 6-2　资产收购交易流程图 1

重组进行涉税处理。B公司计算的资产转让所得为 50 元（＝150－100），C公司获得B公司的资产，资产的计税基础为 150 元。C公司按照 150 元进行资产摊销等。B、C公司的涉税情况见表 6-1。

表 6-1　案例 6-1 中 B、C 公司涉税情况汇总表

项目		交易对价		重组类型		重组所得	资产计税基础	资产摊销
		股权	现金	一般	特殊			
案例 6-1	B		150	√		50		
	C	甲资产					150	150
	合计					50		

（2）混合支付方式。在资产收购交易的对价支付中，收购方以"非股权＋股权"的混合支付方式取得被收购方的资产，且股权支付比例低于85％。收购方和转让方在重组交易环节均需确认资产及股权的转让所得或损失。

【案例 6-2】　以案例 6-1 为例，C公司持有 C1 公司 100％的股权。假定 C公司以现金 135 元和 C1 公司公允价值为 15 元的 5％股权（假定该部分股权的计税基础为 10 元）作为支付对价。该重组交易过程见图 6-3。

在 B、C公司的资产收购行为中，股权支付比例为 5％，低于 85％，不符合特殊性税务处理条件，因而按一般性重组进行涉税处理。C公司的股权

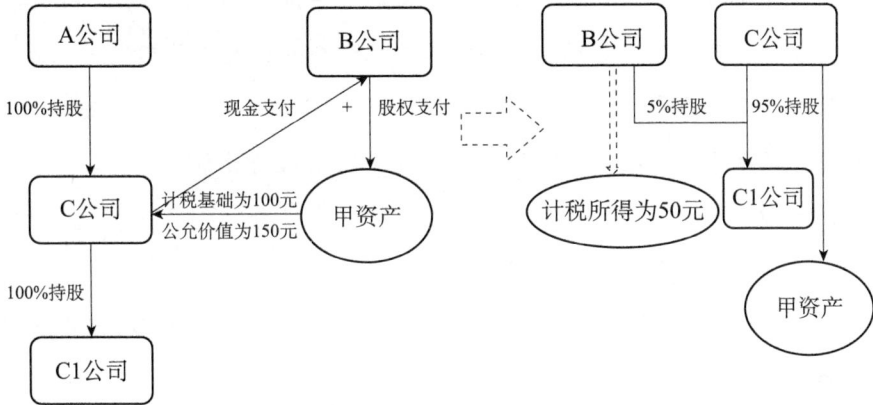

图6-3 资产收购交易流程图2

转让所得为5元（=15-10）；C公司获得B公司的甲资产，该资产的计税基础为150元。B公司获得C1公司5%的股权，该股权的计税基础为15元。假定以后B公司按照17元的价格转让其持有的C1公司股权，则B公司的应税所得是2元（=17-15）。B、C公司的涉税情况见表6-2。

表6-2 案例6-2中B、C公司涉税情况汇总表

项目		交易对价		重组类型		重组所得	股权（资产）计税基础	资产摊销	股权再次转让价格	股权转让所得
		股权	现金	一般	特殊					
案例6-2	B	5%(C1)	135	√		50	15		17	2
	C	甲资产				5	150	150		
	合计					55				2

根据国家税务总局公告2015年第33号的规定，B公司的股权投资部分可以选择按照非货币性资产投资的税务处理：企业以非货币性资产对外投资，应对非货币性资产进行评估，并按评估后的公允价值扣除计税基础后的余额，计算确认非货币性资产的转让所得，可自确认非货币性资产转让收入年度起不超过连续5个纳税年度的期间内，分期均匀计入相应年度的应纳税所得额，按规定计算缴纳企业所得税；企业以非货币性资产对外投资而取得被投资企业的股权，应以非货币性资产的原计税成本为计税基础，

再加上每年确认的非货币性资产转让所得，逐年进行调整。被投资企业取得非货币性资产的计税基础，应按非货币性资产的公允价值确定。也就是说，B公司转让资产对应的股权部分所得（即 $50 \times 15/150 = 5$ 元）可以分5年确认，每年确认1元；B公司取得的C1公司股权的计税基础在第1年为11元（$=10+1$）。

3. 一般性重组的管理规定

企业发生上述资产收购重组业务，应准备以下相关资料，以备税务机关检查：

（1）当事各方所签订的资产收购业务的合同或协议。

（2）相关资产公允价值的合法证据。

6.2.2 特殊性重组

资产收购同时符合下列条件的，适用特殊性税务处理规定：

（1）具有合理的商业目的，且不以减少、免除或者推迟缴纳税款为主要目的。

（2）被收购、合并或者分立部分的资产或股权比例符合规定比例。

（3）企业重组后的连续12个月内不改变重组资产原来的实质性经营活动。

（4）在重组交易对价中涉及的股权支付金额符合规定比例。

（5）企业重组中取得股权支付的原主要股东，在重组后连续12个月内，不得转让所取得的股权。

根据财税〔2009〕59号文、财税〔2014〕109号文的规定，如果资产收购中受让企业收购的资产不低于转让企业全部资产的50%，且受让企业在该资产收购发生时的股权支付金额不低于其交易支付总额的85%，可以选择按以下规定处理：

第一，转让企业取得受让企业股权的计税基础，以被转让资产的原有计税基础确定。

第二，受让企业取得转让企业资产的计税基础，以被转让资产的原有计税基础确定。

受让企业收购的资产不低于转让企业全部资产的50%，即通常所说的资产收购应当近似于企业的一个整体资产转让行为，仅涉及小部分营业资产的转让不适用特殊性税务处理。与此同时，股权支付的金额不低于其交易支付总额的85%。只有同时满足以上条件，资产收购才能适用特殊性税务处理。

1. 特殊性重组的方式

在特殊性重组下，交易对价有两种支付方式：一是全部以股权支付。在股权支付方式下，收购企业可以以自己的股权作为对价，也可以以自己持有的下属公司股权作为支付对价。二是以股权和非股权混合支付，其中股权支付的比例不低于85%。

【案例6-3】 以案例6-1为例，假定C公司以自己子公司C1的50%股权作为对价，支付全部150元收购款。该股权的成本为100元。

另假定C公司的整个交易都满足财税〔2009〕59号文关于股权收购特殊性税务处理的其他条件要求。

在重组完成后，B公司持有C1公司50%的股权，C公司持有B公司的甲资产。该重组过程见图6-4。

2. 特殊性重组的税务处理

对于特殊性重组，在重组时，不计算纳税人的应纳税所得，有关股权或资产的计税基础按转让资产的原有计税基础确认。

（1）不确认资产、股权转让所得。关于特殊性重组过程中的应税所得，财税〔2009〕59号文第六条第（六）项规定："股权支付暂不确认有关资产的转让所得或损失的，其非股权支付仍应在交易当期确认相应的资产转让所得或损失，并调整相应资产的计税基础。"不确认转让所得意味着股权转

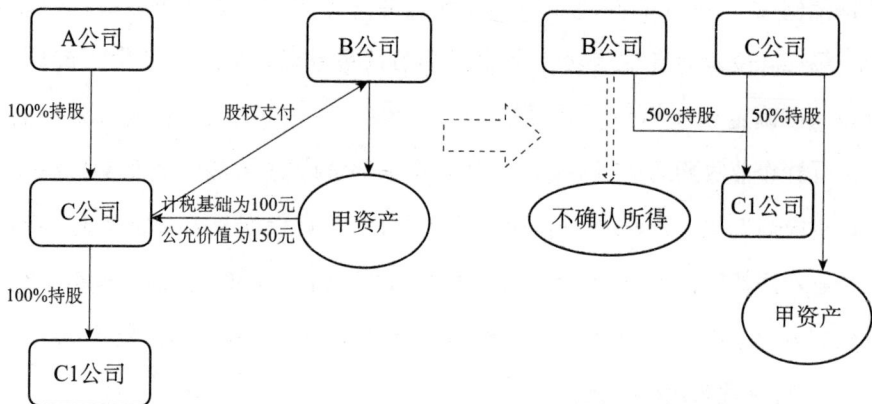

图 6-4　资产收购交易流程图 3

让方不计算所得,暂时不会因转让股权产生企业所得税的纳税义务;资产转让方对股权支付对应的部分,暂不确认资产转让所得。

在案例 6-3 中,B 公司将成本为 100 元的资产,按照公允价值 150 元转让给 C 公司,由于满足特殊性税务处理条件,可以按照特殊性重组进行税务处理,暂不确认 50 元的所得和缴税。

C 公司将 C1 公司的股权作为支付对价,该股权的公允价值为 150 元,成本为 100 元,暂不确认 50 元的所得。

(2) 取得股权的计税基础以被转让资产的原有计税基础确定,递延影响该股权处置时的转让所得。根据资产收购的特殊性税务处理规定,转让企业取得受让企业股权的计税基础,以被转让资产的原有计税基础确定。

在案例 6-3 中,B 公司取得的 C1 公司股权的计税基础以甲资产的原计税基础确定(即 100 元)。假定以后 B 公司按照 170 元转让其持有的 C1 公司股权,应税所得为 70 元(=170-100),70 元实际上可以分为 50 元和 20 元。50 元是第一次转让甲资产的所得,当时没确认所得,也没缴税。所以,对 B 公司而言,特殊性重组只是递延纳税,而不是免税。

(3) 取得资产的计税基础以资产原有的计税基础确定,递延影响该资产的摊销金额。根据资产收购的特殊性税务处理规定，受让企业取得转让企业资产的计税基础，以被转让资产的原有计税基础确定。

在案例6-3中，C公司取得的B公司资产的计税基础，以转让资产的原有计税基础确定（即100元），C公司按照100元进行资产摊销。C公司在以股权支付对价时未确认股权转让所得50元（＝150－100），使C公司获得的甲资产的摊销金额减少50元。所以，对C公司而言，特殊性重组只是递延纳税，而不是免税。

B、C公司的涉税情况见表6-3。

表6-3　案例6-3中B、C公司涉税情况汇总表

项目		交易对价		重组类型		重组所得	股权（资产）计税基础	资产摊销	股权再次转让价格	股权转让所得
		股权	现金	一般	特殊					
案例6-3	B	50%(C1)			√		100		170	70
	C	甲资产					100	－100		
	合计							－100		70

注：资产摊销可以作为税前扣除项目，减少应纳税所得额，故以"－"号表示。

（4）重组交易各方对交易中的股权支付暂不确认有关资产的转让所得或损失的，其非股权支付仍应在交易当期确认相应的资产转让所得或损失，并调整相应资产的计税基础。

$$\begin{aligned}&\text{非股权支付对应的}\\&\text{资产转让所得或损失}\end{aligned} = \left(\begin{aligned}&\text{被转让资产的}\\&\text{公允价值}\end{aligned} - \begin{aligned}&\text{被转让资产的}\\&\text{计税基础}\end{aligned}\right) \times \left(\begin{aligned}&\text{非股权}\\&\text{支付金额}\end{aligned} \div \begin{aligned}&\text{被转让资产的}\\&\text{公允价值}\end{aligned}\right)$$

6.2.3　两种税务处理下的税收负担比较

一般性重组和特殊性重组的税务处理不同，使得资产、股权转让所得的纳税义务时间发生了改变，因而重组双方之间的税收负担有可能发生改变。

【案例6-4】　以案例6-3的数据为例，假定该重组不满足特殊性重组

的其他条件。其涉税处理如下：

由于未同时满足特殊性税务处理条件，只能按一般性重组进行税务处理，转让企业 B 公司应确认 50 元的所得。B 公司取得 C1 公司的股权，其计税基础以被转让资产的公允价值 150 元确定，也就是 B 公司持有 C1 公司股权的计税基础是 150 元。假定以后 B 公司按照 170 元转让其持有的 C1 公司股权，则其应税所得为 20 元（＝170－150）。

C 公司将成本为 100 元的 C1 公司股权，按照公允价值 150 元作为对价支付给 B 公司，按照一般性重组应确认 50 元的所得。取得的 B 公司甲资产的计税基础应以被转让资产的公允价值确定（即 150 元）。C 公司按照 150 元进行资产摊销。B、C 公司的涉税情况见表 6-4。

表 6-4　案例 6-4 中 B、C 公司涉税情况汇总表

项目		交易对价		重组类型		重组所得	股权（资产）计税基础	资产摊销	股权再次转让价格	股权转让所得
		股权	现金	一般	特殊					
案例6-4	B	50%(C1)		√		50	150		170	20
	C	甲资产				50	150	−150		
	合计					100		−150		20

【案例 6-5】　以案例 6-3 的数据为例，假定 C1 公司股权的原计税基础为 80 元，该重组不满足特殊性重组的其他条件。其涉税处理如下：

由于未同时满足特殊性税务处理条件，只能按一般性重组进行税务处理，转让企业 B 公司应确认 50 元的所得。B 公司取得的 C1 公司的股权，其计税基础以被收购资产的公允价值 150 元确定，也就是 B 公司持有 C1 公司股权的计税基础是 150 元。假定以后 B 公司按照 170 元转让其持有的 C1 公司股权，则其应税所得为 20 元（＝170－150）。

C 公司将成本为 80 元的股权，按照公允价值 150 元作为对价支付给 B 公司，按照一般性重组应确认 70 元的所得。取得的 B 公司甲资产的计税基础应以被收购资产的公允价值确定（即 150 元）。C 公司按照 150 元进行资

产摊销。B、C公司的涉税情况见表6-5。

表6-5 案例6-5中B、C公司涉税情况汇总表

| 项目 | | 交易对价 | | 重组类型 | | 重组所得 | 股权（资产）计税基础 | 资产摊销 | 股权再次转让价格 | 股权转让所得 |
		股权	现金	一般	特殊					
案例6-5	B	50%(C1)		√		50	150		170	20
	C	甲资产				70	150	-150		
	合计					120		-150		20

【案例6-6】 以案例6-3的数据为例，假定C公司股权的原计税基础为120元，该重组不满足特殊性重组的其他条件。其涉税处理如下：

由于未同时满足特殊性税务处理条件，只能按一般性重组进行税务处理，转让企业B公司应确认50元的资产转让所得。B公司取得C1公司的股权，其计税基础应以被收购资产的公允价值150元确定，也就是B公司持有C1公司股权的计税基础是150元。假定以后B公司按照170元转让其持有的C1公司股权，则其应税所得为20元（=170-150）。

C公司将成本为120元的股权，按照公允价值150元作为对价支付给B公司，按照一般性重组应确认30元的股权转让所得。C公司取得的B公司资产的计税基础，以被收购资产的公允价值确定（即150元）。C公司按照150元进行资产摊销。B、C公司的涉税情况见表6-6。

表6-6 案例6-6中B、C公司涉税情况汇总表

| 项目 | | 交易对价 | | 重组类型 | | 重组所得 | 股权（资产）计税基础 | 资产摊销 | 股权再次转让价格 | 股权转让所得 |
		股权	现金	一般	特殊					
案例6-6	B	50%(C1)		√		50	150		170	20
	C	甲资产				30	150	-150		
	合计					80		-150		20

通过以上案例比较，可得出下述结论：

（1）在收购方与被收购方的股权和资产原计税基础相同的情况下，特殊性税务处理只是递延了所得的计税时间，也就是实现了递延纳税，如案例6-3和案例6-4的汇总数据所示，见表6-7。

表6-7　两种税务处理的纳税情况比较表（1）

项目		交易对价		重组类型		重组所得	股权（资产）计税基础	资产摊销	股权再次转让价格	股权转让所得	所得合计
		股权	现金	一般	特殊						
案例6-4	B	50%（C1）		√		50	150		170	20	70
	C	甲资产				50	150	−150			−100
	合计					100		−150		20	−30
案例6-3	B	50%（C1）			√		100		170	70	70
	C	甲资产					100	−100			−100
	合计							−100		70	−30

一般性重组和特殊性重组的所得总额相同（均为−30元），但所得的实现时间不同。在一般性重组的情形下，资产收购环节的B、C公司分别确认所得50元，C公司的资产摊销金额为150元。

（2）在收购方作为对价支付的股权与被收购方资产的原计税基础不同的情况下，特殊性税务处理对被收购企业可以实现递延纳税，对收购企业还可能带来税收负担绝对额的改变。

1）作为对价支付的股权原计税基础高于被收购资产的原计税基础，特殊性重组增加了收购企业的税负。

C公司作为对价支付的股权原计税基础为120元，B公司甲资产的原计税基础为100元，特殊性重组提高了收购企业C公司的税收负担，如案例6-6和案例6-3的数据所示，见表6-8。

表6-8　两种税务处理的纳税情况比较表（2）

项目		交易对价		重组类型		重组所得	股权（资产）计税基础	资产摊销	股权再次转让价格	股权转让所得	所得合计
		股权	现金	一般	特殊						
案例6-6	B	50%（C1）		√		50	150		170	20	70
	C	甲资产				30	150	−150			−120
	合计					80		−150		20	−50
案例6-3	B	50%（C1）			√		100		170	70	70
	C	甲资产					100	−100			−100
	合计							−100		70	−30

在两种重组形式下B公司的所得总额相同（均为70元），但所得的实

现时间不同。在一般性重组的情形下，70 元的所得分成两个环节：重组环节的所得为 50 元，股权再转让环节的所得为 20 元。特殊性重组在股权再转让环节取得所得 70 元，实现了递延纳税。

在两种重组形式下，C 公司的所得总额不同：特殊性重组方式下的所得合计为－100 元，一般性重组方式下的所得合计为－120 元。特殊性重组提高了收购企业的税收负担。

2）作为对价支付的股权计税基础低于被收购资产的计税基础，特殊性重组将会降低收购企业的税负。C 公司作为对价支付的股权原计税基础为 80 元，转让企业 B 公司甲资产的原计税基础为 100 元，特殊性重组减轻了收购企业 C 公司的税收负担，如案例 6-5 和案例 6-3 的数据所示，见表 6-9。

表 6-9　两种税务处理的纳税情况比较表（3）

项目		交易对价		重组类型		重组所得	股权（资产）计税基础	资产摊销	股权再次转让价格	股权转让所得	所得合计
		股权	现金	一般	特殊						
案例6-5	B	50%(C1)		√		50	150		170	20	70
	C	甲资产				70	150	－150			－80
	合计					120		－150		20	－10
案例6-3	B	50%(C1)			√		100		170	70	70
	C	甲资产					100	－100			－100
	合计							－100		70	－30

在两种重组形式下 B 公司的所得总额相同（均为 70 元），但所得的实现时间不同。在一般性重组的情形下，70 元的所得分成两个环节：重组环节的所得为 50 元，股权再转让环节的所得为 20 元。因此，特殊性重组实现了递延纳税。

在两种重组形式下 C 公司的所得总额不同，特殊性重组方式下的所得合计为－100 元，一般性重组形式下的所得合计为－80 元。因此，特殊性重组降低了应纳税所得额，减轻了税收负担。

6.3　资产收购的会计处理与纳税调整

6.3.1　构成企业合并的资产收购的会计处理与纳税调整

根据企业会计准则的规定，形成企业合并：一是一家企业取得了对一个或多个业务的控制权，即要形成会计意义上的"企业合并"，其前提是被购买的资产或资产负债组合要形成"业务"。如果购买的资产具有投入、加工处理过程和产出能力，能够独立计算其成本费用或所产生的收入就构成业务，适用合并会计准则。二是要看在有关交易或事项发生前后，是否引起了报告主体的变化。在交易事项发生后，投资方拥有对被投资方的权力，通过参与被投资方的相关活动享有可变回报，且有能力运用对被投资方的权力影响其回报金额的，投资方对被投资方具有控制并形成母子公司关系，则涉及控制权的转移。在该交易或事项发生后，子公司需要纳入母公司合并财务报表的范围中，从合并财务报告角度形成报告主体的变化。

资产收购是指一家企业购买另一家企业实质经营性资产的交易。如果企业取得的实质经营性资产形成一项业务，同时收购方支付的对价是本企业的股权，并且在交易完成后资产转让方取得了对收购方的控制权，则需按照会计合并准则进行会计处理。例如，B 企业以自身持有的甲资产换取 C 企业的股权，并取得了对 C 企业的控制权。在该交易事项发生后，C 企业仍维持其独立法人资格继续经营。对于 B 企业来说，该交易行为构成了会计上的合并；对于 C 企业来说，该交易行为构成了税法上的资产收购。资产收购与会计合并的关系图见图 6-5。

6.3.1.1　同一控制下的资产收购

1. 受让方以持有的子公司股份作为对价

（1）受让方的会计处理。根据企业会计准则，资产受让方取得的资产

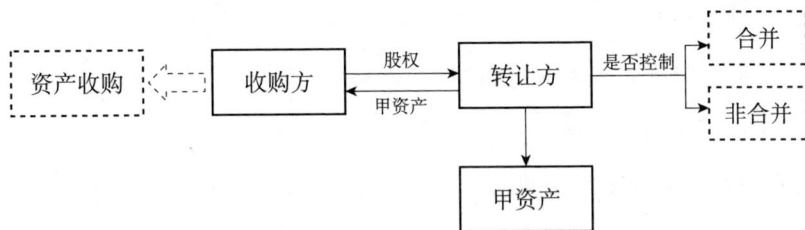

图6-5　资产收购与会计合并的关系图

以资产的账面价值确认，即

借：固定资产等

　　贷：长期股权投资

　　　　资本公积等

或

借：固定资产等

　　资本公积等

　　贷：长期股权投资

（2）转让方的会计处理。资产转让方取得受让方持有的子公司股权，形成合并控制关系，应当在合并日按照取得的被合并方所有者权益在最终控制方合并财务报表中账面价值的份额作为长期股权投资的初始成本。长期股权投资的初始成本与转让的非现金资产账面价值之间的差额，应当调整资本公积（资本溢价或股本溢价）；资本公积（资本溢价或股本溢价）的余额不足冲减的，调整留存收益，即

借：长期股权投资

　　贷：固定资产清理等

　　　　资本公积——资本溢价或股本溢价

或

借：长期股权投资

　　资本公积——资本溢价或股本溢价

　　盈余公积

　　利润分配——未分配利润

　　贷：固定资产清理等

　　【案例 6 - 7】　B、C 公司同为 A 集团控制的子公司（非上市公司），适用的企业所得税税率为 25%。2019 年 4 月 1 日，B 公司收购 C 公司拥有的甲资产。甲资产的公允价值为 12 亿元，账面价值为 10 亿元，甲资产占 C 公司资产的比例为 55%。B 公司以其下属子公司 D 的 100% 股权作为对价支付；同日，D 公司的净资产价值为 10 亿元，D 公司股权的账面价值为 8 亿元。C 公司的所有者权益构成为：股本为 16 亿元，资本公积为 3 亿元，盈余公积为 2 亿元，未分配利润为 5 亿元。在该项交易中，以 2018 年 12 月 31 日为评估基准日，D 公司的全部股权经评估确定的价值为 12 亿元。假定该项交易符合特殊性税务重组的其他条件。其资产收购示意图见图 6 - 6。

　　要求：请做出相应的涉税会计处理（暂不考虑增值税等其他税种）。

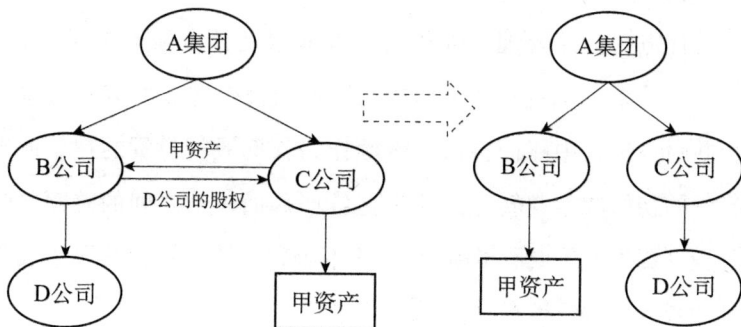

图 6 - 6　同一控制下的资产收购示意图 1

　　解析：B 公司取得的甲资产应按资产的账面价值确认，C 公司取得 D 公司的股权属于同一控制下的企业合并，应当按照合并取得的应享有被合并方账面净资产的份额确认对被合并方的长期股权投资。该长期股权投资与所支付对价账面价值之间的差额应当调整资本公积，资本公积余额不足的，应当依次调整盈余公积和未分配利润。

①B公司的涉税会计处理。

会计处理：

借：固定资产等   1 000 000 000

 贷：长期股权投资——D公司   800 000 000

  资本公积   200 000 000

税务处理：由于该交易符合特殊性税务重组条件，B公司暂不确认股权转让。该交易的会计处理与税务处理一致，不用做纳税调整。

②C公司的涉税会计处理。

会计处理：C公司对D公司长期股权投资的成本确认为10亿元。

借：长期股权投资——D公司   1 000 000 000

 贷：固定资产清理等   1 000 000 000

税务处理：因为该资产转让行为符合特殊性税务处理条件，转让方取得股权的计税基础应以转让资产的账面价值为基础确定，即C公司确认的长期股权投资成本为10亿元。该资产转让行为的会计处理与税务处理一致，不用做纳税调整。

【案例6-8】 以案例6-7为例，假定B公司将D公司60%的股权作为对价，另支付现金4.8亿元。

要求： 请做出相应的涉税会计处理（暂不考虑增值税等其他税种）。

解析： B公司股权支付部分所占的比例为60%，低于85%的比例规定，应按一般性重组进行税务处理。B公司取得资产的计税基础应以公允价值为基础确定。

①B公司的涉税会计处理。

会计处理：

借：固定资产等   1 000 000 000

 贷：长期股权投资——D公司 480 000 000（800 000 000×60%）

银行存款	480 000 000
资本公积	40 000 000

税务处理：B公司确认股权转让所得2.4亿元 [=(12−8)×60％]，应调增应纳税所得额2.4亿元。B公司取得的甲资产的计税基础为公允价值12亿元。

借：递延所得税资产	50 000 000
资本公积——递延所得税资产	10 000 000
贷：所得税费用	60 000 000

②C公司的涉税会计处理。

会计处理：C公司对D公司长期股权投资的成本确认为4.8亿元。

借：长期股权投资——D公司	480 000 000
银行存款	480 000 000
资本公积	40 000 000
贷：固定资产清理等	1 000 000 000

税务处理：该资产收购行为不符合特殊性税务处理条件，适用一般性税务处理，C公司确认的长期股权投资按公允价值确认为7.2亿元，确认资产转让收益2亿元 [=12−10]，应调增应纳税所得额2亿元。①

2. 受让方以发行权益性证券作为支付对价

受让方取得的资产按资产的账面价值入账。

转让方取得的股权应按受让方的所有者权益在最终控制方合并财务报表中账面价值的份额确认长期股权投资，按发行权益性证券的面值总额作为股本，长期股权投资的初始投资成本与所发行权益性证券面值总额之间的差额，应当调整资本公积（资本溢价或股本溢价）；资本公积（资本溢价

---

① 由于C公司取得的是D公司的股权支付，而不是B公司的股权，所以不适用非货币性资产投资企业所得税的有关规定。

或股本溢价）不足调减的，可调整留存收益，即

借：长期股权投资

　贷：股本

　　　资本公积——资本溢价或股本溢价

或

借：长期股权投资

　　资本公积——资本溢价或股本溢价

　　盈余公积

　　利润分配——未分配利润

　贷：股本

【案例6-9】 以案例6-7为例，假定B公司通过增发1亿股本公司股票（每股面值为1元）作为对价，该股份的公允价值为12亿元，C公司取得B公司50%的控制权。同日，B公司的净资产价值为20亿元，B公司股权的账面价值为2亿元。其资产收购示意图见图6-7。

要求： 请做出相应的涉税会计处理（暂不考虑增值税等其他税种）。

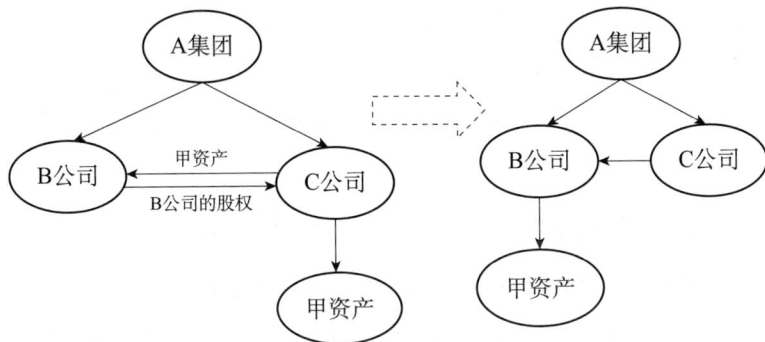

图6-7 同一控制下的资产收购示意图2

解析： C公司取得B公司的控制权属于同一控制下的企业合并，应按合并日取得的被合并方所有者权益在最终控制方合并财务报表中账面价值的

份额确认长期股权投资，按发行权益性证券的面值总额作为股本，长期股权投资的初始投资成本与所发行权益证券面值总额之间的差额，应当调整资本公积（资本溢价或股本溢价）；资本公积（资本溢价或股本溢价）不足调减的，可调整留存收益。

①B公司的涉税会计处理。

会计处理：

借：固定资产等   1 000 000 000

  贷：股本   100 000 000

      资本公积   900 000 000

税务处理：因为该资产收购行为的对价支付形式为全部股权支付，符合特殊性税务处理条件，适用特殊性税务处理，取得甲资产的计税基础为10亿元。该资产收购行为的会计处理与税务处理一致，不用做纳税调整。

②C公司的涉税会计处理。

会计处理：C公司对B公司长期股权投资的成本确认为10亿元（＝20×50%）。

借：长期股权投资——B公司   1 000 000 000

  贷：固定资产清理等   1 000 000 000

税务处理：因为该资产收购行为的对价支付形式为全部股权支付，符合特殊性税务处理条件，适用特殊性税务处理，C公司取得股权的计税基础应以甲资产的原账面价值为基础确定，即C公司确认的长期股权投资成本为10亿元。该资产收购行为的会计处理与税务处理一致，不用做纳税调整。

6.3.1.2 非同一控制下的资产收购

根据企业会计准则的规定，在非同一控制下的控股合并中，购买方在支付有关对价后，对交易中取得的各项资产、负债应当按照其在购买日的公允价值计量。

收购方取得的资产应按公允价值确认，同时还要确认股权转让所得。

借：固定资产等

  贷：长期股权投资等

      投资收益

转让方对取得的股权，应按公允价值确认长期股权投资，同时确认资产转让收益。

借：长期股权投资

  贷：固定资产清理（银行存款、长期股权投资、股本）等

      资产处置收益（投资收益、资本公积）

【案例6-10】 假定B、C公司为非关联公司（非上市公司），适用的企业所得税税率为25%。2019年4月1日，B公司以下属D公司的股权作为对价，购买C公司拥有的甲资产。同日，D公司股权的公允价值为12亿元，账面价值为10亿元。假定该交易符合特殊性税务处理的其他条件。其资产收购示意图见图6-8。

要求： 请做出相应的涉税会计处理（暂不考虑增值税等其他税种）。

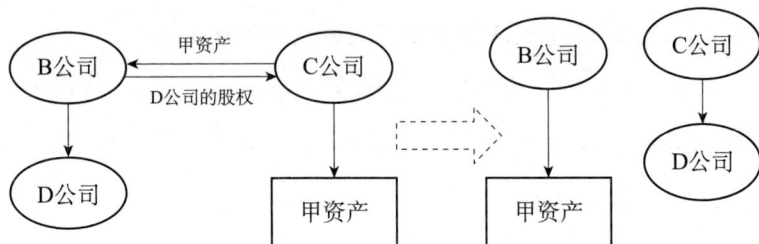

图6-8 非同一控制下的资产收购示意图

解析：

①B公司的涉税会计处理。

会计处理：

借：固定资产   1 200 000 000

贷：长期股权投资	1 000 000 000	
投资收益	200 000 000	

税务处理：由于全部是股权支付，按特殊性税务处理的规定，收购资产的计税基础按原账面价值确认，暂不确认股权转让所得2亿元，应调减应纳税所得额2亿元。资产的账面价值与计税基础之间的差异应确认对递延所得税的影响。

借：所得税费用　　　　　　　　　　　　　　50 000 000

　贷：递延所得税负债　　　　　　　　　　　50 000 000

②C公司的涉税会计处理。

会计处理：

借：长期股权投资——D公司　　　　　　　1 200 000 000

　贷：固定资产清理等　　　　　　　　　　1 000 000 000

　　资产处置收益等　　　　　　　　　　　200 000 000

税务处理：按特殊性税务处理的规定，长期股权投资的计税基础为10亿元，暂不确认资产处置所得2亿元，应调减应纳税所得额2亿元。资产的账面价值与计税基础之间的差异应确认对递延所得税的影响。

借：所得税费用　　　　　　　　　　　　　　50 000 000

　贷：递延所得税负债　　　　　　　　　　　50 000 000

【案例6-11】 以案例6-10为例，假定B公司以D公司60%的股权、4.8亿元的现金作为支付对价。

要求： 请做出相应的涉税会计处理。

解析： B公司的股权支付比例低于85%，应按一般性重组进行税务处理。

①B公司的涉税会计处理。

会计处理：

借：固定资产	1 200 000 000
贷：长期股权投资——D公司	600 000 000
投资收益	120 000 000
银行存款	480 000 000

税务处理：按一般性税务处理的规定，应确认股权转让所得1.2亿元。该交易的税务处理与会计处理相同。

②C公司的涉税会计处理。

会计处理：C公司对D公司长期股权投资的成本按付出资产的公允价值确认为7.2亿元（＝12－4.8）。

借：长期股权投资——D公司	720 000 000
银行存款	480 000 000
贷：固定资产清理等	1 000 000 000
资产处置收益	200 000 000

税务处理：按一般性税务处理，应确认资产处置收益2亿元。

6.3.2　不构成企业合并的资产收购的会计处理与纳税调整

企业应识别并确认所取得的单独可辨认资产，并将购买成本基于购买日所取得的各项可辨认资产的相对公允价值，在各单独可辨认资产间进行分配，而不按照企业合并准则进行处理。

转让方取得的受让方股权形成了交易性金融资产、联营企业或合营企业的投资。

1. 收购方的会计处理与纳税调整

（1）会计处理。

1）资产与负债的计量。根据企业会计准则的规定，自转让方取得的各项可辨认资产、负债应当按照其在购买日的公允价值计量，在各单独可辨认资产和负债间进行分配，分配的结果是取得的有关资产、负债的初始入账价值有可能不同于购买时点的公允价值（若资产的初始确认金额高于其公允价值，需要考虑是否存在资产减值），资产或资产与负债打包购买中多付或少付的部分均需分解到取得的资产、负债项目中，从而不会产生商誉或购买利得。

2）交易费用。交易费用在购买资产的交易中通常作为转让对价的一部分，并根据适用的准则资本化为所购买资产的一部分成本。

为发行权益性证券而支付给有关证券承销机构等的手续费、佣金等与权益性证券发行直接相关的费用，不构成取得长期股权投资的成本。该费用应自权益性证券的溢价发行收入中扣除，权益性证券的溢价发行收入不足冲减的，可冲减盈余公积和未分配利润。

3）递延所得税。企业会计准则禁止对以下交易记录的资产和负债在初始确认时产生的暂时性差异确认递延所得税：非企业合并，而且既不影响会计利润，又不影响应纳税所得额或可抵扣亏损。因此，在资产购买中因账面价值与计税基础不同而形成的暂时性差异不应确认递延所得税资产或负债。

（2）纳税调整。如果企业在收购资产的交易过程中是以非现金支付作为对价，可以根据国家税务总局公告 2015 年第 33 号的规定，对非货币性资产投资选择以下税务处理：

1）非货币性资产转让所得，可分 5 年均匀计入相应年度的应纳税所得额，计算缴纳企业所得税。

2）企业以非货币性资产对外投资而取得的被投资企业股权，应以非货币性资产的原计税成本为计税基础，加上每年确认的非货币性资产转让所得，逐年进行调整。

3）被投资企业取得非货币性资产的计税基础，应按非货币性资产的公允价值确定。

在以非现金支付作为对价的情况下，如果企业选择了将非货币性资产转让所得分 5 年计算缴纳企业所得税，则会计处理与税务处理存在差异：第一，转让所得在税法上分 5 年分期计入，需要第一年调减应纳税所得额，第二年至第五年调增应纳税所得额；第二，长期股权投资的计税基础与账面价值产生的差异，需要确认该差异对企业所得税的影响，并形成递延所得税负债。

如果企业在收购资产的交易过程中符合特殊性重组的条件，企业可以适用特殊性税务处理。

2. 转让方的会计处理

在股权支付方式下，资产转让方会形成对收购方的股权投资。根据投资单位在投资后对被投资单位能够施加影响的程度，企业会计准则将股权投资区分为应当按照金融工具进行确认和计量以及应当按照长期股权投资进行确认和计量两种情况。

（1）按照金融工具进行确认和计量。投资单位在取得被投资单位的股权后，不能对被投资单位施加影响的，其股权投资按照金融工具进行确认和计量。

（2）按照长期股权投资进行确认和计量。投资单位在取得被投资单位的股权后，能够对被投资单位施加影响的，其股权投资按照长期股权投资进行确认和计量。长期股权投资包括投资方持有的联营企业投资和合营企业投资。

1）联营企业投资。联营企业投资是指投资单位能够对被投资单位施加重大影响的股权投资。重大影响是指投资单位对被投资单位的财务和生产经营有参与决策的权力，但并不能控制或与其他方一起共同控制这些政策的制定。

2）合营企业投资。合营企业投资是指投资单位持有的对构成合营企业的合营安排的投资。投资单位通过与其他方共同出资设立被投资单位或是通过购买等方式取得对被投资单位的投资，能够与其他方一起对被投资单位实施共同控制。

【案例 6-12】 为了扩展生产经营规模，A 企业决定收购位于同城的非关联企业 B。由于 B 企业负债累累，为避免整体合并后承担过高债务的风险，A 企业决定仅收购 B 企业从事甲产品生产的所有资产。2019 年 5 月 1 日，双方达成收购协议，A 企业收购 B 企业涉及甲产品生产的所有资产，各项资产的评估价值见表 6-10（A、B 企业适用的企业所得税税率为 25%）。

表6-10 B企业转让资产情况表　　　　　单位：万元

资产名称	公允价值	原价	折旧	账面净值	备注
设备	560	620	100	520	被收购
生产厂房	800	450	50	400	被收购
原材料	370	550		550	被收购
合计	1 730	1 620	150	1 470	

2019 年 4 月 15 日，B 企业所有资产经评估后的资产总额为 1 750 万元。其中，从事甲产品生产的资产总价值为 1 730 万元，A 企业向 B 企业支付了以下对价：

（1）支付现金 130 万元。

（2）A 企业将持有的全资子公司 C 企业 20%的股权（合计 1 000 万股）支付给 B 企业。该长期股权投资的公允价值为 1 600 万元，计税基础为 1 000 万元。

假设 A 企业的该项资产收购是为了扩大生产经营，具有合理的商业目的，而且 A 企业承诺在收购 B 企业的资产后，除进行必要的设备更新外，在连续 12 个月内仍用该资产从事甲产品的生产。

要求：请做出相应的涉税会计处理（暂不考虑增值税、土地增值税等其他税种）。

解析：A企业收购B企业的资产总额为1 730万元，B企业全部资产总额经评估为1 750万元，A企业收购B企业的资产占B企业总资产的比例为98.9%（＝1 730÷1 750），超过了50%的比例。

在资产收购中，A企业的股权支付金额为1 600万元，非股权支付金额为130万元，股权支付金额占交易总额的92.5%（＝1 600÷1 730），超过了85%的比例。

因此，A企业对B企业的这项资产收购交易可以适用特殊性税务处理。

B企业的涉税会计处理：

借：长期股权投资——C企业　　　　　　　　　　16 000 000
　　银行存款　　　　　　　　　　　　　　　　　1 300 000
　　累计折旧——设备　　　　　　　　　　　　　1 000 000
　　累计折旧——厂房　　　　　　　　　　　　　　500 000
　　其他业务成本　　　　　　　　　　　　　　　5 500 000
　贷：固定资产——设备　　　　　　　　　　　　6 200 000
　　　固定资产——厂房　　　　　　　　　　　　4 500 000
　　　原材料　　　　　　　　　　　　　　　　　5 500 000
　　　资产处置收益　　　　　　　　　　　　　　4 400 000
　　　其他业务收入　　　　　　　　　　　　　　3 700 000

由于该资产收购行为符合特殊性税务处理条件，可以适用特殊性税务处理，B企业取得C企业股权的计税基础，应以被转让资产的原有计税基础确定。

由于转让方B企业转让资产，不仅收到了股权，而且收到了130万元现金的非股权支付，根据财税［2009］59号文的规定，应确认非股权支付对应的资产转让所得或损失。

$$
\begin{array}{c}\text{非股权支付对应的}\\\text{资产转让所得或损失}\end{array} = \left(\begin{array}{c}\text{被转让资产的}\\\text{公允价值}\end{array} - \begin{array}{c}\text{被转让资产的}\\\text{计税基础}\end{array}\right) \times \left(\begin{array}{c}\text{非股权}\\\text{支付金额}\end{array} \div \begin{array}{c}\text{被转让资产的}\\\text{公允价值}\end{array}\right)
$$

转让方 B 企业非股权支付对应的资产转让所得或损失为 19.54 万元 [＝(1 730－1 470)×130÷1 730]，B 企业需要就其非股权支付对应的资产转让所得 19.54 万元缴纳企业所得税，见表 6－10。

B 企业取得 A 企业持有的全资子公司 1 000 万股股份的计税基础为 1 359.54 万元（＝1 470＋19.54－130）。

由于该交易影响企业所得税和会计利润，B 企业股权的账面价值 1 600 万元与计税基础 1 359.54 万元之间的差额形成的暂时性差异，应确认递延所得税影响 60.115 万元 [＝(1 600－1 359.54)×25％]。

借：所得税费用   601 150

  贷：递延所得税负债   601 150

纳税调整：会计确认的所得为 260 万元（＝440－180），税法确认的收益为 19.54 万元，应调减应纳税所得额 240.46 万元。

A 企业的涉税会计处理：收购方自被购买方取得的各项可辨认资产应当按其在购买日的公允价值计量。

借：固定资产——生产设备   5 600 000

    固定资产——厂房   8 000 000

    原材料   3 700 000

  贷：长期股权投资——C 企业   10 000 000

    银行存款   1 300 000

    投资收益   6 000 000

由于该资产收购行为符合特殊性税务处理条件，可以适用特殊性税务处理。受让企业取得转让企业资产的计税基础，以被转让资产的原有计税基础确定。

受让方的被转让资产有两项：一是其持有的子公司 1 000 万股的股权，计税基础为 1 000 万元；二是现金，计税基础为 130 万元。两者合计 1 130 万元，须将被转让资产的计税基础 1 130 万元在 A 企业取得的 3 项资产中按公允价值进行分配。

设备的计税基础＝1 130×560÷1 730＝365.78（万元）

生产厂房的计税基础＝1 130×800÷1 730＝522.54（万元）

存货的计税基础＝1 130×370÷1 730＝241.68（万元）

资产的计税基础为 1 130 万元，账面价值为 1 730 万元，账面价值 1 730 万元与计税基础 1 130 万元之间的差额形成的暂时性差异，应确认递延所得税影响 150 万元 ［＝(1 730－1 130)×25%］。

借：所得税费用　　　　　　　　　　　　　　　　1 500 000

　　贷：递延所得税负债　　　　　　　　　　　　　1 500 000

纳税调整：A 企业暂不确认股权的转让所得，会计确认的所得为 600 万元，应调减应纳税所得额 600 万元。

6.4　资产收购的税收筹划

6.4.1　资产收购税收筹划应关注的重点

（1）合理筹划，享受企业所得税递延纳税政策。对于股权支付比例与收购资产比例符合特殊性税务处理条件的，收购企业、被收购企业无须确认转让所得。企业应通过合理筹划，尽量符合股权支付比例与收购资产比例的特殊性税务处理条件，以实现递延纳税的效果。

（2）资产收购选择特殊性税务处理的条件。该条件是取得资产方在重组后的 12 个月内不改变资产原来的实质性经营活动和原主要股东不转让所取得的股权。企业选择特殊性税务处理，要注意所收购资产和所取得股权的后续税务管理要求。

（3）合理利用整体并购策略。收购标的企业全部或者部分实物资产以及与其相关的债权、负债和劳动力，可以享受增值税优惠政策。

（4）合理利用契税优惠政策。合理利用作为非债权人收购破产企业的土地、房屋权属，若安置的员工达到一定比例，可以享受契税优惠政策。

（5）转换资产收购的形式。企业应合理筹划，将资产收购转换为股权收购，以降低交易的税收成本。

（6）关注税收优惠的延续性。企业应了解收购的目标资产是否涉及不征税收入等税收优惠，并关注税收优惠的延续性。

6.4.2　资产收购的税收筹划思路

一般性重组和特殊性重组的税务处理不同，使得重组所得的纳税义务时间发生了改变，而重组双方之间的税收负担有可能发生改变。纳税人应根据重组所得的金额以及适用的企业所得税税率的情况选择是否适用特殊性重组。

6.4.2.1　重组所得或损失的考量

1. 重组所得

当收购方在资产收购交易中以股权作为对价支付方式，在其他条件符合特殊性重组规定的情况下，重组双方可以选择适用特殊性税务处理规定。特殊性重组可以实现递延纳税，但由于作为对价支付的股权以及转让资产的原计税基础不同，因而对收购方和转让方的企业所得税影响存在差异。

（1）收购方作为对价支付的股权与转让方资产的原计税基础相同。在收购方作为对价支付的股权与转让方资产的原计税基础相同的情况下，特殊性税务处理递延了所得的计税时间，实现了递延纳税。正如案例6-3和案例6-4的汇总数据所示，一般性重组和特殊性重组的所得总额相同，但所得的实现时间不同。在一般性重组下，重组所得提前到重组交易环节确认。

（2）收购方作为对价支付的股权与转让方资产的原计税基础不同。在收购方作为对价支付的股权与转让方资产的原计税基础不同的情况下，特殊性税务处理对转让企业可以实现递延纳税，对收购企业还可能带来税收负担绝对额的改变。

1）作为对价支付的股权的原计税基础高于转让方资产的原计税基础。作为对价支付的股权的原计税基础高于转让方资产的原计税基础，特殊性重组将会增加收购企业的税负。正如案例6-6和案例6-3的数据所示，在这两种重组形式下转让方的所得总额相同，但所得的实现时间不同。在这两种重组形式下，收购方的所得总额不同，在特殊性重组形式下的所得高于在一般性重组形式下的所得，即税负增加。

2）作为对价支付的股权的原计税基础低于转让方资产的原计税基础。作为对价支付的股权的计税基础低于转让方资产的计税基础，特殊性重组将会减轻收购企业的税负。正如案例6-5和案例6-3的数据所示，在这两种重组形式下转让方的所得总额相同，但所得的实现时间不同，特殊性重组把所得实现时间递延到了股权再转让环节，实现了递延纳税；在这两种重组形式下，收购方的所得总额不同，在特殊性重组形式下的所得小于在一般性重组形式下的所得，不仅实现了递延纳税，而且实现了应纳税额绝对额的减少。

2. 重组损失

当转让方在重组过程中的资产公允价值小于原计税基础时，选择一般性税务处理会在重组环节确认资产处置损失，从而实现亏损的抵税效应。

当收购方在重组过程中作为对价支付的资产公允价值小于原计税基础时，选择一般性税务处理会在重组环节确认资产处置损失，从而实现亏损的抵税效应。

6.4.2.2 预期边际税率的考量

纳税人在选择一般性重组和特殊性重组时，应考虑适用的企业所得税边际税率的变化情况。

1. 预期企业所得税税率不变，选择特殊性税务处理

在预期企业所得税税率不变的情况下，特殊性税务处理递延了所得的计税时间，实现了递延纳税。

2. 预期企业所得税税率提高，选择一般性税务处理

如果预期企业所得税税率会提高，就会增加未来转让环节的应纳税额。如果企业所得税边际税率预计上升，则需要比较递延纳税所带来的货币时间价值与税率上升所带来的税负增加额，进而做出选择。例如，企业在重组期间有亏损或者处于企业所得税免税或减税期间，选择一般性税务处理将所得提前确认，可以享受免税或减税的好处。

3. 预期企业所得税税率降低，选择特殊性税务处理

如果预期企业所得税税率会降低，就会降低未来转让环节的应纳税额，则选择特殊性税务处理，这样不仅可以实现递延纳税，而且会带来应纳税额绝对额的减少。

6.4.3 资产收购的税收筹划方法

1. 控制股权的支付比例，适用特殊性重组

在一般性税务处理条件下，资产收购应确认重组所得，转让方取得股权的计税基础以公允价值为基础确定，而在特殊性税务处理条件下，重组所得暂时无须确认，收购方和转让方取得资产、股权的计税基础以转让资

产的账面价值确定。在特殊性税务处理条件下，暂时无须缴纳企业所得税，起到了免税重组的效果；即使日后转让时需要纳税，也起到了延期纳税的效果。因此，企业应尽量使股权收购满足特殊性税务处理的一般条件，而且收购的资产不低于被收购企业全部资产的50%，同时保证在资产收购发生时的股权支付金额不低于该交易支付总金额的85%，以满足特殊性税务处理条件，达到免税重组的目的。

【案例6-13】 A公司对非关联企业B公司进行资产收购，A公司以持有的600万股下属子公司C的股权作为对价。该股权的公允价值为1 200万元，账面价值为600万元。A公司对B公司采取净资产收购方式，即B公司将资产和负债全部转让给A公司。B公司资产的公允价值为2 000万元，账面价值为1 500万元，负债为800万元。在资产收购完成后，B公司只有一项资产，即持有C公司的股份。A、B、C公司均为非上市企业，适用的企业所得税税率为25%。

要求：请做出A、B公司的涉税会计处理。

解析：资产收购的对象是被收购企业的净资产，是对企业整体资产、负债的收购。在这种情况下，收购方承担被收购方的负债则属于非股权支付。如果承担债务部分的比例大于15%，则不适用特殊性税务处理规定。

A公司承担B公司的负债属于非股权支付行为，而A公司的股权支付金额为1 200万元，承担负债方式的非股权支付金额为800万元，则股权支付金额仅占总交易金额的60%，不满足财税〔2009〕59号文"股权支付金额不低于其交易支付总额的85%"的条件，不适用特殊性税务处理。因此，A、B公司需要进行一般性税务处理，按公允价值确认资产（股权）的计税基础，并计算资产（股权）的转让所得。

A公司收购资产的计税基础为2 000万元。

A公司的股权转让所得＝1 200－600＝600（万元）

应缴企业所得税＝600×25%＝150（万元）

借：固定资产等   20 000 000

 贷：应付账款   8 000 000

  长期股权投资——C公司   6 000 000

  投资收益   6 000 000

B公司取得股权的计税基础为1 200万元。

B公司的资产转让所得＝2 000－1 500＝500（万元）

应纳企业所得税＝500×25%＝125（万元）

借：长期股权投资   12 000 000

  应付账款   8 000 000

 贷：固定资产清理等   15 000 000

  资产处置收益等   5 000 000

筹划方案：如果想适用特殊性重组，必须提高股权支付比例。A公司可以将资产收购分成两步：第一步：A公司只收购B公司的资产，A公司以1 000万股C公司的股份作为对价，股权的公允价值为2 000万元，账面价值为1 000万元。第二步：在12个月后，B公司将400万股C公司的股份以800万元的价格转让给A公司，在取得现金后偿还债务。

第一步：资产收购环节，股权支付比例占100%，符合特殊性重组的条件，资产的计税基础以被转让资产的原有计税基础确定，不确认资产转让所得。

A公司收购资产的计税基础为1 500万元；B公司取得股权的计税基础为1 500万元。

第二步：B公司股权的转让环节，应确认股权转让所得。

股权转让所得＝800－400×1 500/1 000＝800－600＝200（万元）

【案例6-14】 接案例6-13。假定5年后B公司将持有的C公司股份转让出去，转让价格为 2 000 万元，A 公司收购的资产已折旧（摊销）完毕。不考虑货币的时间价值，比较原方案和筹划方案的企业所得税负担及其他税种负担。

解析：（1）企业所得税负担比较。

在原方案下，A 公司收购资产的折旧（摊销）成本为 2 000 万元，实现抵税效应 500 万元（＝2 000×25%），B 公司持有的 C 公司股权再转让实现的转让所得为 800 万元（＝2 000－1 200）。

在筹划方案下，A 公司收购资产的折旧（摊销）成本为 1 500 万元，实现抵税效应 375 万元（＝1 500×25%），B 公司持有的 C 公司股权再转让实现的转让所得为 1 100 万元［＝2 000－（1 500－600）］。

两种方案的企业所得税负担见表 6-11。

表 6-11 两种方案企业所得税负担情况表

项目	企业		重组所得	计税基础	折旧（摊销）抵税效应	C公司股权再转让所得	净税负效应
原方案	A公司		600	2 000	500		－350（＝600×25%－500）
	B公司		500	1 200		800（＝2 000－1 200）	325［＝（500＋800）×25%］
筹划方案	A公司			1 500	375		－375
	B公司	①		1 500		1 100（＝2 000－900）	325［＝（200＋1 100）×25%］
		②	200	－600*			

* －600 为已出售的 400 万股的成本，剩余 600 万股的成本为 900 万元（＝1 500－600）。

由表 6-11 可知，在不考虑货币时间价值的情况下，如果采用筹划方案，A 公司能实现更大的抵税效应。

（2）其他税种的负担比较。

1）增值税。

根据《国家税务总局关于纳税人资产重组有关增值税问题的公告》（国家税务总局公告 2011 年第 13 号），在资产重组过程中，纳税人通过合并、分立、出售、置换等方式，将全部或者部分实物资产以及与其相关的债权、负债及劳动力一并转让给其他单位和个人，不属于增值税的征税范围，其中涉及的货物转让，不征收增值税。

根据财税〔2016〕36号文，在资产重组过程中，纳税人通过合并、分立、出售、置换等方式，将全部或者部分实物资产以及与其相关的债权、负债及劳动力一并转让给其他单位和个人，其中涉及的不动产、土地使用权转让行为，不征收增值税。

在原方案下，如果承债式收购是连同劳动力一并转让的，可以免征资产转让环节的增值税。

在筹划方案下，资产转让需要缴纳增值税，但收购方可以将其作为进项税额进行抵减。

2）印花税。这两种方案均需缴纳印花税。

3）土地增值税和契税。涉及不动产转让的，需要缴纳土地增值税和契税。

2. 采取资产收购方式，降低潜在的税务风险

企业并购可以以股权收购或者资产收购的方式进行，但这两种收购模式涉及的税务风险是不同的。在股权收购完成后，税务风险将会由收购方完全继承，而在资产收购完成后，通常收购方并不继承被收购方的历史遗留税务问题。纳税人应根据被收购方的潜在税收风险情况对重组形式进行不同的选择。资产收购与股权收购的税收利弊比较见表6-12。

表6-12　资产收购与股权收购的税收利弊比较

项目	利	弊
资产收购	隔离被收购方的潜在税务风险	1. 资产转让缴纳增值税 2. 被收购方的税收优惠无法延续
股权收购	1. 被收购方的税收优惠延续 2. 免征增值税	承继被收购方的潜在税务风险

【案例6-15】　C公司欲将一条服装生产线转让给B公司（非上市企

业），B公司以其子公司的部分股权作为对价支付。C公司的主要资产为该服装生产线，B公司在收购后继续从事服装生产。B、C公司现有两个重组方案：

方案一：B公司购买C公司的生产线，实现资产收购。该交易过程见图6-9。

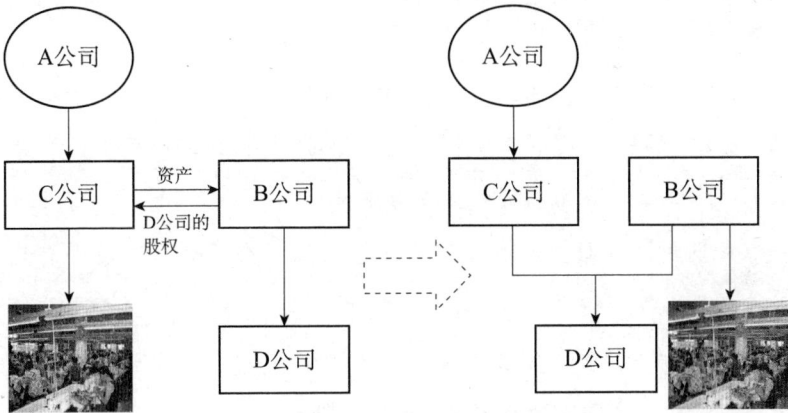

图6-9　B、C公司资产转让交易的流程图

方案二：B公司收购C公司，实现股权收购。该交易过程见图6-10。

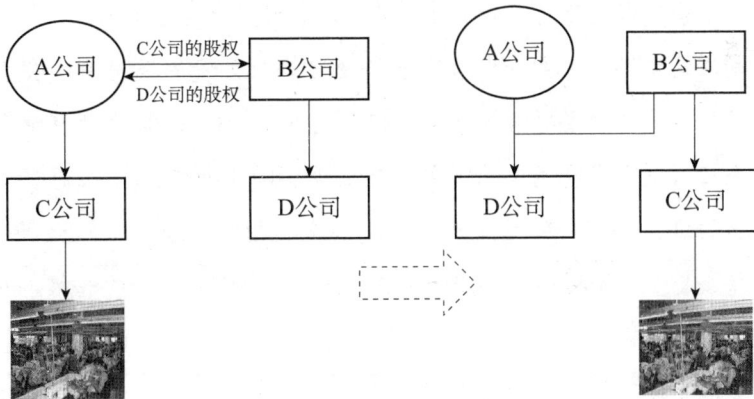

图6-10　B、C公司资产转让交易的流程图

要求：请从税收负担、税务风险的角度对这两个重组方案进行比较。

解析：这两个重组方案均符合特殊性税务处理条件，在重组过程中暂不确认重组所得，不用缴纳企业所得税。

方案一实现的是资产收购，在资产转让过程中会涉及增值税。由于 B 公司只收购了该条服装生产线，不用承担 C 公司的其他税务风险。

▪▪▪ 案例讨论

2020 年 7 月 23 日，中国石油化工股份有限公司（证券简称：中国石化，证券代码：600028）和中国石油天然气股份有限公司（证券简称：中国石油，证券代码：601857）发布公告，拟将旗下所持油气管网资源剥离后置入国家管网集团，取得股权或现金支付。

国家管网集团（即国家石油天然气管网集团有限公司）系国有独资企业，股东为国务院国资委，注册资金为 200 亿元人民币。本次交易完成以及国家管网集团相关投资人出资完成后，国家管网集团的注册资本拟定为人民币 5 000 亿元，中国石油将占 29.90% 的股权，为第一大股东。中国石化将占 9.42% 的股权，中国石化天然气公司将占 4.58% 的股权，国务院国资委的股权将被稀释为 4.46%。除中国石油、中国石化、中国石化天然气公司及中海石油气电集团有限责任公司外，其余股东以现金出资。

中国石油发布的《关于以管道业务及资产对外投资及出售的公告》宣称，公司拟将持有的主要油气管道、部分储气库、LNG 接收站及铺底油气等相关资产（包含所持的公司股权）出售给国家管网集团，从而获得国家管网集团的股权及相应的现金对价。本次交易的总对价为 2 687.05 亿元，其中股权支付 1 495 亿元，占交易后国家管网集团 29.90% 的股权。具体交易情况见下图。

中国石化发布的《关于出售资产暨对外投资的公告》宣称，本公司及子公司拟将持有的相关公司股权、油气管道及配套设施等资产转让给国家管网集团，以国家管网集团增发的股权和/或支付的现金作为交易对价。本

中国石油 ←─ 对价2 687.05亿元，其中股权支付1 495亿元 ─ 国家管网集团

12家合资公司股权　　　8家直属独立核算分支机构

所售资产：净资产2 228.80亿元，作价2 687.05亿元

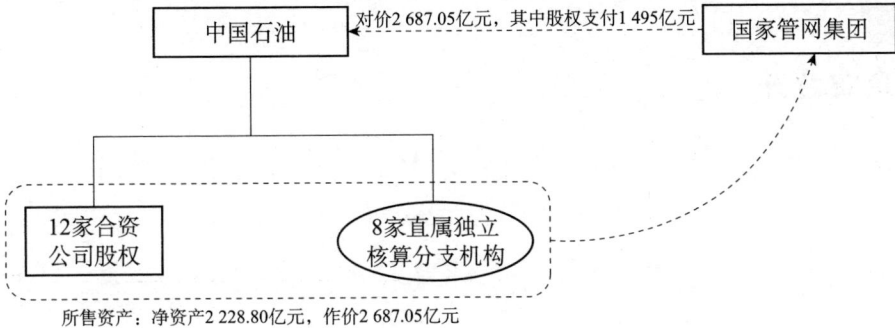

次交易的对价为 1 226.55 亿元，其中取得股权支付 700.01 亿元，现金支付 526.54 亿元。本次交易预计可增加中国石化税前利润约 365.94 亿元。具体交易情况见下图。

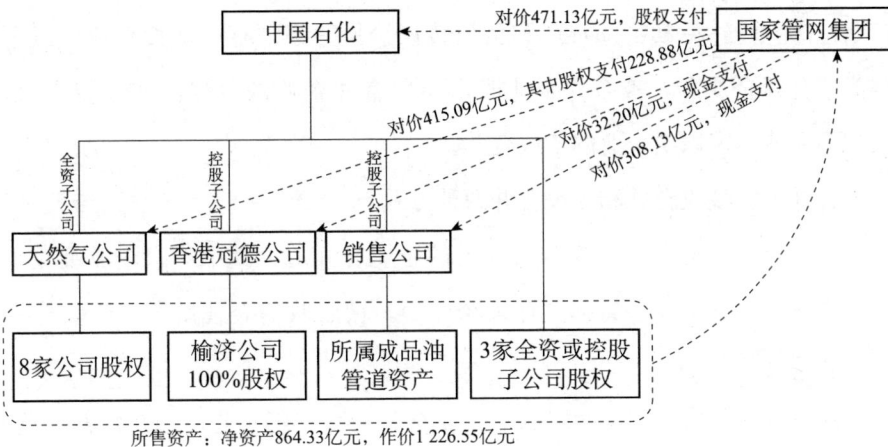

中国石化 ←─ 对价471.13亿元，股权支付 ─ 国家管网集团
对价415.09亿元，其中股权支付228.88亿元
对价32.20亿元，现金支付
对价308.13亿元，现金支付

全资子公司　控股子公司　控股子公司
天然气公司　香港冠德公司　销售公司

8家公司股权　榆济公司100%股权　所属成品油管道资产　3家全资或控股子公司股权

所售资产：净资产864.33亿元，作价1 226.55亿元

试讨论：

（1）本次交易可能会涉及的税种。

（2）本次交易是否适用特殊性税务处理？

企业合并

7.1　企业合并的概念

财税〔2009〕59 号文所称的合并，是指一家或多家企业（以下称为"被合并企业"）将其全部资产和负债转让给另一家现存或新设企业（以下称为"合并企业"），被合并企业股东换取合并企业的股权或非股权支付，实现两家或两家以上企业的依法合并。

合并分为吸收合并和新设合并两种方式。

吸收合并是指在两家或两家以上的企业合并时，其中一家企业吸收了其他企业而存续（以下简称"存续企业"），被吸收的企业解散。吸收合并的示意图见图 7-1。

新设合并是指两家或两家以上企业合并为一家新企业，合并各方解散。新设合并的示意图见图 7-2。

《企业会计准则第 20 号——企业合并》所称的企业合并，是指将两家或两家以上单独的企业合并形成一个报告主体的交易或事项。从企业合并的定义来看，是否形成企业合并，关键要看在有关交易或事项发生前后，是否引起报告主体的变化。在一般情况下，法律主体就是报告主体，但除法律主体外，报告主体的涵盖范围更广泛一些，还包括从合并财务报告角度，由母公司及其能够实施控制的子公司形成的基于合并财务报告意义上

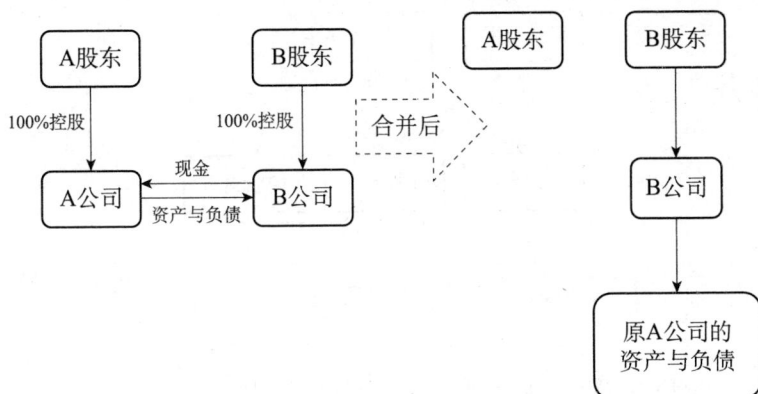

图 7-1 吸收合并示意图

注：B 公司为合并企业，且为存续企业；A 公司为被合并企业。

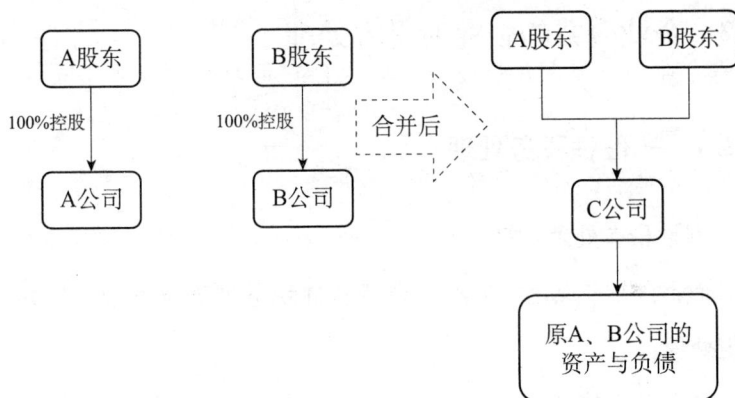

图 7-2 新设合并示意图

注：C 公司为合并企业，且为新设企业；A、B 公司为被合并企业。

的报告主体。因此，企业会计准则的合并定义与税法的合并定义有一定的区别。例如，A 企业购买 B 企业 60％的股权，形成对 B 企业的控股，该行为属于企业会计准则中的控股合并范畴，但不属于财税［2009］59 号文所称的合并。财税［2009］59 号文所称的合并是在合并交易完成后解散被合并方。税法合并与会计合并的关系图见图 7-3。

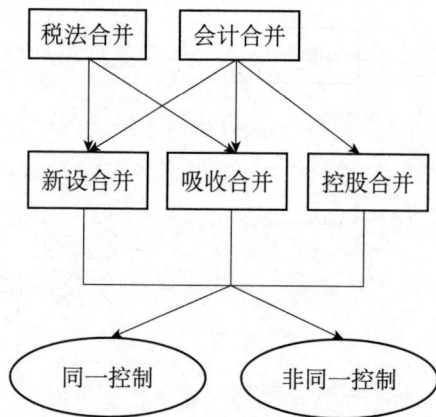

图 7 - 3 税法合并与会计合并的关系图

7.2 企业合并的企业所得税处理

7.2.1 一般性税务处理

1. 一般性税务处理政策

对于企业合并来说，如果不符合特殊性税务处理条件，当事各方应按下列规定处理：

（1）合并企业应按公允价值确定被合并企业各项资产和负债的计税基础。

（2）被合并企业及其股东都应按清算进行企业所得税处理。

（3）被合并企业的亏损不得在合并企业结转弥补。

根据《财政部、国家税务总局关于企业清算业务企业所得税处理若干问题的通知》（财税〔2009〕60 号），企业清算的所得税处理是指企业在不再持续经营，发生结束自身业务、处置资产、偿还债务以及向所有者分配剩余财产等经济行为时，对清算所得、清算所得税、股息分配等事项的处理。

2. 清算所得的税务处理政策

企业清算的所得税处理包括以下内容：

（1）全部资产均应按可变现价值或交易价格确认资产转让所得或损失。

（2）确认债权清理、债务清偿的所得或损失。

（3）改变持续经营核算原则，对预提或待摊性质的费用进行处理。

（4）依法弥补亏损，确定清算所得。

（5）计算并缴纳清算所得税。

（6）确定可向股东分配的剩余财产、应付股息等。

企业的全部资产可变现价值或交易价格，减除资产的计税基础、清算费用、相关税费，加上债务清偿损益等后的余额，为清算所得。

企业应将整个清算期作为一个独立的纳税年度计算清算所得。企业应当自清算结束之日起15日内，向主管税务机关报送《中华人民共和国企业清算所得税申报表》，结清税款。

企业全部资产的可变现价值或交易价格减除清算费用，职工的工资、社会保险费用和法定补偿金，结清清算所得税、以前年度欠税等税款，清偿企业债务，按规定计算可以向所有者分配的剩余资产。

被清算企业的股东分得的剩余资产的金额，其中相当于被清算企业累计未分配利润和累计盈余公积中按该股东所占股份比例计算的部分，应确认为股息所得；剩余资产减除股息所得后的余额，超过或低于股东投资成本的部分，应确认为股东的投资转让所得或损失。

被清算企业的股东从被清算企业分得的资产应按可变现价值或实际交易价格确定计税基础。

在企业合并中，合并各方涉及享受的税收优惠过渡政策尚未期满的，仅就存续企业未享受完的税收优惠，可由存续企业继续执行；注销的被合并企业未享受完的税收优惠，不再由存续企业承继；合并新设的企业不再承继或重新享受上述优惠。

说明：在企业吸收合并中，合并后存续企业的性质及适用税收优惠的条件未发生改变的，可以继续享受合并前该企业剩余期限的税收优惠，其优惠金额按存续企业合并前一年的应纳税所得额（亏损计为零）计算。

【案例 7-1】 A公司将全部资产、负债转让给 B 公司，B 公司以现金 5 000 万元作为对价。A 公司的资产总额为 6 000 万元，计税基础为 5 500 万元，公允价值为 7 000 万元；负债的账面价值为 2 000 万元，公允价值为 2 000 万元；未分配利润为 500 万元。甲公司 100％控制 A 公司，该股权的账面价值和计税基础均为 3 500 万元。A 公司的职工均由 B 公司接受并安置。B、A 公司合并的示意图见图 7-4。

要求： 请做出相应的涉税处理。

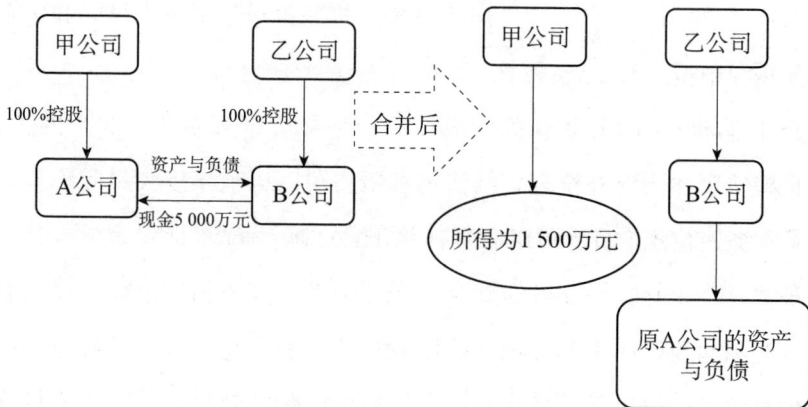

图 7-4 B、A 公司合并的示意图 1

解析： B 公司合并 A 公司的对价全部是现金，不符合特殊性税务处理条件，适用一般性税务处理规定。

B 公司应按公允价值确定被合并企业各项资产和负债的计税基础，即资产的计税基础为 7 000 万元，负债的计税基础为 2 000 万元。

A公司及其股东甲公司都应按清算进行企业所得税处理。

A公司的清算所得＝(7 000－5 500)＋(2 000－2 000)＝1 500（万元）

清算所得应纳企业所得税＝1 500×25％＝375（万元）

可以向所有者分配的剩余资产＝5 000－375＝4 625（万元）

累积未分配利润＝500＋(1 500－375)＝1 625（万元）

甲公司的股息所得＝1 625（万元）

由于该股息所得属于居民之间的投资收益，免征企业所得税。

甲公司的股权投资转让所得＝4 625－1 625－3 500＝－500（万元）

注：如果甲是自然人股东，其分得的剩余资产扣除投资成本后的余额，应按照"利息、股息、红利所得"项目计算征收个人所得税。

应税所得＝4 625－3 500＝1 125（万元）

应纳个人所得税＝1 125×20％＝225（万元）

7.2.2 特殊性税务处理

1. 企业合并的特殊性税务处理条件

同时符合下列条件的企业合并，适用特殊性税务处理规定：

(1) 具有合理的商业目的，且不以减少、免除或者推迟缴纳税款为主要目的。

(2) 被合并股权比例符合规定的比例。

(3) 企业重组后的连续12个月内不改变重组资产原来的实质性经营活动。

(4) 重组交易对价中涉及的股权支付金额不低于交易支付总额的85％，以及在同一控制下且不需要支付对价。

(5) 在企业重组中取得股权支付的原主要股东，在重组后连续12个月内，不得转让取得的股权。

企业合并以合并合同（协议）生效、当事各方已进行会计处理且完成工商新设登记或变更登记日为重组日。按规定不需要办理工商新设或变更登记的合并，以合并合同（协议）生效且当事各方已进行会计处理的日期为重组日。

同一控制是指参与合并的企业在合并前后均受同一方或相同的多方最终控制，且该控制并非暂时性的。能够对参与合并的企业在合并前后均实施最终控制权的相同多方，是指根据合同或协议的约定，对参与合并企业的财务和经营政策拥有决定控制权的投资者群体。

在企业合并前，参与合并各方受最终控制方的控制在 12 个月以上，企业合并后形成的主体接受最终控制方的控制时间也应达到连续 12 个月。

2. 企业合并的特殊性税务处理政策

符合特殊性税务处理条件的企业合并，可以选择按以下规定处理：

（1）合并企业接受被合并企业资产与负债的计税基础，以被合并企业的原有计税基础确定。

（2）被合并企业在合并前的相关所得税事项由合并企业承继。

对税收优惠政策的承继处理问题，凡属于依照税法的规定、就企业整体（即全部生产经营所得）享受税收优惠过渡政策的，合并后企业的性质及适用税收优惠的条件未发生改变的，可以继续享受合并前各企业剩余期限的税收优惠。合并前各企业剩余的税收优惠年限不一致的，合并后企业每年度的应纳税所得额，应统一按合并日各合并前企业资产占合并后企业总资产的比例进行划分，再分别按相应的剩余优惠期限计算应纳税额。

（3）可由合并企业弥补的被合并企业亏损的限额＝被合并企业净资产的公允价值×截至合并业务发生当年末国家发行的最长期限的国债利率。

可由合并企业弥补的被合并企业亏损的限额，是指按税法规定的剩余结转年限内，每年可由合并企业弥补的被合并企业亏损的限额。

（4）被合并企业股东取得合并企业股权的计税基础，以其原持有的被合并企业股权的计税基础确定。

重组交易各方对交易中的股权支付暂不确认有关资产的转让所得或损失的，其非股权支付仍应在交易当期确认相应的资产转让所得或损失，并调整相应资产的计税基础。

$$\text{非股权支付对应的资产转让所得或损失} = \left(\text{被转让资产的公允价值} - \text{被转让资产的计税基础}\right) \times \frac{\text{非股权支付金额}}{\text{被转让资产的公允价值}}$$

【案例7-2】 以案例7-1为例。假定B公司支付的对价是通过增发550万股本公司股票（每股面值1元）作为对价，该股份的公允价值为5 500万元。假定符合特殊性重组的其他条件。B、A公司合并的示意图见图7-5。

要求：请做出相应的涉税处理。

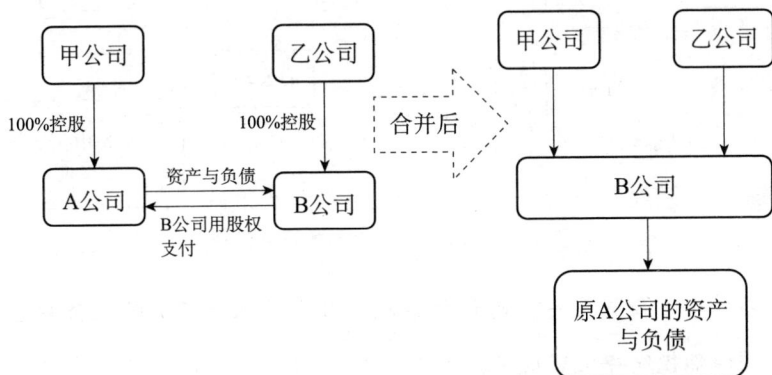

图7-5　B、A公司合并的示意图2

解析：由于合并支付的对价为股权，符合特殊性税务处理条件，企业可以适用特殊性税务处理规定。

B公司接受的资产与负债的计税基础应按被合并企业各项资产与负债的原计税基础确定，即资产的计税基础为5 500万元，负债的计税基础为

2 000万元。

A公司不用计算清算所得，甲公司不用计算清算分配所得和股权转让所得，被合并企业的股东甲公司取得合并企业B公司股权的计税基础，以其原持有的被合并企业A公司股权的计税基础确定，即3 500万元。

【案例7-3】 以案例7-1为例。假定B公司支付的对价是其下属子公司D的股权，该股权的账面价值（计税基础）为3 000万元，公允价值为5 000万元。假定符合特殊性重组的其他条件，B、A公司合并的示意图见图7-6。

要求： 请做出相应的涉税处理。

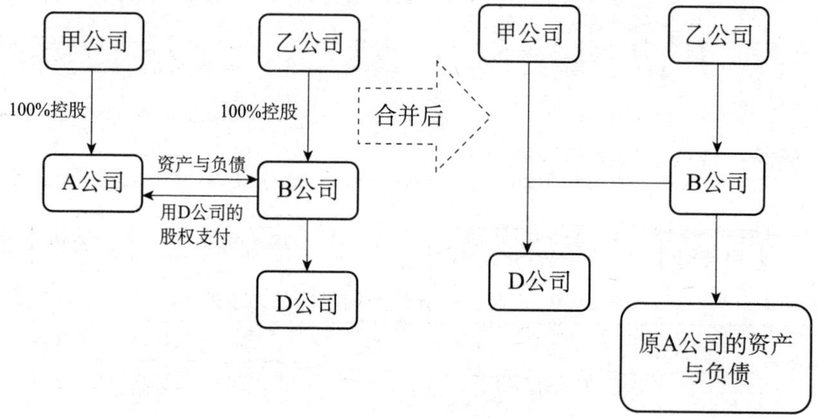

图7-6　B、A公司合并的示意图3

解析： 由于合并支付的对价为股权，符合特殊性税务处理条件，企业可以适用特殊性税务处理规定。

B公司接受的资产与负债的计税基础应按被合并企业各项资产与负债的原计税基础确定，即资产的计税基础为5 500万元，负债的计税基础为2 000万元。B公司不用计算股权转让所得。

A公司不用计算清算所得，甲公司不用计算清算分配所得和股权转让所得，被合并企业的股东甲公司取得合并企业支付的D公司股权的计税基础，以其原持有的被合并企业 A 公司股权的计税基础确定，即 3 500 万元。

7.2.3 两种税务处理下的税负比较

1. 合并企业以发行权益性证券作为支付对价

在合并企业以发行权益性证券作为支付对价的方式下，对被合并方来说，特殊性税务处理不仅实现了递延纳税，而且避免了重复征税并实现了绝对节税；对合并方来说，由于一般性税务处理按被合并企业资产的公允价值作为计税基础，在公允价值大于原资产与负债计税基础的情况下，合并方的资产摊销金额低、抵税效应小。

【案例 7-4】 以案例 7-2 为例。假定一年后甲公司再以 5 000 万元的价格将 B 公司的股权转让出去。因为案例 7-2 符合特殊性税务处理条件，合并双方可以选择特殊性税务处理或一般性税务处理。一般性税务处理和特殊性税务处理的税负情况见表 7-1。

表 7-1 两种税务处理的纳税情况比较表（1）　　　　单位：万元

| 项目 | | 交易对价 | | 重组类型 | | 清算所得 | 股权（资产）计税基础 | 资产摊销 | 股权再次转让价格 | 股权转让所得 | 所得合计 |
		股权	现金	一般	特殊						
案例7-2	A公司			√		1 500					1 500
	甲公司			√		股息1 625 转让-500	5 000		5 000	0	1 125
	B公司	√		√			7 000	-7 000			-7 000
	A公司				√	0					
	甲公司				√		3 500		5 000	1 500	1 500
	B公司	√			√		5 500	-5 500			-5 500

从表 7-1 可以看出，对于被合并方来说，选择一般性税务处理，在合并日 A 公司的清算所得要计算缴纳企业所得税 375 万元（参见案例 7-1）；选择特殊性税务处理，合并日不计算清算所得，甲公司在股权再转让环节计算缴纳企业所得税 375 万元（＝1 500×25%）。因此，特殊性税务处理实

现了递延纳税。在一般性税务处理下，甲公司尚有500万元的股权投资转让损失可以产生抵税效应。

对于合并方来说，B公司在特殊性税务处理下的资产摊销抵税效应降低，企业所得税税负提高。

2. 合并企业以子公司的股权作为支付对价

若合并企业以子公司的股权作为支付对价，对被合并方来说，特殊性税务处理不仅实现了递延纳税，而且实现了绝对节税；对合并方来说，是否选择特殊性税务处理取决于资产的公允价值与计税基础的差额大小。

【案例7-5】 以案例7-3为例。假定一年后甲公司再以5 000万元的价格将D公司的股权转让出去。因为案例7-3符合特殊性税务处理条件，合并双方可以选择特殊性税务处理或一般性税务处理。一般性税务处理和特殊性税务处理的税负情况见表7-2。

表7-2 两种税务处理的纳税情况比较表（2） 单位：万元

项目		交易对价		重组类型		清算（股息、转让）所得	股权（资产）计税基础	资产摊销	股权再次转让价格	股权转让所得	所得合计
		股权	现金	一般	特殊						
案例7-3	A公司					1 500					1 500
	甲公司			✓		股息1 625 转让-500	5 000		5 000	0	1 125
	B公司	✓				2 000	7 000	-7 000			-5 000
	A公司					0					
	甲公司				✓		3 500		5 000	1 500	1 500
	B公司	✓					5 500	-5 500			-5 500

从表7-2可以看出，对于被合并方来说，如果选择一般性税务处理，在合并日A公司的清算所得要计算缴纳企业所得税375万元（参见案例7-1）；如果选择特殊性税务处理，合并日不计算清算所得，甲公司在股权再转让环节计算缴纳企业所得税375万元（＝1 500×25％）。因此，特殊性税务处理实现了递延纳税。在一般性税务处理下，甲公司尚有500万元的股权投资转让损失可以产生抵税效应。

对于合并方来说，B公司在特殊性税务处理下的股权转让所得免缴企业所得税，但资产摊销的抵税效应降低，企业所得税税负提高。净节税效应需要比较以对价支付的股权的公允价值与计税基础的差额是否大于合并企业资产的公允价值与计税基础的差额。如果前者大于后者，选择特殊性税务处理可以实现递延纳税和绝对节税双重效果；如果前者等于后者，选择特殊性税务处理可以实现递延纳税；如果前者小于后者，选择特殊性税务处理会带来税负提高。

7.3 企业合并的会计处理与纳税调整

7.3.1 企业合并的会计定义

根据企业会计准则的规定，企业合并是指将两家或两家以上单独的企业（主体）形成一个报告主体的交易或事项。

7.3.1.1 企业合并的判断标准

从会计角度来说，判断是否属于企业合并应关注以下两个方面：

1. 被购买方是否构成业务

合并不同于单项资产的购买，而是一组有内在联系、为了某一既定的生产经营目的而存在的多项资产组合或是多项资产与负债构成的净资产的购买。会计意义上的"企业合并"，其前提是被购买的资产或资产与负债的组合要形成"业务"。如果一家企业取得了对另一家或多家企业的控制权，而被购买方并不构成业务，则该交易或事项不形成企业合并。

业务是指企业内部某些生产经营活动或资产与负债的组合，该组合具有投入、加工处理过程和产出能力，能够独立计算其成本费用或所产生的收入。要构成业务，不需要有关的资产与负债组合一定构成一家企业，或是具有某一具体法律形式。例如，企业的分公司、独立的生产车间、不具有独立法人资格的分部等也会构成业务。

2. 交易发生前后是否涉及对标的业务控制权的转移

在交易事项发生后，投资方拥有对被投资方的权力，通过参与被投资方的相关活动享有可变回报，而且有能力运用对被投资方的权力影响其回报金额的，投资方对被投资方具有控制，形成母子公司关系，也就是该交易或事项涉及控制权的转移。在该交易或事项发生后，子公司需要纳入母公司合并财务报表的范围。在交易事项发生后，一方能够控制另一方的全部净资产，被合并企业在合并后失去其法人资格，同时涉及控制权及报告主体的变化，此时就形成了企业合并。

假定在企业合并前，A、B两家企业为独立的法律主体，且均构成业务。企业会计准则中界定的企业合并包括但不限于以下情形：

（1）企业 A 通过增发自身的普通股自企业 B 原股东处取得企业 B 的全部股权，在该交易事项发生后，企业 B 仍持续经营。

（说明：这种合并就是控股合并，属于财税［2009］59 号文所称的股权收购和《财政部、国家税务总局关于非货币性资产投资企业所得税政策问题的通知》（财税［2014］116 号）所称的非货币性资产投资。）

（2）企业 A 支付对价并取得企业 B 的全部净资产，在该交易事项发生后，撤销企业 B 的法人资格。

（说明：该种合并就是吸收合并，属于财税［2009］59 号文所称的合并。）

（3）企业 A 以自身持有的资产作为出资投入企业 B，取得对企业 B 的控制权，在该交易事项发生后，企业 B 仍维持其独立法人资格继续经营。

（说明：这种合并属于财税［2009］59 号文所称的资产收购或财税［2014］116 号文所称的非货币性资产投资。）

7.3.1.2 企业合并的方式

1. 控股合并

合并方（或购买方，下同）通过企业合并交易或事项取得对被合并方（或被购买方，下同）的控制权。在企业合并后，合并方能通过所取得的股权等主导被合并方的生产经营决策并自被合并方的生产经营活动中获益，而且被合并方在企业合并后仍维持其独立法人资格继续经营的，为控股合并。

2. 吸收合并

合并方在企业合并中取得被合并方的全部净资产，并将有关资产与负债并入合并方自身的生产经营活动中。在企业合并完成后，注销被合并方的法人资格，由合并方持有合并中取得的被合并方的资产与负债，在新的基础上继续经营，为吸收合并。

3. 新设合并

在企业合并后，参与合并各方的法人资格均被注销，并重新注册成立一家新企业，由新注册成立的企业持有参与合并各方的资产与负债，然后在新的基础上经营，为新设合并。

7.3.1.3 企业合并的类型

根据实务中出现的企业合并的特点，企业会计准则将企业合并按照一定的标准划分为两大基本类型，即同一控制下的企业合并与非同一控制下的企业合并。企业合并的类型不同，所遵循的会计处理原则也不同。

1. 同一控制下的企业合并

同一控制下的企业合并是指参与合并的各企业在合并前后均受同一方或相同多方的最终控制且该控制并非暂时性的（一般在 1 年以上）。企业之间的合并是否属于同一控制下的企业合并，应综合构成企业合并交易的各方面情况，按照实质重于形式的原则进行判断。在通常情况下，同一控制下的企业合并是指同一企业集团内部企业之间的合并。除此之外，一般不作为同一控制下的企业合并。

能够对参与合并各方在合并前后均实施最终控制的一方通常为企业集团的母公司。同一控制下的企业合并一般发生于企业集团内部，如集团内母子公司之间、子公司与子公司之间等。因为这类合并的本质是集团内部企业之间资产或权益的转移，不涉及自集团外购入子公司或是向集团外其他企业出售子公司的情况，能够对参与合并各方在合并前后均实施最终控制的一方为集团的母公司。

能够对参与合并的企业在合并前后均实施最终控制的相同多方，是指根据合同或协议的约定，拥有最终决定参与合并企业的财务和经营决策，并从中获取利益的投资者群体。

同一控制下的企业合并示意图见图7-7、图7-8和图7-9。

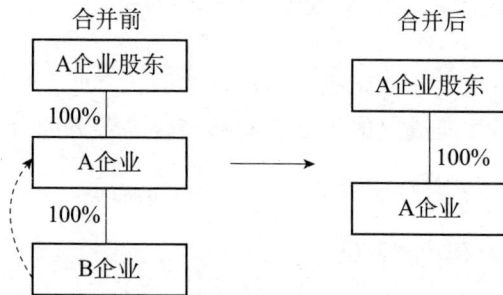

图7-7　同一控制下的向上模式合并（A企业合并B企业）

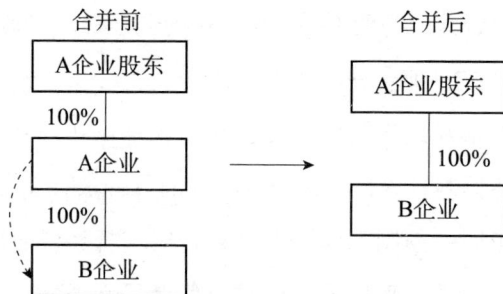

图7-8　同一控制下的向下模式合并（B企业合并A企业）

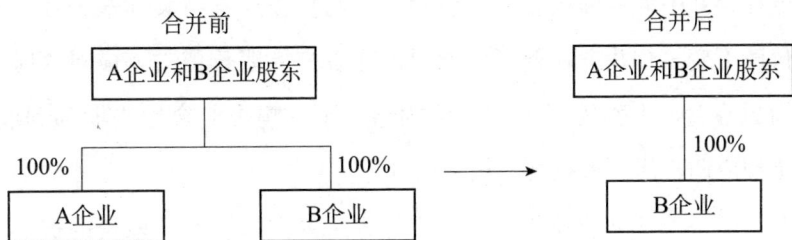

图 7 - 9 同一控制下的横向模式合并（B 企业合并 A 企业）

2. 非同一控制下的企业合并

非同一控制下的企业合并是指参与合并各方在合并前后不受同一方或相同多方最终控制的合并交易，即除属于同一控制下企业合并以外的其他企业合并。

7.3.2 企业合并的会计处理与纳税调整

对于企业取得了形成业务的一组资产或资产与负债的组合，需要作为企业合并处理。

1. 同一控制下企业合并的会计处理与纳税调整

同一控制下的企业合并是从合并方出发，确定合并方在合并日对于企业合并事项应进行的会计处理，主要包括确定合并方和合并日、确定企业合并成本、确定合并中取得的有关资产与负债的入账价值以及合并差额的处理。对于同一控制下的企业合并，企业会计准则规定的会计处理方法类似于权益结合法。该方法是将企业合并看作两家或多家参与合并企业权益的重新整合。由于最终控制方的存在，从最终控制方的角度，这类企业合并在一定程度上并不会造成企业集团整体经济利益的流入和流出，最终控制方在合并前后实际控制的经济资源并没有发生变化，有关交易事项不作为出售或购买。合并方在合并中确认取得的被合并方的资产与负债仅限于被合并方账面上原已确认的资产与负债，合并中不产生新的资产与负债。

合并方在合并中取得的被合并方各项资产与负债应维持其在被合并方的原账面价值不变。合并方在合并中取得的净资产入账价值与相应对价账面价值之间的差额，不作为资产的处置损益，不影响企业合并当期的利润表，有关差额应调整所有者权益的相关项目。

对于同一控制下的吸收合并，合并方主要涉及合并日取得的被合并方资产与负债入账价值的确定，以及合并中取得的有关净资产入账价值与相应对价账面价值之间的差额处理。合并方对同一控制下吸收合并中取得的资产与负债应当按照相关资产与负债在被合并方的原账面价值入账。需要注意的是，合并方与被合并方在企业合并前采用的会计政策不同，首先应基于重要性原则，统一被合并方的会计政策，即应当按照合并方的会计政策对被合并方有关资产与负债的账面价值进行调整，并以调整后的账面价值确认。合并方在确认了合并中取得的被合并方资产与负债后，以发行权益性证券方式进行的该类合并，所确认的净资产入账价值与发行股份面值总额的差额，应记入资本公积（资本溢价或股本溢价），资本公积（资本溢价或股本溢价）的余额不足冲减的，可冲减盈余公积和未分配利润；以支付现金、非现金资产方式进行的该类合并，所确认的净资产入账价值与支付的现金、非现金资产账面价值的差额，相应调整资本公积（资本溢价或股本溢价），资本公积（资本溢价或股本溢价）的余额不足冲减的，应冲减盈余公积和未分配利润。

【案例 7-6】 B、C 公司同为 A 集团控制的子公司（非上市公司），适用的企业所得税税率为 25%。2019 年 4 月 1 日，C 公司合并 B 公司下属的 D 公司；同日，D 公司的净资产价值为 11 亿元，股本为 6 亿元，资本公积为 4 亿元，盈余公积为 1 亿元。B 公司对 D 公司的投资成本为 6 亿元。该交易以 2018 年 12 月 31 日为评估基准日，D 公司的资产经评估确定的价值为 13 亿元，其计税基础和账面价值均为 12 亿元，负债的公允价值和账面价值均为1亿元。C公司支付现金12亿元作为对价，其合并示意图见图7-10。

要求： 请做出相应的涉税会计处理。

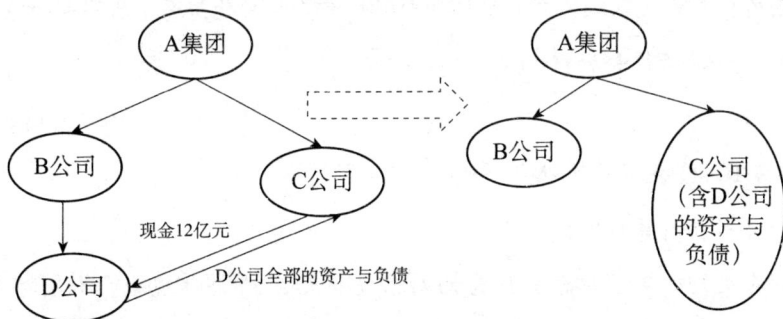

图7-10 同一控制下控股合并的示意图

解析： C公司取得的D公司资产与负债属于同一控制下的企业合并。按照企业会计准则的规定，合并方对同一控制下吸收合并中取得的资产与负债应当按照相关资产与负债在被合并方的原账面价值入账。以支付现金、非现金资产方式进行的该类合并，合并方确认的净资产入账价值与支付的现金、非现金资产账面价值的差额，相应调整资本公积（资本溢价或股本溢价）；资本公积（资本溢价或股本溢价）的余额不足冲减的，应冲减盈余公积和未分配利润。

（1）C公司的涉税会计处理。

会计处理：C公司取得资产的成本确认为12亿元，负债的成本为1亿元。

借：固定资产等	1 200 000 000
资本公积	100 000 000
贷：银行存款	1 200 000 000
应付账款	100 000 000

税务处理：因为该合并行为的对价支付形式为全部现金支付，不符合特殊性税务处理条件，适用一般性税务处理，合并方取得的股权或资产的

计税基础应以公允价值为基础确定，即 C 公司确认的资产成本为 13 亿元。

根据企业会计准则的规定，在企业合并业务中购买的资产和承担的债务因账面价值与计税基础不同而形成的暂时性差异，应确认递延所得税影响。

借：递延所得税资产　　　　　　　　　　　　　　　　50 000 000

　贷：资本公积　　　　　　　　　　　　　　　　　　50 000 000

（2）B、D 公司的涉税会计处理。

D 公司在清算后解散。

税务处理：因为该合并行为的对价支付形式为全部现金支付，不符合特殊性税务处理条件，适用一般性税务处理，被合并方应按清算进行税务处理，并计算清算所得。

清算所得＝13－12＝1（亿元）

应缴企业所得税＝1×25％＝0.25（亿元）

可以向所有者分配的剩余资产＝12－0.25＝11.75（亿元）

累积未分配利润和盈余公积＝1＋（1－0.25）＝1.75（亿元）

B 公司的股息所得＝1.75（亿元）

由于该股息所得属于居民之间的投资收益，免征企业所得税。

甲公司的股权投资转让所得＝11.75－1.75－6＝4（亿元）

该股权投资转让所得应纳企业所得税＝4×25％＝1（亿元）

（3）B 公司收到清算后现金 11.75 亿元。

借：银行存款　　　　　　　　　　　　　　　　　1 175 000 000

　贷：长期股权投资　　　　　　　　　　　　　　　600 000 000

　　投资收益　　　　　　　　　　　　　　　　　575 000 000

对于同一控制下的新设合并，合并方在合并中确认取得的被合并方资产与负债仅限于被合并方账面上原已确认的资产与负债，合并中不产生新的资产与负债。合并方在合并中取得的被合并方各项资产与负债应维持原账面价值不变。对于同一控制下的新设合并，如果不符合税法规定的特殊性税务处理条件，撤销企业均需计算清算所得，其会计处理与纳税调整可参考吸收合并。

2. 非同一控制下企业合并的会计处理与纳税调整

非同一控制下的企业合并是参与合并的一方购买另一方或多方的交易，基本处理原则是购买法。在吸收合并的情况下，购买方应在购买日确认合并中取得的被购买方各项可辨认资产与负债等。

企业合并成本包括购买方为进行企业合并而支付的现金或非现金资产、发行或承担的债务、发行的权益性证券等在购买日的公允价值以及在企业合并中发生的各项直接相关费用之和。

企业合并成本大于合并中取得的被购买方可辨认净资产公允价值的差额，应确认为商誉。在吸收合并的情况下，该差额是购买方在其账簿及个别财务报表中应确认的商誉。

企业合并成本小于合并中取得的被购买方可辨认净资产公允价值的部分，应计入合并当期损益。

关于非同一控制下的吸收合并，购买方在购买日应当将合并中取得的符合确认条件的各项可辨认资产与负债，按其公允价值确认为本企业的资产与负债；作为合并对价的有关非货币性资产在购买日的公允价值与其账面价值的差额，应作为资产处置损益计入合并当期的利润表；确定的企业合并成本与所取得的被购买方可辨认净资产公允价值的差额，视情况分别确认为商誉或是计入企业合并当期的损益。合并中取得的可辨认资产与负债是作为个别报表中的项目列示，合并中产生的商誉也是作为购买方账簿及个别财务报表中的资产列示。

（1）资产、负债的计量。在企业合并中自被合并方取得的各项可辨认资产与负债应当按照其在购买日的公允价值计量，合并成本与取得的可辨认净资产公允价值的差额，应当确认为单独的一项资产——商誉；或是在企业成本小于合并中取得的可辨认净资产公允价值的情况下（廉价购买），将该差额计入当期损益。

（2）交易费用。在企业合并中，交易费用应被费用化。

（3）递延所得税。在业务合并中，购买的资产和承担的债务因账面价值与计税基础不同而形成的暂时性差异，应确认递延所得税影响。

【案例7-7】 以案例7-1为例。A公司将全部资产与负债转让给B公司，B公司以现金5 000万元作为对价。A公司的资产总额为6 000万元，计税基础为5 500万元，公允价值为7 000万元；负债的账面价值为2 000万元，公允价值为2 000万元；未分配利润为500万元。甲公司100%控制A公司，该股权的账面价值和计税基础均为3 500万元。A公司的职工均由B公司接受并安置。

要求：请做出相应的涉税会计处理。

解析：对于非同一控制下的企业合并，在合并中自被合并方取得的各项可辨认资产与负债应当按照其在购买日的公允价值计量。

（1）B公司的会计处理。

借：固定资产等   70 000 000

  贷：应付账款等   20 000 000

    银行存款   50 000 000

纳税调整：该交易的税务处理与会计处理相同，不用做纳税调整。

（2）A公司及其股东甲公司都应按清算进行企业所得税处理。

A公司的清算所得＝（7 000－5 500）＋（2 000－2 000）＝1 500（万元）

清算所得应纳企业所得税＝1 500×25%＝375（万元）

可以向所有者分配的剩余资产＝5 000－375＝4 625（万元）

累积未分配利润＝500＋（1 500－375）＝1 625（万元）

甲公司的股息所得＝1 625（万元）

由于该股息所得属于居民之间的投资收益，免征企业所得税。

　　　甲公司的股权投资转让所得＝4 625－1 625－3 500＝－500（万元）

（3）甲公司收到清算后现金4 625万元。

借：银行存款　　　　　　　　　　　　　　　　　46 250 000

　　贷：长期股权投资　　　　　　　　　　　　　　35 000 000

　　　投资收益　　　　　　　　　　　　　　　　11 250 000

纳税调整：该交易的税务处理与会计处理相同，不用做纳税调整。

　　【案例7－8】　以案例7－3为例。假定B公司支付的对价是其下属子公司D的股权。该股权的账面价值（计税基础）为3 000万元，公允价值为5 000万元。假定符合特殊性重组的其他条件。

　　要求：请做出相应的涉税会计处理。

　　解析：对于非同一控制下的企业合并，在企业合并中自被合并方取得的各项可辨认资产与负债应按照其在购买日的公允价值计量；作为合并对价的非货币性资产在购买日的公允价值与其账面价值的差额，应作为资产处置损益计入合并当期的利润表。

　　（1）B公司的会计处理。

借：固定资产等　　　　　　　　　　　　　　　　70 000 000

　　贷：应付账款等　　　　　　　　　　　　　　　20 000 000

　　　长期股权投资——D公司　　　　　　　　　　30 000 000

　　　投资收益　　　　　　　　　　　　　　　　20 000 000

纳税调整：由于该企业合并的对价支付方式是股权支付，符合特殊性税务处理条件，企业可以选择特殊性税务处理，自被合并方取得的各项资产以原计税基础确定，即资产的计税基础为5 500万元，负债的计税基础为2 000万元。资产的计税基础与账面价值的差额要确定对递延所得税的影响375万元［＝（7 000－5 500）×25％］。与此同时，在合并日暂不确认股权转让所得，应调减应纳税所得额 2 000 万元。

> 借：所得税费用　　　　　　　　　　　　　　　　　3 750 000
>
> 　贷：递延所得税负债　　　　　　　　　　　　　　　　3 750 000

（2）A 公司暂不计算清算所得。

（3）甲公司收到的 D 公司的股权。

> 借：长期股权投资——D 公司　　　　　　　　　　　50 000 000
>
> 　贷：长期股权投资——A 公司　　　　　　　　　　　35 000 000
>
> 　　投资收益　　　　　　　　　　　　　　　　　　　15 000 000

纳税调整：暂不确认甲公司的清算分配所得，应调减应纳税所得额 1 500 万元。D 公司股权的计税基础为 3 500 万元，计税基础与账面价值的差额要确认对递延所得税的影响。

> 借：所得税费用　　　　　　　　　　　　　　　　　3 750 000
>
> 　贷：递延所得税负债　　　　　　　　　　　　　　　　3 750 000

7.4　企业合并的税收筹划

7.4.1　企业合并税收筹划应关注的重点

1. 合理筹划，享受税收优惠

符合条件的企业合并享受企业所得税、增值税、契税及印花税等税收免征或递延纳税政策，除房地产企业外，合并双方可以享受免征土地增值税。合并双方应通过筹划，尽量使之符合税收优惠的条件。

2. 合理筹划亏损弥补事项

对于特殊性税务处理，被吸收合并企业的亏损可按限额在规定年度内由吸收合并方弥补；对于一般性税务处理，被吸收合并方按清算、分配处理，股东按收回股权投资处理。合并双方应根据自身情况，选择一般性税务处理或特殊性税务处理。

3. 符合特殊性税务处理的条件

对于企业合并选择特殊性税务处理的，取得股权支付的原主要股东需要满足在重组后连续 12 个月内不得转让所取得的股权，合并企业在 12 个月内不改变被合并企业资产原实质性经营活动的条件。

（说明：对于被合并企业在注销时有增值税留抵税额的，该留抵税额要通过筹划转移至合并方进行抵扣。在资产重组过程中，将全部资产、负债和劳动力一并转让给其他增值税一般纳税人，并按程序办理注销税务登记的，其在办理注销登记前尚未抵扣的进项税额可结转至新纳税人继续抵扣。）

7.4.2 企业合并的税收筹划思路

1. 被合并方选择特殊性税务处理

在被合并企业的资产公允价值大于计税基础的情况下，选择特殊性税务处理不仅可以实现递延纳税，而且可以实现绝对节税，如案例 7-4 和案例 7-5 的数据所示。

2. 合并方根据作为对价支付的股权情况进行选择

如果以发行权益性证券作为对价，并且被合并方资产的公允价值大于计税基础，选择一般性税务处理可以节税。如果以所拥有的其他企业股权作为对价，要比较股权、资产各自的公允价值与计税基础的差额进行选择，如案例 7-4 和案例 7-5 的数据所示。

3. 选择特殊性税务处理，实现亏损抵税

如果被合并方有尚未弥补的亏损，选择特殊性税务处理可以使被合并方的亏损与合并方的盈利实现盈亏相抵，从而减少合并企业的应纳税所得额，实现亏损抵税。

7.4.3 企业合并的税收筹划方法

1. 控制股权支付的比例，适用特殊性税务处理

在企业合并交易对价中涉及的股权支付金额不低于其交易支付总额的85%，以及在同一控制下且不需要支付对价的，同时符合其他特殊性税务处理条件的，重组交易各方对交易中的股权支付暂不确认有关资产的转让所得或损失。合并方可以控制股权支付的比例不低于85%，以达到特殊性税务重组条件，从而实现减轻税负的目的。

2. 对亏损企业选择合并，实现亏损抵税

如果被合并企业连年亏损，采取合并可以实现亏损抵税效应。

$$\begin{array}{c}\text{可由合并企业弥补的}\\\text{被合并企业亏损的限额}\end{array}=\begin{array}{c}\text{被合并企业}\\\text{净资产公允价值}\end{array}\times\begin{array}{c}\text{截至合并业务发生}\\\text{当年末国家发行的}\\\text{最长期限国债的利率}\end{array}$$

可由合并企业弥补的被合并企业亏损的限额，是指按税法规定的剩余结转年限内，每年可由合并企业弥补的被合并企业亏损的限额。

【案例7-9】 甲建筑公司自成立以来，由于领导管理有方，加之公司的资质较高，当地能与之抗衡的建筑公司较少，因而甲公司多年来一直盈利。为了扩大市场规模、整合上下游产业链，经领导层决定，欲并购一家生产建筑板料的乙公司。近年来，由于受市场竞争的影响，乙公司的经济效益每况愈下、连年亏损，以致公司职工连续数月都发不出工资，近三年开始出现大量亏损。乙公司现有资产的账面价值为2 000万元，资产的计税基础为2 500万元，公允价值为3 000万元；现有负债的账面价值为1 000万元，股本为2 000万元，累计未弥补亏损为1 000万元。甲公司拟以所属子公司丙的股权作为对价支付，该股权的计税基础为500万元，公允价值为2 000万元。该企业并购符合特殊性税务处理的其他条件，假定合并当年国家发行的最长期限国债的利率为5%。在公司并购方式上，现有三种方案可

供选择：

方案一：收购乙公司100％的股权，将其作为甲公司的子公司。

方案二：整体收购乙公司的资产与负债，乙公司作为独立法人存续。

方案三：合并乙公司，实现吸收合并。

要求：请从税负角度对以上三个方案进行分析和比较。

解析：由于对价支付中的股权比例以及资产收购的比例符合特殊性税务重组规定，以上三个方案都符合特殊性税务处理条件，均可选择特殊性税务处理，在重组交易发生日可不确认重组所得。

（1）方案一属于股权收购。其税负情况如下：

增值税：股权转让，不征收增值税。

印花税：企业因改制签订的产权转移书据，免予贴花。

土地增值税：转让股权，公司土地、房屋权属不发生转移，不征收土地增值税。

契税：转让股权，公司土地、房屋权属不发生转移，不征收契税。

企业所得税：乙公司作为独立的子公司运营，其尚未弥补完的亏损不能由甲公司进行盈亏相抵，只能用乙公司以后年度的盈利进行弥补，存在部分亏损超过法定弥补年限，进而丧失亏损抵税效应的风险。

（2）方案二属于资产收购。其税负情况如下：

增值税：根据《国家税务总局关于纳税人资产重组有关增值税问题的公告》（国家税务总局公告2011年第13号），纳税人在资产重组过程中，通过合并、分立、出售、置换等方式，将全部或者部分实物资产以及与其相关的债权、负债及劳动力一并转让给其他单位和个人，不属于增值税的征税范围，其中涉及的货物转让，不征收增值税。

根据财税〔2016〕36号文，在资产重组的过程中，通过合并、分立、出售、置换等方式，将全部或者部分实物资产以及与其相关的债权、负债及劳动力一并转让给其他单位和个人，其中涉及的不动产、土地使用权转让行为，不征收增值税。

连同劳动力一并转让的，免征资产转让环节增值税。

印花税：需要缴纳印花税。

土地增值税：涉及不动产及土地使用权转让的，需要缴纳土地增值税。

契税：涉及不动产及土地使用权转让的，需要缴纳契税。

企业所得税：乙公司作为独立法人存续，其亏损不能由甲公司进行弥补。

（3）方案三属于合并。其税负情况如下：

增值税：根据《国家税务总局关于纳税人资产重组有关营业税问题的公告》（国家税务总局公告 2011 年第 51 号）的规定，纳税人在资产重组过程中，通过合并、分立、出售、置换等方式，将全部或者部分实物资产以及与其相关的债权、负债及劳动力一并转让给其他单位和个人，不属于增值税的征税范围，其中涉及的货物转让，不征收增值税。连同劳动力一并转让的，免征资产转让环节增值税。

印花税：企业因改制签订的产权转移书据，免予贴花。

土地增值税：根据《财政部、国家税务总局关于企业改制重组有关土地增值税政策的通知》（财税〔2015〕5 号）的规定，两家或两家以上企业合并为一家企业，并且原企业投资主体存续的，对原企业将国有土地、房屋权属转移、变更到合并后的企业，暂不征收土地增值税。

契税：根据财税〔2015〕5 号文的规定，两家或两家以上的公司，依照法律规定、合同约定，合并为一家公司，并且原投资主体存续的，对合并后的公司承受原合并各方的土地、房屋权属，免征契税。

企业所得税：乙公司尚未弥补完的亏损可以由甲公司的盈利进行弥补。

按税法规定的剩余结转年限内，有

$$\begin{array}{c}\text{可由合并企业弥补的}\\\text{被合并企业亏损的限额}\end{array} = \begin{array}{c}\text{被合并企业}\\\text{净资产公允价值}\end{array} \times \begin{array}{c}\text{截至合并业务发生}\\\text{当年末国家发行的}\\\text{最长期限的国债利率}\end{array}$$

$$= 2\,000 \times 5\% = 100\,(\text{万元})$$

三种并购方案的税负比较见表 7-3。

表 7-3　三种并购方案的税负比较

项目	方案一	方案二	方案三	备注
增值税	×	√（×）	√（×）	根据劳动力是否一并转让进行判定
印花税	×	√	×	
土地增值税	×	√	×	
契税	×	√	×	
企业所得税亏损结转	否	否	是	并购双方是否可以盈亏相抵

通过以上分析可以看出，合并方案下的税收负担最小、抵税效应最大。

案例讨论

2020 年 9 月 4 日晚间，大连港（股票代码：601880）与营口港（股票代码：600317）同时发布公告称，大连港拟以发行 A 股方式换股吸收合并营口港。

大连港拟以发行 A 股方式换股吸收合并营口港，即大连港向营口港的所有换股股东发行 A 股股票，交换股东所持的营口港股票；在本次换股吸收合并完成后，营口港作为被合并方将退市并注销。大连港或其全资子公司将承继及承接营口港的全部资产、负债、业务、人员、合同及其他一切权利与义务。大连港因本次换股吸收合并所发行的 A 股股票将申请在上交所主板上市流通。

在本次换股吸收合并中，换股价格为定价基准日前 20 个交易日的 A 股股票交易均价，大连港的换股价格为 1.71 元/股、营口港的换股价格为

2.59 元/股；营口港与大连港的换股比例为 1∶1.514 6，即每股营口港股票可以换得 1.514 6 股大连港 A 股股票。大连港和营口港的实际控制人均为招商局集团。在本次权益变动后，营口港务集团将成为大连港的第一大股东，实际控制人不会发生变化。

截至报告书签署日，大连港的 A 股股票为 7 735 820 000 股，H 股股票为 5 158 715 999 股，参与本次换股的营口港股票为 6 472 983 003 股。参照本次换股比例 1∶1.514 6 计算，大连港为本次换股吸收合并发行的 A 股股数合计为 9 803 980 057 股。

在本次换股吸收合并完成后，营口港的全体在册员工将由大连港或其全资子公司接收并与大连港或其全资子公司签订劳动合同。营口港作为其现有员工的雇主的任何及全部权利和义务将自本次换股吸收合并交割日起由大连港或其全资子公司享有和承担。

试讨论：

（1）本次吸收合并的税务处理。

（2）本次吸收合并的会计处理。

企业分立

8.1 企业分立的概念

财税〔2009〕59 号文所称的分立，是指一家企业（以下称为"被分立企业"）将部分或全部资产分离转让给现存或新设的企业（以下称为"分立企业"），被分立企业股东换取分立企业的股权或非股权支付，实现企业的依法分立。

企业分立可以采取存续分立和新设分立两种形式。存续分立是指被分立企业存续，而其一部分分出设立为一家或数家新的企业。新设分立是指被分立企业解散，分立出的各方分别设立为新的企业。

【案例 8-1】 A 公司将部分资产剥离后成立 B 公司，同时 A 公司股东换取 B 公司 100％的股权，A 公司继续经营。在该分立重组中，A 公司为被分立企业，B 公司为分立企业，见图 8-1。

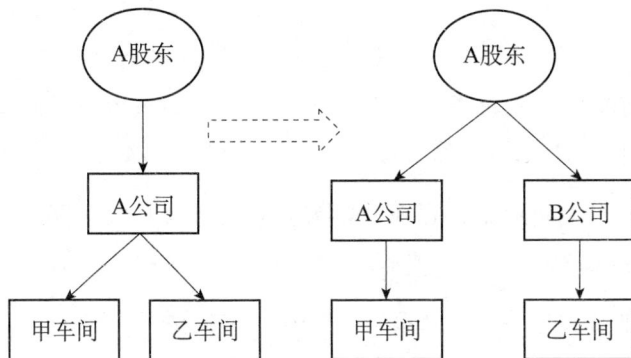

图 8-1 存续分立示意图

【**案例 8-2**】 A公司将全部资产分离转让给新设立的B公司和C公司，同时A公司股东换取B、C公司100%的股权，A公司解散，见图8-2。

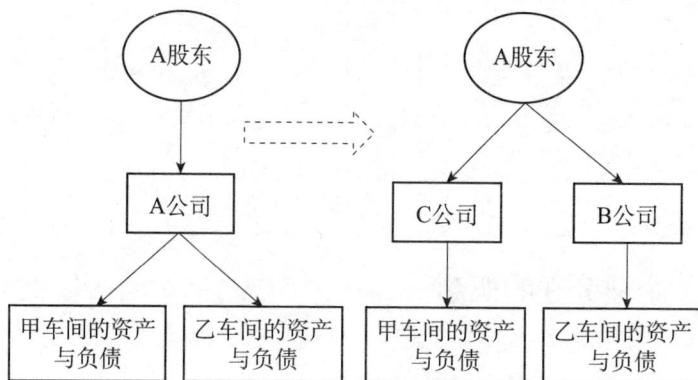

图8-2 新设分立示意图

8.2 企业分立的企业所得税处理

8.2.1 一般性税务处理

对于企业分立，当事各方应按下列规定处理：

（1）被分立企业对分立出去的资产应按公允价值确认资产转让所得或损失。

（2）分立企业应按公允价值确认接受资产的计税基础。

（3）当被分立企业继续存在时，其股东取得的对价应视同被分立企业分配进行处理。

（4）当被分立企业不再存在时，被分立企业及其股东都应按清算进行企业所得税处理。

（5）企业分立相关企业的亏损不得相互结转弥补。

在企业存续分立中，分立后存续企业的性质及适用税收优惠的条件未发生改变的，可以继续享受分立前该企业剩余期限的税收优惠，其优惠金额按该企业分立前一年的应纳税所得额（亏损计为零）乘以分立后存续企业资产占分立前该企业全部资产的比例计算。

企业清算的企业所得税处理包括以下内容：

（1）全部资产均应按可变现价值或交易价格确认资产转让所得或损失。

（2）确认债权清理、债务清偿的所得或损失。

（3）改变持续经营核算原则，对预提或待摊性质的费用进行处理。

（4）依法弥补亏损，确定清算所得。

（5）计算并缴纳清算所得税。

（6）确定可向股东分配的剩余财产、应付股息等。

企业应将整个清算期作为一个独立的纳税年度计算清算所得。

企业全部资产的可变现价值或交易价格减除清算费用，职工的工资、社会保险费用和法定补偿金，结清清算所得税、以前年度欠税等税款，清偿企业债务，按规定计算可以向所有者分配的剩余资产。

被清算企业股东分得的剩余资产金额，其中相当于被清算企业累计未分配利润和累计盈余公积中按该股东所占股份比例计算的部分，应确认为股息所得；剩余资产减除股息所得后的余额，超过或低于股东投资成本的部分，应确认为股东的投资转让所得或损失。

被清算企业股东从被清算企业分得的资产，应按可变现价值或实际交易价格确定计税基础。

【案例 8-3】 以案例 8-1 为例。假定乙车间资产的计税基础与账面价值均为 700 万元，公允价值为 800 万元，乙车间负债的计税基础与公允价值均为 0。A 公司在工商管理部门办理了 300 万元的减资手续。B 公司确认 A 股东的投资额为 500 万元，另支付给 A 股东银行存款 300 万元。企业分立后，均不改变原来的实质性经营活动。

要求：请做出相关的涉税处理。

解析：A股东在A公司分立时取得的股权支付比例为62.5%［＝500÷(300＋500)］，低于85%，应按一般性税务处理规定进行涉税处理。

A公司计算财产转让所得＝800－700＝100（万元）

B公司取得资产的计税基础为800万元。

A股东取得的对价800万元视同A公司的利润分配。

视同分配所得＝对价支付部分－旧股计税基础＝800－300＝500（万元）

如果A股东为居民企业，则该所得为免税所得；如果A股东为居民个人，则需要缴纳个人所得税。

【案例8－4】 以案例8－2为例。假定分立日A公司的资产计税基础与账面价值均为1 700万元，公允价值为2 000万元；负债的计税基础与账面价值均为200万元，负债的公允价值为200万元；实收资本为1 000万元，未分配利润为400万元，盈余公积为100万元。甲车间资产的计税基础与账面价值均为1 000万元，公允价值为1 200万元，甲车间负债的计税基础与公允价值均为200万元；乙车间资产的计税基础与账面价值均为700万元，公允价值为800万元，乙车间负债的计税基础与公允价值均为0。在分立后，A公司办理注销手续。B公司确认A股东的投资额为600万元，另支付给A股东银行存款200万元；C公司确认A股东的投资额为800万元，另支付给A股东银行存款200万元。企业分立后，均不改变原来的实质性经营活动。

要求：请做出相关的涉税处理。

解析：A股东在A公司分立时取得的股权支付比例为70%［＝(600＋800)÷(200＋600＋200＋800＋200)］，低于85%，应按一般性税务处理规定进行涉税处理。

A公司应按清算处理并计算清算所得。

A 公司清算所得＝2 000－1 700＋200－200＝300（万元）

A 公司应缴纳企业所得税＝300×25%＝75（万元）

B公司取得资产的计税基础为800万元。

C公司取得资产的计税基础为1 200万元，负债的计税基础为200万元。

A股东取得的B公司和C公司股权的计税基础分别为600万元和800万元。

A股东取得的清算所得为225万元（＝300－75），是股息所得。

如果A股东为居民企业，则该所得为免税所得；如果A股东为居民个人，则需要缴纳个人所得税。

在企业分立后，被分立企业不存续的，被分立企业应当按照清算进行企业所得税处理，其自然人股东分得的剩余财产在扣除投资成本后按"利息、股息、红利所得"项目计算征收个人所得税。企业注销了税务登记但未进行清算或无法取得清算所得相关信息的，以企业期末留存收益和资本公积之和，按照股东所占股份比例计算的部分确认为应纳税所得额，计算征收"利息、股息、红利所得"项目的个人所得。[①]

若A为自然人股东，则需要缴纳的个人所得税为45万元（＝225×20%）

【案例8-5】 甲公司由法人企业A和自然人B共同投资成立，注册资本为1 000万元，A、B分别占60%和40%的股份。为满足生产经营需要，决定从甲公司剥离部分资产成立乙公司，乙公司仍然从事原有的经营活动。甲公司分立的示意图见图8-3。

乙公司的注册资本为500万元，A、B不改变原持股比例，乙公司向两位股东分别支付银行存款180万元和120万元。甲公司办理减资300万元。

① 参见《大连市地方税务局关于加强企业注销和重组自然人股东个人所得税管理的通知》（大地税函〔2009〕212号）。

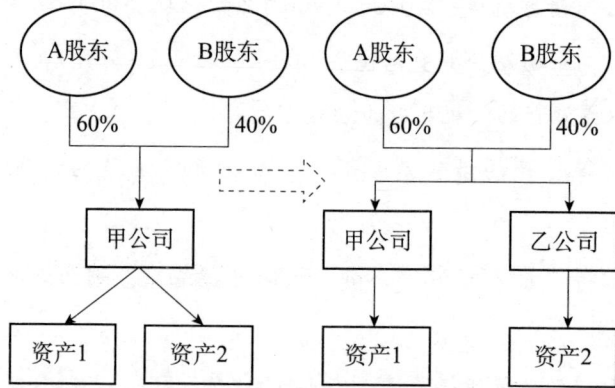

图8-3 甲公司分立的示意图

在分立基准日,甲公司的资产、负债及所有者权益情况见表8-1和表8-2。

表8-1 甲公司的资产负债表

项目	账面价值	计税基础	公允价值
资产	3 000	2 500	3 500
负债	1 500	1 500	1 500
实收资本	1 000		
未分配利润	400		
盈余公积	100		

表8-2 甲公司剥离资产、负债情况表

项目	账面价值	计税基础	公允价值
资产	800	700	1 000
负债	200	200	200

要求:请做出相应的涉税处理。

解析:分立的非股权支付金额占交易支付总额的比例为50%〔=(180+120+200)÷1 000×100%〕,故适用企业分立的一般性税务处理。

甲公司的资产转让所得为300万元(=1 000-700)。

该转让所得应申报缴纳企业所得税。

乙公司接受资产的计税基础为其公允价值1 000万元。

A股东取得的对价应视同分配的股息所得。若A股东取得的对价为符合规定条件的居民企业之间的股息、红利等权益性投资收益，免征企业所得税。

B 股东取得的对价应视同分配的股息所得。

根据个人所得税法的有关规定，在企业分立后，被分立企业存续的，其自然人股东取得的对价应当视为被分立企业的分配，在扣除投资成本后确认为所得，按"利息、股息、红利所得"项目计算征收个人所得税。

在企业分立后，被分立企业不存续的，被分立企业应当按照清算进行企业所得税处理，其自然人股东分得的剩余财产在扣除投资成本后应按"利息、股息、红利所得"项目计算征收个人所得税。

企业注销了税务登记但未进行清算或无法取得清算所得相关信息的，以企业期末留存收益和资本公积之和，按照股东所占股份比例计算的部分确认为应纳税所得额，计算征收"利息、股息、红利所得"项目的个人所得。①

$$B\ 股东的应税所得＝(120＋200×40\%)＋500×40\%－300×40\%$$
$$＝280\ （万元）$$

$$应纳个人所得税＝280×20\%＝56\ （万元）$$

8.2.2　特殊性税务处理

企业重组同时符合下列条件的，适用特殊性税务处理规定：

（1）具有合理的商业目的，并且不以减少、免除或者推迟缴纳税款为主要目的。

（2）被收购、合并或分立部分的资产或股权比例符合规定的比例。

（3）企业重组后的连续 12 个月内不改变重组资产原来的实质性经营活动。

———————————

① 参见《大连市地方税务局关于加强企业注销和重组自然人股东个人所得税管理的通知》（大地税函［2009］212 号）。

（4）在重组交易对价中涉及的股权支付金额符合规定的比例。

（5）在企业重组中取得股权支付的原主要股东，在重组后连续 12 个月内，不得转让所取得的股权。

在企业分立中，被分立企业的所有股东按原持股比例取得分立企业的股权，分立企业和被分立企业均不改变原来的实质性经营活动，且被分立企业股东在该企业分立发生时取得的股权支付金额不低于交易支付总额的85%，可以选择按以下规定处理：

（1）分立企业接受被分立企业资产和负债的计税基础，以被分立企业的原有计税基础确定。

（2）被分立企业已分立资产相应的所得税事项由分立企业承继。

（3）被分立企业未超过法定弥补期限的亏损额，可按分立资产占全部资产的比例进行分配，由分立企业继续弥补。

（4）被分立企业的股东取得分立企业的股权（以下简称"新股"），如果需要部分或全部放弃原持有的被分立企业股权（以下简称"旧股"），新股的计税基础应以放弃旧股的计税基础确定。如果不需要放弃旧股，则其取得新股的计税基础可从以下两种方法中选择确定：直接将新股的计税基础确定为零；以被分立企业分立出去的净资产占被分立企业全部净资产的比例先调减原持有的旧股的计税基础，再将调减的计税基础平均分配到新股上。

【案例 8-6】 以案例 8-3 为例。假定 B 公司确定的 A 股东投资额为800 万元，即对价支付全部为股权支付。

要求：请做出相应的涉税处理。

解析：由于在企业分立时 A 股东取得的股权支付比例为100%，符合特殊性税务处理条件，可以选择特殊性税务处理。

A 公司不用计算财产转让所得。

B 公司取得财产的计税基础为 700 万元。

A股东取得新股的计税基础为放弃旧股的计税基础300万元。

如果A股东为自然人股东，他取得的对价在扣除投资成本后的金额则视同利润分配计算缴纳个人所得税，而他取得新股的计税基础为800万元。

【案例8-7】　以案例8-3为例。假定B公司确定的A股东投资额为700万元，另支付银行存款100万元。

要求：请做出相应的涉税处理。

解析：由于在企业分立时A股东取得的股权支付比例为87.5% [=700÷(700+100)]，符合特殊性税务处理条件，可以选择特殊性税务处理。

A公司对于股权支付部分暂不确认有关资产的转让所得或损失的，其非股权支付仍应在交易当期确认相应的资产转让所得或损失，并调整相应资产的计税基础。

$$\begin{pmatrix} 非股权支付对应的 \\ 资产转让所得或损失 \end{pmatrix} = \begin{pmatrix} 被转让资产的 \\ 公允价值 \end{pmatrix} - \begin{pmatrix} 被转让资产的 \\ 计税基础 \end{pmatrix} \times \frac{非股权支付金额}{被转让资产的公允价值}$$

$$=(800-700)\times100\div800=12.5（万元）$$

A公司的财产转让所得为12.5万元。

B公司取得财产的计税基础=700+12.5=712.5（万元）

或

B公司取得财产的计税基础=700×700÷800+100=712.5（万元）

A股东取得新股的计税基础=300×700÷800=262.5（万元）

A股东取得的非股权支付部分应确认所得=100-300×100÷800

$$=62.5（万元）$$

A股东取得的非股权支付部分应视同A公司的利润分配。如果A股东为居民企业，则该所得为免税所得。如果A股东为居民个人，则需要缴纳个人所得税：

应税所得＝800－300＝500（万元）

应纳个人所得税＝500×20％＝100（万元）

A 股东取得新股的计税基础为 700 万元。

【案例 8－8】 以案例 8－4 为例。假定 B 公司确认 A 股东的投资额为 750 万元，另支付给 A 股东银行存款 50 万元；C 公司确认 A 股东的投资额为 950 万元，另支付给 A 股东银行存款 50 万元。在企业分立后，均不改变原来的实质性经营活动。

要求： 请做出相关的涉税处理。

解析： A 股东在 A 公司分立时取得的股权支付比例为 85％ [＝（750＋950）÷（750＋50＋950＋50＋200）]，可以选择特殊性税务处理。

A 公司对于股权支付部分暂不确认资产转让所得，其非股权支付仍应在交易当期确认相应的转让所得或损失，并调整相应资产的计税基础。

非股权支付对应的
资产转让所得或损失

$$=\left(\begin{matrix} 被转让资产的 \\ 公允价值 \end{matrix} - \begin{matrix} 被转让资产的 \\ 计税基础 \end{matrix}\right) \times \dfrac{\begin{matrix} 非股权 \\ 支付金额 \end{matrix}}{\begin{matrix} 被转让资产的 \\ 公允价值 \end{matrix}}$$

$$=(800-700)\times 50\div 800+(1\,200-1\,000)\times(50+200)\div 1\,200$$

$$=6.25+41.67=47.92（万元）$$

非股权支付部分计算的所得应缴纳的企业所得税为 11.98 万元（＝47.92×25％）。

$$B 公司取得资产的计税基础 = \begin{matrix} 资产的 \\ 原计税基础 \end{matrix} \times \begin{matrix} 股权 \\ 支付比例 \end{matrix} + \begin{matrix} 非股权 \\ 支付金额 \end{matrix}$$

$$=700\times 750\div 800+50=706.25（万元）$$

$$C 公司取得资产的计税基础 = 1\,000\times 950\div 1\,200+50+200$$

$$=1\,041.67（万元）$$

$$\begin{matrix}\text{A 股东取得的 B 公司}\\\text{股权的计税基础}\end{matrix} = \begin{matrix}\text{B 公司净资产对应的}\\\text{旧股计税基础}\end{matrix} \times \begin{matrix}\text{股权}\\\text{支付比例}\end{matrix}$$

$$=1\,000\times800\div1\,800\times750\div800$$

$$=416.67\,(\text{万元})$$

$$\begin{matrix}\text{A 股东取得的 C 公司}\\\text{股权的计税基础}\end{matrix}=1\,000\times1\,000\div1\,800\times950\div1\,200$$

$$=439.81\,(\text{万元})$$

A 股东取得的非股权支付部分应视同 A 公司的利润分配。

A 股东取得的分配所得

$$=(50-1\,000\times800\div1\,800\times50\div800)+(250-1\,000\times1\,000$$

$$\div1\,800\times250\div1\,200)$$

$$=156.48\,(\text{万元})$$

该所得为股息所得。

如果 A 股东为居民企业，则该所得为免税所得。

如果 A 股东为居民个人，则需要缴纳个人所得税。

在企业分立后，被分立企业不存续的，被分立企业应当按照清算进行企业所得税处理，其自然人股东分得的剩余财产在扣除投资成本后按"利息、股息、红利所得"项目计算征收个人所得税。企业注销了税务登记但未进行清算或无法取得清算所得相关信息的，以企业期末留存收益和资本公积之和，按照股东所占股份比例计算的部分确认为应纳税所得额，计算征收"利息、股息、红利所得"项目的个人所得。[①]

如果 A 为自然人股东，应计算所得：

应税所得 $=(50+750)+(50+950+200)-1\,000=1\,000\,(\text{万元})$

被清算企业股东分得的剩余资产的金额，其中相当于被清算企业累计

---

① 参见《大连市地方税务局关于加强企业注销和重组自然人股东个人所得税管理的通知》（大地税函［2009］212 号）。

未分配利润和累计盈余公积中按该股东所占股份比例计算的部分，应确认为股息所得；剩余资产在减除股息所得后的余额，超过或低于股东投资成本的部分，应确认为股东的投资转让所得或损失

A 公司的未分配利润为 400 万元，盈余公积为 100 万元，非股权支付部分计算的清算所得应缴企业所得税 11.98 万元，因而属于 A 股东的股息所得部分为 488.02 万元（＝400＋100－11.98），剩余的 511.98 万元（＝1 000－488.92）为股权转让所得。

应纳个人所得税＝1 000×20％＝200（万元）

【案例 8－9】 以案例 8－5 为例。假定乙公司分别向 A、B 支付银行存款 48 万元和 32 万元。甲公司只剥离部分资产成立乙公司。剥离资产的账面价值和计税基础均为 800 万元，公允价值为 1 000 万元。乙公司的注册资本为 920 万元，其他条件不变。

要求：请做出相应的涉税处理。

解析：乙公司的非股权支付金额占交易支付总额的比例为 8％〔＝(48＋32)÷1 000〕，低于 15％的比例，可以适用特殊性税务处理。

甲公司可暂不确认分立资产中股权支付对应的资产转让所得，但需要确认非股权支付部分对应的资产转让所得。

$$\begin{array}{c}应确认的\\资产转让所得\end{array}=\left(\begin{array}{c}被转让资产的\\公允价值\end{array}-\begin{array}{c}被转让资产的\\计税基础\end{array}\right)\times\dfrac{\begin{array}{c}非股权\\支付金额\end{array}}{\begin{array}{c}被转让资产的\\公允价值\end{array}}$$

$$=(1\ 000-800)\times(80\div1\ 000)=16（万元）$$

$$\begin{array}{c}乙公司取得被分立\\资产的计税基础\end{array}=\begin{array}{c}被分立资产的\\原计税基础\end{array}\times\begin{array}{c}股权支付\\比例\end{array}+\begin{array}{c}非股权支付\\部分\end{array}$$

$$+\begin{array}{c}非股权支付部分对应的\\资产转让所得\end{array}$$

$$=800\times92％+800\times8％+16=816（万元）$$

由于甲公司做了减资处理，A 股东取得新股的计税基础应以放弃旧股的计税基础确定。

股东 A 应当确认非股权支付对应的放弃旧股的所得，视同利润分配。

$$\text{股东 A 应确认的旧股股息所得} = (920 \times 60\% + 48 - 300 \times 60\%) \times \frac{48}{1\,000 \times 60\%}$$

$$= 33.6 \text{（万元）}$$

该股息所得免征企业所得税。

$$\text{股东 A（法人）取得新股的计税基础} = 300 \times 60\% \times (920 \times 60\% \div 600)$$

$$= 165.6 \text{（万元）}$$

$$\text{股东 B（自然人）应确认旧股的股息所得} = 1\,000 \times 40\% - 300 \times 40\% = 280 \text{（万元）}$$

该股息所得应按"利息、股息、红利所得"项目缴纳相应的个人所得税。

股东 B 取得新股的计税基础为 368 万元（$=920 \times 40\%$）。

如果甲公司未进行减资，可以直接将新股的计税基础确定为零；或者以被分立企业分立出去的净资产占被分立企业全部净资产的比例，先调减原持有的旧股的计税基础，再将调减的计税基础平均分配到新股上。如果是按比例确定新股的计税基础，而本案中的甲公司未进行减资分立，则

$$\text{调减的旧股计税基础} = \text{股东持有的旧股（甲公司）的成本} \times \frac{\text{甲公司分立的净资产（公允价值）}}{\text{甲公司原总净资产（公允价值）}}$$

$$= 1\,000 \times \frac{1\,000}{2\,000} = 500 \text{（万元）}$$

然后，以此金额作为股东在乙公司进行股权投资的计税基础，即旧股的计税基础调减 500 万元，新股的计税基础确定为 500 万元。

8.3　企业分立的会计处理与纳税调整

　　企业分立在会计上分为同一控制下的企业分立和非同一控制下的企业分立。对于同一控制下的企业分立来说，被分立企业在会计上不确认资产分立所得，分立企业收到的资产与负债按原账面价值确认；对于非同一控制下的企业分立来说，被分立企业在会计上按公允价值确认资产分立所得，分立企业收到的资产与负债按公允价值确认。

8.3.1　存续分立的会计处理与纳税调整

1. 同一控制下存续分立的会计处理与纳税调整

　　分立方在分立中取得的被分立方各项资产与负债，应维持其在被分立方的原账面价值不变，分立方在公司分立中取得的资产与负债不应因该项分立而改记其账面价值。分立方以分立中取得的各项资产与负债的入账价值来调整所有者权益的相关项目。分立方应当以分立前原资产与负债的账面价值入账，转入资产的账面价值与转入负债的账面价值的差额，应作为股东投入，增加所有者权益。

　　被分立方以分立中转出资产与负债的净额来调整所有者权益的相关项目，不反映资产与负债的处置损益，不影响分立当期的利润表。被分立方应当以转出资产的账面价值与转出负债的账面价值的差额来调整所有者权益。在调整被分立方的所有者权益时，如果存在注销股本的情况（分立协议约定的换出股份的总面值），应首先调整股本，再调整资本公积，资本公积不足冲减的，应冲减留存收益。

　　对于企业分立，税法处理分为一般性税务处理和特殊性税务处理。在一般性税务处理下，被分立企业要确认重组所得或损失，分立企业要按资产的公允价值确认计税基础。

【案例 8-10】 以案例 8-3 为例。假定乙车间资产的计税基础与账面价值均为 700 万元，公允价值为 800 万元，并在工商管理部门办理了 300 万元的减资手续。B 公司确认 A 股东的投资额为 600 万元，另支付给 A 股东银行存款 200 万元。在企业分立后，均不改变原来的实质性经营活动。

要求： 请做出相关的会计处理及纳税调整。

解析：（1）A 公司的会计处理。由于 A 公司与分立公司 B 属于同一控制下，故 A 公司在会计上对分立资产按账面价值确认。

借：实收资本	3 000 000
资本公积等	4 000 000
贷：固定资产等	7 000 000

税务处理及纳税调整：A 股东在 A 公司分立时取得的股权支付比例为 75%［＝600÷(200＋600)］，低于 85%，应按一般性税务处理规定进行涉税处理。A 公司的财产转让所得为 100 万元（＝800－700），应调增应纳税所得额 100 万元。

（2）A 股东的会计处理：

借：长期股权投资——B 公司	6 000 000
银行存款	2 000 000
贷：长期股权投资——A 公司	3 000 000
投资收益	5 000 000

税务处理及纳税调整：根据一般性税务处理规定，无论 A 公司在会计上冲减的是未分配利润、盈余公积还是资本公积，A 股东都要视同分配计算投资收益 500 万元。如果 A 股东为居民企业，则该所得为免税所得，应调减应纳税所得额 500 万元；如果 A 股东为居民个人，则需要缴纳个人所得税。

（3）B 公司的会计处理。由于 A 公司与分立公司 B 属于同一控制下，故

B公司在会计上对分立资产按账面价值确认。

借：固定资产等		7 000 000
资本公积等		1 000 000
贷：实收资本		6 000 000
银行存款		2 000 000

税务处理及纳税调整：资产的计税基础按公允价值确认为 800 万元，计税基础大于账面价值 100 万元。由于交易发生时既不影响会计利润，又不影响应纳税所得额，故不确认对递延所得税的影响。

【案例 8-11】 以案例 8-7 为例。假定 B 公司确定 A 股东的投资额为 700 万元，另支付银行存款 100 万元。

要求：请做出相应的会计处理及纳税调整。

解析：(1) A 公司的会计处理。由于 A 公司与分立公司 B 属于同一控制下，故 A 公司在会计上对分立资产按账面价值确认。

借：实收资本		3 000 000
资本公积等		4 000 000
贷：固定资产等		7 000 000

税务处理及纳税调整：由于在企业分立时 A 股东取得的股权支付比例为 87.5% ［=700÷(700+100)］，符合特殊性税务处理条件，可以选择特殊性税务处理。A 公司对于股权支付部分暂不确认有关资产的转让所得或损失，其非股权支付仍应在交易当期确认相应的资产转让所得或损失，并调整相应资产的计税基础。A 公司的财产转让所得为 12.5 万元，应调增应纳税所得额 12.5 万元。

(2) A 股东的会计处理。

借：长期股权投资——B 公司		7 000 000
银行存款		1 000 000

贷：长期股权投资——A 公司　　　　　　　　3 000 000

　　投资收益　　　　　　　　　　　　　　　5 000 000

税务处理与纳税调整：A 股东取得新股的计税基础为 262.5 万元（＝300×700÷800）。

A 股东取得的非股权支付部分应确认所得 62.5 万元（＝100－300×100÷800），该所得免征企业所得税。A 股东在会计上确认的投资收益为 500 万元，应调减应纳税所得额 500 万元。

如果 A 股东为居民个人，则需要缴纳个人所得税：

应税所得＝800－300＝500（万元）

应纳个人所得税＝500×20％＝100（万元）

（3）B 公司的会计处理。由于 A 公司与分立公司 B 属于同一控制下，故 B 公司在会计上应对分立资产按账面价值确认。

借：固定资产等　　　　　　　　　　　　　7 000 000

　　资本公积等　　　　　　　　　　　　　1 000 000

贷：实收资本　　　　　　　　　　　　　　7 000 000

　　银行存款　　　　　　　　　　　　　　1 000 000

纳税调整：B 公司取得资产的计税基础为 712.5 万元（＝700＋12.5），账面价值为 700 万元。由于交易发生时既不影响会计利润，又不影响应纳税所得额，故不确认对递延所得税的影响。

【案例 8－12】　以案例 8－5 为例。

要求：请做出相应的会计处理及纳税调整。

解析：由于企业分立的非股权支付金额占交易支付总额的比例为 50％＞15％，故适用一般性税务处理。

（1）甲公司的涉税会计处理为：

借：实收资本　　　　　　　　　　　　　　3 000 000

未分配利润	2 000 000
应付账款等	2 000 000
贷：固定资产等	7 000 000

税务处理及纳税调整：甲公司的资产转让所得为300万元（＝1 000－700），应调增应纳税所得额，并申报缴纳企业所得税。

（2）乙公司的涉税会计处理为：

借：固定资产等	7 000 000
资本公积等	3 000 000
贷：应付账款等	2 000 000
实收资本	5 000 000
银行存款	3 000 000

税务处理及纳税调整：乙公司接受资产的计税基础为其公允价值1 000万元。由于在交易发生时既不影响会计利润，又不影响纳税所得额，故不确认对递延所得税的影响。

（3）A股东的涉税会计处理为：

借：长期股权投资——乙公司　3 000 000（5 000 000×60％）	
银行存款	1 800 000
贷：长期股权投资——甲公司　1 800 000（3 000 000×60％）	
投资收益	3 000 000

税务处理及纳税调整：A股东取得的对价支付应视同分配的股息所得，符合居民企业之间利息、股息、红利等权益性投资收益，免征企业所得税，应调减应纳税所得额300万元。

（4）B股东的涉税会计处理为：

借：长期股权投资——乙公司　2 000 000（5 000 000×40％）	
银行存款	1 200 000

贷：长期股权投资——甲公司　　　1 200 000（3 000 000×40％）

　　投资收益　　　　　　　　　　　　　　　2 000 000

税务处理及纳税调整：B股东取得的对价支付应视同分配的股息所得。B股东取得的对价应视为被分立企业的分配，在扣除投资成本后确认为所得，按"利息、股息、红利所得"项目计算征收个人所得税。

B股东应缴纳的个人所得税＝200×20％＝40（万元）

【案例8-13】 以案例8-9为例。假定乙公司分别向A、B支付银行存款48万元和32万元，甲公司只剥离部分资产成立乙公司。剥离资产的账面价值和计税基础均为800万元，公允价值为1 000万元。乙公司的注册资本为920万元，其他条件不变。

要求：请做出相应的会计处理及纳税调整。

解析：

（1）甲公司的会计处理为：

借：实收资本　　　　　　　　　　　　　3 000 000

　　未分配利润　　　　　　　　　　　　　4 000 000

　　盈余公积　　　　　　　　　　　　　　1 000 000

　　贷：固定资产等　　　　　　　　　　　　8 000 000

税务处理及纳税调整：由于非股权支付金额占交易支付总额的比例为8％ [＝（48＋32）÷1 000]，低于15％的比例，可以适用特殊性税务处理。甲公司可以暂不确认分立资产中股权支付对应的资产转让所得，但需要确认非股权支付部分对应的资产转让所得。

$$\begin{matrix}\text{应确认的}\\\text{资产转让所得}\end{matrix}＝\left(\begin{matrix}\text{被转让资产的}\\\text{公允价值}\end{matrix}－\begin{matrix}\text{被转让资产的}\\\text{计税基础}\end{matrix}\right)×\frac{\begin{matrix}\text{非股权}\\\text{支付金额}\end{matrix}}{\begin{matrix}\text{被转让资产的}\\\text{公允价值}\end{matrix}}$$

$$＝（1 000－800）×（80÷1 000）＝16（万元）$$

该资产转让所得应调增应纳税所得额 16 万元。

（2）乙公司的会计处理为：

借：固定资产等   8 000 000

    资本公积等   2 000 000

  贷：实收资本   9 200 000

      银行存款   800 000

税务处理及纳税调整：

乙公司取得被分立
资产的计税基础

$$=\frac{被分立资产的}{原计税基础}\times\frac{股权}{支付比例}+\frac{非股权}{支付部分}+\frac{非股权支付部分}{对应的资产转让所得}$$

$$=800\times92\%+80=816（万元）$$

（3）A 股东的会计处理为：

借：长期股权投资——乙公司   5 520 000

    银行存款   480 000

  贷：长期股权投资——甲公司   1 800 000（3 000 000×60%）

      投资收益   4 200 000

税务处理及纳税调整：由于甲公司做了减资处理，A 股东取得的新股的计税基础应以放弃旧股的计税基础确定。

A 股东应当确认非股权支付对应的放弃旧股的所得，并将其视同利润分配。

$$\frac{A 股东应确认的}{旧股股息所得}=(920\times60\%+48-300\times60\%)\times\frac{48}{1\,000\times60\%}$$

$$=33.6（万元）$$

该股息所得免征企业所得税。

$$A 股东取得新股的计税基础=300\times60\%\times\left(1-\frac{48}{600}\right)=165.6（万元）$$

A 股东应调减应纳税所得额 420 万元。

(4) B 股东的会计处理为：

借：长期股权投资——乙公司　　　　　　　　　　3 680 000

　　银行存款　　　　　　　　　　　　　　　　　 320 000

　　贷：长期股权投资——甲公司　　　　　　　　 1 200 000

　　　　投资收益　　　　　　　　　　　　　　　 2 800 000

税务处理及纳税调整：B 股东应确认的旧股股息所得为 280 万元（＝920×40％＋32－300×40％），按"利息、股息、红利所得"项目缴纳相应的个人所得税。

B 股东取得新股的计税基础为 368 万元（＝920×40％）。

会计确认的投资收益为 280 万元，应税所得为 280 万元，不用做纳税调整。

2. 非同一控制下存续分立的会计处理与纳税调整

对于非同一控制下的企业分立，被分立企业在会计上应按资产与负债的公允价值确认分立所得，分立企业应按资产与负债的公允价值确认资产与负债的入账基础。

【案例 8-14】 A 公司由 A1 和 A2 两个股东投资设立，A1 和 A2 的持股比例分别为 60％和 40％。A 公司将部分资产剥离成立 B 公司。剥离资产的公允价值为 500 万元，账面价值和计税基础均为 400 万元。A2 用拥有的 A 公司股权换取 B 公司的全部股权，并向 A1 支付银行存款 100 万元。在企业分设后，A 公司由 A1 控制，B 公司由 A2 控制。A 公司原实收资本为 500 万元，分立后办理了 200 万元的减资手续。B 公司的注册资本为 400 万元。在企业分立后，各公司均不改变原先的实质性经营活动。企业分立的示意图见图 8-4。

要求：请做出相应的会计处理及纳税调整。

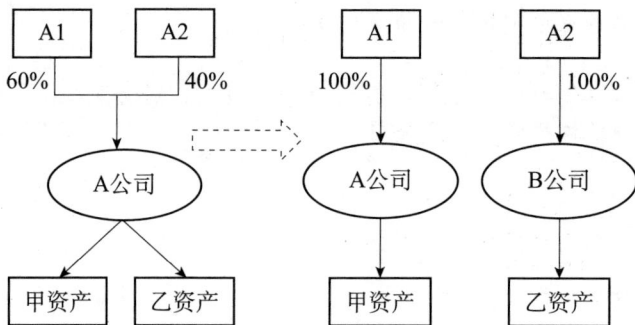

图 8-4 A 公司分立的示意图

解析：（1）A 公司的会计处理与纳税调整。A 公司分立后不再受同一控制，企业分立应按公允价值确认分立所得或损失。

借：实收资本		2 000 000
资本公积等		3 000 000
贷：固定资产等		4 000 000
资产置置收益等		1 000 000

税务处理与纳税调整：在 A 公司分立的过程中，现金支付比例为 20%（＝100÷500×100%），大于 15%，应按一般性税务重组处理，并按公允价值确认分立所得 100 万元。该企业分立的税务处理与会计处理相同，不需要做纳税调整。

（2）B 公司的会计处理与纳税调整。B 公司应按公允价值确认资产的入账价值。

借：固定资产等		5 000 000
贷：实收资本		4 000 000
银行存款		1 000 000

税务处理与纳税调整：B 公司资产的计税基础为资产的公允价值 500 万元，计税基础与账面价值相同，不需要做纳税调整。

（3）A1 的会计处理与纳税调整。

借：银行存款		1 000 000
贷：投资收益		1 000 000

税务处理与纳税调整：如果 A1 为企业股东，该投资收益为免税收益，应调减应纳税所得额 100 万元；如果 A1 为个人股东，则需要缴纳个人所得税。

（4）A2 的会计处理与纳税调整。

借：长期股权投资——B	4 000 000
贷：长期股权投资——A	2 000 000
投资收益	2 000 000

税务处理与纳税调整：如果 A2 为企业股东，该投资收益为免税收益，应调减应纳税所得额 200 万元；如果 A2 为个人股东，则需要缴纳个人所得税。

【案例 8-15】 以案例 8-14 为例。假定 A2 以放弃 A 公司的股权作为对价，B 公司的注册资本为 500 万元。

要求： 请做出相应的会计处理与纳税调整。

（1）A 公司的会计处理与纳税调整。A 公司在分立后不再受同一控制，该企业分立应按公允价值确认分立所得或损失。

借：实收资本	2 000 000
资本公积等	3 000 000
贷：固定资产等	4 000 000
资产处置收益等	1 000 000

税务处理与纳税调整：在 A 公司分立的过程中，股权支付比例为 100％，按特殊性税务重组处理，不确认分立所得，应调减应纳税所得额 100 万元。

（2）B 公司的会计处理与纳税调整。B 公司按公允价值确认资产的入账价值。

借：固定资产等	5 000 000
贷：实收资本	5 000 000

税务处理与纳税调整：资产的计税基础为资产的原计税基础 400 万元，该计税基础与账面价值不同。由于该项交易不是企业合并，在交易发生时既不影

响会计利润，又不影响应纳税所得额，可以不确认相应的递延所得税资产。

（3）A1 的会计处理与纳税调整。A1 不进行会计处理。

（4）A2 的会计处理与纳税调整。

借：长期股权投资——B	5 000 000
贷：长期股权投资——A	2 000 000
投资收益	3 000 000

税务处理与纳税调整：如果 A2 为企业股东，该投资收益为免税收益，应调减应纳税所得额 300 万元；如果 A2 为个人股东，则需要缴纳个人所得税。

8.3.2 新设分立的会计处理与纳税调整

企业经批准采取新设分立方式时，应当对原企业各类资产进行全面清查登记，对各类资产及债权与债务进行全面核对查实，编制分立日的资产负债表及财产清册。

在企业分立后的两家或两家以上的分立企业，其资产、负债和股东权益均以评估价值作为入账价值，将注册资本计入"股本"或"实收资本"科目，评估价值高于注册资本的部分记入"资本公积"科目。

【案例 8-16】 以案例 8-4 为例。

要求：请做出相应的会计处理及纳税调整。

解析：（1）A 公司的会计处理。分立日按评估价格编制资产负债表，实收资本的金额为 1 300 万元，资产金额为 2 000 万元，应付账款金额为 200 万元，未分配利润为 400 万元，盈余公积为 100 万元。

借：固定资产等	3 000 000
贷：资本公积	3 000 000
借：资本公积	3 000 000
贷：实收资本	3 000 000

借：实收资本 13 000 000

　　未分配利润 4 000 000

　　盈余公积 1 000 000

　　应付账款等 2 000 000

　贷：固定资产等 20 000 000

税务处理及纳税调整：A股东在A公司分立时取得的股权支付比例为70%，低于85%的规定比例，被分立企业所有股东未按原持股比例取得分立企业的股权，应按一般性税务处理规定进行涉税处理。A公司应按清算处理并计算清算所得300万元，应调增应纳税所得额300万元。

（2）B公司的会计处理。

借：固定资产等 8 000 000（新设分立按评估价值入账）

　贷：实收资本 6 000 000

　　银行存款 2 000 000

税务处理及纳税调整：资产的计税基础按公允价值确认为800万元，资产的计税基础与账面价值相同。

（3）C公司的会计处理。

借：固定资产等 12 000 000

　贷：实收资本 8 000 000

　　银行存款 2 000 000

　　应付账款等 2 000 000

税务处理及纳税调整：资产的计税基础按公允价值确认为1 200万元，资产的计税基础与账面价值相同。

（4）A股东的会计处理。

借：长期股权投资——B公司 6 000 000

　　长期股权投资——C公司 8 000 000

　　银行存款 4 000 000

      贷：长期股权投资——A公司   10 000 000

           投资收益   8 000 000

    税务处理及纳税调整：根据一般性税务处理的规定，A公司的清算所得视同股息分配，可分配剩余资产为1 725万元（＝1 800－300×25％）。A股东收到的对价为1 800万元（＝600＋200＋800＋200），对B公司长期股权投资的成本为1 000万元，股权转让收益为800万元，净收益为725万元（＝800－75），其中股息收益为725万元（即未分配利润400＋盈余公积100＋清算所得300－企业所得税75），转让收益为0（＝725－725）。如果A股东为居民企业，则股息所得725万元为免税所得；如果A股东为居民个人，则需就全部所得725万元缴纳个人所得税。

8.4　企业分立的税收筹划

8.4.1　企业分立税收筹划应关注的重点

1. 合理筹划，享受税收优惠

    对于符合条件的企业分立事项，可以享受企业所得税、增值税、契税、印花税等税收免征或递延纳税政策；除房地产企业外，公司分立可以享受免征土地增值税政策。企业可以通过合理筹划来满足企业所得税优惠条件。

2. 符合特殊性税务处理的条件

    企业分立要选择企业所得税特殊性税务处理，应满足分立企业在12个月内不改变资产原来的实质性经营活动，分立企业原主要股东取得股权的持有期限应符合相关规定。

8.4.2　企业分立的税收筹划思路

    企业分立涉及被分立方、分立方和股东三方。选择特殊性税务处理还是一般性税务处理，影响到被分立企业是否确认资产转让所得或损失、分立方的资产是以原计税基础确认还是以公允价值确认（计税基础与公允价值的差额影响以后的摊销费用）以及股东是否缴纳所得税等。

1. 从企业角度的筹划思路

（1）存在转让所得的，选择特殊性税务重组。在被分立企业资产的公允价值大于计税基础的情况下，选择特殊性税务处理暂不确认转让所得，分立企业按资产的原计税基础确认，可以实现递延纳税。

（2）存在转让损失的，选择一般性税务重组。在被分立企业资产的公允价值小于计税基础的情况下，选择一般性税务处理，被分立企业可以确认转让损失，实现损失提前抵税效应。

（3）如果被分立企业存在尚未弥补的亏损，选择特殊性税务重组。

1）新设分立。被分立企业存在亏损的，在新设分立的情形下，如果符合特殊性税务处理条件，被分立企业未超过法定弥补期限的亏损额可按分立资产占全部资产的比例进行分配，由分立企业继续弥补。如果不符合特殊性税务处理条件，企业分立相关企业的亏损不得相互结转弥补。因此，在新设分立的情形下，特殊性税务重组会发挥被分立企业的亏损抵税效应。

2）存续分立。在存续分立时，如果被分立企业的亏损额较大，并且预计分立企业盈利的情况下，选择特殊性税务重组可以实现亏损的抵税效应。

2. 从股东角度的筹划思路

（1）企业投资者。在存续分立的情形下，无论是一般性税务处理还是特殊性税务处理，其投资收益均属于免税所得，但影响到投资成本的计价是公允价值还是原计税基础。当资产的公允价值大于原计税基础时，在一般性税务处理下，长期股权投资的计税基础按公允价值确认，待股权再转让时的抵税效应大；当资产的公允价值小于原计税基础时，在特殊性税务处理下，长期股权投资的计税基础按公允价值确认，待股权再转让时的抵税效应大。

在新设分立的情形下，一般性税务处理要计算清算所得，股东要计算分配所得和股权转让所得。分配所得免缴企业所得税，但股权转让所得要计算企业所得税。

（2）个人投资者。无论是一般性税务处理还是特殊性税务处理，均要计算缴纳个人所得税，而长期投资的计税基础按公允价值确认，所以两种处理方法对个人股东没有差异。

由于个人投资者不适用特殊性税务处理政策，所以个人投资者需要设立法人形式企业，通过搭建个人与被重组企业之间的企业持股层级，由个人100%持股中间层企业，再由中间层企业持股被重组企业，从而符合特殊性税务重组条件。企业中间层级架构筹划见图8-5。

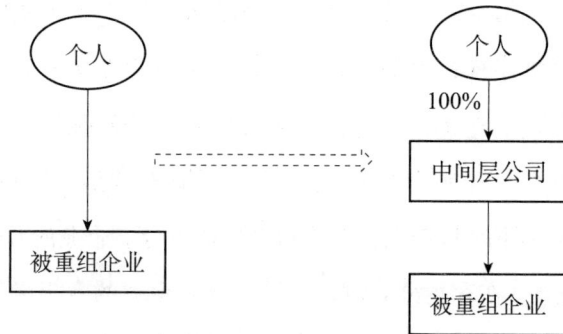

图 8-5　个人层级公司架构筹划示意图

8.4.3　企业分立的筹划方法

1. 控制股权支付比例，适用特殊性税务处理

在企业分立交易对价中涉及的股权支付金额不低于其交易支付总额的85%，同时符合其他特殊性重组条件的，重组交易各方对交易中的股权支付暂不确认有关资产的转让所得或损失。合并方可以将股权支付比例控制

在不低于85%，以达到特殊性税务重组条件，从而实现递延纳税的目的。

【案例8-17】　甲公司拟将一家资产的账面价值和计税基础均为300万元、公允价值为500万元的分公司分立出去成立乙公司。甲公司应如何设计对价支付方式，以实现节税效果？

解析：在对价支付方式中，只要乙公司的非股权支付额不高于支付总对价的15%，并且甲公司所有股东按原持股比例取得乙公司的股权，两家公司均不改变原来的实质性经营活动，甲公司就可不确认财产转让所得。在本例中，只要乙公司支付给甲公司不低于425万元（＝500×85%）的股权、不高于75万元（＝500－425）的现金，甲公司就可以避免就股权支付部分的所得缴纳企业所得税。

2. 对亏损企业选择特殊性税务重组，发挥亏损抵税效应

如果被分立企业连年亏损、分立企业盈利，那么选择特殊性税务处理可以实现亏损抵税效应。

【案例8-18】　喜客来酒店股份有限公司（以下简称"喜客来公司"）地处江苏，由乐登酒店和悦君酒店共同投资成立，投资总额为1 000万元，乐登酒店和悦君酒店分别占70%和30%的股份。为了满足扩大经营的需要，2009年11月喜客来公司剥离部分净资产成立美滋餐饮有限公司（以下简称"美滋公司"）。在分立基准日，喜客来公司的资产负债表显示公司的资产总额为3 000万元（公允价值为3 800万元），负债为2 000万元（公允价值为2 000万元），净资产为1 000万元（公允价值为1 800万元）。此外，公司尚有未超过法定弥补期限的亏损360万元。在喜客来公司剥离的净资产中，资产的账面价值与计税基础均为600万元（公允价值为800万元），并在工商管理部门办理了300万元的减资手续。美滋公司的注册资本为800万元，并确认乐登酒店和悦君酒店的投资额以及支付部分银行存款。在投资额和银行存款的支付金额上，现有两个方案可供选择：

方案一：乐登酒店和悦君酒店的投资额分别确认为 504 万元和 216 万元，银行存款分别支付 56 万元和 24 万元。

方案二：乐登酒店和悦君酒店的投资额分别确认为 469 万元和 201 万元，银行存款分别支付 91 万元和 39 万元。

要求：请从税负的角度对两个方案进行比较并做出选择。

解析：

（1）方案一的税负分析。根据财税〔2009〕59 号文的规定，企业分立在符合重组业务特殊性税务处理条件的基础上，适用所得税处理的特殊性税务规定需要同时符合下列三个条件：一是被分立企业的所有股东均按原持股比例取得分立企业的股权；二是分立企业和被分立企业均不改变原来的实质性经营活动；三是被分立企业股东取得的股权支付金额不低于交易支付总额的 85%。由于美滋公司的股权支付金额占交易支付总额的比例为 90% $[=(504+216)\div(504+216+56+24)\times100\%]$，高于 85% 的比例，现假定该企业分立符合特殊性税务处理的其他条件，则本案例可以适用特殊性税务处理的规定。

1）企业所得税。

①喜客来公司。依据财税〔2009〕59 号文的规定，由于本案例中的企业分立符合特殊性税务处理条件，因而被分立企业喜客来公司可以暂不确认分立资产中股权支付对应的资产转让所得，但应确认非股权支付（银行存款）对应的资产转让所得，即

$$\text{喜客来公司应确认的资产转让所得}$$

$$=\left(\begin{array}{c}\text{被转让资产的}\\\text{公允价值}\end{array}-\begin{array}{c}\text{被转让资产的}\\\text{计税基础}\end{array}\right)\times\frac{\text{非股权支付金额}}{\text{被转让资产的公允价值}}$$

$$=(800-600)\times\frac{56+24}{800}=20\ (\text{万元})$$

对于喜客来公司未超过法定弥补期限的亏损 360 万元，依据财税 [2009] 59 号文的规定，可按分立资产占全部资产的比例进行分配，由分立后的企业继续弥补。可以继续由喜客来公司弥补的亏损金额为 288 万元 $\left(=360 \times \dfrac{3\,000-600}{3\,000}\right)$。

②美滋公司。由于美滋公司支付的对价中包含非股权支付（即银行存款）80 万元，因而美滋公司在确定被分立资产的计税基础时，应考虑现金支付部分需要按资产的公允价值计算，即美滋公司取得被分立资产的计税基础为 620 万元 [=600×(504+216)÷(504+216+56+24)+80]。

未来，美滋公司的这部分资产可以作为成本费用在企业所得税税前扣除，允许扣除的金额是 620 万元，而不是按公允价值入账的 800 万元。此外，对于喜客来公司未超过法定弥补期限的亏损 360 万元，根据财税 [2009] 59 号文的规定，可以由美滋公司继续弥补的亏损为 72 万元 [=360×(600÷3 000)]。

③乐登酒店和悦君酒店。在本案例中，一方面，被分立企业喜客来公司办理了 300 万元的减资手续；另一方面，在分立企业美滋公司支付的对价中包括 80 万元银行存款的非股权支付形式，按照财税 [2009] 59 号文的规定，作为喜客来公司的股东，乐登酒店和悦君酒店应当确认非股权支付对应的放弃旧股所得，视同被分立企业的分配所得。

$$乐登酒店应确认的所得=[(504+56)-300 \times 70\%] \times \dfrac{56}{504+56}$$
$$=35（万元）$$

$$悦君酒店应确认的所得=[(216+24)-300 \times 30\%] \times \dfrac{24}{216+24}$$
$$=15（万元）$$

此外，居民企业之间的股息所得属于免税收入。

由于喜客来公司办理了 300 万元的减资手续，属于被分立企业的股东放弃部分旧股的行为，依据财税〔2009〕59号文的规定，此时乐登酒店和悦君酒店取得美滋公司新股的计税基础可以按照放弃旧股的原计税基础调整确定。由于本案例还涉及非股权支付，因而乐登酒店和悦君酒店取得新股的计税基础可以按照如下方法来计算确定：

$$\begin{aligned} \text{乐登酒店取得新股的计税基础} &= \text{放弃旧股的原计税基础} \times \text{股权支付比例} \\ &= 300 \times 70\% \times 504 \div (504 + 56) = 189 \text{（万元）} \end{aligned}$$

$$\text{悦君酒店取得新股的计税基础} = 300 \times 30\% \times 216 \div (216 + 24) = 81 \text{（万元）}$$

如果未来乐登酒店和悦君酒店转让取得的美滋公司股权，则在计算股权转让所得时允许扣除的金额分别为189万元和81万元，而不是美滋公司确认的乐登酒店和悦君酒店的股权投资额504万元和216万元，因此需要做纳税调增处理。

综上所述，如果企业分立适用特殊性税务处理，则在分立时无须缴纳所得税，但在该分立企业股权再转让时，由于计税基础相对低，故转让收入会提高，因而特殊性税务处理实现了递延纳税。

2）个人所得税。如果被分立企业的股东为自然人股东，而非法人股东，那么在企业分立时，外籍个人无须缴纳个人所得税，中国个人则视同"利息、股息、红利所得"缴纳个人所得税。

3）增值税。纳税人在资产重组的过程中，通过合并、分立、出售、置换等方式，将全部或者部分实物资产以及与其相关的债权、负债及劳动力一并转让给其他单位和个人，不属于增值税的征税范围，其中涉及的货物转让，不征收增值税。

4）土地增值税。根据财税〔2015〕5号文，按照法律规定或者合同约定，企业分设为两家或两家以上与原企业投资主体相同的企业，对原企业将房地产转移、变更到分立后的企业，暂不征收土地增值税。

5）契税。公司依照法律规定、合同约定分立为两家或两家以上与原公司投资主体相同的公司，对分立后的公司承受原公司土地、房屋权属，免征契税。

6）印花税。以合并或分立方式成立的新企业，其新启用的资金账簿记载的资金，凡原已贴花的部分可不再贴花，未贴花的部分和以后新增加的资金按规定贴花。

企业因改制签订的产权转移书据，免予贴花。

（2）方案二的税负分析。被分立企业股东取得的股权支付比例为 $83.75\%[=(469+201)\div(469+201+91+39)\times100\%]$，低于交易支付总额的 85%，不符合特殊性税务处理条件，适用一般性税务处理规定。

1）企业所得税。

①喜客来公司。喜客来公司对分立出去的资产应按公允价值确认资产转让所得或损失。

$$\text{喜客来公司应确认的资产转让所得} = \text{被转让资产的公允价值} - \text{被转让资产的计税基础}$$

$$=800-600=200（万元）$$

喜客来公司有未超过法定弥补期限的亏损 360 万元，转让所得 200 万元可用于弥补亏损，在弥补亏损后尚有亏损 160 万元。

②美滋公司。美滋公司应按公允价值确认接受资产的计税基础，即 800 万元。

未来，美滋公司的这部分资产在计算应纳税所得额时允许扣除的摊销金额是 800 万元。

③乐登酒店和悦君酒店。当被分立企业继续存在时，其股东取得的对价应视同被分立企业分配进行处理。

$$\text{乐登酒店应确认的分配所得}=469+91-300\times70\%$$

$$=350（万元）$$

$$悦君酒店应确认的分配所得＝201＋39－300×30\%$$
$$＝150（万元）$$
$$乐登酒店取得新股的计税基础＝469（万元）$$
$$悦君酒店取得新股的计税基础＝201（万元）$$

如果未来乐登酒店和悦君酒店转让取得的美滋公司股权，在计算股权转让所得时，允许扣除的金额分别为469万元和201万元。

综上所述，如果企业分立适用一般性税务处理，则在分立时需要确认资产转让所得，但在该分立企业股权再转让时，由于计税基础相对高，故转让收入会降低。

2）个人所得税。与方案一相同。

3）增值税。与方案一相同。

4）土地增值税。与方案一相同。

5）契税。与方案一相同。

6）印花税。与方案一相同。

由于方案一与方案二只是在所得税方面存在差异，因而在做方案选择时，只比较所得税税负即可。方案一与方案二的所得税税负比较见表8-3。

表8-3　所得税税负比较表　　　　　　　　　　　单位：万元

项目	方案	对价支付		税务处理		亏损	转让所得	分配所得	计税基础	抵税扣除
		现金	股权	一般	特殊					
喜客来公司	一				√	－288	20			
	二			√		－360	200			
美滋公司	一	80	720		√	－72			620	－620
	二	130	670	√					800	－800
乐登酒店	一				√			35	189	－189
	二			√				350	469	－469
悦君酒店	一				√			15	81	－81
	二			√				150	201	－201

从被分立企业和分立企业的角度来看，由于被分立企业尚未弥补的亏

损额较大，无论是方案一还是方案二均不用缴纳所得税，但分立企业在方案二下的资产计税基础较高，未来的抵税效应较大。如果被分立企业未来盈利的可能性较小，其亏损的抵税效应就会丧失，选择一般性税务处理的节税效果较好；如果被分立企业未来盈利的可能性较大，其亏损可以在未来的盈利中得到完全弥补，则特殊性税务处理就能实现递延纳税的效果。

从分立企业的角度来看，方案一实现了递延纳税，因而方案一的税负较轻。

从分立企业的股东来看，企业投资者和个人投资者在这两个方案下的税负存在差异：

如果被分立企业的股东是法人投资者，方案二在重组日要按取得的对价计算分配所得 500 万元，但由于居民企业之间的利润分配免税，所以方案二的分配所得免税，取得的分立企业股权的计税基础按对价确认为 670 万元（=469+201），而方案一在重组日要计算非股权支付部分的所得 50 万元（=35+15），视同分配所得免税，取得的分立企业股权的计税基础按放弃旧股的计税基础确认为 270 万元（=189+81），未来的抵税效应较小，因而方案二的税负较轻。

如果被分立企业的股东是个人投资者，无论是选择方案一还是选择方案二，计算的分配所得均为 500 万元，都要计算缴纳个人所得税，而且所得的计税基础相同，均为 670 万元。

■■■■案例讨论

2018 年 2 月 2 日，南钢发展召开股东会并做出决议，同意南钢发展以存续方式分立为两家公司，分别为继续存续的"南钢发展"和拟新设的"金江炉料"；在南钢发展分立后，存续的南钢发展的注册资本为 247 600 万元，新设的金江炉料的注册资本为 54 300 万元。这两家公司均由南钢股份持股 61.28%，建信投资持股 30.97%，南京钢联持股 7.75%。本次分立的审计基准日为 2017 年 12 月 31 日。分立前南钢发展的债务由分立后的南钢发展、金江炉料承担连带责任。

　　南钢发展以 2017 年 12 月 31 日为基准日，分立为南钢发展（以下简称"存续公司"）和金江炉料（以下简称"新设公司"），分立前的债权、债务，除了与烧结、球团、焦化的生产加工业务相关的应付职工薪酬、其他流动负债以及应付账款划至金江炉料外，其余部分均保留在南钢发展。对于南钢发展分立前的债务，由分立后的南钢发展、金江炉料承担连带责任。对于本次分立，相关的债权与债务以 2018 年 4 月 30 日为交割日进行了拆分，具体安排如下：

主要债权与债务的具体拆分情况

项目	分立前（万元）	分立后			
		存续公司（万元）	比例（%）	新设公司（万元）	比例（%）
主要债权拆分					
应收票据	1 488.90	1 488.90	100.00	—	0.00
应收账款	429.23	429.23	100.00	—	0.00
其他应收款	3 723.82	3 723.82	100.00	—	0.00
预付账款	833.91	833.91	100.00	—	0.00
主要债务拆分					
短期借款	1 000.00	1 000.00	100.00	—	0.00
应付票据	27 714.81	27 714.81	100.00	—	0.00
应付账款	72 010.88	71 864.49	99.80	146.39	0.20
预收账款	13.24	13.24	100.00	—	0.00
应付职工薪酬	17 038.22	15 050.55	88.33	1 987.67	11.67
应交税费	11 010.52	11 010.52	100.00	—	0.00
其他应付款	178 766.63	178 766.63	100.00	—	0.00
其他流动负债	172 172.41	170 986.98	99.31	1 185.43	0.69
应付利息	416.95	416.95	100.00	—	0.00

　　由上表可见，本次分立不涉及债权资产分割。针对主要债务，南钢发展按照《中华人民共和国公司法》的要求，在做出决议之日起 10 日内通知了主要债权人，并刊登了《分立公告》，相关债务由分立后的南钢发展与金

江炉料承担连带责任。

南钢发展与金江炉料编制了截至 2018 年 4 月 30 日的资产交割汇总表以及在建工程、无形资产、固定资产等交割明细清单。在本次南钢发展存续分立、新设金江炉料的过程中，双方以 2018 年 4 月 30 日为交割日对资产进行了交割。

主要资产的交割情况

项目	分立前（万元）	分立后			
		存续公司（万元）	比例（%）	新设公司（万元）	比例（%）
货币资金	54 042.38	51 607.20	95.49	2 435.18	4.51
固定资产	839 387.50	695 515.76	82.86	143 871.75	17.14
在建工程	36 958.78	36 389.90	98.46	568.88	1.54
无形资产	42 399.98	42 327.01	99.83	72.97	0.17
递延所得税资产	15 415.49	12 531.43	81.29	2 884.06	18.71

在南钢发展存续分立、新设金江炉料的过程中，资产交割清晰。

截至 2009 年 9 月 23 日，南钢发展已收到南京钢联以南钢联合分立的净资产缴纳出资合计 3 550 151 195.55 元。其中，注册资本为 1 850 000 000 元，资本公积为 2 854 200 元，盈余公积为 452 341 978.47 元，未分配利润为 1 244 955 017.08 元。

2017 年 3 月 21 日，建信投资、南钢股份、南京钢联、南钢发展签署《增资扩股协议》，约定建信投资对南钢发展认缴出资 30 亿元，其中 93 500 万元计入注册资本，206 500 万元计入资本公积；南京钢联对南钢发展认缴出资 7.5 亿元，其中 23 400 万元计入注册资本，51 600 万元计入资本公积。建信投资、南京钢联认缴款合计 37.5 亿元已于 2017 年 3 月 17 日至 29 日分笔划转至南钢发展开立在中国建设银行股份有限公司南京大厂支行的银行账户。

根据 2018 年与南钢发展分立有关的股东会决议、分立公告，在南钢发展分立后，存续的南钢发展的注册资本和实收资本为 247 600 万元，新设的金江炉料的注册资本和实收资本为 54 300 万元，注册资本之和、实收资本之和均等于分立前南钢发展的注册资本和实收资本。

根据财产分割汇总表及明细清单，在本次分立过程中的财产分割，与烧结、球团、焦化的生产加工业务相关的机器设备等固定资产、在建工程（未完工大修项目）、软件等无形资产、递延所得税资产和应付职工薪酬、递延收益、其他流动负债、应付账款等资产和负债全部划至金江炉料，其余资产（包括厂房和土地等）、债权、债务原则上保留在南钢发展。

在本次分立过程中，主要资产与负债的分立依据如下：

根据金江炉料 2018 年 5 月 1 日的财务报表及 2018 年、2019 年两年期的审计报告，在金江炉料分立完成后，其主财务状况见下表。

主要财务状况 单位：万元

项目	2019 年末/2019 年度	2018 年末/2018 年度	2018 年 5 月 1 日
总资产	339 908.50	287 992.40	149 832.83
净资产	159 462.02	154 830.15	143 280.26
营业收入	1 485 328.52	776 782.64	—
净利润	4 709.11	11 472.65	—

试讨论：

（1）企业分立过程中涉及的税种及计算。

（2）本次分立是否适用特殊性税务处理？

股权、资产划转

9.1 股权、资产划转的概念

财税〔2009〕59 号文所称的股权、资产划转，是指对 100％直接控股的居民企业之间，以及受同一或相同多家居民企业 100％直接控股的居民企业之间按账面净值划转股权或资产。

"100％直接控股的居民企业之间，以及受同一或相同多家居民企业 100％直接控股的居民企业之间按账面净值划转股权或资产"，限于以下情形：

（1）100％直接控股的母子公司之间，母公司向子公司按账面净值划转其持有的股权或资产，母公司获得子公司 100％的股权支付。

（2）100％直接控股的母子公司之间，母公司向子公司按账面净值划转其持有的股权或资产，母公司没有获得任何股权或非股权支付。

（3）100％直接控股的母子公司之间，子公司向母公司按账面净值划转其持有的股权或资产，子公司没有获得任何股权或非股权支付。

（4）受同一或相同多家母公司 100％直接控股的子公司之间，在母公司主导下，一家子公司向另一家子公司按账面净值划转其持有的股权或资产，划出方没有获得任何股权或非股权支付。

例如，A 房地产公司是甲投资公司的全资子公司。为了解决 A 房地产公司的办公场地，甲投资公司将一栋写字楼按账面净值划转给 A 房地产公司并取得了 A 房地产公司的股权。这一交易行为发生在 100%直接控股的居民企业之间，甲投资公司获得了 A 房地产公司 100%的股权支付，此交易行为属于适用特殊性税务处理的资产划转行为。

股权、资产划转示意图见图 9-1。

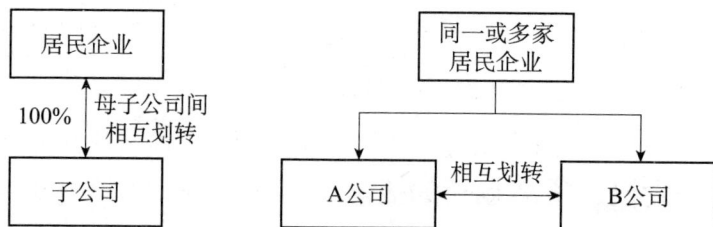

图 9-1 股权、资产划转示意图

9.2 股权、资产划转的税务处理

1. 企业所得税

根据《财政部、国家税务总局关于促进企业重组有关企业所得税处理问题的通知》（财税〔2014〕109 号），对 100%直接控股的居民企业之间，以及受同一或相同多家居民企业 100%直接控股的居民企业之间按账面净值划转股权或资产，凡具有合理的商业目的，不以减少、免除或者推迟缴纳税款为主要目的，股权或资产划转后连续 12 个月内不改变被划转股权或资产原来的实质性经营活动，且划出方企业和划入方企业均未在会计上确认损益的，可以选择按以下规定进行特殊性税务处理：

（1）划出方企业和划入方企业均不确认所得。

（2）划入方企业取得被划转股权或资产的计税基础，以被划转股权或资产的原账面净值确定。

（3）划入方企业取得的被划转资产，应按其原账面净值计算折旧扣除。

"股权或资产划转后连续 12 个月内不改变被划转股权或资产原来的实质

性经营活动"，是指自股权或资产划转完成日起连续 12 个月内不改变被划转股权或资产原来的实质性经营活动。股权或资产划转完成日是指股权或资产划转合同（协议）或批复生效，且交易双方已进行会计处理的日期。

"划入方企业取得被划转股权或资产的计税基础，以被划转股权或资产的原账面净值确定"，是指划入方企业取得被划转股权或资产的计税基础，以被划转股权或资产的原计税基础确定。

"划入方企业取得的被划转资产，应按其原账面净值计算折旧扣除"，是指划入方企业取得的被划转资产，应按被划转资产的原计税基础计算折旧扣除或摊销。

按照规定进行特殊性税务处理的股权或资产划转，交易双方应在协商一致的基础上，采取一致处理原则统一进行特殊性税务处理。

【案例 9 - 1】 B、C 公司同为 A 集团 100％直接控股的子公司（非上市公司），适用的企业所得税税率为 25％。2019 年 4 月 1 日，母公司将 B 公司下属子公司 D 的股权划转给 C 公司；同日，D 公司的净资产价值为 10 亿元，股本为 6 亿元，资本公积为 3 亿元，盈余公积为 1 亿元。该交易以 2018 年 12 月 31 日为评估基准日，D 公司的全部股权经评估确定的价值为 12 亿元，C 公司未支付对价。假定符合特殊性税务处理的其他条件。其股权划转示意图见图 9 - 2。

要求：请做出相应的涉税处理。

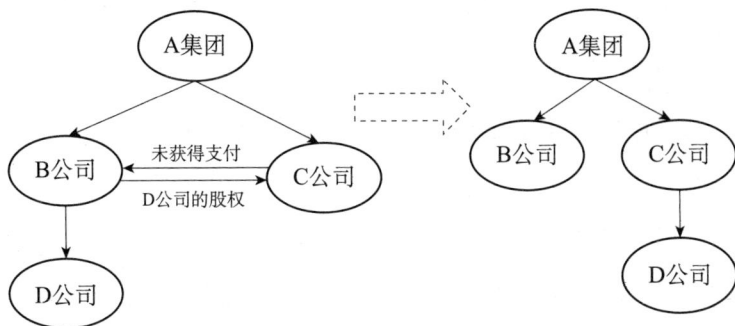

图 9 - 2 A 集团股权划转示意图

解析：B、C公司之间的股权划转，属于同一控制下子公司之间股权的无偿划转，符合特殊性税务重组的条件，B、C公司均不确认所得。

C公司取得的D公司股权，以D公司股权的原账面净值确定，即10亿元。

【案例9-2】 B、C公司同为A集团100％直接控股的子公司（非上市公司），适用的企业所得税税率为25％。2019年4月1日，母公司将B公司甲机床划转给C公司；同日，该机床的账面净值与计税基础均为80万元，已提折旧20万元，公允价值为90万元。假定符合特殊性税务处理的其他条件。其资产划转示意图见图9-3。

要求：请做出相应的涉税处理。

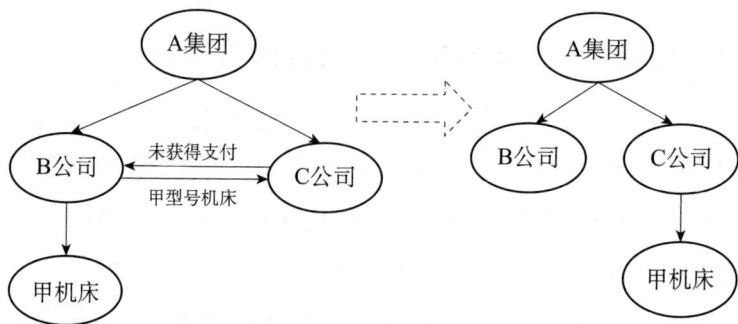

图9-3 A集团资产划转示意图

解析：B、C公司之间的资产划转，属于同一控制下子公司之间资产的无偿划转，符合特殊性税务重组条件，B、C公司均不确认所得。

C公司取得的甲机床以该资产的原账面净值确定，即80万元。

2. 其他税种

（1）增值税。在资产划转过程中涉及非货币性资产转让的，要视同销售，按其公允价值计算缴纳增值税。

（2）土地增值税。单位、个人在改制重组时以房地产作价入股进行投资，对其将房地产转移、变更到被投资企业，暂不征收土地增值税。

上述改制重组有关土地增值税的政策不适用于房地产转移任意一方为

房地产开发企业的情形。

（3）契税。同一投资主体内部所属企业之间土地、房屋权属的划转，包括母公司与其全资子公司之间，同一公司所属全资子公司之间，同一自然人与其设立的个人独资企业、一人有限公司之间土地、房屋权属的划转，免征契税。

母公司以土地、房屋权属向其全资子公司增资，视同划转，免征契税。

在股权（股份）转让中，单位、个人承受公司股权（股份），公司土地、房屋权属不发生转移，不征收契税。

（4）印花税。企业因改制签订的产权转移书据，免予贴花。

9.3 股权、资产划转的企业所得税管理

交易双方应在企业所得税年度汇算清缴时，分别向各自主管税务机关报送《居民企业资产（股权）划转特殊性税务处理申报表》和相关资料。

相关资料包括：

（1）股权或资产划转总体情况说明，包括基本情况、划转方案等，并详细说明划转的商业目的。

（2）交易双方或多方签订的股权或资产划转合同（协议），需要有关部门（包括内部和外部）批准的，应提供批准文件。

（3）被划转股权或资产账面净值和计税基础的说明。

（4）交易双方按账面净值划转股权或资产的说明（需要附会计处理资料）。

（5）交易双方均未在会计上确认损益的说明（需要附会计处理资料）。

（6）12个月内不改变被划转股权或资产原来实质性经营活动的承诺书。

交易双方应在股权或资产划转完成后下一年度的企业所得税年度申报时，各自向主管税务机关提交书面情况说明，以证明被划转股权或资产自

划转完成日后连续 12 个月内没有改变原来的实质性经营活动。

交易一方在股权或资产划转完成日后连续 12 个月内发生生产经营业务、公司性质、资产或股权结构等情况变化，致使股权或资产划转不再符合特殊性税务处理条件的，发生变化的交易一方应在情况发生变化时报告其主管税务机关，同时书面通知另一方。另一方应在接到通知后 30 日内将有关变化报告其主管税务机关。

在情况发生变化后 60 日内，原交易双方应按以下规定进行税务处理：

（1）母公司向子公司划转股权或资产，母公司获得子公司 100％的股权支付。母公司应按原划转完成时股权或资产的公允价值视同销售处理，并按公允价值确认取得长期股权投资的计税基础；子公司按公允价值确认划入股权或资产的计税基础。

（2）母公司向子公司划转股权或资产，母公司没有获得任何股权或非股权支付。母公司应按原划转完成时股权或资产的公允价值视同销售处理，子公司按公允价值确认划入股权或资产的计税基础。

（3）子公司向母公司划转股权或资产，子公司没有获得任何股权或非股权支付。子公司应按原划转完成时股权或资产的公允价值视同销售处理，母公司应按撤回或减少投资进行处理。

（4）子公司之间划转股权或资产，划出方没有获得任何股权或非股权支付。划出方应按原划转完成时股权或资产的公允价值视同销售处理；母公司应根据交易情形和会计处理对划出方按分回股息进行处理，或者按撤回或减少投资进行处理，对划入方按股权或资产的公允价值进行投资处理；划入方按接受母公司投资处理，以公允价值确认划入股权或资产的计税基础。

交易双方应调整划转完成纳税年度的应纳税所得额及相应股权或资产的计税基础，向各自主管税务机关申请调整划转完成纳税年度的企业所得税年度申报表，依法计算缴纳企业所得税。

【案例 9 - 3】 以案例 9 - 1 为例。假定 C 公司取得 D 公司股权后的 12 个月内，D 公司的经营业务发生变化。

要求： 请做出相应的税务处理。

解析： C 公司取得 D 公司股权后的 12 个月内，D 公司的经营业务发生变化，不再符合特殊性税务处理条件，B 公司应按原划转完成时股权的公允价值视同销售处理；C 公司以公允价值确认划入股权或资产的计税基础。

B 公司应确认的股权转让所得＝12－10＝2（亿元）

应纳企业所得税＝2×25％＝0.5（亿元）

C 公司取得 D 公司股权的计税基础为 12 亿元。

【案例 9 - 4】 以案例 9 - 2 为例。假定 C 公司取得甲机床后的 12 个月内，甲机床由生产自用改为出租。

要求： 请做出相应的税务处理。

解析： C 公司取得甲机床后的 12 个月内，资产的使用性质发生变化，不再符合特殊性税务处理条件，B 公司应按原划转完成时资产的公允价值视同销售处理；母公司应根据交易情形和会计处理对划出方按分回股息进行处理，或者按撤回或减少投资进行处理，对划入方按股权或资产的公允价值进行投资处理；C 公司按接受母公司投资处理，以公允价值确认划入资产的计税基础。

B 公司应确认的资产处置收益＝90－80＝10（万元）

应纳企业所得税＝10×25％＝2.5（万元）

C 公司取得甲机床的计税基础为 90 万元。

9.4 股权、资产划转的会计处理及纳税调整

1. 股权、资产划转的税务处理与会计处理比较

按照企业会计准则的规定，股权、资产划转属于同一控制下的企业资产或者股权的划转或合并，划转双方均按股权、资产的账面价值确认，其

会计处理与股权、资产划转的特殊性税务处理规定一致。如果股权、资产划转中的交易一方在股权或资产划转完成日后连续 12 个月内发生生产经营业务、公司性质、资产或股权结构等的变化，致使股权或资产划转不再符合特殊性税务处理条件，税法上要求按股权、资产的公允价值确认，税法与会计处理便产生了差异，需要做纳税调整。

根据《国家税务总局关于资产（股权）划转企业所得税征管问题的公告》（国家税务总局公告 2015 年第 40 号），"100％直接控股的居民企业之间，以及受同一或相同多家居民企业 100％直接控股的居民企业之间按账面净值划转股权或资产"，限于以下情形：

（1）100％直接控股的母子公司之间，母公司向子公司按账面净值划转其持有的股权或资产，母公司获得子公司 100％的股权支付。母公司按增加长期股权投资处理，子公司按接受投资（包括资本公积，下同）处理。母公司获得子公司股权的计税基础以划转股权或资产的原计税基础确定。

（2）100％直接控股的母子公司之间，母公司向子公司按账面净值划转其持有的股权或资产，母公司没有获得任何股权或非股权支付。母公司按冲减实收资本（包括资本公积，下同）处理，子公司按接受投资处理。

（3）100％直接控股的母子公司之间，子公司向母公司按账面净值划转其持有的股权或资产，子公司没有获得任何股权或非股权支付。母公司按收回投资处理，或按接受投资处理，子公司按冲减实收资本处理。母公司应按被划转股权或资产的原计税基础，相应调减持有的子公司股权的计税基础。

（4）受同一或相同多家母公司 100％直接控股的子公司之间，在母公司主导下，一家子公司向另一家子公司按账面净值划转其持有的股权或资产，划出方没有获得任何股权或非股权支付。划出方按冲减所有者权益处理，划入方按接受投资处理。

股权或资产划转的特殊性税务处理及会计处理见表 9-1。

表 9-1 股权或资产划转的特殊性税务处理及会计处理

划转方式	支付方式	税务处理	会计处理
母公司向子公司按账面净值划转 A企业 →(100%)→ B企业 A向B资产划转	母公司获得子公司股权支付	(1) 母公司按增加长期股权投资处理 (2) 子公司按接受投资（包括资本公积）处理 (3) 母公司获得子公司股权的计税基础以划转股权或资产的原计税基础确定	母公司： 借：长期股权投资 　贷：固定资产或长期股权投资（股权支付情形）等 子公司： 借：固定资产或长期股权投资（股权支付情形）等 　贷：资本公积/实收资本
A企业 →(100%)→ B企业 A向B资产划转	母公司没有获得任何股权或非股权支付	(1) 母公司按冲减实收资本（包括资本公积）处理 (2) 子公司按接受投资处理	母公司： 借：资本公积/实收资本 　贷：固定资产等 子公司： 借：固定资产等 　贷：资本公积
子公司向母公司按账面净值划转 A企业 ↑(100%) B企业 B向A资产划转	子公司没有获得任何股权或非股权支付	(1) 母公司按收回投资处理 (2) 子公司按冲减实收资本处理	母公司： 借：固定资产等 　贷：长期股权投资 子公司： 借：实收资本 　贷：固定资产等
		(1) 母公司按接受投资处理 (2) 子公司按冲减实收资本处理	母公司： 借：长期股权投资 　贷：实收资本 子公司： 借：实收资本 　贷：长期股权投资
子公司之间按账面净值划转 A企业 (100%) (100%) B企业　C企业 B向C资产划转	划出方没有获得任何股权或非股权支付	(1) 划出方按冲减所有者权益处理 (2) 划入方按接受投资处理	子公司1： 借：资本公积/盈余公积/未分配利润/实收资本 　贷：长期股权投资（固定资产等） 子公司2： 借：长期股权投资（固定资产等） 　贷：实收资本/资本公积

交易双方应调整划转完成纳税年度的应纳税所得额及相应股权或资产的计税基础，向各自主管税务机关申请调整划转完成纳税年度的企业所得税年度申报表，依法计算缴纳企业所得税。

2. 股权、资产划转的涉税会计处理

（1）100％直接控股的母子公司之间，母公司向子公司按账面净值划转其持有的股权或资产，母公司获得子公司100％的股权支付。

母公司按增加长期股权投资处理，子公司按接受投资（包括资本公积，下同）处理。母公司获得子公司股权的计税基础以划转股权或资产的原计税基础确定。

母公司的会计处理：

借：长期股权投资——××

　　贷：固定资产（长期股权投资）等

子公司的会计处理：

借：固定资产（长期股权投资）等

　　贷：实收资本等

　　　　资本公积

【案例9-5】 A公司为甲公司100％直接控股的子公司（非上市公司），适用的企业所得税税率为25％。2019年4月1日，甲公司将其拥有的B公司股权的20％划转给A公司；同日，B公司这部分股权的账面价值与计税基础均为500万元，公允价值为800万元，甲公司获得A公司100％的股权支付。假定符合特殊性税务处理的其他条件，其股权划转示意图见图9-4。

要求： 请做出相应的涉税会计处理。

解析：

甲公司的会计处理：

借：长期股权投资——B公司　　　　　　　　　　　5 000 000

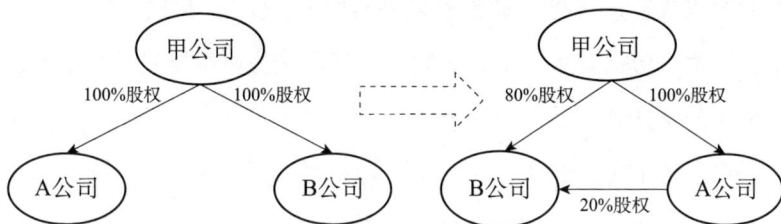

图 9-4 甲公司股权划转示意图

    贷：长期股权投资——A 公司   5 000 000

A 公司的会计处理：

    借：长期股权投资——B 公司   5 000 000

    贷：实收资本等   5 000 000

税务处理与纳税调整：甲公司与 A 公司之间的股权划转属于 100％直接控股的母子公司之间的股权划转，符合特殊性税务处理条件，不计算股权转让所得。A 公司接受股权的计税基础以原计税基础确定为 500 万元。该交易的税务处理与会计处理相同，不用做纳税调整。

【案例 9-6】 以案例 9-5 为例。假定股权划转后 12 个月内公司经营发生了实质性变化，不再符合特殊性税务处理条件。

要求：请做出相应的纳税调整。

解析：如果母子公司之间的股权划转不再符合特殊性税务处理条件，母公司应按原划转完成时股权的公允价值视同销售处理，并按公允价值确认取得长期股权投资的计税基础；子公司应按公允价值确认划入股权或资产的计税基础。

    甲公司应确认的股权转让所得＝800－500＝300（万元）

因此，应调增应纳税所得额 300 万元。

A 公司取得该项股权的计税基础为 800 万元。

(2) 100％直接控股的母子公司之间，母公司向子公司按账面净值划转

其持有的股权或资产，母公司没有获得任何股权或非股权支付。母公司按
冲减实收资本（包括资本公积，下同）处理，子公司按接受投资处理。

母公司的会计处理：

借：实收资本等

　　贷：固定资产（长期股权投资）等

子公司的会计处理：

借：固定资产（长期股权投资）等

　　贷：资本公积

【案例 9-7】　A 公司为甲集团 100％直接控股的子公司（非上市公司），
适用的企业所得税税率为 25％。2019 年 4 月 1 日，甲集团将其拥有的某设备
划转给 A 公司；同日，该设备的账面价值与计税基础均为 500 万元，公允价
值为 800 万元，A 公司未支付对价。假定符合特殊性税务处理的其他条件。

要求：请做出相应的涉税会计处理。

解析：

甲集团的会计处理：

借：实收资本等　　　　　　　　　　　　　　　　　　 6 040 000

　　贷：固定资产　　　　　　　　　　　　　　　　　　 5 000 000

　　　　应交税费——应交增值税（销项税额）

　　　　　　　　　　　　　　　 1 040 000（8 000 000×13％）

A 公司的会计处理：

借：固定资产　　　　　　　　　　　　　　　　　　　 5 000 000

　　应交税费——应交增值税（进项税额）　　　　　　 1 040 000

　　贷：资本公积　　　　　　　　　　　　　　　　　　 6 040 000

税务处理与纳税调整：甲集团与 A 公司之间的资产划转属于 100％直接
控股的母子公司之间的股权划转，符合特殊性税务处理条件，不计算资产

处置所得。A公司接受资产的计税基础以原计税基础确定为500万元。该资产划转的税务处理与会计处理相同，不用做纳税调整。

【案例9-8】 以案例9-7为例。假定资产划转后12个月内公司资产的用途发生变化，不再符合特殊性税务处理条件。

要求： 请做出相应的纳税调整。

解析： 如果母子公司之间的资产划转不再符合特殊性税务处理条件，母公司应按原划转完成时资产的公允价值视同销售处理；子公司应按公允价值确认划入股权或资产的计税基础。

甲集团应确认的资产处置所得＝800－500＝300（万元）

因此，应调增应纳税所得额300万元。

A公司取得该项资产的计税基础为800万元。

计税基础800万元与会计确认的账面价值500万元之间的差异既不是由企业合并产生的，又不影响交易发生日的企业所得税，不确认对所得税的影响。

（3）100％直接控股的母子公司之间，子公司向母公司按账面净值划转其持有的股权或资产，子公司没有获得任何股权或非股权支付。母公司按收回投资处理，或按接受投资处理，子公司按冲减实收资本处理。母公司应按被划转股权或资产的原计税基础，相应调减持有的子公司股权的计税基础。

母公司的会计处理：

借：固定资产（长期股权投资）等

　贷：长期股权投资

子公司的会计处理：

借：实收资本等

　贷：固定资产（长期股权投资）等

【案例9-9】 A公司为甲集团100％直接控股的子公司（非上市公司），

适用的企业所得税税率为25％。2019年4月1日，A公司将其拥有的B公司股权划转给甲集团；同日，B公司这部分股权的账面价值与计税基础均为500万元，公允价值为800万元，A公司未获得任何对价支付。假定符合特殊性税务处理的其他条件，其股权划转示意图见图9-5。

要求：请做出相应的涉税会计处理。

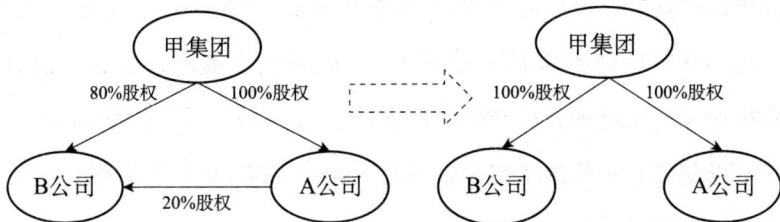

图9-5　A公司股权划转示意图

解析：

甲集团的会计处理：

借：长期股权投资——B公司　　　　　　　　　　　　　5 000 000

　　贷：长期股权投资——A公司　　　　　　　　　　　　5 000 000

A公司的会计处理：

借：实收资本等　　　　　　　　　　　　　　　　　　5 000 000

　　贷：长期股权投资——B公司　　　　　　　　　　　　5 000 000

税务处理与纳税调整：B公司与甲集团之间的股权划转属于100％直接控股的母子公司之间的股权划转，符合特殊性税务处理条件，不计算股权转让所得。甲集团接受股权的计税基础以原计税基础确定为500万元。该股权划转的税务处理与会计处理相同，不用做纳税调整。

【案例9-10】 以案例9-9为例。假定股权划转后12个月内公司经营发生了实质性变化，不再符合特殊性税务处理条件。

要求：请做出相应的纳税调整。

解析： 如果母子公司之间的股权划转不再符合特殊性税务处理条件，子公司应按原划转完成时股权的公允价值视同销售处理；母公司应按撤回或减少投资进行处理。

A 公司应确认的股权转让所得＝800－500＝300（万元）

因此，应调增应纳税所得额 300 万元。

甲集团取得该股权的计税基础为 800 万元。

（4）受同一或相同多家母公司 100％直接控股的子公司之间，在母公司主导下，一家子公司向另一家子公司按账面净值划转其持有的股权或资产，划出方没有获得任何股权或非股权支付。划出方按冲减所有者权益处理，划入方按接受投资处理。

划出方的会计处理：

借：实收资本等

　贷：固定资产（长期股权投资）等

划入方的会计处理：

借：固定资产（长期股权投资）等

　贷：实收资本等

【**案例 9－11**】 以案例 9－1 为例。请做出相应的涉税会计处理。

解析： C 公司取得 D 公司的股权属于同一控制下的企业合并。按照企业会计准则的规定，投资方应当按照取得的被合并方净资产的份额确认对被合并方的长期股权投资。

C 公司对 D 公司的长期股权投资应确认为 10 亿元，C 公司的会计处理为：

借：长期股权投资——D 公司　　　　　　　　1 000 000 000

　贷：实收资本——A 集团　　　　　　　　　　600 000 000

　　　资本公积　　　　　　　　　　　　　　300 000 000

　　　盈余公积　　　　　　　　　　　　　　100 000 000

B公司的会计处理为：

借：实收资本——A集团   600 000 000

  资本公积   300 000 000

  盈余公积   100 000 000

 贷：长期股权投资——D公司   1 000 000 000

税务处理：该股权划转行为符合特殊性税务处理条件，划入方取得股权的计税基础应以账面价值为基础确定，即C公司确认的长期股权投资成本为10亿元，B公司不确认转让所得或损失。该股权划转行为的税务处理与会计处理相同，不用做纳税调整。

【案例9-12】　以案例9-11为例。假定C公司在股权或资产划转完成日后连续12个月内发生了生产经营业务、公司性质、资产或股权结构等变化。

要求：请做出相应的涉税会计处理。

解析：根据税法的规定，股权、资产划转中的交易一方在股权或资产划转完成日后连续12个月内发生了生产经营业务、公司性质、资产或股权结构等变化，致使股权或资产划转不再符合特殊性税务处理条件，划出方应按原划转完成时股权或资产的公允价值视同销售处理；母公司根据交易情形和会计处理对划出方按分回股息进行处理，或者按撤回或减少投资进行处理，对划入方按以股权或资产的公允价值进行投资处理；划入方按接受母公司投资处理，并以公允价值确认划入股权或资产的计税基础。也就是说，B公司按视同销售确认股权转让所得2亿元（＝12－10），调增应纳税所得额2亿元。C公司按12亿元确认长期股权投资的计税基础。因此，税法处理与会计处理便产生了差异，需要做纳税调整。①

【案例9-13】　以案例9-11为例。假定B、C公司在股权或资产划转

---

① 该交易不构成企业会计准则中的合并。由于该交易发生时不影响C公司的利润或应纳税所得额，或者C公司准备长期持有该长期股权投资，因而不确认暂时性差异对所得税的影响。

完成时均确认了损益。

其会计处理为：

A集团：

借：长期股权投资——D公司　　　　　　　　　　　1 000 000 000

　　贷：营业外收入　　　　　　　　　　　　　　　1 000 000 000

B公司：

借：营业外支出　　　　　　　　　　　　　　　　　1 000 000 000

　　贷：长期股权投资——D公司　　　　　　　　　　1 000 000 000

要求： 请做出相应的涉税会计处理。

解析： 由于股权划出方和划入方均做了损益处理，不符合特殊性税务处理条件。

B公司应按视同销售确认股权转让所得2亿元（＝12－10），调增应纳税所得额2亿元。

C公司应按12亿元确认长期股权投资的计税基础。

9.5　股权、资产划转的税收筹划

9.5.1　股权、资产划转应关注的重点

1.合理筹划，享受企业所得税的递延纳税政策

对100％直接控股的居民企业之间，以及受同一或相同多家居民企业100％直接控股的居民企业之间按账面净值划转股权或资产且符合条件的，双方不确认所得。企业应通过事先筹划，尽量符合股权、资产划转的税收优惠条件。

2.符合特殊性税务处理条件

选择特殊性税务处理划转股权或资产的，应满足股权或资产划转后连

续 12 个月内不改变被划转股权或资产原来的实质性经营活动。

3. 合理进行会计核算

在会计处理上要事先合理规划,企业接受股东划入资产作为资本金(包括资本公积),不计入收入总额,以符合享受税收优惠政策的条件。

4. 合理利用划转资产行为,享受免征契税等税收优惠政策

在资产划转过程中涉及房地产的,除了享受企业所得税税收优惠外,还应通过合理的股权、资产划转,使之符合契税、土地增值税等的税收优惠条件。

9.5.2 股权、资产划转的筹划思路

股权或资产划转通常发生在 100% 直接控股的居民企业之间,以及受同一或相同多家居民企业 100% 直接控股的居民企业之间。对于 100% 直接控股的居民企业之间,以及受同一或相同多家居民企业 100% 直接控股的居民企业之间按账面净值划转股权或资产,凡具有合理商业目的,不以减少、免除或者推迟缴纳税款为主要目的,股权或资产划转后连续 12 个月内不改变被划转股权或资产原来的实质性经营活动,且划出方企业和划入方企业均未在会计上确认损益的,可以选择特殊性税务处理。

股权或资产划转的所得税筹划要点是使该划转行为符合特殊性税务处理条件。

1. 获得的股权支付要符合规定

母公司向子公司按账面净值划转其持有的股权或资产,母公司获得子公司 100% 的股权支付,或母公司没有获得任何股权或非股权支付。

子公司向母公司按账面净值划转其持有的股权或资产,子公司没有获得任何股权或非股权支付。

在母公司主导下,一家子公司向另一家子公司按账面净值划转其持有的股权或资产,划出方没有获得任何股权或非股权支付。

2. 会计处理要符合规定

在会计处理上，划入方和划出方均不能确认损益。母公司向子公司按账面净值划转其持有的股权或资产，母公司获得子公司100％的股权支付，母公司按增加长期股权投资处理，子公司按接受投资（包括资本公积，下同）处理；如果母公司没有获得任何股权或非股权支付，则母公司按冲减实收资本（包括资本公积，下同）处理，子公司按接受投资处理。

子公司向母公司按账面净值划转其持有的股权或资产，子公司没有获得任何股权或非股权支付，母公司按收回投资处理或按接受投资处理，子公司按冲减实收资本处理。

在母公司主导下，一家子公司向另一家子公司按账面净值划转其持有的股权或资产，划出方没有获得任何股权或非股权支付，划出方按冲减所有者权益处理，划入方按接受投资处理。

9.5.3 股权、资产划转的筹划方法

1. 改变下属公司之间的资产划转方式

根据股权、资产划转的特殊性税务处理规定，特殊性税务处理适用于母子公司、各子公司之间的股权、资产划转。对于孙公司之间的股权、资产划转，则需要按一般性税务处理计算股权、资产的转让所得或损失。因此，对于孙公司之间的股权、资产划转，应通过企业合并方式减少公司之间的层级结构，或通过孙公司与子公司之间的划转、各子公司之间的划转使其符合特殊性税务处理条件，从而实现节税目标。

【案例 9-14】 A 公司和 B 公司均为 W 集团 100％直接控股的子公司。A 公司下设 C 公司，C 公司拥有 1 条生产线（即甲生产线 1）。B 公司下设 D 公司，D 公司拥有 2 条生产线（即甲生产线 2 和乙生产线）。W 集团重新规划其业务，使针对不同产品的生产、销售等事项分工明确，计划让 D 公司

将拥有的甲生产线 2 并入 C 公司（相关的公司组织构架见图 9-6）。

重组前

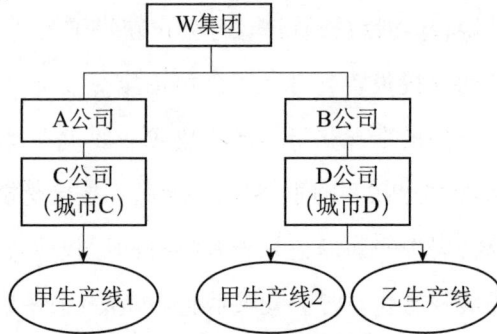

图 9-6　W 集团的组织架构图

为实现该并购计划，W 集团设计了以下并购方案：

D 公司将甲生产线 2 无偿划转给 C 公司（并购流程见图 9-7）。

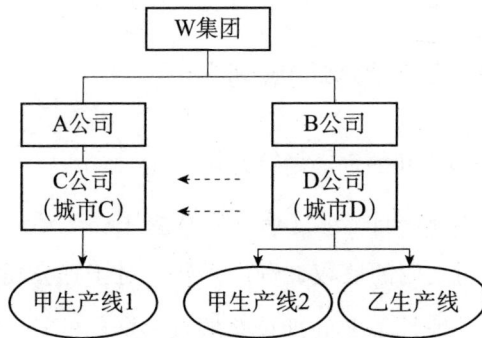

图 9-7　W 集团并购流程图

要求：请对以上方案进行税负分析，并思考是否有节税的并购方案。

解析：D 公司将甲生产线 2 无偿划转给 C 公司，B 公司没有获得任何股权或非股权支付，D 公司和 C 公司属于 W 集团同一控制下的孙公司，但不属于 W 集团直接控制，孙公司之间资产的无偿划转存在不符合特殊性税务处理条件的风险。

根据 W 集团的公司架构，节税并购方案如下：

（1）筹划方案一。

步骤一，C公司以自己的股权作为对价合并D公司，B公司成为C公司的股东；由于C公司和D公司位于不同的城市，C公司新设分公司D持有甲生产线2和乙生产线。

步骤二，合并后的C公司设立新D公司，承接乙生产线，同时B公司以拥有的C公司股权作为对价收购新D公司。在股权置换后，B公司不再是C公司的股东，B公司100%直接控股新D公司；C公司和分公司D继续持有甲生产线1和甲生产线2（筹划方案一的并购流程见图9-8）。

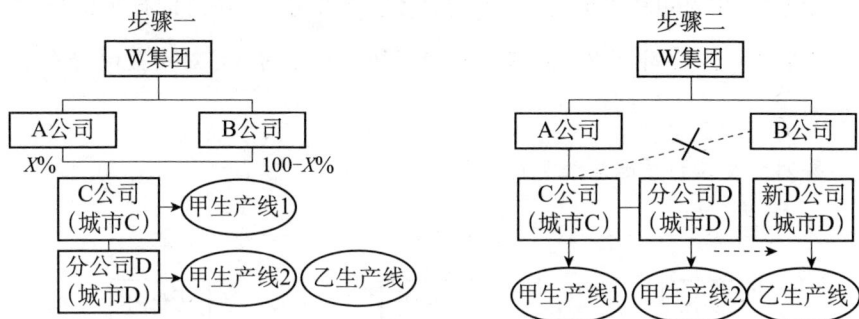

图9-8　筹划方案一的并购流程图

筹划方案一的税务处理分析如下：

在步骤一中，C公司合并D公司，以C公司的股权作为对价，B公司成为C公司的股东，符合股权收购的特殊性税务处理条件，可适用特殊性税务处理，不确认股权的转让所得或损失。

在步骤二中，合并后的C公司设立新D公司，承接生产线乙，同时B公司以拥有的C公司股权置换新D公司100%的股权，B公司不再是C公司的股东。C公司分立新D公司，符合企业分立的特殊性税务处理条件，不确认分立所得。B公司以股权作为对价并购新D公司，符合股权收购的特殊性税务处理条件，不确认股权转让所得。

该方案的筹划风险为：①如果步骤二是在步骤一之后的12个月内完成

的，则步骤一的合并行为面临着税务调整的风险。特殊性税务处理条件要求企业重组必须有合理的商业目的，且不以减少、免除或者推迟缴纳税款为主要目的，在重组后的连续12个月内不改变重组资产原来的实质性经营活动。重组交易中取得股权支付的原主要股东，在重组后连续12个月内，不得转让所取得的股权。②步骤二的股权对价是否合理。C公司合并D公司的对价与B公司收购新D公司的对价相同，不符合独立交易原则。

（2）筹划方案二。

步骤一，D公司将甲生产线2无偿划转给B公司，B公司持有甲生产线2。

步骤二，B公司将甲生产线2无偿划转给A公司，A公司持有甲生产线2。

步骤三，A公司将甲生产线2无偿划转给C公司，C公司最终持有甲生产线2。

筹划方案二的并购流程见图9-9。

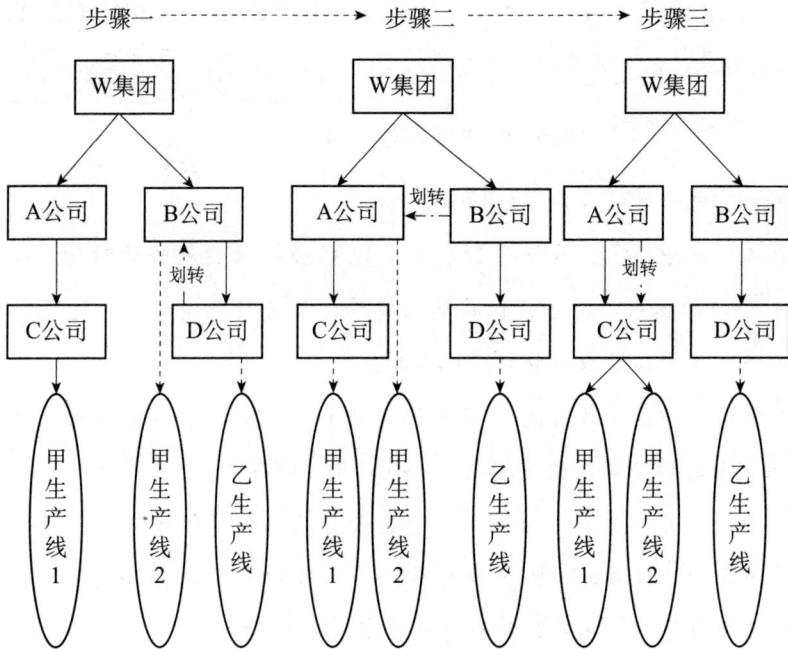

图9-9 筹划方案二的并购流程图

筹划方案二的税务处理分析如下：

在步骤一中，D公司将甲生产线2无偿划转给B公司，B公司持有甲生产线2。D公司和B公司属于100%直接控股的母子公司，适用资产划转的特殊性税务处理，不用计算资产转让所得。如果甲生产线2是与劳动力一并转让的，则不用缴纳增值税。

在步骤二中，B公司将甲生产线2无偿划转给A公司，A公司持有甲生产线2。A、B公司属于受同一控制的子公司，其资产的划转符合资产划转的特殊性税务处理条件，不确认资产的转让所得。

在步骤三中，A公司将甲生产线2无偿划转给C公司，C公司最终持有甲生产线2。A公司与C公司属于母子公司，其资产的无偿划转符合资产划转的特殊性税务处理条件，不确认资产的转让所得。

该方案的筹划风险在于，三个步骤之间的资产划转要有合理的商业目的，否则面临着税务调整的风险。特殊性税务处理要求企业重组必须有合理的商业目的，且不以减少、免除或者推迟缴纳税款为主要目的。

（3）筹划方案三。

步骤一：B公司将甲生产线2分设成立D1公司，由B公司100%直接控股D1公司。

步骤二：B公司将D1公司股权无偿划转至A公司。

步骤三：A公司将甲生产线2无偿划转至C公司，并注销D1公司。

筹划方案三的税务处理如下：

在步骤一中，B公司分设D1公司，可适用特殊性税务处理。

在步骤二中，B公司将D1公司股权无偿划转至A公司，属于同一控制下子公司之间的股权无偿划转，适用特殊性税务重组。

在步骤三中，A公司将甲生产线2无偿划转至C公司，属于同一控制下子公司之间的资产无偿划转，适用特殊性税务处理。

2. 先划转后转让，实现节税

在进行股权转让时，利用母子公司、各子公司之间的股权、资产划转的特殊性税务处理，将股权、资产转让到低税率公司，从而实现节税目标。

【案例 9-15】 R 集团下设两个全资子公司 R1 和 R2，R1 适用的企业所得税税率为 25%，R2 适用的企业所得税税率为 15%（R 集团的组织架构见图 9-10），R 集团计划转让 R1 控制下的 H 子公司股权。

要求： 请从税负的角度做出股权转让方案。

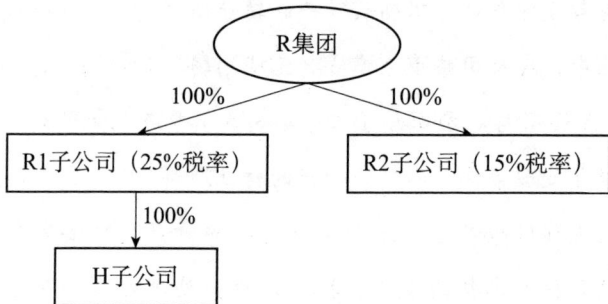

图 9-10 R 集团的组织架构图

解析： 被收购方在资产收购交易中，出于税收筹划的考虑，可采用"先资产划转、再资产转让"的收购模式，即先向同一控制下的税收优惠地子公司进行资产划转，再向收购方转让资产，以实现税务筹划的目的。也就是说，R1 先将 H 子公司的股权划转至 R2，再由 R2 出售该股权，以实现转让所得适用 15% 的企业所得税优惠税率。

需要注意的是，在该方案下，R1 将 H 子公司的股权转让至 R2 必须具有合理的商业目的，同时 R2 出售股权必须在 12 个月后进行。

【案例 9-16】 A 集团拥有全资子公司 A1 和 A2。A1 公司净资产的账面价值为 1 000 万元，公允价值为 3 000 万元，A2 公司有巨额亏损 1 500 万元。A 公司计划将 A1 公司出售。

要求： 请从税负的角度做出股权转让方案。

解析： 根据股权划转的特殊性税务处理条件，股权转让筹划方案设计如下：

第一步：A集团进行内部股权整合，把转让标的A1公司的股权无偿划转给亏损公司A2，由A2公司全资控股A1公司。由于A1公司和A2公司同属于A集团控制，所以A1公司和A2公司之间的股权划转不用确认损益，不用缴纳企业所得税。

第二步：在12个月后，A2公司再将A1公司出售，实现的股权转让所得可以抵减A2公司的亏损，从而实现节税效应。

需要注意的是，将A1公司划转给A2公司必须具有合理的商业目的，且不以减少、免除或者推迟缴纳税款为主要目的，在股权或资产划转后连续12个月内不改变被划转股权或资产原来的实质性经营活动，且划出方企业和划入方企业均未在会计上确认损益。

【案例9-17】 A集团拥有两家全资子公司A1和A2。A1公司盈利，A2公司亏损5亿元，A集团累计亏损约35亿元。A集团收购非关联企业R公司，并在4年后将R公司转让给非关联企业W公司。其股权收购步骤如下：

(1) 2008年2月，A1公司以5.8亿元收购非关联企业R公司49%的股权，2009年5月平价转让给A2公司。

(2) 2010年5月，A2公司以13.5亿元收购R公司51%的股权，A2公司100%控股R公司。

(3) 2011年10月，A2公司以5.1亿元将其持有的R公司10%的股权转让给非关联企业W公司，其余90%的股权以15.44亿元转让给A集团，实现股权转让所得1.24亿元（=5.1+15.44-5.8-13.5）。因A2公司有亏损5亿元，所以在用股权转让所得弥补亏损后不用缴纳企业所得税。

(4) 2012年12月，A集团以50亿元的价格将其持有的R公司90%的股权转让给W公司，实现股权转让所得34.56亿元（=50-15.44），因A集团有35亿元的亏损，所以在用股权转让所得弥补亏损后不用缴纳企业所得税。

A 集团股权重组的示意图见图 9-11。

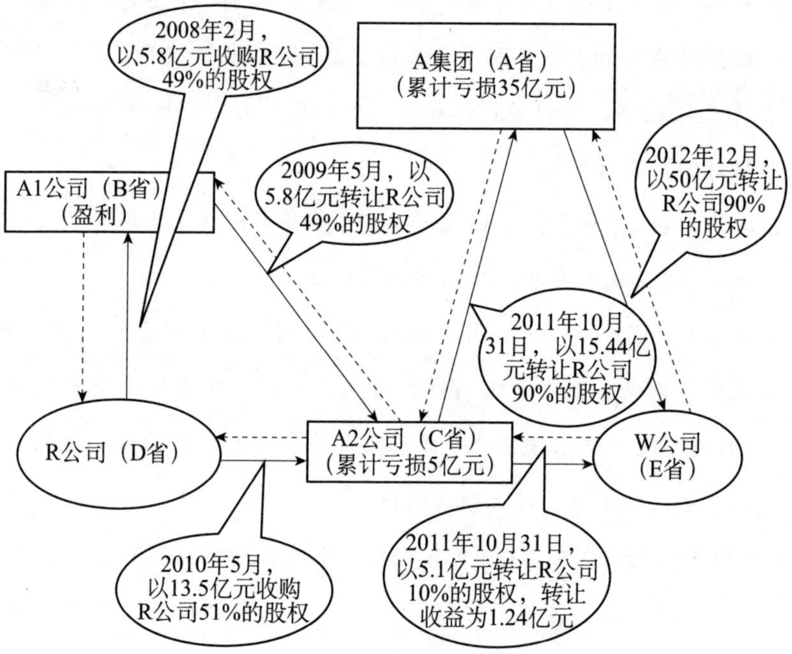

图 9-11　A 集团股权重组的示意图

要求：请对以上税务处理进行分析并设计税收筹划方案。

解析：（1）A1 公司与 A2 公司之间的股权转让采用平价转让，不符合独立交易原则。应按独立企业的价格进行调整。

$$转让价格 = \frac{13.5}{51\%} \times 49\% = 12.97（亿元）$$

调整 A1 公司的股权转让所得 $= 12.97 - 5.8 = 7.17$（亿元）

应补缴企业所得税 $= 7.17 \times 25\% = 1.79$（亿元）

A2 公司的这部分股权的计税基础为 12.97 亿元。

（2）A2 公司与 A 集团之间的股权转让价格，不符合独立交易原则。应按独立企业的价格进行调整。

$$转让价格 = \frac{5.1}{10\%} \times 90\% = 45.9（亿元）$$

调整 A2 公司的
股权转让所得 $=45.9+5.1-12.97-13.5=24.53$（亿元）

应补缴企业所得税$=(24.53-5)\times25\%=4.88$（亿元）

A 集团的这部分股权的计税基础为 45.9 亿元。

（3）免税筹划方案设计——集团内部的股权转让改为股权划转形式。

第一步：A1 公司将持有的 R 公司股权无偿划转给 A2 公司。根据财税〔2014〕109 号文，对 100%直接控股的居民企业之间，以及受同一或相同多家居民企业 100%直接控股的居民企业之间按账面净值划转股权或资产，凡具有合理的商业目的，且不以减少、免除或者推迟缴纳税款为主要目的，在股权或资产划转后连续 12 个月内不改变被划转股权或资产原来的实质性经营活动，并且划出方企业和划入方企业均未在会计上确认损益的，可以选择按以下规定进行特殊性税务处理：

1）划出方企业和划入方企业均不确认所得。

2）划入方企业取得被划转股权或资产的计税基础，以被划转股权或资产的原账面净值确定。

3）划入方企业取得的被划转资产，应按其原账面净值计算折旧扣除。

A1 公司不确认股权转让所得，不用计算缴纳企业所得税。

A2 公司取得的这批股权的计税基础为 5.8 亿元。

第二步：A2 公司将 R 公司 90%的股权无偿划转给 A 集团，该部分股权划转不用确认股权转让所得。

A2 公司转让给 W 公司的股权转让所得$=5.1-(13.5+5.8)\times10\%$
$$=3.17（亿元）$$

A 集团在弥补亏损后不用计算缴纳企业所得税。

A 集团取得的这部分股权的计税基础$=(13.5+5.8)\times90\%$
$$=17.37（亿元）$$

第三步：A 集团转让股权给 W 公司。

225

股权转让所得＝50－17.37＝32.63（亿元）

A集团在弥补亏损后不用计算缴纳企业所得税。

（说明：或者是A1公司直接将其持有的R公司49％的股权划转给A集团，A2公司将其持有的R公司41％的股权无偿划转给A集团。）

风险提示：公司之间的股权无偿划转要有合理的商业目的，且不以减少、免除或者推迟缴纳税款为主要目的。

【案例9－18】[①]　2009年12月，长江公司投资0.3亿元购买境内A公司（有限责任公司）的股权，持有A公司（股份有限公司）的股份约为944万股，持股比例为5％。截至2016年12月31日，A公司的股价约为20元/股，市值约为2亿元。长江公司将该金融资产分类为"以公允价值变动计量的可供出售金融资产"进行核算，将相关公允价值变动计入其他综合收益，并确认递延所得税负债。

长江公司计划先以现金出资5亿元新设成立全资子公司（C公司），然后考虑将持有的A公司股权对C公司进行增资（即非货币性资产增资方案）。

要求： 请对上述增资方案进行涉税处理分析，并从税负角度设计增资筹划方案。

解析： （1）非货币性资产增资方案的涉税处理分析。

1）所得税。企业以非货币性资产对外投资确认的非货币性资产转让所得，可在不超过五年的期限内，分期均匀计入相应年度的应纳税所得额，按规定计算缴纳企业所得税。企业以非货币性资产对外投资，应对非货币性资产进行评估，并按评估的公允价值在扣除计税基础后，计算确认非货币性资产转让所得。企业以非货币性资产对外投资，应于投资协议生效并

---

① 本案例根据以下参考资料改编：谢臣．非货币资产增资方案与股权划转方案的财税处理分析．中国注册会计师，2017（8）：108-110。

办理股权登记手续时，确认非货币性资产转让收入的实现。

长江公司将持有的 A 公司股权对 C 公司进行增资，需要确认的非货币性资产转让所得约为 1.7 亿元（＝2－0.3），应缴纳的企业所得税为 0.425 亿元（＝1.7×25％，假设适用的企业所得税税率为 25％），可以分五年分期缴纳。

长江公司可以选择递延五年的所得税纳税处理；C 公司取得的 A 公司股权的计税基础，应按非货币性资产的公允价值确定。

2）增值税及附加。买卖非上市公司（包含非上市公众公司，即"新三板"）的股权，不属于增值税征税范围。非上市公司的股权不属于金融产品。

3）印花税。产权转移书据按所载金额的 0.5‰贴花。

记载资金的账簿，按实收资本和资本公积合计金额的 0.5‰贴花。

（2）筹划方案设计。长江公司持有 C 公司 100％的股权，长江公司向 C 公司按照账面净值划转 A 公司股权；与此同时，长江公司获得了 C 公司股权作为支付对价或无偿划转。

该交易具有合理的商业目的，且不以减少、免除或者推迟缴纳税款为主要目的，在股权、股票划转后连续 12 个月内不改变被划转股权或股票原来的实质性经营活动，并且长江公司和 C 公司均未在会计上确认损益，可以适用特殊性税务处理，暂不确认股权转让所得或损失，实现递延纳税。

交易双方（即长江公司、C 公司）应在股权、股票划转完成后的下一年度企业所得税年度申报时，各自向主管税务机关提交书面情况说明，以证明被划转股权或资产自划转完成日后连续 12 个月内，没有改变原来的实质性经营活动。

交易一方（即长江公司或者 C 公司）在股权或资产划转完成日后连续 12 个月内发生生产经营业务、公司性质、资产或股权结构等的变化，致使股权或资产划转不再符合特殊性税务处理条件，发生变化的交易一方应在情况发生变化的 30 日内报告其主管税务机关，同时书面通知另一方；另一方应在接到通知后 30 日内，将有关变化报告其主管税务机关。

根据财税〔2016〕36 号文的规定，非上市公众公司的股权不属于金融产品，转让非上市公众公司的股权不属于金融产品转让，因而转让非上市公众公司的股权不需要缴纳增值税。

1）长江公司、C 公司在会计处理上均不确认收益。

长江公司：

借：长期股权投资——C 公司　　　　　　　　　　　30 000 000
　　贷：可供出售金融资产——成本——A 公司　　　　　30 000 000

C 公司：

借：可供出售金融资产——成本——A 公司　　　30 000 000
　　贷：实收资本等①　　　　　　　　　　　　　　　30 000 000

2）所得税。长江公司、C 公司均可选择进行特殊性税务处理，暂不确认股权转让所得。

3）增值税及附加。买卖非上市公司（包含非上市公众公司，即"新三板"）的股权，不属于增值税征税范围。非上市公司的股权不属于金融产品。

4）印花税。

产权转移书据按所载金额的 0.5‰贴花。

记载资金的账簿按实收资本和资本公积合计金额的 0.5‰贴花。

▨▨▨▩ 案例讨论

1. 2020 年 8 月 10 日，天津广宇发展股份有限公司（证券代码：000537，证券简称：广宇发展）发布了《关于控股股东国有股权无偿划转的提示性公告》，广宇发展于 2020 年 8 月 10 日收到控股股东鲁能集团《关于公司股权

---

①　在无偿划转的情况下，应计入"资本公积"科目。

无偿划转的通知》及其转来的国家电网《关于子公司股权无偿划转的通知》。经国资监管部门研究批准，将国家电网持有的鲁能集团100%的国有股权无偿划转至中国绿发投资集团有限公司（以下简称"中国绿发"）。

在本次国有股权无偿划转前，鲁能集团持有公司股份1 417 909 637股（约占公司总股本的76.13%），系公司控股股东；广宇发展的实际控制人为国务院国有资产监督管理委员会，中国绿发未持有公司股份。

在本次国有股权无偿划转后，广宇发展将成为中国绿发下属的上市公司，鲁能集团仍为广宇发展的控股股东，国务院国资委仍为广宇发展的实际控制人。

本次划转的划出方为国家电网有限公司，划入方为中国绿发投资集团有限公司，划转标的为鲁能集团100%的国有股权。公司股权关系结构图变化情况如下：

（1）划转前的股权结构见下图。

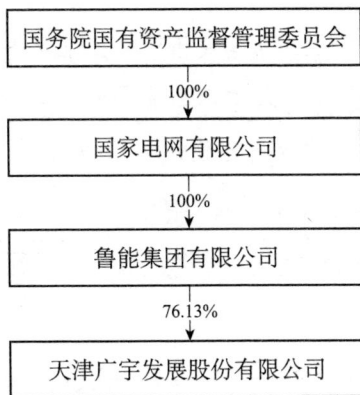

（2）划转后的股权结构见下图。

试讨论：

（1）该股权划转交易是否适用特殊性税务处理？为什么？

（2）该股权划转交易是否有减轻税负的税收筹划方案？

国务院国有资产监督管理委员会

—100%— 100% —100%—

中国诚通控股集团有限公司　　国家电网有限公司　　中国国新控股有限责任公司

—40%— 30% —30%—

中国绿发投资集团有限公司

100%

鲁能集团有限公司

76.13%

天津广宇发展股份有限公司

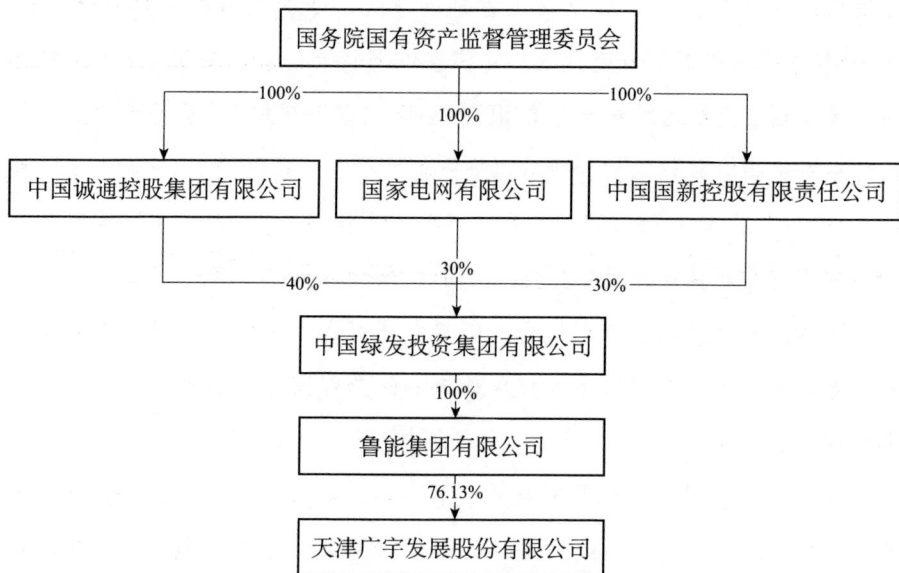

2. 为了进一步整合内部资源，更好地推进募投项目（铝合金新材建设项目）建设，提高整体运营效率，广东豪美新材股份有限公司（以下简称"豪美新材"）于 2020 年 7 月 28 日召开了第三届董事会第六次会议、第三届监事会第六次会议，通过了《关于向全资子公司划转资产的议案》，同意将豪美新材位于莲湖产业园的国有建设用地［粤（2018）清远市不动产权第 0070253 号］及其附属建筑物以 2020 年 6 月 30 日为基准日的账面净值向全资子公司广东精美特种型材有限公司（以下简称"精美特材"）实施划转。

拟划转资产的具体明细见下表。

名称	账面原值（元）	累计折旧（元）	账面净值（元）
土地使用权	40 427 500.00	2 021 375.00	38 406 125.00
附属建筑物	1 185 735.83	93 872.04	1 091 863.79
合计	41 613 235.83	2 115 247.04	39 497 988.79

本次资产划转不涉及人员变更及安置。

本次交易系豪美新材与全资子公司精美特材之间按照账面净值划转资

产，精美特材在取得划转资产后不支付对价，而是增加资本公积。

本次资产划转不涉及债权与债务转移，所涉划转地块及附属建筑物的不动产登记权证将在不动产登记部门办理产权转移手续，相关权利、义务将转移至精美特材。

试讨论：该资产划转是否适用特殊性税务处理？

3. 为了适应深圳市物业发展（集团）股份有限公司（以下简称"深物业"）的发展需要，理顺业务关系，提升运营及管理水平，实现公司战略目标，拟对公司物业管理和资产运营等板块进行股权内部划转，相关情况说明如下：

（1）将深物业的全资子公司——深圳市投控物业管理有限公司（以下简称"投控物业"，拟更名为"深圳市国贸科技园服务有限公司"，最终以工商部门的核定为准）持有的深圳市泰新利物业管理有限公司（以下简称"泰新利"，拟更名为"深圳市深物业城市更新有限公司"，最终以工商部门的核定为准）100％的股权划转至深物业直接持有。

（2）将投控物业持有的深圳市鹏宏源实业发展有限公司（以下简称"鹏宏源"）100％的股权、深圳市金海联物业管理有限公司（以下简称"金海联"）100％的股权、深圳市体育服务有限公司（以下简称"体育服务"）100％的股权、深圳市聚联人力资源开发有限公司（以下简称"聚联公司"）100％的股权、深圳市教育实业有限公司（以下简称"教育实业"）100％的股权、深圳市教师之家培训有限公司（以下简称"教师之家"）100％的股权、深圳市康平实业有限公司（以下简称"康平实业"）90％的股权、深圳市育发实业有限公司（以下简称"育发实业"）80.95％的股权（共8家）划转至深物业的全资子公司——深圳市深物业房屋资产运营管理有限公司（以下简称"房屋资产运营公司"，拟更名为"深圳市深物业商业运营有限公司"，最终以工商部门的核定为准）持有。

（3）将投控物业持有的深圳市深绿园林技术实业有限公司（以下简称

"深绿园林",拟更名为"深圳市国贸深绿园林有限公司",最终以工商部门的核定为准)90％的股权、深圳市和霖华建设管理有限公司(以下简称"和霖华")90％的股权划转至深物业的全资子公司——深圳市国贸物业管理有限公司(以下简称"国贸物业")持有。

(4)将深物业直接持有的深圳市国贸餐饮有限公司(以下简称"国贸餐饮")100％的股权、深圳市天安国际大厦物业管理有限公司(以下简称"天安物业")50％的股权划转至国贸物业持有。

(5)将深物业直接持有的深圳物业吉发仓储有限公司(以下简称"吉发仓储")25％的股权划转至房屋资产运营公司持有。

(6)将投控物业持有的深圳市社会福利有限公司(以下简称"福利公司")100％的股权划转至泰新利持有。

(7)为满足企业所得税有关特殊性税务处理的规定,投控物业在完成上述相关股权划转12个月后[以下简称"投控物业(新)"],深物业拟将投控物业(新)100％的股权划转至国贸物业持有,预计在2021年下半年完成,具体视划转办理进度而定。

上述股权内部划转方案见下表。

序号	标的股权	转出方	转入方	股权比例
1	泰新利		深物业	100％
2	鹏宏源			100％
3	金海联			100％
4	体育服务			100％
5	聚联公司	投控物业	房屋资产运营公司	100％
6	教育实业			100％
7	教师之家			100％
8	康平实业			90％
9	育发实业			80.95％
10	深绿园林		国贸物业	90％
11	和霖华			90％
12	福利公司		泰新利	100％

续表

序号	标的股权	转出方	转入方	股权比例
13	国贸餐饮	深物业	国贸物业	100%
14	天安物业			50%
15	吉发仓储		房屋资产运营公司	25%（直接持有）
16	投控物业（新）	深物业	国贸物业	100%

（8）内部划转前相关的股权架构见下图。

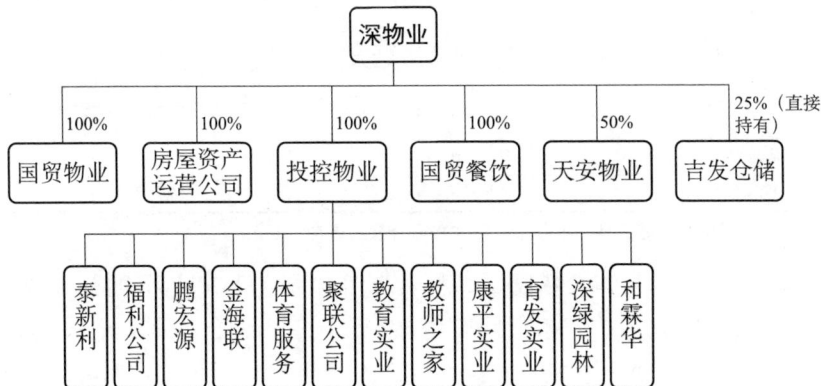

（9）内部划转后相关的股权架构见下图。

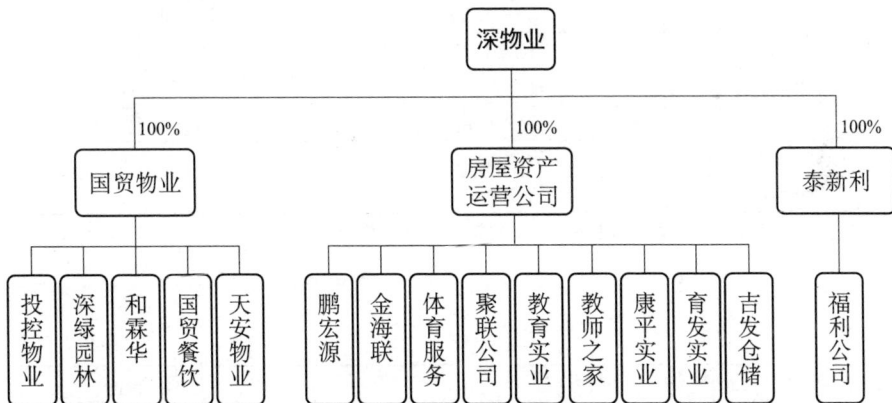

试讨论：本次股权划转是否符合特殊性税务处理。

4. 浙江海翔药业股份有限公司（以下简称"海翔药业"）于 2020 年 7 月 6 日召开第六届董事会第六次会议，并审议通过了《关于对控股子公司进行资产及股权调整的议案》：为了更好地提升经营管理效率，优化业务构架与管理层级，促进持续、健康、稳定发展，海翔药业拟对台州市前进化工有限公司（以下简称"台州前进"）、台州市振港染料化工有限公司（以下简称"振港染料"）进行资产及股权调整。

台州前进（公司持股100％）最近两年的主要财务数据见下表。

单位：万元

项目	2019 年 12 月 31 日	2018 年 12 月 31 日
总资产	154 052.71	177 289.56
负债总额	28 597.84	93 871.47
净资产	125 454.87	83 418.09
项目	2019 年度	2018 年度
营业收入	120 240.69	108 679.46
净利润	41 859.90	37 783.46

注：以上数据经天健会计师事务所（特殊普通合伙）审计。

振港染料（海翔药业持股9.27％，台州前进持股90.73％）最近两年的主要财务数据见下表。

单位：万元

项目	2019 年 12 月 31 日	2018 年 12 月 31 日
总资产	93 357.59	75 339.01
负债总额	31 570.49	22 567.66
净资产	61 787.10	52 771.34
项目	2019 年度	2018 年度
营业收入	78 359.49	72 114.91
净利润	8 929.61	5 715.00

注：以上数据经天健会计师事务所（特殊普通合伙）审计。

截至2020年5月31日，振港新厂区的资产情况见下表。

单位：万元

项目	原值	折旧/摊销	净值
土地	8 302.34	770.41	7 531.93
建筑物	7 143.86	2 128.79	5 015.07
设备	12 179.45	538.99	11 640.46
在建工程	10 706.69		10 706.69
小计	38 332.34	3 438.18	34 894.16

海翔药业拟将振港染料的医药相关资产及负债（即振港新厂区）划转至下属全资子公司 A 公司；振港染料的剩余资产及负债划转至台州前进。

根据"人随业务和资产走"的原则，振港染料与染料业务相关的员工由台州前进接收，振港染料与医药业务相关的员工由 A 公司接收。

对于振港染料已签订的与业务相关的协议、合同、承诺等，将根据实际业务调整情况办理主体变更手续，合同权利、义务及承诺等将随资产分别转移至台州前进和 A 公司。

控股子公司资产及股权调整方案实施前后的变化见下图。

调整前：

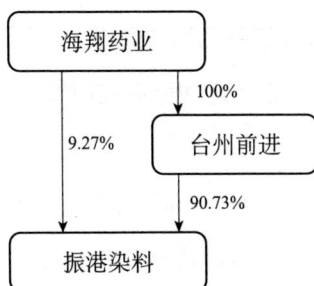

调整后：

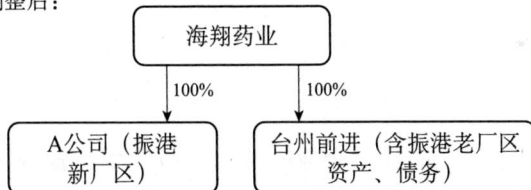

试讨论：本次资产及股权调整是否适用特殊性税务处理？

跨境重组

10.1　跨境重组的概念

财税〔2009〕59号文所称的跨境重组，是指企业在日常经营活动以外发生的居民企业与非居民企业之间的股权收购、资产收购以及投资等。

1. 跨境重组模式

根据被转让标的企业的不同性质，跨境重组的模式主要有以下两种：

（1）境内转让境外。这种模式是指居民企业转让非居民企业股权、将资产转让给非居民企业（居民企业）或以股权、资产投资非居民企业（居民企业）。

（2）境外转让境内。这种模式是指非居民企业转让居民企业股权、将资产转让给居民企业（非居民企业）或以股权、资产投资居民企业（非居民企业）。

2. 跨境重组的方式

跨境重组中涉及的企业股权或资产转让，主要分为两种方式：一种是直接转让，另一种是间接转让。

（1）直接转让。直接转让是指非居民企业直接出售其拥有的中国应税财产，包括其持有的中国境内居民企业的股权或不动产等资产；或者居民企业直接出售其拥有的境外财产，包括其持有的非居民企业的股权或不动产等资产。

（2）间接转让。间接转让是指通过转让中间层股权达到转让底层财产的目的，主要用于判定非居民企业的间接转让是否构成了转让中国应税财产的目的。

非居民企业通过转让直接或间接持有中国应税财产的境外企业（不含境外注册中国居民企业，以下简称"境外企业"）股权及其他类似权益（以下简称"股权"），产生与直接转让中国应税财产相同或相近实质结果的交易，包括非居民企业重组引起境外企业股东发生变化的情形。

10.2　跨境重组的税务处理

在跨境重组中涉及的居民企业股权或资产转让，不论采取何种方式，均需缴纳企业所得税。在跨境重组中涉及的非居民企业股权或资产转让，如果直接转让和间接转让的征税规定存在差异，需要区分情况加以判定。

10.2.1　一般性税务处理

1. 直接转让

根据《企业所得税法》的规定，居民企业转让股权或资产所得应按规定缴纳企业所得税（企业所得税的税率为25%）。非居民企业在直接持有中国应税财产时，只要相关转让所得认定为来源于中国境内的所得，就需要在中国缴纳企业所得税（企业所得税的税率为10%）。也就是说，无论转让方是居民企业还是非居民企业，只要直接转让的资产是中国应税财产，则需要缴纳中国的企业所得税。

中国应税财产是指非居民企业直接持有且转让取得的所得按照中国税法的规定，应在中国缴纳企业所得税的中国境内机构、场所财产，中国境内不动产，在中国居民企业的权益性投资资产等。

【案例 10-1】 非居民企业 A 将其持有的位于境内的居民企业 A1 的全部股权转让给另一家非居民企业 B，取得转让收入 1 000 万元。假设该股权的原始成本为 800 万元。直接股权转让示意图见图 10-1。

要求： 请做出相应的涉税处理。

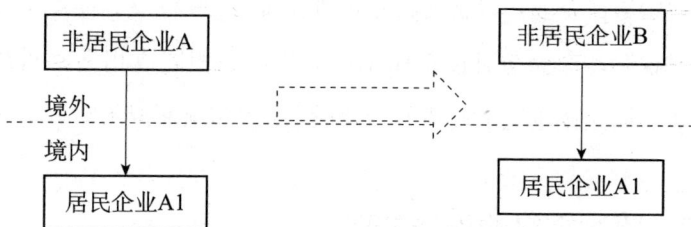

图 10-1　直接股权转让示意图

解析： 非居民企业 A 取得的居民企业 A1 的股权转让所得，属于来源于中国境内的所得，应按 10% 的税率缴纳企业所得税。

应纳企业所得税＝(1 000－800)×10%＝20（万元）

2. 间接转让

间接转让中国应税财产，是指非居民企业通过转让直接或间接持有中国应税财产的境外企业（不含境外注册中国居民企业，以下简称"境外企业"）股权及其他类似权益（以下简称"股权"），产生与直接转让中国应税财产相同或相近实质结果的交易，包括非居民企业重组引起境外企业股东发生变化的情形。间接转让中国应税财产的非居民企业称为股权转让方。

（1）征税规定。根据《国家税务总局关于非居民企业间接转让财产企业所得税若干问题的公告》（国家税务总局公告 2015 年第 7 号），非居民企业通过实施不具有合理商业目的的安排，间接转让中国居民企业股权等财产，规避企业所得税纳税义务的，应按照《企业所得税法》的规定，重新定性该间接转让交易，确认为直接转让中国居民企业股权等财产。

对归属于中国境内不动产的数额（以下简称"间接转让不动产所得"），应作为来源于中国境内的不动产转让所得，按照《企业所得税法》的规定征税。

对归属于在中国居民企业的权益性投资资产的数额（以下简称"间接转让股权所得"），应作为来源于中国境内的权益性投资资产转让所得，按照《企业所得税法》的规定征税。

如果一项间接转让中国应税财产的交易因不具有合理商业目的而被调整定性为直接转让中国应税财产的交易，需要就间接转让的中国应税财产所得征收企业所得税。然而，如果被转让境外企业股权的价值来源包括中国应税财产因素和非中国应税财产因素，则需按照合理方法将转让境外企业股权所得划分为归属于中国应税财产所得和归属于非中国应税财产所得，只需就中国应税财产所得调整征税。例如，一家设立在开曼的境外企业（不属于境外注册中国居民企业）持有中国应税财产和非中国应税财产两项资产，非居民企业转让开曼企业股权的所得为100，假设其中的中国应税财产所得为80、非中国应税财产所得为20；在这种情况下，只就归属于中国应税财产的80部分按规定征税。假设其中的中国应税财产所得为120、非中国应税财产所得为－20，那么即便转让开曼企业股权的所得为100，仍需就中国应税财产所得（即120）按规定征税。

根据《国家税务总局关于非居民企业所得税源泉扣缴有关问题的公告》（国家税务总局公告2017年第37号），转让财产所得包含转让股权等权益性投资资产（以下简称"股权"）所得。股权转让收入减除股权净值后的余额为股权转让所得的应纳税所得额。

股权转让收入是指股权转让人转让股权所收取的对价，包括货币形式和非货币形式的各种收入。

股权净值是指取得该股权的计税基础。股权的计税基础是股权转让人投资入股时向中国居民企业实际支付的出资成本，或购买该项股权时向该股权的原转让人实际支付的股权受让成本。股权在持有期间发生减值或者增值，按照国务院财政、税务主管部门规定可以确认损益的，股权净值应进行相应调整。企业在计算股权转让所得时，不得扣除被投资企业未分配利润等股东留存收益中按该项股权可能分配的金额。

多次投资或收购的同项股权被部分转让的，从该项股权全部成本中按照转让比例计算确定被转让股权对应的成本。

非居民企业采取分期收款方式取得应源泉扣缴所得税的同一项转让财产所得的，其分期收取的款项可先视为收回以前投资财产的成本，待成本全部收回后，再计算并扣缴应扣税款。

（2）合理商业目的的判定。在判断合理商业目的时，应整体考虑与间接转让中国应税财产交易相关的所有安排，并结合实际情况综合分析以下相关因素：

1）境外企业股权的主要价值是否直接或间接来自中国应税财产。

2）境外企业的资产是否主要由直接或间接在中国境内的投资构成，或其取得的收入是否主要直接或间接来自中国境内。

3）境外企业及直接或间接持有中国应税财产的下属企业实际履行的功能和承担的风险是否能够证实企业架构具有经济实质。

4）境外企业的股东、业务模式及相关组织架构的存续时间。

5）间接转让中国应税财产交易在境外应缴纳所得税的情况。

6）股权转让方间接投资、间接转让中国应税财产交易与直接投资、直接转让中国应税财产交易的可替代性。

7）间接转让中国应税财产所得在中国可适用的税收协定或安排情况。

8）其他相关因素。

与间接转让中国应税财产相关的整体安排同时符合以下情形的，无须进行分析和判断，应直接认定为不具有合理商业目的：

1）境外企业股权 75％以上的价值直接或间接来自中国应税财产。

2）间接转让中国应税财产交易发生前一年内任一时点，境外企业资产总额（不含现金）的 90％以上直接或间接由在中国境内的投资构成，或间接转让中国应税财产交易发生前一年内，境外企业取得收入的 90％以上直接或间接来自中国境内。

3）境外企业及直接或间接持有中国应税财产的下属企业虽在所在国家（地区）登记注册，以满足法律所要求的组织形式，但实际履行的功能及承担的风险有限，不足以证实其具有经济实质。

4）间接转让中国应税财产交易在境外应缴纳的所得税税负低于直接转让中国应税财产交易在中国的可能税负。

【**案例 10-2**】 非居民企业 C 将其持有的位于境外的非居民企业 C1 的全部股权转让给另一家非居民企业 D，取得转让收入 1 000 万元。C1 为投资性企业，其收入的 100％来自境内居民企业 C2。假设该股权的原始成本为 800 万元。非居民企业 C 的间接股权转让示意图见图 10-2。

要求：请做出相应的涉税处理。

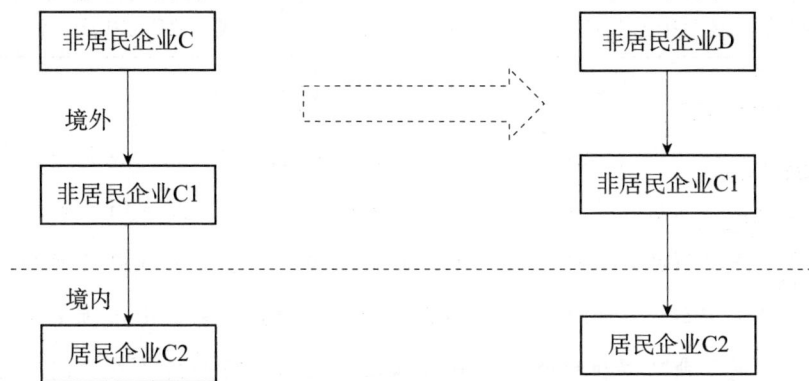

图 10-2 非居民企业 C 的间接股权转让示意图

解析：非居民企业 C 取得的非居民企业 C1 的股权转让所得，属于间接转让中国应税财产。由于非居民企业 C1 的收入全部来自境内居民企业，因而该交易可直接判定为不具有合理的商业目的，应确认为直接转让中国居民企业的股权，并按 10％的税率缴纳企业所得税。

应纳企业所得税＝(1 000－800)×10％＝20（万元）

【案例 10 - 3】 A 公司为在英属维尔京群岛（BVI）注册成立的非居民企业，在中国香港设有投资子公司 B，子公司 B 全资持有境内居民企业 C。A 公司将子公司 B 的股权转让给另一家位于日本的非居民企业 D。C 公司的间接股权转让示意图见图 10 - 3。

要求：请分析该笔股权转让所得是否需要在中国缴纳企业所得税。

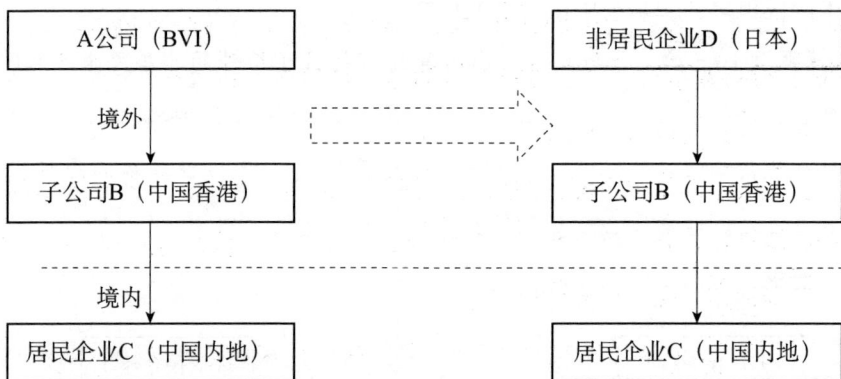

图 10 - 3　C 公司的间接股权转让示意图

解析：由于 BVI 地区属于国际避税地，对于股权转让所得免税，虽然转让的标的企业位于中国香港，但按中国香港的规定不需要缴纳预提所得税。A 公司取得的转让子公司 B 的股权所得虽然不属于直接转让所得，但转让子公司 B 的行为构成了间接转让中国应税财产交易。由于该交易在境外应缴纳的企业所得税税负低于直接转让中国应税财产交易在中国的可能税负，可以直接判定为不具有合理的商业目的，应确认为直接转让中国居民企业的股权，需要按 10％的税率缴纳企业所得税。

10.2.2　特殊性税务处理

1. 直接转让

（1）特殊性税务处理的条件：

1）具有合理的商业目的，且不以减少、免除或者推迟缴纳税款为主要目的。

2）被收购、合并或分立部分的资产或者股权比例不低于被收购企业全部股权或不低于转让企业全部资产的50％。

3）企业重组后的连续12个月内不改变重组资产原来的实质性经营活动。

4）重组交易对价中涉及的股权支付金额不低于交易支付总额的85％。

5）在企业重组中取得股权支付的原主要股东，在重组后连续12个月内，不得转让所取得的股权。

企业发生涉及中国境内与境外之间（包括港、澳、台地区）的股权和资产收购交易，除应符合特殊性税务处理条件外，还应同时符合下列条件，才可选择适用特殊性税务处理规定：

1）非居民企业向其100％直接控股的另一非居民企业转让其拥有的居民企业股权，未造成以后该项股权转让所得的预提税负担变化，且转让方非居民企业向主管税务机关书面承诺在3年（含3年）内不转让其拥有的受让方非居民企业的股权。

2）非居民企业向100％直接控股的居民企业转让其拥有的另一居民企业股权。

3）居民企业以其拥有的资产或股权向100％直接控股的非居民企业进行投资。

4）财政部、国家税务总局核准的其他情形。

（2）特殊性税务处理的计税规定。

1）被收购企业的股东取得收购企业股权的计税基础，以被收购股权的原有计税基础确定。

2）收购企业取得被收购企业股权的计税基础，以被收购股权的原有计税基础确定。

3）收购企业、被收购企业原有的各项资产和负债的计税基础以及其他相关所得税事项保持不变。

4）股权支付暂不确认有关资产的转让所得或损失的，其非股权支付仍应在交易当期确认相应的资产转让所得或损失，并调整相应资产的计税基础。

$$\begin{array}{l}\text{非股权支付对应的}\\\text{资产转让所得或损失}\end{array} = \left(\begin{array}{l}\text{被转让资产的}\\\text{公允价值}\end{array} - \begin{array}{l}\text{被转让资产的}\\\text{计税基础}\end{array}\right) \times \dfrac{\begin{array}{c}\text{非股权}\\\text{支付金额}\end{array}}{\begin{array}{c}\text{被转让资产的}\\\text{公允价值}\end{array}}$$

5）居民企业以其拥有的资产或股权向 100% 直接控股的非居民企业进行投资，如果其资产或股权的转让收益选择特殊性税务处理，可以在 10 个纳税年度内均匀计入各年度的应纳税所得额。

【案例 10-4】 非居民企业 A 将其拥有的居民企业 A2 的全部股权转让给 100% 直接控股的另一非居民企业 A1。假定非居民企业 A 取得股权转让收入 500 万元，该股权的原始成本为 100 万元，符合特殊性税务处理条件。非居民企业 A 的股权转让示意图见图 10-4。

要求：请做出相应的涉税处理。

解析：该股权转让行为属于非居民企业向 100% 直接控股的另一非居民企业转让其拥有的居民企业股权，符合特殊性税务处理条件，可以选择特殊性税务处理。

非居民企业 A 暂不确认股权转让所得 400 万元（＝500－100）。

非居民企业 A1 取得的居民企业 A2 的股权计税基础为 100 万元。

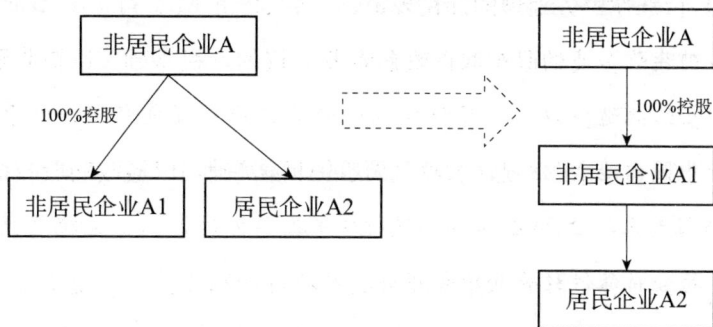

图 10-4 非居民企业 A 的股权转让示意图

【案例 10-5】 美国 A 公司以 1 200 万美元（按投资当日的汇率，折合人民币 8 000 万元）投资中国内地的外商投资企业 M 公司，并取得 75% 的股权。为了完成全球投资架构布局，五年后 A 公司决定在中国香港成立亚太总部，管理在亚太地区的所有控股企业。因此，A 公司在中国香港成立了全资子公司 B，并将所持的 M 公司 75% 的股权转让给子公司 B，子公司 B 发行股份作为支付对价。在转让当日，该股权的公允价值为 1.2 亿元人民币（假设当日的汇率为 1∶6）。在资产重组后，美国 A 公司持有中国香港子公司 B 100% 的股份，中国香港子公司 B 持有 M 公司 75% 的股权。根据法律规定，A 公司本次认购的股票自发行结束之日起 36 个月内不得上市交易或转让。至此，A 公司完成了资产重组布局。

要求： 请对以上重组做出相应的税务处理分析。如果子公司 B 位于韩国，是否符合特殊性税务处理条件？

解析：

该重组的涉税处理分析如下：

（1）重组未造成股权比例的变化。非居民企业 A 公司（转让方）向 100% 直接控股的另一非居民企业 B 公司（受让方）转让其拥有的居民企业 M 公司的股权。虽然美国 A 公司在股权转让后不再直接持有中国内地 M 公司的股权，但通过它全资持有的 B 公司，间接持有 M 公司 75％股权的比例未发生任何变化，我国税收利益不会流失。

（2）重组未造成以后该股权转让所得的预提税税负变化。由于美国 A 公司转让中国内地 M 公司股权的预提所得税税率为 10％，在重组后，中国香港 B 公司未来转让 M 公司的预提所得税税率仍为 10％，也就是税负未发生变化，符合特殊性税务处理条件。

（3）转让方非居民企业 A 公司向主管税务机关书面承诺在 3 年（含 3 年）内不转让其拥有的受让方非居民企业股权。

对于境内重组，财税〔2009〕59 号文规定，取得股权支付的原主要股东在 12 个月内不得转让其取得的股权支付，但在跨境重组中，无论是取得股权支付的原主要股东还是次要股东，均不得在 3 年内转让其持有的受让方非居民企业的股权。

综上所述，该股权收购具有合理的商业目的且符合跨境重组的其他条件。因此，被收购方 M 公司的股东 A 公司暂不确认股权转让所得；收购方中国香港 B 公司取得股权的计税基础应以被收购股权的原有计税基础确定，即 0.8 亿元人民币；被收购方 M 公司的相关所得税事项保持不变。

如果美国 A 公司将 M 公司的股权转让给其全资持有的韩国 B 公司，韩国 B 公司以自己的全部股权作为支付对价，将不符合特殊性税务处理条件。因为根据《中华人民共和国政府和大韩民国政府关于对所得避免双重征税和防止偷漏税的协定》，在重组后，当韩国 B 公司未来转让 M 公司股权时，中国政府不征收预提所得税，也就是在重组前后，预提所得税由 10％变为 0，因此，这样的重组不符合特殊性税务重组条件。

【案例 10-6】 非居民企业 B 将其拥有的居民企业 B2 的全部股权转让给 100％直接控股的另一居民企业 B1。假定取得股权转让收入 500 万元，该股权的原始成本为 100 万元，符合特殊性税务处理条件。非居民企业 B 的股权转让示意图见图 10-5。

要求：请做出相应的涉税处理。

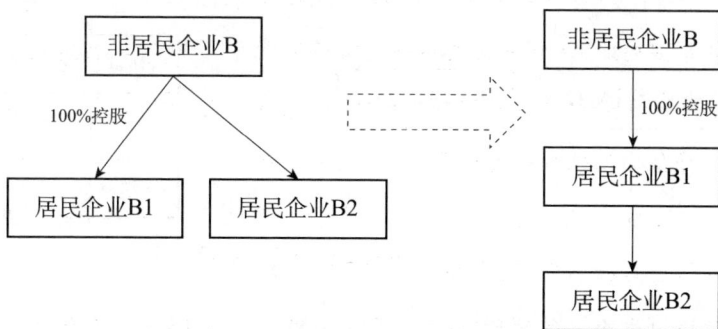

图 10-5　非居民企业 B 的股权转让示意图

解析：该股权转让行为属于非居民企业向 100% 直接控股的另一居民企业转让其拥有的居民企业股权，符合特殊性税务处理条件，可以选择特殊性税务处理。

非居民企业 B 暂不确认股权转让所得 400 万元（＝500－100）。

居民企业 B1 取得的居民企业 B2 的股权计税基础为 100 万元。

【案例 10-7】　居民企业 C 以其拥有的非居民企业 C2 的全部股权向 100% 直接控股的非居民企业 C1 进行投资。假定该股权的原始成本为 100 万元，公允价值为 500 万元，符合特殊性税务处理条件。居民企业 C 的股权投资示意图见图 10-6。

要求：请做出相应的涉税处理。

解析：该投资行为属于居民企业以其拥有的资产或股权向 100% 直接控股的非居民企业进行投资，如果其股权转让收益选择特殊性税务处理，可以在 10 个纳税年度内均匀计入各年度的应纳税所得额。

2. 间接转让

若与间接转让中国应税财产相关的整体安排符合以下情形之一，不用

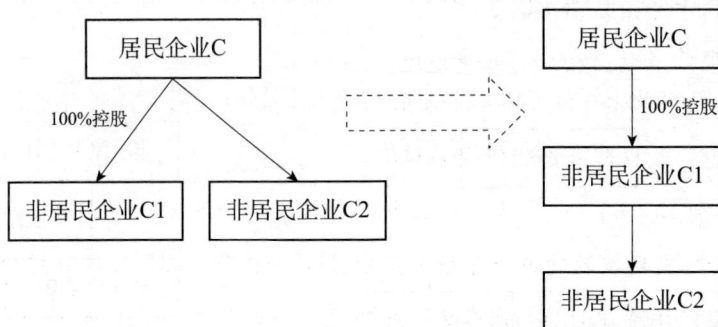

图 10-6　居民企业 C 的股权投资示意图

在中国境内缴纳企业所得税：

（1）非居民企业在公开市场买入并卖出同一上市境外企业股权，取得间接转让中国应税财产所得。

（2）在非居民企业直接持有并转让中国应税财产的情况下，按照适用的税收协定或安排的规定，该财产转让所得在中国可以免予缴纳企业所得税。

（3）间接转让中国应税财产，同时符合以下条件的，应认定为具有合理的商业目的。

1）交易双方的股权关系具有下列情形之一：

第一，股权转让方直接或间接拥有股权受让方 80％以上的股权。

第二，股权受让方直接或间接拥有股权转让方 80％以上的股权。

第三，股权转让方和股权受让方被同一方直接或间接拥有 80％以上的股权。

第四，境外企业股权 50％以上（不含 50％）的价值直接或间接来自中国境内不动产的，上述持股比例应为 100％。

上述间接拥有的股权按照持股链中各企业的持股比例乘积计算。

2）本次间接转让交易后可能再次发生的间接转让交易相比在未发生本

次间接转让交易情况下的相同或类似间接转让交易，相关的中国所得税负担不会减少。

3）股权受让方全部以本企业股权或与其具有控股关系的企业股权（不含上市企业股权）支付股权交易对价。

【案例 10-8】 非居民企业 E 将其拥有的非居民企业 E2 的全部股权转让给 100％直接控股的另一非居民企业 E1，非居民企业 E2 控股境内居民企业 F。假定该股权的原始成本为 100 万元，公允价值为 500 万元。该转让后可能再次发生的间接转让交易不会引起中国所得税负担的减少，并且该交易全部以股权作为对价支付。非居民企业 E 的间接股权转让示意图见图 10-7。

要求：请做出相应的涉税处理。

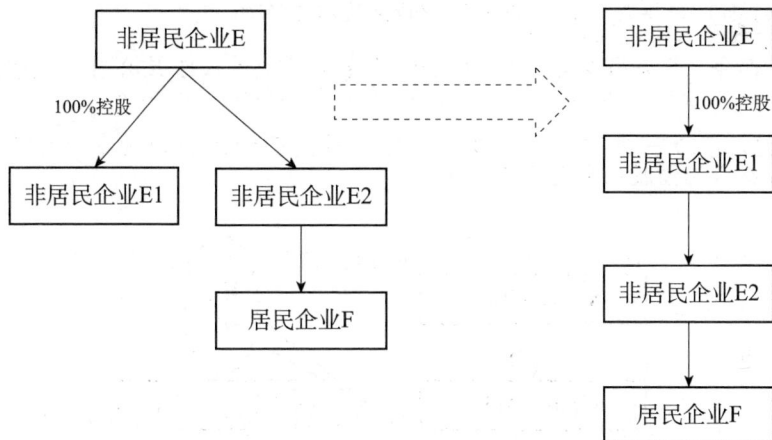

图 10-7 非居民企业 E 的间接股权转让示意图

解析：由于股权转让方 E 直接拥有股权受让方 E1 的股权比例为 100％，因而该股权转让行为属于非居民企业向 100％直接控股的另一非居民企业转让其拥有的非居民企业股权，形成了间接转让居民企业 F 股权的行为，并且符合具有合理商业目的的条件。因此，这次股权转让行为可以认定为具有合理的商业目的，不用缴纳企业所得税。

【案例 10-9】 X 公司（贵阳）的香港关联公司 X 公司（HK）将持有

的S公司100%的股权转让给Y公司。S公司和Y公司的注册地均为英属维
尔京群岛（BVI）。S公司的注册资本折合人民币7万元，股权转让成交价
格为50多亿元。S公司100%控股的G公司是X公司（贵阳）的全资持
有者。

G公司的注册地在中国香港，注册资本仅为1港元，是S公司的全资子
公司。S公司和G公司常年无工作人员及实质性商业行为。S公司与G公司
除了间接和直接持有X公司（贵阳）的股权外，没有其他不动产、无形资
产、存货和设备等有价值的资产。S公司的股权价值99%以上来自X公司
（贵阳）。S公司与G公司均无积极的经营行为。其中，近两年G公司分别
向银行贷款5亿港元和3.55亿港元给X公司（贵阳）。这两笔贷款均由X
公司（HK）提供担保，G公司承担的风险极其有限。

近两年，S公司没有收入，G公司的收入100%来自X公司（贵阳）的
利息。

X公司的控股结构见图10-8。

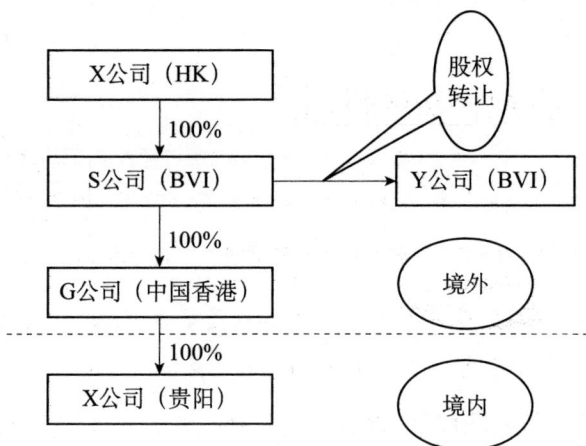

图 10-8 X公司的控股结构示意图

要求：请分析X公司（HK）转让S公司（BVI）的股权转让所得是否

需要在中国缴纳企业所得税。

解析： X公司（HK）转让S公司股权取得的收益，与S公司和G公司的实际注册资本、资产总额、生产经营状况、收入和现金流都明显不匹配。

S公司、G公司和X公司（贵阳）近两年的财务报告证实S公司与G公司除了间接和直接持有X公司（贵阳）的股权外，没有其他不动产、无形资产、存货和设备等有价值的资产。S公司的股权价值99%以上来自X公司（贵阳）。S公司与G公司均无积极经营行为。其中，近两年G公司分别向银行贷款5亿港元和3.55亿港元给X公司（贵阳）。这两笔贷款均由X公司（HK）提供担保，G公司承担的风险极其有限。

近两年，S公司没有收入，G公司的收入100%来自X公司（贵阳）的利息。

综合种种事实，再考虑到本次交易中的BVI无须缴纳资本利得税或其他与财产转让有关的税收，可以判定这次间接股权转让的商业目的不合理，应被认定为直接股权转让，X公司（HK）应按股权转让价格减除股权成本价后的差额补缴预提所得税。

10.2.3 跨境重组的税收管理

（1）企业重组业务适用特殊性税务处理的，在申报时，应从以下几个方面逐条说明企业重组具有合理的商业目的：

1）重组交易的方式。

2）重组交易的实质结果。

3）重组各方涉及的税务状况变化。

4）重组各方涉及的财务状况变化。

5）非居民企业参与重组活动的情况。

（2）居民企业以其拥有的资产或股权向100%直接控股的非居民企业进

行投资，居民企业需要准确记录应予确认的资产或股权转让收益总额，并在相应年度的企业所得税汇算清缴时对当年确认额及分年结转额的情况做出说明。

居民企业应向所在地主管税务机关报送以下资料：

1）当事方的重组情况说明，在申请文件中应说明股权转让的商业目的。

2）双方签订的股权转让协议。

3）双方控股情况说明。

4）由评估机构出具的资产或股权评估报告。在报告中应分别列示涉及的各单项被转让资产与负债的公允价值。

5）证明重组符合特殊性税务处理条件的资料，包括股权或资产转让比例，支付对价情况，以及12个月内不改变资产原来的实质性经营活动、不转让所取得股权的承诺书等。

6）税务机关要求的其他材料。主管税务机关应建立台账，对居民企业取得股权的计税基础和每年确认的资产或股权转让收益进行对比分析，加强后续管理。

（3）间接转让中国应税财产的交易双方和筹划方，以及被间接转让股权的中国居民企业，应按照主管税务机关的要求提供以下资料：

1）间接转让中国应税财产的交易双方及被间接转让股权的中国居民企业可以向主管税务机关报告股权转让事项，并提交以下资料（已提交的除外）：

①股权转让合同或协议（为外文文本的，需要同时附送中文译本，下同）。

②股权转让前后的企业股权架构图。

③境外企业及直接或间接持有中国应税财产的下属企业上两个年度的财务、会计报表。

④间接转让中国应税财产的交易不适用《国家税务总局关于非居民企

业间接转让财产企业所得税若干问题的公告》（国家税务总局公告 2015 年第 7 号）第一条的理由。

2）有关间接转让中国应税财产交易整体安排的决策或执行过程的信息。

3）境外企业及直接或间接持有中国应税财产的下属企业在生产经营、人员、账务、财产等方面的信息，以及内外部的审计情况。

4）用以确定境外股权转让价款的资产评估报告及其他作价依据。

5）间接转让中国应税财产交易在境外应缴纳所得税的情况。

6）有关的证据信息。

7）其他相关资料。

10.3　境内外企业重组的税收筹划

10.3.1　境内外企业重组税收筹划应关注的重点

1. 直接股权转让（投资）要符合特殊性税务处理条件

境内外企业重组的特殊性税务处理条件是必须具有合理的商业目的，转让方（投资方）和受让方必须是 100％的控股关系，并且非居民企业向 100％直接控股的另一非居民企业转让其拥有的居民企业股权，没有造成以后该项股权转让所得的预提税负担变化，且转让方非居民企业向主管税务机关书面承诺在 3 年（含 3 年）内不转让其拥有的受让方非居民企业股权。

2. 间接股权转让要符合免税的条件

（1）间接股权转让的免税对象要符合规定。

1）转让方必须是非居民企业，既不包括被认定为居民企业的外国公司，又不包括个人。被认定为居民企业的外国公司直接就其转让所得缴纳 25％或 15％的企业所得税，个人要按《个人所得税法》的规定缴纳个人所得税。

2）必须是"间接"转让行为。间接转让是指通过转让（直接或间接持有中国应税财产的）境外企业（不包括被认定为中国居民企业的境外注册企业）股权或其他类似权益，进而实现间接转让中国应税财产的目的。如果是非居民企业直接转让中国应税财产，非居民企业将根据《企业所得税法》的相关规定直接承担纳税义务（根据税收协定免除纳税义务的除外）。

3）被间接转让的必须是中国应税财产。中国应税财产包括中国居民企业股权（包括被认定为中国居民企业的境外注册企业），境内不动产或境内机构、场所财产。中国居民企业是指依法在中国境内成立的，或者依照外国（地区）法律成立但实际管理机构在中国境内的企业。

（2）关注安全港规则的规定。安全港规则是指在公开市场买卖上市境外企业股权、根据税收协定免税以及内部重组免税。

1）对于在公开市场买卖上市境外企业股权，必须是买入和卖出的同一上市境外企业股权都在公开证券市场上进行，对于原始股东在企业上市后于公开市场卖出上市前取得的股权并不适用。

2）对于根据税收协定免税，需要注意的问题有：第一，如果股权转让方注册于避税港且没有经济实质，税务机关可能根据一般反避税规定认定它属于税收协定滥用而否定税收协定利益。第二，尽管国际上一般认为25%持股的认定时点是在股权转让行为发生时（除非协定条款有特别规定），税务机关可能会认定只要股权转让方在任何时候曾持股25%或以上（即使股权转让行为发生时的持股低于25%），就不适用25%以下持股免税的规定（协定条款明确规定只考虑转让行为发生之前12个月的除外）。

3）对于内部重组免税，需要注意的问题有：判定间接转让交易后可能再次发生的间接转让交易相比在未发生本次间接转让交易情况下的相同或类似间接转让交易，相关的中国所得税负担是否会减少。

（3）间接转让的合理商业目的的考量。在中间控股公司只具有很少的固定资产、员工、股息以外的收入，不进行生产、分销，而只是进行控股，被转让股权的价值大部分来自中国财产的价值以及该间接转让交易不在境外缴纳所得税的时候，税务机关在实践中一般都会对相关间接转让征税（除非适用安全港规则）。

根据《企业所得税法实施条例》，不具有合理商业目的是指以减少、免除或者推迟缴纳税款为主要目的。如果纳税人从事交易是以追求税收以外的其他利益为主要目的，即使附带取得了税收利益，也应认定为具有合理的商业目的；反之，如果纳税人从事交易的主要目的是为了获取税收上的利益，附带在其他方面也取得了一些好处，则应认定其交易不具有合理的商业目的。

"以获取税收利益为主要目的的安排"是指积极主动的避税行为，其系列安排中的每笔交易都是为了达到最终获取税收利益的结果而事先预计好的。具体到间接转让交易，如果中间控股公司的设立以及转让的系列安排的主要目的是规避股权转让所得在中国的纳税义务，属于股权转让方及其控制方为了最终获取税收利益而预先设计好的系列安排，则间接转让交易安排不具有合理的商业目的；反之，如果中间控股公司的设立以及转让的系列安排不是股权转让方及其控制方为了获取最终的税收利益而预先设计好的，则间接转让交易安排应认定为具有合理的商业目的。只有股权转让方及其控制方实施或控制实施了不具有合理商业目的的安排，才可以对该间接转让交易安排按照合理方法调整。假设排除税收利益的因素，若股权转让方及其控制方出于商业考虑仍会实施间接转让交易的系列安排，则应认定股权转让方及其控制方实施的安排不是以获取税收利益为主要目的。可以用作"具有合理商业目的"抗辩理由的情形包括但不限于以下几种：

1）中间控股公司具有发债融资或上市融资等重要功能。

2）股权转让方属于小股东且间接持股架构不属于由股权转让方设立的。

3）中国控股公司在设立之初从事生产、分销、管理等实质性经营活动，只是后来出于商业考虑剥离了该部分功能，而仅从事持股活动。

4）企业出于优化集团结构的目的进行重组活动，并实施了间接转让，而且没有获得现金转让收益（不符合安全港规则的情况）。

5）境外控股公司作为区域性总部，在亚太区持有多家子公司，从事区域性投资管理活动。

例如，A 公司（非居民企业）将持有的境外企业 C 公司的股权转让给集团内的 B 公司（另一家非居民企业），因为 C 公司直接或间接持有中国居民企业 5％的股权，该交易构成间接转让中国居民企业的股权。如果 B 公司适用的税收协定限制了中国对该中国居民企业 5％股权的直接转让所得征税，而 A 公司适用的税收协定财产收益条款不予限制，那么本次交易后 B 公司可能再次发生的间接转让中国居民企业股权的交易因其可以适用的税收协定待遇，可以不予征税。相比之下，在未发生本次间接转让交易下的相同或类似交易，即由 A 公司开展与前述 B 公司可能再次发生的间接转让中国居民企业股权交易相同或类似的交易，因 A 公司不能适用同等的税收协定待遇，从而得不到同等的税收结果，因此不能排除本次交易不是以获取更有利的税收结果为目的，那么该交易就有可能被认定为不符合合理商业目的的条件。

需要注意的是，该集团内部间接转让中国应税财产的交易是否具有合理的商业目的，需要按照《国家税务总局关于非居民企业间接转让财产企业所得税若干问题的公告》的规定进行判断。

（4）注意受控外国企业（CFC）的风险。根据《特别纳税调整实施办法》的规定，CFC（受控外国企业）是指由中国居民企业，或者由中国居民企业和中国居民个人（统称"中国居民股东"）控制的设立在实际税负低于中国企业所得税法定税率（25％）水平 50％的国家、地区（即 12.5％），并非出于合理的经营需要而对利润不做分配或减少分配的外国企业。若被认定为 CFC，其产生的经营利润应当计入该居民企业的当期收入并计征中国境内的企业所得税。

受控外国企业条款还列明了三种豁免情形：

1）设立在国家税务总局指定的非低税率国家（地区）（税率高于 12.5%）。

2）主要所得为积极经营活动产生。

3）年度利润总额低于 500 万元人民币。

例如，中国居民企业 A 控股非居民企业 B（位于 BVI 地区），B 企业转让了其持有的位于境外的非居民企业 C 的股权。因为 B 企业位于 BVI，其取得的 C 企业股权转让所得不用缴纳企业所得税。如果中间层企业 B 被认定为受控外国企业（CFC），则 B 企业取得的 C 企业股权转让所得应计入居民企业 A 的应税所得，并计算缴纳企业所得税。

因此，在跨境重组方案中，若某个交易主体存在被认定为 CFC 的风险，可通过建立实际运营职能（如设立企业财资中心、境外投资平台等），降低被判定为 CFC 的风险。

【案例 10-10】 2018 年 8 月，中国台湾地区的 A 公司（以下简称"台湾地区 A 公司"）及其下属英属维尔京群岛（BVI）B 公司（以下简称"B 公司"）与合肥 Y 有限公司（以下简称"合肥 Y 公司"）签订股权转让合同，B 公司将其持有的中国香港地区 C 公司（直接转让标的，以下简称"香港地区 C 公司"）49% 的股权转让给合肥 Y 公司，从而间接转让了合肥 Z 公司（间接转让标的，以下简称"Z 公司"）100% 的股权，转让前后的股权架构示意图分别见图 10-9、图 10-10。合同约定 B 公司向合肥 Y 公司转让股份的最终对价为 25 736.8 万美元，按 2018 年 8 月 31 日的汇率，折合人民币 17.56 亿元。在设立合肥 Z 公司时，香港地区 C 公司共投入资本 26 500 万美元。

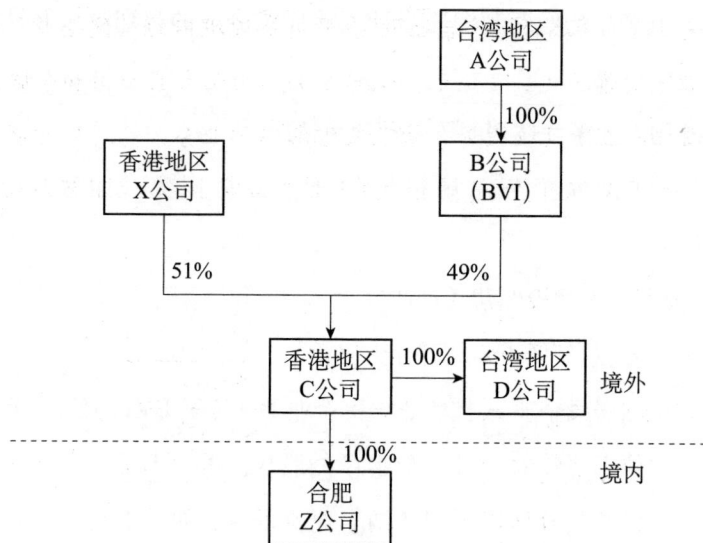

图 10 - 9 转让前的股权构架示意图

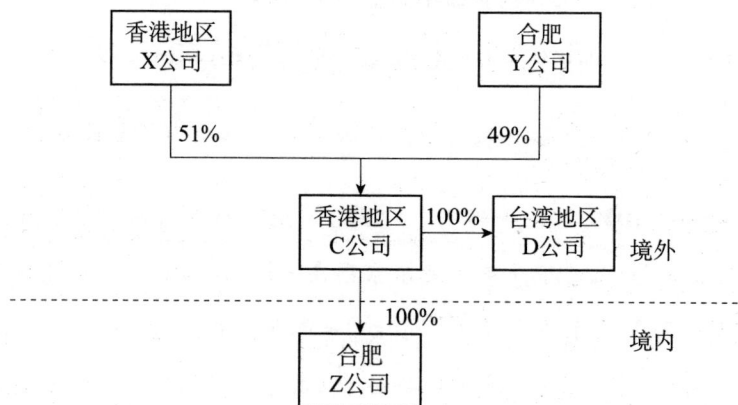

图 10 - 10 转让后的股权架构示意图

交易各方的情况如下：

（1）转让方的基本情况。B 公司是根据英属维尔京群岛法律设立并存续的公司，也是台湾地区 A 公司的全资子公司，无实际经营。A 公司（中国台湾地区的上市公司）是一家笔记本电脑代工企业，主要经营笔记本电脑、液晶电视、手机及各种电子零件的制造和销售业务。

（2）受让方的基本情况。合肥 Y 公司是中国境内的居民企业，成立于 2018 年，注册资本为 14.43 亿元。合肥 Y 公司由北京 E 公司和合肥 F 公司共同投资设立，从事股权投资、管理及信息咨询业务，其实际控制人为合肥 F 公司，而合肥市国资委 100% 控股合肥 F 公司。受让方的股权架构示意图见图 10-11。

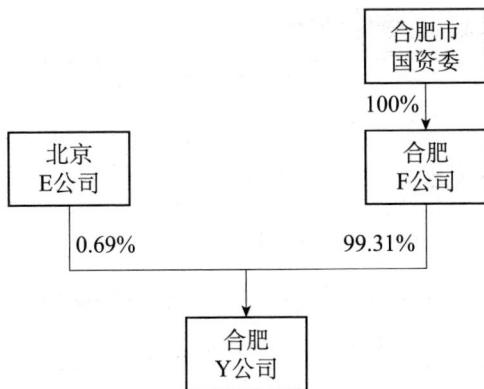

图 10-11　受让方的股权架构示意图

（3）标的企业的基本情况。合肥 Z 公司是中国境内的居民企业，成立于 2011 年，是香港地区 C 公司投资设立的外商独资企业（有限责任公司），注册资本为 2.65 亿美元，主要从事计算机硬件、软件系统及配套零部件、办公自动化设备的研发和生产。

（4）中间层企业的基本情况。香港地区 C 公司是根据中国香港地区法律设立并存续的有限责任公司，由香港地区 X 公司和 B 公司共同投资设立，成立于 2011 年，注册资本为 3 亿美元，主要从事投资控股及贸易相关业务。其下属的台湾地区 D 公司（分支机构，非独立法人）主要为集团提供技术支援服务。其中，香港地区 X 公司为中国香港地区的上市公司。

要求：试分析该转让股权所得是否需要在中国缴纳企业所得税。

解析：（1）关于合理商业目的的因素分析。

1）根据国家税务总局公告 2015 年第 7 号的第五条和第六条进行分析。

根据国家税务总局公告 2015 年第 7 号第五条的规定，与间接转让中国应税财产相关的整体安排符合以下情形之一的，不确认其为直接转让中国居民企业的股权：非居民企业在公开市场买入并卖出同一上市境外企业股权取得间接转让中国应税财产所得；在非居民企业直接持有并转让中国应税财产的情况下，按照可适用的税收协定或安排的规定，该项财产转让所得在中国可以免予缴纳企业所得税。

这次股权转让不是在公开市场上进行的交易，如果由 B 公司直接转让合肥 Z 公司的股权，这笔财产转让所得在中国需要缴纳企业所得税。因此，这次交易不适用豁免条款。

根据国家税务总局公告 2015 年第 7 号第六条的规定，间接转让中国应税财产同时符合以下条件的，应认定为具有合理商业目的：交易双方的股权关系符合相关规定；本次间接转让交易后可能再次发生的间接转让交易相比在未发生本次间接转让交易情况下的相同或类似间接转让交易，相关的中国所得税负担不会减少；股权受让方全部以本企业或与其具有控股关系的企业股权（不含上市企业股权）支付股权交易对价。

股权转让方 B 公司与股权受让方合肥 Y 公司不具有相互持股的关联关系，且股权受让方并未以该企业或与其具有控股关系的企业股权（不含上市企业股权）支付股权交易对价，因此，不能直接认定该交易具有合理商业目的。

2）根据国家税务总局公告 2015 年第 7 号第四条进行分析。

分析判定及结论见表 10-1。

表 10-1　分析判定及结论

国家税务总局公告 2015 年第 7 号第四条	分析情况	结论
1. 境外企业股权 75% 以上价值直接或间接来自中国应税财产	香港地区 C 公司的主要资产为对合肥 Z 公司的长期股权投资，其股权价值几乎全部来源于中国应税财产	是

续表

国家税务总局公告2015年第7号第四条	分析情况	结论
2. 间接转让中国应税财产交易发生前一年内任一时点，境外企业资产总额（不含现金）的90%以上直接或间接由在中国境内的投资构成，或间接转让中国应税财产交易发生前一年内，境内企业取得收入的90%以上直接或间接来源于中国境内	在交易发生前一年内任一时点，香港地区C公司资产总额（不含现金）的90%以上直接或间接由在中国境内的投资构成	是
3. 境外企业及直接或间接持有中国应税财产的下属企业虽在所在国家（地区）登记注册，以满足法律所要求的组织形式，但实际履行的功能及承担的风险有限，不足以证实其具有经济实质	香港地区C公司的员工较少，企业未提供足够的经营、人员、财产等证据证明其具有经济实质	是
4. 间接转让中国应税财产交易在境外应缴所得税负低于直接转让中国应税财产交易在中国的可能税负	对香港地区C公司的长期股权投资属于资本性所得而非经营业务，此次交易产生的所得不属于中国香港地区利得税的征税范围	是

（2）分析结论。综上所述，该间接股权转让的整体安排应直接认定为不具有合理商业目的，按照《企业所得税法》第四十七条的规定，重新定性该间接转让交易，确认为直接转让合肥Z公司股权的交易，并对转让所得征收非居民企业所得税。该股权转让存在通过实施不具有合理商业目的的安排，间接转让了中国居民企业的股权。

合肥Y公司作为依照有关法律规定或者合同约定对股权转让方直接负有支付相关款项义务的单位，应为该间接股权转让的扣缴义务人。

（3）应纳税额的计算。股权转让收入减除股权净值后的余额为股权转让所得的应纳税所得额。

1）股权转让收入。

转让对价：合同约定，B公司向合肥Y公司转让股份的最终对价为25 736.8万美元，按2018年8月31日的汇率，折合人民币17.56亿元。

调减项目：香港地区C公司的资产中应归属于台湾地区D公司的部分

为 5 490.14 万美元，按 49％的持股比例计算，应调减 2 690.17 万美元，折合人民币 1.84 亿元。据此，确认转让收入为 15.72 亿元。

2）股权转让成本。在设立合肥 Z 公司时，香港地区 C 公司共投入资本 26 500 万美元。其中，49％来源于 B 公司，因而 B 公司的股权转让成本为 12 985 万美元（＝26 500×49％），折合人民币 8.83 亿元。

3）股权转让的应纳税所得额和应纳税额。

股权转让的应纳税所得额＝15.72－8.83＝6.89（亿元）

应扣缴的非居民企业所得税＝6.89×10％＝0.689（亿元）

10.3.2 境内外重组的税收筹划方法

1. 直接股权转让的筹划方法

（1）利用集团公司之间的股权转让，实现股权转让所得的递延纳税和亏损抵补的节税效果。

根据税法的规定，非居民企业向与其具有 100％直接控股关系的居民企业转让其拥有的另一居民企业股权，可以适用特殊性税务处理。非居民企业可以先将欲转让的居民企业股权转让给具有亏损的另一居民企业，然后由亏损的居民企业再次对外转让目标企业，从而实现递延纳税以及亏损抵税的税收筹划效应。

【案例 10-11】 位于香港的非居民企业 A 公司在境内拥有两家全资子公司 A1 和 A2。A1 公司净资产的账面价值为 1 000 万元，公允价值为 3 000 万元；A2 公司有巨额亏损 1 500 万元。A 公司计划将 A1 公司出售。

要求：请从税负的角度做出股权转让方案。

解析：根据境内外公司重组的特殊性税务处理规定，A 公司的股权转让筹划方案如下：

第一步：A 公司进行内部股权整合，先把转让标的 A1 公司的股权转让给亏损公司 A2，由 A2 公司全资控股 A1 公司，A2 公司以股权作为对价支付。A1 公司与 A2 公司之间的股权转让属于非居民企业向 100％直接控股的居民企业转让其拥有的另一居民企业股权，A1 公司与 A2 公司之间的股权转让无须确认损益，不用缴纳企业所得税。

第二步：在 12 个月后，A2 公司再将 A1 公司出售，实现的股权转让所得可以抵减 A2 公司的亏损，从而实现节税效应。

需要注意的是，将 A1 公司的股权划转给 A2 公司必须具有合理商业目的，不以减少、免除或者推迟缴纳税款为主要目的，在股权转让后连续 12 个月内不改变被划转股权或资产原来的实质性经营活动。

【案例 10-12】　A 公司（境内居民企业）100％控股境外 B 公司，境外 B 公司与境外 Q 公司共同控制境外 C 公司，C 公司 100％控股境内居民企业 D 公司（A 公司的股权架构示意图见图 10-12）。A 公司计划收购 D 公司的全部股权，见图 10-13。

要求：请判定下列方案是否符合特殊性税务处理条件。

方案一：A 公司从 C 公司收购 D 公司的股权，形成 A 公司直接控股 D 公司。

方案二：C 公司将 D 公司的股权转让至 B 公司，B 公司再转让至 A 公司，最后形成 A 公司直接控股 D 公司。

方案三：B 公司和 Q 公司将 C 公司的股权转让给 A 公司，C 公司撤销，最后形成 A 公司直接控股 D 公司。

方案四：B 公司从 Q 公司购买 C 公司的股权，形成对 C 公司的 100％控股关系，然后撤销 C 公司，由 B 公司直接控股 D 公司，再由 B 公司将 D 公司股权转让至 A 公司，最后形成 A 公司直接控股 D 公司。

解析：方案一的税务处理分析：

A 公司从 C 公司收购 D 公司的股权，属于非居民企业（C 公司）向居

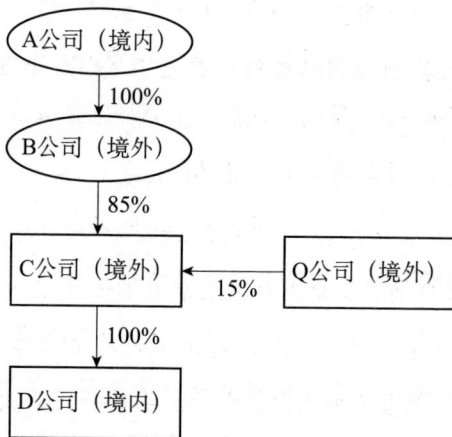

图 10 - 12　A公司的股权架构示意图

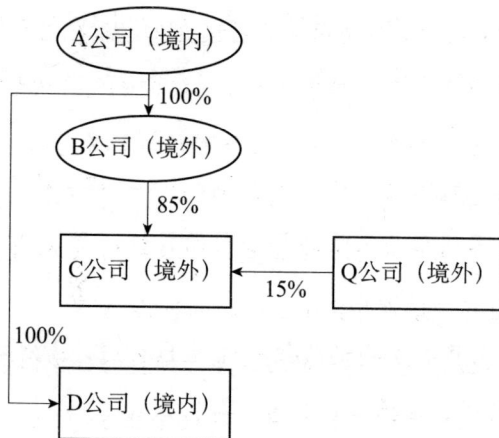

图 10 - 13　重组后的 A 公司股权架构示意图

民企业（A公司）转让另一家居民企业（D公司）的股权，C公司与A公司不具有100％的直接控股关系，不符合非居民企业向与其具有100％直接控股关系的居民企业转让其拥有的另一居民企业股权的条件，因而不适用特殊性税务处理，要按公允价值计算D公司的股权转让所得（D公司属于中国居民企业，C公司转让D公司的股权所得属于中国境内所得，应按10％的税率缴纳企业所得税）。

方案二的税务处理分析：

第一步：C公司将D公司的股权转让至B公司，B公司再转让至A公司，最后形成A公司直接控股D公司，属于非居民企业（C公司）向非居民企业（B公司）转让另一家居民企业（D公司）的股权，B公司对C公司的控股比例为85%，不具有100%的直接控股关系，不符合非居民企业向与其具有100%直接控股关系的非居民企业转让其拥有的另一居民企业股权的条件，因而不适用特殊性税务处理，要按公允价值计算D公司的股权转让所得（D公司属于中国居民企业，C公司转让D公司的股权所得属于中国境内所得，应按10%的税率缴纳企业所得税）。

第二步：B公司再将D公司的股权转让至A公司，两者之间的关系属于100%的直接控股关系，B公司为非居民企业，A公司和D公司均为居民企业，符合非居民企业向与其具有100%直接控股关系的居民企业转让其拥有的另一居民企业股权的条件，可以适用特殊性税务处理。

方案三的税务处理分析：

B公司和C公司均属于非居民企业，B公司向A公司转让C公司股权的行为不属于直接转让境内居民企业股权的行为。

B公司向A公司转让C公司的股权属于间接转让中国境内应税财产，A公司（股权受让方）直接拥有B公司（股权转让方）100%的股权，假定本次间接转让交易后可能再次发生的间接转让交易相比在未发生本次间接转让交易情况下的相同或类似间接转让交易，相关的中国所得税负担不会减少，并且股权受让方A公司全部以本企业或与其具有控股关系的企业股权（不含上市企业股权）支付股权交易对价，因而符合国家税务总局公告2015年第7号规定的合理商业目的条件，对该笔间接转让中国应税财产的所得不用计算缴纳企业所得税。

Q公司向A公司转让C公司的股权也构成间接转让中国境内应税财产，

该笔所得是否征税，需要按照国家税务总局公告 2015 年第 7 号的规定，判定是否具有合理商业目的。如果不具有合理商业目的，则需要就这笔股权转让所得缴纳企业所得税。

方案四的税务处理分析：B 公司从 Q 公司购买 15% 的 C 公司股权，形成对 C 公司 100% 的控制关系，然后撤销 C 公司，由 B 公司直接控股 D 公司，再由 B 公司将 D 公司股权转让至 A 公司。

Q 公司向 B 公司转让 C 公司的股权也构成间接转让中国境内应税财产，该笔所得是否征税，需要按照国家税务总局公告 2015 年第 7 号的规定，判定是否具有合理商业目的。如果不具有合理商业目的，则需要就这笔股权转让所得缴纳企业所得税。

撤销 C 公司的行为带来了居民企业 D 公司的股东变动，属于股权转让行为，需要缴纳企业所得税。

B 公司与 A 公司具有 100% 的直接控股关系，B 公司是非居民企业，A 公司和 D 公司均为居民企业，B 公司向 A 公司转让 D 公司的股权符合非居民企业向与其具有 100% 直接控股关系的居民企业转让其拥有的另一居民企业股权的条件，符合适用特殊性税务处理的规定。

【案例 10-13】 意大利意迩瓦萨隆诺控股股份公司（以下简称"控股公司"）系意大利意迩瓦萨隆诺投资有限公司（以下简称"投资公司"）的母公司，两者均为意大利的法人公司。2005 年 9 月 29 日，投资公司经山东省对外贸易经济合作厅批准，以人民币 481 424 260 元的对价取得烟台张裕集团有限公司 33% 的股权。2012 年 7 月 17 日，控股公司与投资公司分别通过股东大会决议，决定由控股公司对投资公司实施吸收合并，接受投资公司的全部资产与负债，其中包括烟台张裕集团有限公司 33% 的股权。在合并吸收后，投资公司已于 2012 年 11 月 21 日依法注销了公司登记，由控股公司直接持有烟台张裕集团有限公司 33% 的股权。2012 年 7 月 17 日，意大利意迩瓦萨隆诺控股股份公司将两公司的吸收合并情况函告了烟台张裕集团有限公司。

截至2012年6月30日，烟台张裕集团有限公司的账面净资产数额为2 863 169 524.88元。

要求：试分析上述重组行为是企业合并还是股权转让，以及是否适用特殊性税务处理。

解析：(1) 此次重组交易是企业合并还是股权转让?

意大利意迩瓦萨隆诺投资有限公司仅持有烟台张裕集团有限公司的股份，也就是意大利意迩瓦萨隆诺投资有限公司的主要资产就是对张裕集团的股权投资，而此次吸收合并直接导致了张裕集团的股东由意大利意迩瓦萨隆诺投资有限公司变更为意大利意迩瓦萨隆诺控股股份公司，实现了意大利意迩瓦萨隆诺控股股份公司对烟台张裕集团公司的直接控制，所以应认定为股权转让。

(2) 此次对意大利意迩瓦萨隆诺投资有限公司的重组交易是否符合享受财税［2009］59号文规定的免税待遇?

虽然这次境外股权交易符合财税［2009］59号文中第五条的规定，但财税［2009］59号文的第七条还规定企业发生涉及中国境内与境外之间的股权和资产收购交易，除应符合第五条规定的条件外，还应同时符合下列条件，才可以选择适用特殊性税务处理规定，即非居民企业向100%直接控股的另一非居民企业转让其拥有的居民企业股权，也就是“母转子公司”的情形，而此次交易是“子转母公司”的情形，因而不应当享受财税［2009］59号文规定的免税待遇。

意大利意迩瓦萨隆诺控股股份公司与意大利意迩瓦萨隆诺投资有限公司的上述吸收合并，实质是意大利意迩瓦萨隆诺投资有限公司将其持有的烟台张裕集团有限公司33%的股权转让给了其母公司（即意大利意迩瓦萨隆诺控股股份公司），应认定为直接股权转让，且转让价格不符合独立交易原则，税务机关有权按照合理方法进行调整的规定，采用成本法对股权转让价格进行纳税调整。根据张裕集团 2012 年 6 月的资产负债表，归属于张裕集团的净资产为 2 863 169 524.88 元，意大利意迩瓦萨隆诺控股股份公司的投资比例为 33％，股权成本为 481 424 260.00 元，应缴纳企业所得税 46 342 168.32 元。

2. 间接股权转让的筹划方法

（1）利用安全港规则。企业在并购境外上市企业的股权时，可以利用证券交易所的大宗交易（block trade）制度实现免税并购境外上市企业的股权。但是，如果境外上市企业的最终实际控制人属于中国个人或公司，特别要注意境外上市企业被认定为居民企业的风险。即使间接转让上市企业的股权不适用该安全港规则，也很难论证一家上市融资的公司不存在合理商业目的，税务机关通常不会对间接转让上市企业的股权进行征税。但是，因为没有直接的免税规则，所以也不能完全排除可能征税的风险。

（2）根据税收协定免税。间接转让交易可适用股权转让方与中国之间的税收协定。中国对外签订的诸多税收协定中都有对持股 25％（直接或间接）以下的股权转让所得免税的条款。

例如，根据中国内地与中国香港的税收协定，在中国香港居民企业转让中国内地居民企业的股权时，如果中国内地企业的财产主要由不动产组成（即该中国内地居民企业的账面资产中不动产所占的比例曾达到 50％以上），中国香港居民企业的股权转让所得应在中国境内缴纳企业所得税；如果中国内地企业的财产不是主要由不动产组成，而且该股份至少相当于中国内地居民企业 25％的股权，则其转让所得需要缴纳中国境内的企业所得税；如果该股份少于中国内地居民企业股权的 25％，则其转让所得无须在中国境内缴税。

此外，在设计跨境重组方案时不仅要考虑重组交易的税务成本，而且要考虑重组完成后的分红等相关安排。如果中国香港居民企业持有中国内地居民企业的股权少于25%，其股息收入按10%的税率代扣代缴企业所得税；如果中国香港居民企业持有中国内地居民企业的股权不少于25%，其股息收入可享受按5%的税率代扣代缴企业所得税。

（3）利用内部重组免税。免税重组需要同时符合三个条件，即80%或以上的持股比例关系、重组不会引起未来间接转让交易税负的减少以及100%的股权支付对价。

【案例10-14】 美国A公司全资持有中国香港B公司和中国香港C公司。B公司的主要资产是以1 200万美元（按投资当日的汇率，折合人民币8 000万元）投资中国内地外商投资企业M公司，并取得了75%的股权。为了完成全球投资架构布局，五年后A公司决定将所持的B公司股权转让给C公司，C公司支付现金500万元，其余以发行股份作为支付对价。在转让当日，B公司持有的M公司股权的公允价值为1.2亿元人民币（假设当日的汇率为1∶6）。在资产重组后，C公司持有B公司100%的股权，间接持有中国内地M公司75%的股权。

要求：请对以上重组做出相应的税务分析并提出筹划建议。

解析：

该重组的涉税分析如下：

（1）持股比例关系。C公司被A公司100%控股，符合80%或以上的持股比例关系。与此同时，重组未造成股权比例的变化。

（2）重组未造成未来该股权转让所得的预提税税负变化。由于A公司转让B公司实现了间接转让中国内地居民企业M公司的股权，可认定为直接转让所得，相应的预提所得税税率为10%。在重组后，中国香港C公司未来转让M公司的预提所得税税率仍为10%，税负未发生变化，符合特殊性税务处理条件。

（3）股权支付对价。C公司支付现金 500 万元，其余以发行股份作为支付对价，不符合 100% 的股权支付对价要求。

综上所述，该股权转让行为认定为不具有合理商业目的，不符合不征企业所得税的条件，因而 A 企业应就股权转让所得在中国缴纳企业所得税。

$$应纳企业所得税＝(12\,000－8\,000)\times10\%＝400（万元）$$

筹划方案：C公司全部以股权作为对价。

间接转让中国应税财产同时符合以下条件的，应认定为具有合理商业目的：

（1）股权转让方直接或间接拥有股权受让方 80% 或以上的股权。

（2）本次间接转让交易后可能再次发生的间接转让交易相比在未发生本次间接转让交易情况下的相同或类似间接转让交易，相关的中国所得税负担不会减少。

（3）股权受让方全部以本企业或与其具有控股关系的企业股权（不含上市企业股权）支付股权交易对价。

因此，该转让行为应认定为具有合理商业目的，无须计算缴纳企业所得税。

■■■■ 案例讨论

1. 2020 年 8 月 10 日，茂硕电源科技股份有限公司（证券代码：002660，证券简称：茂硕电源）发布了关于内部股权架构调整的公告，宣称公司拟将全资香港子公司"香港茂硕"100% 的股权以 1 元价格转让给全资子公司"惠州茂硕"。

在转让完成后，香港茂硕将成为公司的二级全资子公司。本次转让为公司合并报表范围内的内部股权划转，不会对公司的正常经营产生影响。

调整前后的股权架构见下图。

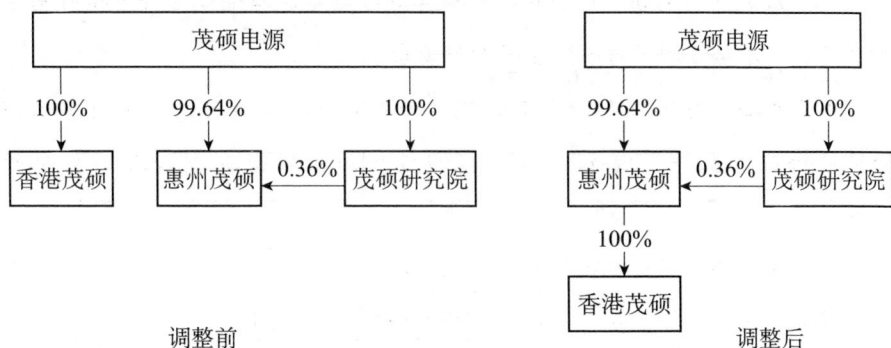

调整前   调整后

香港茂硕成立于 2009 年 5 月，注册资本为 5 700 万港元，茂硕电源持有香港茂硕 100％的股权。其主要财务数据见下表。

单位：万元

项目	2019 年度（经审计）	2020 年 1—3 月（未经审计）
资产总额	1 841.01	1 846.12
净资产	71.33	44.45
营业收入	360.91	134.85
净利润	−633.72	−26.88

试讨论：

（1）股权转让价格是否合理？是否需要调整？如果需要调整，应如何调整？

（2）此次股权转让是否需要缴纳企业所得税？

2. 2015 年 12 月，SWANCOR 萨摩亚以其持有的上纬天津 100％的股权，按账面净资产价值 175 517 794.05 元对上纬有限进行增资。在增资完成后，上纬天津成为上纬有限的全资子公司。

SWANCOR 萨摩亚与上纬有限跨境重组的股权架构见下图。

试讨论：

（1）此次跨境重组是否适用特殊性税务处理？

271

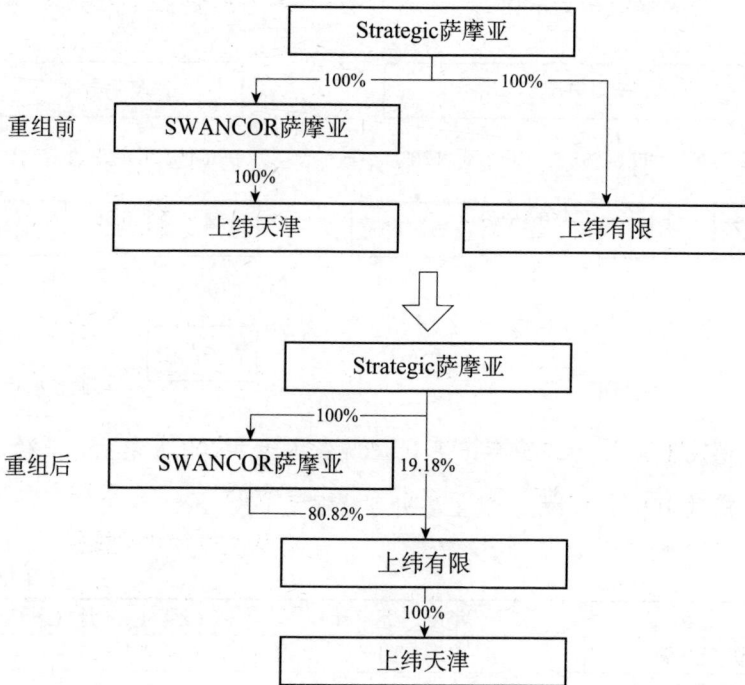

（2）重组对上纬有限和上纬天津的纳税义务产生了什么影响？

（3）如何设计上述重组行为能实现节税效果？

非货币性资产投资

11.1 非货币性资产投资的所得税处理

非货币性资产是指现金、银行存款、应收账款、应收票据以及准备持有至到期的债券投资等货币性资产以外的资产，如存货（原材料、包装物、低值易耗品、库存产品等）、固定资产、在建工程、生产性生物资产、无形资产、投资性房地产、长期股权投资等。非货币性资产投资仅限于以非货币性资产出资设立新的居民企业，或将非货币性资产注入现存的居民企业。

根据《国家税务总局关于非货币性资产投资企业所得税有关征管问题的公告》（国家税务总局公告 2015 年第 33 号）的规定，非货币性资产投资的税务处理如下：

（1）企业以非货币性资产对外投资，应对非货币性资产进行评估并按评估后的公允价值扣除计税基础后的余额，计算确认非货币性资产的转让所得。

实行查账征收的居民企业（以下简称"企业"）以非货币性资产对外投资确认的非货币性资产转让所得，可自确认非货币性资产转让收入年度起，在不超过连续 5 个纳税年度的期间内，分期均匀计入相应年度的应纳税所得额，按规定计算缴纳企业所得税。

企业在对外投资 5 年内转让上述股权或投资收回的，应停止执行递延纳税政策，并就递延期内尚未确认的非货币性资产转让所得，在转让股权或投资收回当年的企业所得税年度汇算清缴时，一次性计算缴纳企业所得税；企业在计算股权转让所得时，可按规定将股权的计税基础一次调整到位。

企业在对外投资 5 年内注销的，应停止执行递延纳税政策，并就递延期内尚未确认的非货币性资产转让所得，在注销当年的企业所得税年度汇算清缴时，一次性计算缴纳企业所得税。

（2）企业以非货币性资产对外投资，应于投资协议生效并办理股权登记手续时，确认非货币性资产转让收入的实现。

关联企业之间发生的非货币性资产投资行为，在投资协议生效后 12 个月内尚未完成股权变更登记手续的，于投资协议生效时，确认非货币性资产转让收入的实现。

（3）企业以非货币性资产对外投资而取得被投资企业的股权，应以非货币性资产的原计税成本为计税基础，加上每年确认的非货币性资产转让所得，逐年进行调整。

（4）被投资企业取得非货币性资产的计税基础，应按非货币性资产的公允价值确定。

（5）符合规定的企业非货币性资产投资行为，同时符合特殊性税务处理条件的，可由企业选择其中一项政策执行，而且一经选择，不得改变。

（6）企业应将股权投资合同或协议、对外投资的非货币性资产（明细）公允价值评估确认报告、非货币性资产（明细）计税基础的情况说明、被投资企业设立或变更的工商部门证明材料等资料留存备查，并单独准确核算税会差异情况。

【案例 11-1】 A 公司以一项固定资产对 B 企业进行投资，该资产的公允价值为 100 万元，账面价值与计税基础均为 60 万元（暂不考虑增值税）。

要求：请分析相应的涉税处理。

解析：根据国家税务总局公告 2015 年第 33 号的规定，A 公司应对非货币性资产进行评估并按评估后的公允价值扣除计税基础后的余额，计算确认非货币性资产的转让所得，并可自确认非货币性资产转让收入年度起，在不超过连续 5 个纳税年度的期间内，分期均匀计入相应年度的应纳税所得额，按规定计算缴纳企业所得税；以非货币性资产对外投资而取得被投资企业的股权，应以非货币性资产的原计税成本为计税基础，加上每年确认的非货币性资产转让所得，逐年进行调整。被投资企业取得非货币性资产的计税基础，应按非货币性资产的公允价值确定。

也就是说，A 公司的非货币性资产转让所得 40 万元（＝100－60）可以分 5 年确认，每年确认 8 万元；A 公司取得的 B 企业股权的第一年度计税基础为 68 万元（＝60＋8）。

B 企业取得的非货币性资产的计税基础，应按非货币性资产的公允价值加相关税费确定，即 100 万元。

11.2　非货币性资产投资的会计处理与纳税调整

根据股权投资的不同性质，企业对外股权投资形成投资资产可分为长期股权投资和金融资产两类核算。长期股权投资分为对联营企业的投资、对合营企业的投资以及对子公司的投资；金融资产分为以摊余成本计量的金融资产、以公允价值计量且其变动计入当期损益的金融资产和以公允价值计量且其变动计入其他综合收益的金融资产。本节主要介绍非货币性资产投资形成的长期股权投资的会计处理与纳税调整。

11.2.1　对联营企业、合营企业的投资

1. 长期投资的确认时间与税会差异调整

对于联营企业、合营企业投资的初始确认时点，在原则上可比照子公

司的确认条件进行。根据企业会计准则的规定，长期股权投资的确认是指投资方能够在自身账簿和报表中确认对被投资单位股权投资的时点，一般应在企业购买日确认。购买日是指投资方或购买方实际取得对被投资方或被购买方控制权的日期，即投资方拥有对被投资方的权力，通过参与被投资方的相关活动而享有可变回报，且有能力运用对被投资方的权力影响其回报金额时。

根据《国家税务总局关于企业重组业务企业所得税征收管理若干问题的公告》（国家税务总局公告 2015 年第 48 号），股权收购是以转让合同（协议）生效且完成股权变更手续日为重组日。根据国家税务总局公告 2015 年第 33 号的规定，企业以非货币性资产对外投资，应于投资协议生效并办理股权登记手续时，确认非货币性资产转让收入的实现。由此可见，股权收购的长期股权投资的确认时点为股权变更日。

税会差异及调整可参照 5.3 节中有关税会差异的内容。

2. 长期股权投资的初始计量与税会差异调整

对联营企业、合营企业投资，在取得长期股权投资时，初始投资成本的确定应遵循下述规定：

（1）支付现金取得的长期股权投资，应当按照实际支付的购买价款作为长期股权投资的初始投资成本，包括与取得长期股权投资直接相关的费用、税金及其他必要支出，但所支付价款中包含的被投资单位已宣告但尚未发放的现金股利或利润应作为应收项目核算，不构成取得长期股权投资的成本。

（2）以发行权益性证券方式取得的长期股权投资，其成本为所发行权益性证券的公允价值，但不包括被投资单位已宣告但尚未发放的现金股利或利润。

为发行权益性证券支付给有关证券承销机构等的手续费、佣金等与权益性证券发行直接相关的费用，不构成取得长期股权投资的成本。该部分费用应自权益性证券的溢价发行收入中扣除，权益性证券的溢价收入不足冲减的，应冲减盈余公积和未分配利润。

（3）以债务重组、非货币性资产交换等方式取得的长期股权投资，其初始投资成本的确定如下：以非货币性资产交换方式取得的长期股权投资，对于换入资产，应当以换出资产的公允价值和应支付的相关税费作为换入资产的成本进行初始计量；对于换出资产，应当在终止确认时，将换出资产的公允价值与其账面价值之间的差额计入当期损益。

【案例 11 - 2】 以案例 11 - 1 为例。A 公司以一项固定资产（机器设备）对 B 企业进行投资。该项资产的公允价值为 100 万元，账面价值与计税基础均为 60 万元。

要求： 请做出相应的会计处理与纳税调整。

解析：（1）A 公司的会计处理与纳税调整。

借：长期股权投资　　　　　　　　　　　　　　　　1 130 000

　贷：固定资产清理等　　　　　　　　　　　　　　　600 000

　　　资产处置损益　　　　　　　　　　　　　　　　400 000

　　　应交税费——应交增值税（销项税额）　　　　130 000

纳税调整：根据国家税务总局公告 2015 年第 33 号的规定，A 公司应对非货币性资产进行评估并按评估后的公允价值扣除计税基础后的余额，计算确认非货币性资产的转让所得，并可自确认非货币性资产转让收入年度起，在不超过连续 5 个纳税年度的期间内，分期均匀计入相应年度的应纳税所得额，按规定计算缴纳企业所得税；以非货币性资产对外投资而取得被投资企业的股权，应以非货币性资产的原计税成本为计税基础，加上每年确认的非货币性资产转让所得，逐年进行调整。被投资企业取得非货币性资产的计税基础，应按非货币性资产的公允价值确定。

也就是说，A 公司的非货币性资产转让所得 40 万元（＝100－60）可以

分 5 年确认，每年确认 8 万元，第 1 年应调减应纳税所得额 32 万元，第 2～
5 年每年调增应纳税所得额 8 万元；A 公司取得 B 企业股权的第 1 年计税基
础为 81 万元（＝60＋8＋13），第 2 年为 89 万元，第 3 年为 97 万元，第 4
年为 105 万元，第 5 年为 113 万元，同时应确认由于资产账面价值与计税基
础不同而对递延所得税的影响。

第 1 年：

借：所得税费用   80 000 ［(1 130 000－810 000)×25％］

 贷：递延所得税负债   80 000

第 2～5 年：

借：递延所得税负债   20 000

 贷：所得税费用   20 000

（2）B 企业的会计处理与纳税调整：

借：固定资产   1 000 000

  应交税费——应交增值税（进项税额）   130 000

 贷：实收资本等   1 130 000

纳税调整：B 企业取得的非货币性资产的计税基础，应按非货币性资产
的公允价值确定，即 100 万元。该投资的税务处理与会计处理相同，不用做
纳税调整。

【案例 11-3】 A 公司以一栋办公楼注资 C 公司，对 C 公司进行长期股
权投资。该办公楼的账面原值为 8 000 万元，已提折旧 1 000 万元，公允价
值为 10 000 万元。

要求：请做出相应的会计处理及纳税调整。

解析：

（1）A 公司的会计分录为：

借：长期股权投资——成本（C 公司）   109 000 000

累计折旧		10 000 000
贷：固定资产——办公楼		80 000 000
应交税费——应交增值税（销项税额）		9 000 000
资产处置损益		30 000 000

纳税调整：A公司的非货币性资产转让所得3 000万元可以分5年确认，每年确认600万元，第1年应调减应纳税所得额2 400万元，第2～5年每年调增应纳税所得额600万元；A公司取得C公司股权的第1年计税基础为8 500万元（＝8 000－1 000＋900＋600），第2年为9 100万元，第3年为9 700万元，第4年为10 300万元，第5年为10 900万元，同时确认由于资产账面价值与计税基础不同而对递延所得税的影响。

第1年：

借：所得税费用　6 000 000　[（109 000 000－85 000 000)×25％]

　　贷：递延所得税负债　　　　　　　　　　　　　6 000 000

第2～5年：

借：递延所得税负债　　　　　　　　　　　　　1 500 000

　　贷：所得税费用　　　　　　　　　　　　　　1 500 000

(2) C公司的会计分录为：

借：固定资产——办公楼　　　　　　　　　　　100 000 000

　　应交税费——应交增值税（进项税额）　　　　9 000 000

　　贷：实收资本等　　　　　　　　　　　　　109 000 000

纳税调整：C公司取得的非货币性资产的计税基础，应按非货币性资产的公允价值确定，即10 000万元。该投资的税务处理与会计处理相同，不用做纳税调整。

11.2.2　对子公司的投资

(1) 同一控制下的企业合并形成的对子公司长期股权投资。同一控制下的企业合并是指在交易发生前后，合并方、被合并方均在相同的最终控制方控制之下。最终控制方在企业合并前后能够控制的资产并没有发生变化，只是由于合并方的加入，使得各子公司相互间的层级、直接或间接关系发生变化。

合并方以非货币性资产作为投资的，应当按照取得的被投资方所有者权益在最终控制方合并财务报表中账面价值的份额作为长期股权投资的初始成本。长期股权投资的初始成本与投资的非货币性资产账面价值之间的差额，应当调整资本公积（资本溢价或股本溢价）；资本公积（资本溢价或股本溢价）的余额不足冲减的，可调整留存收益。

借：长期股权投资

　　贷：固定资产等

　　　　资本公积——资本溢价或股本溢价

或

借：长期股权投资

　　　资本公积——资本溢价或股本溢价

　　　盈余公积

　　　利润分配——未分配利润

　　贷：固定资产等

【案例 11-4】 B、C 公司同为 A 集团控制的子公司（非上市公司），适用的企业所得税税率为 25％。2019 年 4 月 1 日，C 公司以自己生产的产品对 B 公司进行投资，并取得 B 公司 60％的股权；同日，B 公司的净资产价值为 1 000 万元，B 公司股权的账面价值为 800 万元。C 公司的所有者权益构成为：股本为 16 000 万元，资本公积为 300 万元，盈余公积为 200 万元，未分配利润为 500 万元。在该交易中，C 公司以自己生产的产品作为投资。这批产品的公允价值为 720 万元，账面价值与计税基础均为 600 万元。C 公司的投资合并示意图见图 11-1。

要求：请做出相应的涉税会计处理。

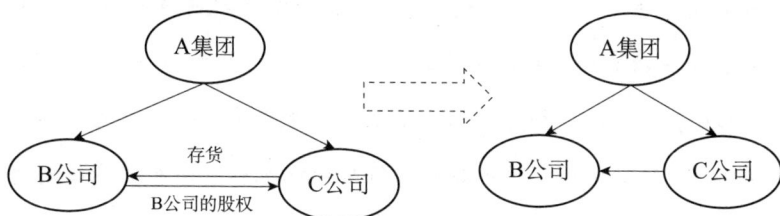

图 11-1　同一控制下以非货币性资产投资的示意图

解析：C 公司取得 B 公司的股权属于同一控制下的企业合并。按照企业会计准则的规定，投资方应当按照合并取得的应享有被合并方账面净资产的份额确认对被合并方的长期股权投资。该长期股权投资与所支付对价账面价值之间的差额应当调整资本公积，资本公积余额不足的，应当依次调整盈余公积和未分配利润。

1）C 公司的涉税会计处理：

C 公司对 B 公司长期股权投资的成本应确认为 600 万元。

借：长期股权投资——B 公司　　　　　　　　6 000 000

　　贷：库存商品　　　　　　　　　　　　　　5 000 000

　　　　应交税费——应交增值税（销项税额）　　936 000

　　　　资本公积　　　　　　　　　　　　　　64 000

纳税调整：根据国家税务总局公告 2015 年第 33 号的规定，C 公司应对非货币性资产进行评估并按评估后的公允价值扣除计税基础后的余额，计算确认非货币性资产的转让所得，并可自确认非货币性资产转让收入年度起，在不超过连续 5 个纳税年度的期间内，分期均匀计入相应年度的应纳税所得额，按规定计算缴纳企业所得税；以非货币性资产对外投资而取得被投资企业的股权，应以非货币性资产的原计税成本为计税基础，加上每年确认的非货币性资产转让所得，逐年进行调整。被投资企业取得非货币性资产的计税基础，应按非货币性资产的公允价值确定。

也就是说，C公司的非货币性资产转让所得220万元（＝720－500）可以分5年确认，每年确认44万元，即每年调增应纳税所得额44万元；C公司取得B公司股权的第1年计税基础为637.6万元（＝500＋93.6＋44），第2年为681.6万元，第3年为725.6万元，第4年为769.6万元，第5年为813.6万元，同时确认由于资产账面价值与计税基础不同而对递延所得税的影响。

第1年：

借：递延所得税资产　　94 000 ［（6 376 000－6 000 000)×25％］

　贷：所得税费用　　　　　　　　　　　　　　　　　94 000

第2年：

借：递延所得税资产

　　　　　　110 000 ［（6 816 000－6 000 000)×25％－94 000］

　贷：所得税费用　　　　　　　　　　　　　　　　110 000

第3～5年的会计分录同第2年。

2）B公司的涉税会计处理：

借：原材料　　　　6 000 000 （即投资协议确定的净资产价格）

　　应交税费——应交增值税（进项税额）　　　　936 000

　贷：实收资本　　　　　　　　　　　　　　6 000 000

　　　资本公积　　　　　　　　　　　　　　　936 000

纳税调整：B公司确认原材料的计税基础为720万元。账面价值与计税基础的差额应确认对递延所得税的影响。

借：递延所得税资产　　300 000 ［（7 200 000－6 000 000)×25％］

　贷：所得税费用　　　　　　　　　　　　　　　300 000

（2）非同一控制下的企业合并形成的对子公司长期股权投资。在非同一控制下的企业合并中，购买方应当以非货币性资产的公允价值作为长期股权投资的初始投资成本。企业合并的成本包括购买方发生或承担的负债、发行的权益性证券的公允价值之和。

借：长期股权投资

　贷：固定资产（长期股权投资）等

　　　资产处置收益（投资收益）

非同一控制下的企业合并涉及以库存产品等作为合并对价的，应按库存产品的公允价值贷记"主营业务收入"或"其他业务收入"科目，同时结转相关的成本。以公允价值计量且其变动计入其他综合收益的债权性金融资产作为合并对价的，原持有期间公允价值变动形成的其他综合收益应一并转入投资收益，借记"其他综合收益"科目，贷记"投资收益"科目。

【案例 11-5】 假定 C、D 公司为非关联公司（非上市公司），适用的企业所得税税率为 25%。2019 年 4 月 1 日，C 公司以一批库存产品注资 D 公司，取得 D 公司 60% 的股权；同日，D 公司这部分股权的公允价值为 1 130 万元，账面价值为 800 万元。C 公司投入的库存产品的含税公允价值为 1 130 万元，账面价值和计税基础均为 900 万元。

要求：请做出相应的涉税会计处理。

解析：1）C 公司的涉税会计处理。

借：长期股权投资——D 公司　　　　　　　　　11 300 000

　贷：主营业务收入　　　　　　　　　　　　　10 000 000

　　　应交税费——应交增值税（销项税额）　　　1 300 000

借：主营业务成本　　　　　　　　　　　　　　　9 000 000

　贷：库存商品　　　　　　　　　　　　　　　　9 000 000

税务处理：C 公司的非货币性资产转让所得 100 万元（＝1 000－900）可以分 5 年确认，每年确认 20 万元，第 1 年调减应纳税所得额 80 万元，第

2～5年每年调增应纳税所得额 20 万元；C 公司取得 D 公司股权的第 1 年计税基础为 1 050 万元（＝900＋130＋20），第 2 年为 1 070 万元，第 3 年为 1 090 万元，第 4 年为 1 110 万元，第 5 年为 1 130 万元，同时确认由于资产的账面价值与计税基础不同而对递延所得税的影响。

第 1 年：

借：递延所得税资产

200 000 ［(11 300 000－10 500 000)×25％］

贷：所得税费用 200 000

第 2 年：

借：所得税费用

50 000 ［(11 300 000－10 700 000)×25％－200 000］

贷：递延所得税资产 50 000

第 3～5 年的会计分录同第 2 年。

2) D 公司的涉税会计处理。

借：原材料 10 000 000（即投资协议确定的净资产价格）

应交税费——应交增值税（进项税额） 1 300 000

贷：实收资本 11 300 000

纳税调整：D 公司确认原材料的计税基础为 1 000 万元。账面价值与计税基础相同。

11.3 非货币性资产投资的税收筹划

11.3.1 非货币性资产投资税收筹划应关注的重点

（1）合理筹划，享受以非货币性资产对外投资的递延纳税政策。对于以非货币性资产投资按公允价值计算确认的转让所得，在不超过 5 个纳税年度分期均匀确认企业所得的应纳税所得额。企业选择非货币性资产投资的递延纳税政策，可以实现节税目标。

（2）关注非货币性资产投资的后续管理要求。如果对外投资采用分期确认所得，同时投资项目在5年内注销或转让的，应在注销或转让当年一次性确认所得。如果企业在5年内注销或转让的，应及时确认所得并缴纳企业所得税。

（3）合理筹划，享受以非货币性资产对外投资的土地增值税、契税等税收优惠政策。企业以房产对外投资的（房地产企业除外），可以免征土地增值税和契税。

11.3.2   非货币性资产投资的税收筹划方法

1. 税务处理方法的选择

根据国家税务总局公告2015年第33号，符合规定的企业非货币性资产投资行为，同时符合特殊性税务处理条件的，可由企业选择其中一项政策执行，而且一经选择，不得改变。如果企业以股权作为长期股权投资，并且符合股权收购的特殊性税务处理条件，就要比较选择哪种方式更有利。

【案例11-6】 假定A、B公司为非关联公司（非上市公司），适用的企业所得税税率为25%。2019年4月1日，A公司以其控股企业C公司60%的股权注资B公司，以取得B公司的控制权；同日，C公司这部分股权的公允价值为1 000万元，账面价值为800万元。假定公司股权变更后在12个月内不改变公司的实质性经营活动，并且股权不发生变动。

要求：请做出相应的涉税会计处理并分析节税效果。

解析：（1）选择非货币性资产转让所得分5年确认的税务处理。

根据国家税务总局公告2015年第33号的规定，C公司以股权作为投资，属于非货币性资产投资，可以分5年确认非货币性资产转让所得200万元，即每年确认 40 万元。

B 公司取得的 C 公司股权的计税基础为：第 1 年为 840 万元，第 2 年为 880 万元，第 3 年为 920 万元，第 4 年为 960 万元，第 5 年为 1 000 万元。

（2）选择股权收购的特殊性税务处理。B 公司以自己的股权作为对价取得对 C 公司的控股权，属于股权支付，符合特殊性税务重组条件。B 公司取得的 C 公司股权的计税基础为 800 万元，A 公司可以暂不确认股权转让所得。

通过以上税务处理比较可以看出，对于投资方 A 公司来说，选择特殊性税务处理的节税效果更好；对于被投资方 B 公司来说，如果选择非货币性资产转让所得分 5 年确认的税务处理，其计税基础较高，等 5 年后再转让时可以实现抵税效应。

需要注意的是，股权转让双方应选择一致性税务处理，如果一方选择了非货币性出资递延 5 年的税务处理，对方就不能选择特殊性税务处理。

2. 先分配利润，再以股权进行投资

如果在企业投资的股权中含有未分配利润和盈余公积等，则股权的公允价值就会提高，从而加大非货币性资产的转让所得。如果在股权投资前先进行利润分配，从而降低股权的公允价值，就可以达到节税的目标。

【案例 11-7】 假定 A、B 公司为非关联公司（非上市公司），适用的企业所得税税率为 25%。A 公司计划以其拥有的 C 公司股权注资 B 公司，并取得 B 公司 5% 的股权；同日，C 公司这部分股权的公允价值为 1 000 万元，账面价值为 800 万元。

要求：请设计股权投资的税收筹划方案。

解析：根据《国家税务总局关于贯彻落实企业所得税法若干税收问题的通知》（国税函〔2010〕79 号）第三条"关于股权转让所得确认和计算问题"的规定，转让股权收入扣除为取得该股权所发生的成本后，为股权转让所得。企业在计算股权转让所得时，不得扣除在被投资企业未分配利润等股东留存收益中，按该股权所可能分配的金额。

因此，在现有方案下，企业股权投资应确认股权转让所得 200 万元，可以分 5 年确认非货币性资产转让所得，即每年确认 40 万元。

如果 A 公司在股权投资前，先要求 B 公司对未分配利润进行分配，B 公司的股权不再含权，会降低股权的公允价值，从而减少非货币性资产的转让所得；与此同时，A 公司分回的利润属于投资收益，免缴企业所得税。

假定 A 公司分回利润 200 万元，从而股权的公允价值降为 800 万元，A 公司在对 B 公司进行投资时，以 C 公司的股权＋200 万元现金的模式进行。在该方案下，股权的转让所得为 0，分回的利润 200 万元免缴企业所得税，从而实现了节税的目标。

3. 将非货币性资产分设成立新公司，再以新公司的股权进行投资

以非货币性资产进行投资，除了缴纳企业所得税外，还需要缴纳增值税。如果将拟投资的非货币性资产分设出去成立一家子公司，然后再以子公司的股权进行投资，可以避免缴纳增值税。不过，需要注意的是，分设子公司与股权转让必须间隔 12 个月，子公司还必须有实质性的经营活动。

■■■ 案例讨论

A 公司是一家机床生产制造企业，其子公司 B 从事零部件生产，出于经营战略需要，A 公司欲将其持有的一处闲置房产及 B 公司一并转让给非关联企业 C 公司。转让日，房产的账面价值为 1 000 万元，公允价值为 5 000 万元；B 公司股权的计税基础为 2 000 万元，公允价值为 3 000 万元。现有两个方案可供选择：

方案一：直接出售房产及 B 公司。

方案二：先将房产以增资方式投入 B 公司，再转让 B 公司。

试讨论：上述两个方案的税负情况。

股权重组的特殊交易方式

12.1 对赌协议概述

12.1.1 对赌协议的概念

1. 对赌协议

2019 年 11 月 8 日，最高人民法院举办的第九次全国法院民商事审判工作会议印发的《全国法院民商事审判工作会议纪要》（以下简称《九民纪要》），就对赌协议的定义、法律效力、争议的处理规则等做出了基本规定。

对赌协议又称估值调整协议，是指投资方与融资方在达成股权性融资协议时，为解决交易双方对目标公司未来发展的不确定性、信息不对称以及代理成本而设计的包含了股权回购、金钱补偿等对未来目标公司的估值进行调整的协议。

估值调整机制是为了平衡买卖双方的利益而设置的。在谈判初期，卖方总会抬高标的物的价值，而买方也不愿被动接受价格。因此，为了促使交易的顺利进行，双方先对标的物价值做出初步的评估，而后再以标的物的未来盈利能力为依据，通过买方追加投资或者卖方补偿溢价来对初期价格进行调整，使得整个交易价格趋于公允。其中的关键就在于标的物的未来盈利能力是不确定的，因而无论是买方还是卖方都冒着一定的风险，所以对赌协议这个名称就恰如其分地形容了这种状况。

对赌协议通常运用于资本交易中，买卖双方也就是投融资双方，标的物一般是股权或者股票等，其盈利能力通常以目标公司的财务指标予以体现。

对赌协议的简易流程图见图 12 - 1。

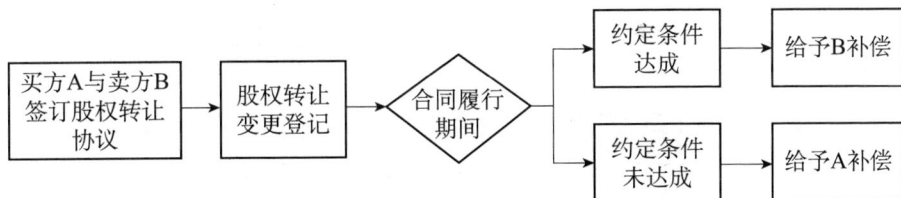

图 12 - 1　对赌协议的简易流程图

2. 业绩补偿

基于对赌协议的特殊性，所以引出了一个后续概念——业绩补偿。业绩补偿是指在合同履约期间，需要以目标公司的经营业绩作为评判指标——如果目标公司的业绩不达标，则融资方要对投资方或反向进行补偿。另一种情形是，目标公司达到甚至超出约定的经营业绩，那么为了弥补标的物价值被低估的损失，投资方需要额外追加投资，因而标的物的转让价格就相应提高了。业绩补偿有如下几种常见的形式：

（1）股份补偿。在这种形式下又分为调整型对赌协议和回购型对赌协议两种。调整型对赌协议是指融资方以较低价格甚至无偿赠送股份给投资方，以此弥补投资方的损失。回购型对赌协议是指投资方并不看好被收购企业的盈利能力，要求融资方或目标公司以溢价回购其持有的股份。

例如，凯雷集团于 2005 年 10 月与徐工集团签订的对赌协议就属于调整型对赌协议。这类条款主要约定：当目标企业未能实现约定的业绩目标时，目标企业将同意股权投资方以低廉价格再增加一部分目标企业股权。凯雷集团与徐工集团的对赌协议示意图见图 12 - 2。

雨润食品在香港上市前，高盛、鼎辉投资和新加坡政府投资基金与雨润签订的对赌协议则属于回购型对赌协议。这类条款主要约定：当目标企

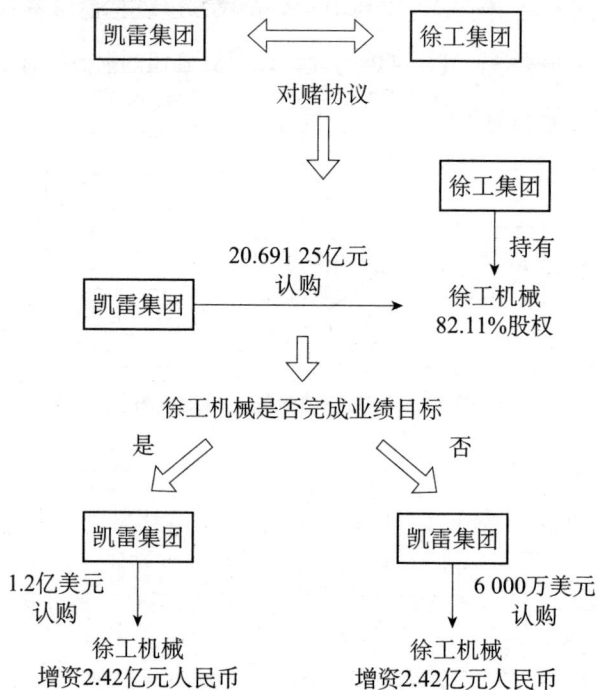

图 12 - 2 凯雷集团与徐工集团的对赌协议示意图

业未能实现特定的对赌目标〔常见的对赌目标是完不成经营业绩指标或是未能实现公开发行股票并上市（即 IPO）的目标〕时，目标企业的原股东将以投资方的投资款加固定回报的价格回购投资方的股份，以使投资方退出。高盛、鼎辉投资和新加坡政府投资基金与雨润签订的对赌协议示意图见图12 - 3。

（2）现金补偿。如果目标公司的业绩不达标，融资方、目标公司要对投资方或反向进行现金补偿。

例如，2007 年，苏州工业园区海富投资有限公司（以下简称"海富公司"）与甘肃众星锌业有限公司（后更名为甘肃世恒有色资源再利用有限公司，以下简称"世恒公司"）签订了《增资协议书》，约定了对赌条款。海富公司与世恒公司的对赌协议示意图见图 12 - 4。

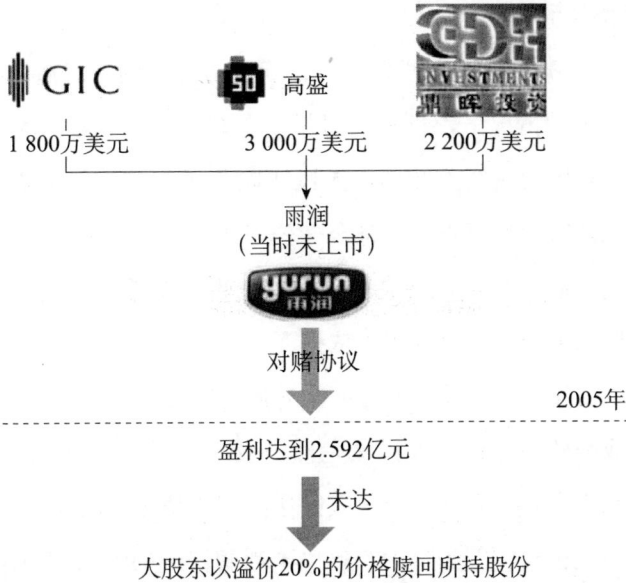

图 12-3　高盛、鼎辉投资和新加坡政府投资基金与雨润签订的对赌协议示意图

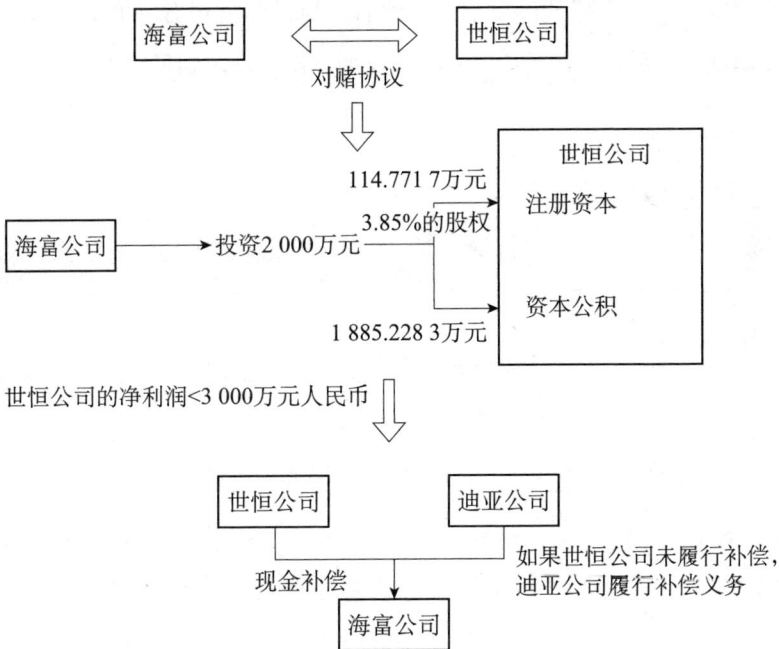

图 12-4　海富公司与世恒公司的对赌协议示意图

3. 对赌协议的法律地位

《九民纪要》规定：一是投资方与目标公司订立的"对赌协议"在不存在法定无效事由的情况下，目标公司仅以存在股权回购或者金钱补偿约定为由，主张"对赌协议"无效的，人民法院不予支持，但投资方主张实际履行的，人民法院应当审查是否符合《公司法》关于"股东不得抽逃出资"及股份回购的强制性规定，判决是否支持其诉讼请求。二是投资方请求目标公司回购股权的，人民法院应当依据《公司法》第 35 条关于"股东不得抽逃出资"或者第 142 条关于股份回购的强制性规定进行审查。经审查，目标公司未完成减资程序的，人民法院应当驳回其诉讼请求。三是投资方请求目标公司承担金钱补偿义务的，人民法院应当依据《公司法》第 35 条关于"股东不得抽逃出资"和第 166 条关于利润分配的强制性规定进行审查。经审查，目标公司没有利润或者虽有利润但不足以补偿投资方的，人民法院应当驳回或者部分支持其诉讼请求。此后，当目标公司有利润时，投资方还可以依据该事实另行提起诉讼。对赌协议的诉讼审理规则见图 12 - 5。

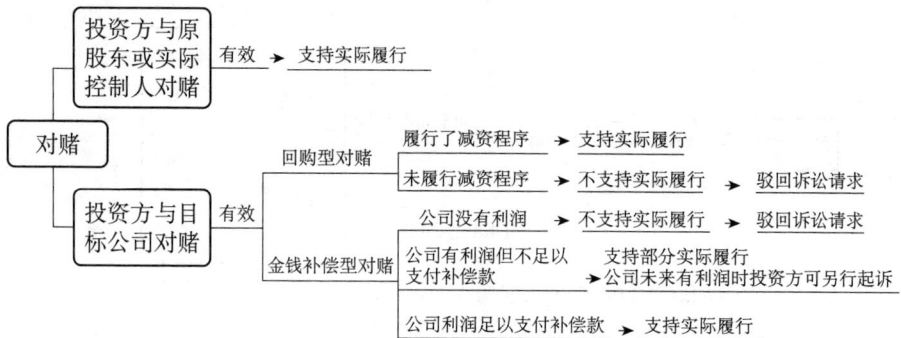

图 12 - 5 对赌协议的诉讼审理规则

【案例 12 - 1】 2007 年 11 月 1 日，苏州工业园区海富投资有限公司（以下简称"海富公司"）作为投资方，与甘肃众星锌业有限公司（后更名为甘肃世恒有色资源再利用有限公司，以下简称"世恒公司"）、世恒公司当时的唯一股东香港迪亚有限公司（以下简称"迪亚公司"）、迪亚公司的法定代表人陆波（也是世恒公司的法定代表人）共同签订了《增资协议书》，该协议中关于业绩对赌部分的内容为：

（1）海富公司增资 2 000 万元人民币取得世恒公司 3.85％的股权，其中 114.771 7 万元列为注册资本，1 885.228 3 万元计入资本公积。迪亚公司持股 96.15％（溢价 16.66 倍）。

（2）《增资协议书》第七条第（二）项约定：2008 年世恒公司的净利润不低于 3 000 万元人民币；如果世恒公司 2008 年的实际净利润完不成 3 000 万元，海富公司有权要求世恒公司予以补偿，如果世恒公司未能履行补偿义务，海富公司有权要求迪亚公司履行补偿义务；补偿金额的计算公式为"（1－2008 年实际净利润/3 000 万元)×本次投资金额"。

（3）在 2010 年 10 月 20 日前上市及相关股权回购的约定。以世恒公司的净资产年化收益率是否达到 10％确定回购价格。因世恒公司 2008 年度的实际净利润仅为 26 858.13 元，未达到约定的该年度承诺净利润额，2009 年 12 月 30 日海富公司向人民法院提起诉讼，请求判令世恒公司、迪亚公司、陆波向其支付补偿款 1 998.209 5 万元。

人民法院判决及审理规则分析如下：

人民法院判决应区分投资方与目标公司及与股东对赌的情形，认定投资方与股东之间的对赌协议合法有效，从而判决迪亚公司向海富公司支付补偿款 1 998.209 5 万元，这与《九民纪要》的判决规则相同。关于投资方与目标公司之间的对赌协议，当时的判决认为，投资方与目标公司之间的对赌因损害公司及债权人利益，应认定无效。然而，《九民纪要》对这一规则进行了修正，认为在不违反法律禁止性规定的情况下，应当认定对赌协议是有效的。只有当投资方请求目标公司回购股份而目标公司未完成减资程序时，或者当投资方请求目标公司给予金钱补偿而目标公司没有利润或利润不足时，人民法院才裁定驳回诉讼请求或者要求其另行起诉。

12.1.2　对赌协议的税务处理[①]

在对赌交易中，如果目标公司实现了承诺方的承诺（即对赌成功），意味着股权并购重组方案顺利实施，其税务处理主要适用重组的一般性税务处理规则或特殊性税务处理规则，相关税务处理可参见股权收购以及非货币性资产投资的相关内容。

如果目标公司未达到承诺的业绩目标，则意味着目标公司、目标公司股东、投资方之间会发生业绩补偿行为。对赌协议业绩补偿流向图见图 12 - 6。

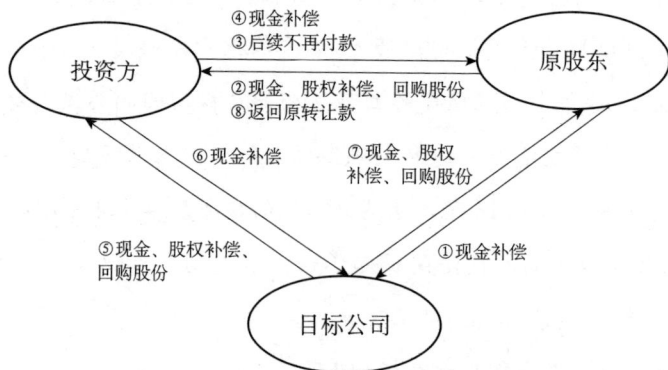

图 12 - 6　对赌协议业绩补偿流向图

下面主要介绍业绩补偿的税务处理规定。

1. 原股东对目标公司予以补偿

投资方向目标公司增资且与目标公司原股东对赌，如果目标公司未实现原股东的承诺（主要为经营业绩承诺或者上市承诺），目标公司原股东对目标公司予以现金补偿。

根据《国家税务总局关于企业所得税应纳税所得额若干问题的公告》（国家税务总局公告 2014 年第 29 号），对于企业接收股东划入资产（包括股东赠予资产、上市公司在股权分置改革过程中接收原非流通股股东和新非流通股股东赠予的资产、股东放弃本企业的股权）的企业所得税处理，凡合同、协议约定作为资本金（包括资本公积）且在会计上已做实际处理的，不计入企业的收入总额，企业应按公允价值确定该资产的计税基础。

【案例12-2】 湖北博盈投资股份有限公司（以下简称"博盈投资"）的控股股东为荆州市恒丰制动系统有限公司，实际控制人为罗小峰及卢娅妮，主营业务为汽车配件的制造及销售，主要产品为汽车前后桥总成及齿轮。因遭遇经营危机，博盈投资"卖壳"重组。2013年11月，博盈投资向包括英达钢构在内的六名特定对象定增并募集资金，募集的部分资金用于购买斯太尔动力（江苏）投资有限公司（以下简称"斯太尔投资"）100%的股权，后者拥有奥地利老牌柴油发动机企业Steyr Motors GmbH有限公司（以下简称"Steyr Motors"）。上述发行完成后，英达钢构成为斯太尔的控股股东，主营业务新增柴油发动机。在重组完成后，博盈投资也更名为斯太尔。

斯太尔与英达钢构签署了对赌协议，也就是《斯太尔动力股份有限公司与山东英达钢结构有限公司之利润补偿协议》（以下简称《利润补偿协议》），根据《利润补偿协议》，英达钢构承诺：在2014年度、2015年度、2016年度，斯太尔投资每年实现的经审计扣除非经常性损益后的净利润分别不低于2.3亿元、3.4亿元和6.1亿元，共计11.8亿元。若每期实际扣除非经常性损益后的净利润未达到上述净利润承诺数，英达钢构将按承诺利润数与实际盈利之间的差额以现金的方式补偿给斯太尔。

英达钢构收购斯太尔投资的目的是吸收奥地利斯太尔的核心技术，逐步形成本土化研发和生产优势，满足柴油发动机军品及民品领域巨大的市场需求。在最初的设计中，国内市场被英达钢构看好。在重组方案的业绩展望中，除了Steyr Motors在奥地利部分原有业务的稳步增长外，Steyr

Mortors 的主要产品是国产 M14 和 M12 柴油发动机。上述两款发动机将实现国产化大规模生产，其销售市场是国内外市场。在当时的方案设计中，英达钢构认为中国柴油发动机市场的潜力巨大，特别是在汽车柴油发动机、农用车柴油发动机、混合动力汽车用柴油发动机、发电机组柴油发动机、游艇柴油发动机等领域。此外，当时已达成订货合同或订货意向的未来潜在客户有四川汽车工业集团、意大利 PRAMAC 公司、俄罗斯 GAZ 公司等，并已签订了约 21 000 台 M14 和 38 000 台 M12 的订货合同，达成了 30 000 台 M14 的海外订单意向。与此同时，英达钢构积极推动国产化工作，当时已与成都桐林、山东鑫亚签署了委托生产框架协议，而且基本完成的工作包括图纸转化、工装模具的准备、供应商的资格及其报价的确认等。在重组时签订的业绩承诺，主要基于当时斯太尔投资拥有持续满足"欧 IV 排放标准"的规模较大的发动机订单做出的。然而，后来因国家柴油发动机排放政策的大幅调整，上述订单已全部终止。

因此，英达钢构并未完成这一业绩承诺。公司报表显示，2014—2016 年斯太尔投资的净利润分别为 7 406.57 万元、1 056.93 万元和 1.23 亿元，对比重组时承诺的净利润，差额达到 9.72 亿元。为此，英达钢构补偿了前两年的差额。2016 年，斯太尔动力（江苏）投资有限公司未经审计扣除非经常性损益后的净利润仅为 1.23 亿元，仍触发现金补偿义务，英达钢构需要以现金形式支付 4.87 亿元给斯太尔。2016 年的补偿款只给了 500 万元，尚欠 4.82 亿元没有支付。① 斯太尔公司最初也将收到的补偿款计入营业外收入。

2017 年 11 月，荆州市地方税务局下达了《荆州市地方税务局关于斯太

---

① 斯太尔动力股份有限公司就山东英达钢结构有限公司尚欠的 4.82 亿元业绩补偿款进行法律诉讼并申请法院强制执行，由于山东英达钢结构有限公司无其他可供执行财产而终止强制执行程序。

尔动力股份有限公司业绩补偿款征收企业所得税的批复》（荆地税函〔2017〕第38号），认定斯太尔公司取得了英达钢构支付的业绩补偿款5.07亿元，应依法履行企业所得税纳税义务。

但监管部门认为，斯太尔公司收到的补偿款属于控股股东捐赠行为，不应确认收入，公司应将收到的补偿款调整计入资本公积。

要求：请对该对赌协议中业绩补偿款的税务处理进行分析。

解析：国家税务总局公告2014年第29号规定，关于企业接收股东划入资产的企业所得税处理，企业接收股东划入资产（包括股东赠予资产、上市公司在股权分置改革过程中接收原非流通股股东和新非流通股股东赠予的资产、股东放弃本企业的股权），凡合同、协议约定作为资本金（包括资本公积）且在会计上已做实际处理的，不计入企业的收入总额，企业应按公允价值确定该资产的计税基础。对赌协议的原股东对目标公司的业绩补偿，如果符合国家税务总局公告2014年第29号规定的条件，即对赌协议中约定业绩补偿作为资本金，并且目标公司收到股东的补偿款后在会计上计入"资本公积"科目的，无须缴纳企业所得税。

本案例中的目标公司斯太尔公司在收到补偿款后最初计入"营业外收入"科目，这是需要缴纳企业所得税的，而后调整为"资本公积"科目。如果对赌协议约定了业绩补偿款作为资本金，则可不计入企业的收入总额，否则需要缴纳企业所得税。

2. 原股东对投资方予以现金或股权补偿或者回购股份

投资方对目标公司增资，并且与目标公司原股东对赌，如果目标公司未实现原股东的承诺，公司原股东要对投资方予以现金或股权补偿或者回购股份。

对于投资方在对赌协议中取得的利润补偿是否征收企业所得税，目前没有明确的税法规定。

根据《海南省地方税务局关于对赌协议利润补偿企业所得税相关问题的复函》（琼地税函〔2014〕198号），公司在该对赌协议中取得的利润补偿可以视为对最初受让股权的定价调整，即收到利润补偿当年调整相应长期股权投资的初始投资成本。

在溢价回购全部股权后，投资方应当按照转让股权所得处理，股权溢价回购取得的收入减除初始投资成本以及相关税费作为应纳税所得额申报纳税。对于原股东而言，属于增加对目标公司长期股权投资的计税基础。如果部分回购，投资方不确认所得，双方都调整长期股权投资的计税基础。

需要注意的是，对于海南省地方税务局的复函存在着不同意见。根据《企业所得税法》，资产的计税基础坚持历史成本原则，认为用利润补偿调整相应长期股权投资的初始投资成本违反了税法的历史成本原则，与税法规定存在冲突。

【案例12-3】① 海南航空股份有限公司（以下简称"海南航空"）拟以61 856.766万元的价格受让海航酒店控股集团有限公司（以下简称"海航酒店集团"）持有的北京燕京饭店有限责任公司（以下简称"燕京饭店"）45％的股权；以172 834.792万元的价格受让扬子江地产集团有限公司（以下简称"扬子江集团"）持有的北京科航投资有限公司（以下简称"科航公司"）65％的股权和海航酒店集团持有的科航公司30％的股权。

（1）交易股权架构及关联方。

1）海南省发展控股公司（以下简称"海南发展控股公司"）。海南发展控股公司属于国有独资公司，股东为海南省国资委。海南发展控股公司持有大新华航空有限公司（以下简称"大新华航空"）40.65％的股权，属于海南航空的实际控制人。

---

① 本案例根据《海南航空对赌协议的财税处理案例分析》整理。

2）大新华航空。大新华航空持有海南航空51.68%的股权，属于海南航空的控股股东。

3）海航集团有限公司（以下简称"海航集团"）。海航酒店集团、扬子江集团均为海南航空的股东海航集团的下属公司，与海南航空构成关联关系，但并非控股股东。

4）海航酒店集团。海航酒店集团属于海航集团的子公司，持有燕京饭店45%的股权和科航公司30%的股权。

5）扬子江集团。扬子江集团属于海航集团的子公司，持有科航公司65%的股权。

交易前的海航股权架构示意图见图12-7。

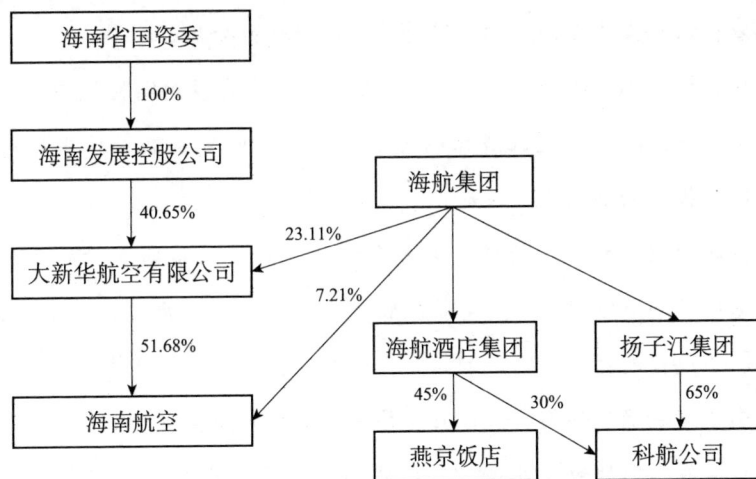

图 12-7　交易前的海航股权架构示意图

（2）业绩补偿协议。为了保护上市公司及其中小股东的权益，根据中铭国际资产评估（北京）有限责任公司（以下简称"中铭国际"）中铭评报字［2008］第0009号《北京燕京饭店股权项目资产评估报告书》以及中铭国际对北京科航项目所做的盈利预测，转让方海航酒店集团、扬子江集团的控股股东海航集团有限公司已做出承诺：如果2009年、2010年、2011年燕京饭店的净利润无法达到预测的 9 698 万元、12 402 万元、12 938 万元，如果北京科航的净利润无法达到预测的 8 169 万元、9 452 万元、11 630 万元，海航集团将按权益比例（燕京饭店 45％的股权、北京科航 95％的股权）以现金补偿方式补足净利润的差额部分。

（3）盈利预测的实现情况及补偿。根据海航集团 2009 年度、2010 年度、2011 年度的年报披露：2009 年科航公司的实际净利润为－3 503 万元，与海航集团承诺的缺口为 11 672 万元。对于相关的差额，海南航空已于 2010 年上半年全部收回业绩补偿款 11 088.4 万元（＝11 672×95％）。2010 年科航公司的净利润为 60.25 万元，与海航集团承诺的缺口为 9 392 万元，海航酒店集团和扬子江集团已于 2011 年上半年收回 8 922.4 万元。

要求：请对上述案例中的业绩补偿款进行涉税分析。

解析：根据琼地税函〔2014〕198 号文，公司在该对赌协议中取得的利润补偿可以视为对最初受让股权的定价调整，即收到利润补偿当年调整相应长期股权投资的初始投资成本。

（1）海南航空的税务处理。当海南航空收到海航集团支付的业绩补偿款时，调整海南航空对科航公司长期股权投资的初始投资成本，因而有

该股权的计税基础＝初始投资成本－收到的业绩补偿款

海南航空不确认任何收入，业绩补偿款不用缴纳企业所得税。

（2）海航集团的税务处理。海航集团只是代垫补偿款，不存在任何的支出，也不存在任何的税前扣除事项。

（3）海航酒店集团和扬子江集团的税务处理。在股权转让的 2009 年，海航酒店集团、扬子江集团确认了股权转让收益并计入应纳税所得额后计算缴纳企业所得税。在 2010 年，扬子江集团实际支付了盈利预测补偿款，视为对最初收到的股权转让对价的调整，可以在 2010 年度调减应纳税所得额。

3. 投资方后续部分的股权转让款不再给付

当交易双方对目标公司估值或上市时间等不确定事项无法达成一致时，目标公司原股东对投资方转让股权，可以采取分期支付的交易模式。如果目标公司未实现原股东的承诺，投资方后续部分的股权转让款不再给付；当目标公司完成对赌目标时，受让方再向转让方追加支付交易对价。

国税函〔2010〕79 号文规定：企业转让股权收入，应于转让协议生效且完成股权变更手续时确认收入的实现。因此，纳税人应当在股权变更登记完成后就本次转让交易总额确认转让收入，并以此作为申报纳税的计税依据。如果目标公司原股东对赌失败，没有收到追加或有对价，那么只要就实际收到的转让收入确认计税依据，就可以以尚未收到的对价冲减股权转让收入。

4. 投资方对原股东进行现金补偿

目标公司原股东对投资方转让股权，投资方取得控股权，目标公司原股东与投资方进行对赌，如果目标公司未达到现有控股股东的承诺，投资方对目标公司原股东进行现金补偿。

如果投资方与目标公司股东进行对赌，对于原股东收到的补偿款应如何处理，在实务中有两种不同的观点：一是从对赌交易的整体来看，属于对其股权转让价值的估值调整，原股东就应当增加的股权转让收入而依法进行税务处理。二是从补偿的实质来看，由于目标公司没有完成控股股东承诺的业绩，导致目标公司分配的利润减少，从而依据双方的对赌意愿而获得控股股东的补偿，以弥补少分的利润额。从这个角度看，业绩补偿款应视为从目标公司获得的利润，可视同股息、红利所得，这就属于免税收入。

【案例 12 - 4】 2014 年 5 月 20 日，四川 A 股上市公司西部资源（600139）受让重庆开投、重庆市交通融资担保有限公司、重庆重客实业发展有限公司合计持有的交通租赁 57.55% 的股权，交通租赁于 2014 年 12 月 31 日完成股权转让工商变更登记，表明本次股权转让交易全部完成。根据《股权转让协议》的条款，西部资源应有能力在本次股权转让完成后，将交通租赁做大做强，并承诺："在本次股权转让完成后的前五个会计年度内，保证交通租赁每年实现不低于人民币 3.5 亿元的可分配净利润。如未完成，公司应采取各种措施确保原股东（指届时依旧持有交通租赁股权的原股东）按其持股比例取得与前述净利润对应的资金回报。"上述承诺期已于 2019 年 12 月 31 日届满，交通租赁未完成每年不低于人民币 3.5 亿元净利润的业绩承诺，而且差距较大。根据约定，该业绩补偿应于 2020 年 6 月 30 日前结算。基于谨慎性原则，截至 2018 年 12 月 31 日，西部资源已累计计提业绩承诺补偿款 59 734.12 万元，计入营业外支出，累计减少以前年度的利润总额共计 59 734.12 万元。

要求：如果重庆开投获得资金补偿，对赌双方应如何进行税务处理？

解析：（1）重庆开投获得补偿款的税务处理。对于重庆开投获得的资金补偿，目前没有明确的税法处理规定：一是从对赌交易的形式来看，属于对其股权转让价值的估值调整，重庆开投获得的资金补偿就应当增加股权转让收入并依法进行税务处理。二是从补偿的实质来看，由于目标公司没有完成控股股东承诺的业绩，导致重庆开投从目标公司分配的利润减少，从而依据双方的对赌意愿而获得控股股东的补偿，以弥补少分的利润额。从这个角度看，业绩补偿款应视为从目标公司获得的利润，重庆开投作为居民法人企业，就应当将业绩补偿款视同股息、红利所得，这就属于免税收入。

投资方的控股管理直接影响目标公司未来的成长性，进而影响原股东的利润分配（即收益率），因而原股东与投资方的股权转让估值与目标公司未来的成长性密切相关。在目标公司未来盈利水平较高的情况下，股权转让的价格估值会低，股权转让方以减少股权转让部分所得而实现所持股份未来较高的收益率。由于在投资方控股后，目标公司未实现预期的盈利水平，减少了原股东的利润分配金额，因而要调整初始股权转让估值。由于支付方是投资方而不是目标公司，因而针对股权转让价格的估值调整更为合理。

（2）西部资源支付补偿款的税务处理。西部资源已累计计提业绩承诺补偿款 59 734.12 万元并计入营业外支出，但按照对赌交易的实质，其会计和税务上的处理都应对目标公司增加长期股权投资的计税基础，而不应当作为捐赠处理，也不应认定为正常的营业外支出而作为税前扣除项目。

5. 目标公司对投资方予以现金或股权补偿或者回购股份

对于投资方与目标公司对赌，如果目标公司未实现承诺，目标公司以现金补偿投资方，而投资方调整长期股权投资的计税基础。

如果目标公司未实现承诺，目标公司要对投资方予以现金或股权补偿或者回购股份，投资方需要按照撤回投资处理。根据《国家税务总局关于企业所得税若干问题的公告》（国家税务总局公告 2011 年第 34 号）的规定，投资企业从被投资企业撤回或减少投资，在其取得的资产中，相当于初始出资的部分，应确认为投资收回；相当于被投资企业累计未分配利润和累计盈余公积按减少实收资本比例计算的部分，应确认为股息所得；其余部分应确认为投资资产转让所得。

需要注意的是，根据《九民纪要》，投资方与目标公司订立的对赌协议请求目标公司现金补偿或回购股权的，在发生法律诉讼时，人民法院应当审查是否符合《公司法》关于"股东不得抽逃出资"及股份回购的强制性规定，判决是否支持其诉讼请求。经审查，目标公司未完成减资程序的，人民法院应当驳回其诉讼请求。投资方请求目标公司承担金钱补偿义务的，人民法院应当依据《公司法》第 35 条关于"股东不得抽逃出资"和第 166 条关于利润分配的强制性规定进行审查。根据《公司法》第 166 条关于利润分配的规定，公司分配当年税后利润时，必须是在公司弥补亏损和提取公积金后所余税后利润的范围内进行分配。

经审查，目标公司没有利润或者虽有利润但不足以补偿投资方的，人民法院应当驳回或者部分支持其诉讼请求。此后，当目标公司有利润时，投资方还可以依据该事实另行提起诉讼。

根据《九民纪要》的上述规定，目标公司对投资方的补偿金具有股息、红利的性质。如果对投资方，也就是公司股东得到的补偿认定为股息、红利所得，若投资方是企业法人，就属于免税所得；若投资方是自然人（或者穿透到自然人），需要按照股息、红利所得缴纳20%的个人所得税。

但在对赌交易中，关于目标公司对投资方进行现金补偿，如果是溢价补偿部分现金，税务处理可以认定为估值调整，投资方应调减长期股权投资的计税基础，并且获得的溢价不作为投资资产转让所得处理。如果投资方全部撤出并获得现金补偿，对投资方按照撤资处理，即：相当于初始出资的部分，应确认为投资收回；相当于被投资企业累计未分配利润和累计盈余公积按减少实收资本比例计算的部分，应确认为股息所得；其余部分确认为投资资产转让所得。

由此可见，投资方得到的现金补偿是属于股息、红利所得，还是属于股权转让所得，其税务处理与《九民纪要》的处理存在差异。

投资方与目标公司对赌协议的法律效力判定示意图见图12-8。

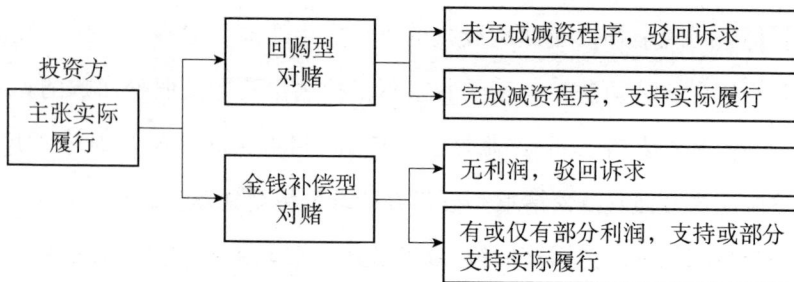

图12-8　投资方与目标公司对赌协议的法律效力判定示意图

6. 投资方对目标公司的现金补偿

投资方对目标公司增资并控股，同时与目标公司原股东对赌，如果目标公司未实现投资方的承诺（主要是经营业绩承诺或者上市承诺），投资方对目标公司予以补偿。

根据国家税务总局公告 2014 年第 29 号，关于企业接收股东划入资产（包括股东赠予资产、上市公司在股权分置改革过程中接收原非流通股股东和新非流通股股东赠予的资产、股东放弃本企业的股权）的企业所得税处理，凡合同、协议约定作为资本金（包括资本公积）且在会计上已做实际处理的，不计入企业的收入总额，企业应按公允价值确定该资产的计税基础。其税务处理可比照案例 12-3。

7. 目标公司对原股东予以现金或股权补偿或者回购股份

原股东与目标公司对赌，如果目标公司未实现承诺，目标公司以现金补偿原股东，原股东调整长期股权投资的计税基础。

如果目标公司未实现承诺，目标公司对原股东予以现金或股权补偿或者回购股份，投资方需要按照撤回投资处理。根据国家税务总局公告 2011 年第 34 号的规定，投资企业从被投资企业撤回或减少投资，在其取得的资产中，相当于初始出资的部分，应确认为投资收回；相当于被投资企业累计未分配利润和累计盈余公积按减少实收资本比例计算的部分，应确认为股息所得；其余部分确认为投资资产转让所得。

需要注意的是，根据《九民纪要》，投资方与目标公司订立的对赌协议请求目标公司予以现金补偿或回购股权的，在发生法律诉讼时，人民法院应当审查是否符合《公司法》关于"股东不得抽逃出资"及股份回购的强制性规定，判决是否支持其诉讼请求。目标公司没有利润或者虽有利润但不足以补偿原股东的，人民法院应当驳回或者部分支持其诉讼请求。

8. 原股东返还投资方股权转让款

根据《民法典》第一百五十八条，民事法律行为可以附条件，但是根据其性质不得附条件的除外。附生效条件的民事法律行为，自条件成就时生效。附解除条件的民事法律行为，自条件成就时失效。与此同时，《民法典》第五百六十二条规定，当事人协商一致，可以解除合同。

在对赌交易中，有可能出现对赌交易不生效的情形。例如，目标公司原股东对投资方转让部分股权，同时投资方与原股东签订对赌协议，如果目标公司未实现原股东的承诺（假定承诺为目标公司三年内 IPO），本合同不生效，原股东应当返还股权受让方的股权转让款，并承担相应的违约责任。在合同签订后，投资方根据合同约定支付了股权转让款，目标公司办理了股权变更登记手续，但原承诺未实现，从而触发了对赌条款。此时，有可能出现两种解决方式：一是双方协商解决，原股东承担合同约定的法律责任。在这种协商方式下，退回款是按照新的股权转让处理，还是可以冲减原股权转让所得存在争议，具有一定的涉税风险；二是仲裁机构裁定或法院判决或者经法院调解合同不生效，原股东承担合同约定的法律责任。当合同被确认为不生效后，融资方要退还投资方的股权转让款，投资方退还融资方股权，融资方要调减股权转让所得。

12.1.3　对赌协议的会计处理与纳税调整

对赌协议中涉及的业绩补偿属于企业会计准则中的或有事项，企业在对赌协议中应按企业合并和非合并进行会计处理。

1. 企业合并涉及的或有对价（业绩补偿）

投资方所占股份形成对目标公司控制的，属于《企业会计准则第 20 号——企业合并》所规范的企业合并，应按该准则规范的股权投资进行处理。

（1）同一控制下企业合并（对赌）协议的业绩补偿。在确认长期股权投资的初始投资成本时，应按照《企业会计准则第 13 号——或有事项》的规定，判断是否就或有对价（业绩补偿）确认预计负债或者确认资产，以及相应的金额。应当确认预计负债或资产的，该预计负债或资产的金额与后续业绩补偿结算金额的差额不影响当期损益；应当调整资本公积（资本溢价或股本溢价）的，资本公积（资本溢价或股本溢价）不足冲减的，可调整留存收益。

【案例 12-5】 A公司以现金3亿元自B公司购买其持有的C公司100%的股权，B公司该股权的成本（计税基础）为2亿元。股权转让协议约定，B公司就C公司在收购完成后的经营业绩向A公司做出承诺：C公司未来两年的净利润分别不低于2 000万元和3 000万元。如果C公司未达到承诺业绩，B公司将按C公司实际实现的净利润与承诺利润的差额，以现金方式对A公司进行补偿。

C公司第一年实现利润2 000万元，第二年实现利润2 500万元。假定A、B公司同属于甲集团控制下的子公司。

要求： 请做出会计处理及纳税调整。

解析： A公司与B公司属于同一控制下的子公司，该企业合并为同一控制下的企业合并。

（1）A公司。在确认长期股权投资的初始投资成本时，判断是否就或有对价确认预计资产。估计C公司能够实现利润，或有对价估计为0。

借：长期股权投资	200 000 000
资本公积（未分配利润等）	100 000 000
贷：银行存款	300 000 000

第二年由于未实现利润承诺，A公司应收取的补偿应当调整资本公积（资本溢价或股本溢价），资本公积不足冲减的，可调整留存收益。

借：其他应收款	5 000 000
贷：资本公积（未分配利润等）	5 000 000
借：银行存款	5 000 000
贷：其他应收款	5 000 000

税务处理及纳税调整：根据琼地税函〔2014〕198号文，A公司在该对赌协议中取得的利润补偿可以视为对最初受让股权的定价调整，即用收到

的利润调整当年长期股权投资的初始投资成本。

A公司应将长期股权投资的计税基础调整为295 000 000元（＝300 000 000 －5 000 000），长期股权投资的账面价值与计税基础产生的差异由企业合并产生，需要确认这种差异对递延所得税的影响。①

借：递延所得税资产

23 750 000 ［(295 000 000－200 000 000)×25％］

贷：资本公积　　　　　　　　　　　　　23 750 000

（2）B公司。

借：银行存款　　　　　　　　　　　　　300 000 000

贷：长期股权投资　　　　　　　　　　200 000 000

资本公积　　　　　　　　　　　　100 000 000

借：资本公积　　　　　　　　　　　　　5 000 000

贷：其他应付款　　　　　　　　　　　5 000 000

借：其他应付款　　　　　　　　　　　　5 000 000

贷：银行存款　　　　　　　　　　　　5 000 000

税务处理及纳税调整：第一年，B公司应确认股权转让所得1亿元，应调增应纳税所得额1亿元；第二年，B公司实际支付了盈利预测补偿款，视为对最初收到的股权转让对价的调整，可以调减股权转让收益500万元。

（2）非同一控制下企业对合并（对赌）协议的业绩补偿。企业会计准则规定，购买方应当将合并（对赌）协议约定的或有对价（业绩补偿）作为企业合并转移对价的一部分，按照其在购买日的公允价值计入企业合并成本。在购买日12个月内出现对购买日已存在情况的新的或进一步的证据需要调整或有对价的，应当予以确认并对原计入合并商誉的金额进行调整。

_____

① 如果A公司计划持有该长期股权投资，则其账面价值与计税基础之间的差异可以不确认对递延所得税的影响。

在其他情况下发生的或有对价变化或调整，应当区分情况进行会计处理：或有对价为权益性质的，不进行会计处理；或有对价为资产或负债性质的，如果属于企业会计准则规定的金融工具，应当采用公允价值计量，公允价值变动视有关金融工具的分类计入当期损益或其他综合收益。如果不属于企业会计准则规定的金融工具，则应按或有事项等准则的规定处理。

【案例 12－6】 以案例 12－5 为例。A 公司以现金 3 亿元自 B 公司购买其持有的 C 公司 100％的股权，B 公司该股权的成本（计税基础）为 2 亿元。股权转让协议约定，B 公司就 C 公司在收购完成后的经营业绩向 A 公司做出承诺：C 公司未来两年的净利润分别不低于 2 000 万元和 3 000 万元。如果 C 公司未达到承诺业绩，B 公司将按 C 公司实际实现的净利润与承诺利润的差额，以现金方式对 A 公司进行补偿。

C 公司第一年实现利润 2 000 万元，第二年实现利润 2 500 万元。假定A、B 公司之间无关联关系。

要求： 请做出会计处理及纳税调整。

解析： A 公司与 B 公司不存在关联关系，该企业合并为非同一控制下的企业合并。

（1）A 公司。在购买日，应当将合并协议约定的或有对价作为企业合并转移对价的一部分，按照其在购买日的公允价值计入企业合并成本。在购买日，估计 C 公司能够实现利润，或有对价估计为 0。

借：长期股权投资   300 000 000

贷：银行存款   300 000 000

第二年由于未实现利润承诺，A 公司需要估计或有对价的公允价值并予以确认，然后在发生时计入当期损益。由于 A 公司应收取的补偿已经确定，不属于或有对价，是否还作为以公允价值计量且其变动计入当期损益的金融资产处理，企业会计准则并不明确。在实务中，可以有两种处理方式：一是作为以公允价值计量且其变动计入当期损益的金融资产；二是作为应收项目。

借：交易性金融资产（其他应收款）   5 000 000

   贷：公允价值变动损益（营业外收入）   5 000 000

借：银行存款   5 000 000

   贷：交易性金融资产（其他应收款）   5 000 000

税务处理及纳税调整：根据琼地税函〔2014〕198号文，公司在该对赌协议中取得的利润补偿可以视为对最初受让股权的定价调整，即用收到的利润调整长期股权投资的初始投资成本。

A公司应将长期股权投资的计税基础调整为295 000 000元（＝300 000 000－5 000 000），并调减应纳税所得额5 000 000元，即长期股权投资的账面价值与计税基础产生了差异，应确认这种差异对递延所得税的影响。

借：所得税费用   1 250 000

   贷：递延所得税负债   1 250 000

（2）B公司。

借：银行存款   300 000 000

   贷：长期股权投资   200 000 000

      投资收益   100 000 000

借：营业外支出（投资收益）   5 000 000

   贷：其他应付款   5 000 000

借：其他应付款   5 000 000

   贷：银行存款   5 000 000

税务处理及纳税调整：在第二年，B公司实际支付了盈利预测补偿款，视为对最初收到的股权转让对价的调整，可以调减股权转让收益。B公司已经将该部分支出计入了当期损益，不用做纳税调整。

2. 非企业合并涉及的或有对价（业绩补偿）

投资方所占的股份不形成对目标公司控制的，不属于《企业会计准则第20号——企业合并》所规范的企业合并，应按该准则规范的股权投资（权益法）进行处理。

【案例12-7】 以案例12-3为例。请做出相应的涉税会计处理。

解析： （1）海南航空收购海航酒店集团持有的45%的燕京饭店股权。由于海航酒店集团对燕京饭店的持股比例仅为45%，不构成控制，但构成重大影响。因此，该收购不属于《企业会计准则第20号——企业合并》规范的企业合并，而是受《企业会计准则第2号——长期股权投资》规范的股权投资（权益法）。海南航空有关的会计处理如下：

借：长期股权投资——燕京饭店　　　　　　　618 567 660

　贷：银行存款　　　　　　　　　　　　　　618 567 660

（2）海南航空收购扬子江集团持有的95%的科航公司股权。由于海航酒店集团对科航公司的持股比例为95%，构成控制，属于《企业会计准则第20号——企业合并》规范的企业合并，但由于海航集团并不控制海南航空，所以不属于同一控制下的企业合并，而是属于非同一控制下的企业合并。海南航空有关的会计处理如下：

借：长期股权投资——科航公司　　　　　　1 728 347 920

　贷：银行存款　　　　　　　　　　　　　1 728 347 920

（3）海南航空收到海航集团盈利补偿款的会计处理与纳税调整。

借：交易性金融资产　　　110 884 000（116 720 000×95%）

　贷：公允价值变动损益　　　　　　　　　　110 884 000

借：银行存款　　　　　　　110 884 000

　贷：交易性金融资产　　　　　　　　　　　110 884 000

税务处理与纳税调整：当海南航空得知科航公司盈利预测未达标时，海航集团需要支付11 088.40万元的补偿款，应用收到的利润调整长期股权投资的初始投资成本，即调整海南航空对科航公司长期股权投资的初始投资成本，因而该股权的计税基础为 161 746.40 万元（=172 834.792－11 088.40）。海南航空不确认应税收入，因而需要调减应纳税所得额 11 088.40 万元。

长期股权投资的计税基础与账面价值的差额应确认对递延所得税的影响 2 772.1 万元（=11 088.4×25%）。

借：所得税费用　　　　　　　　　　　　　　　27 721 000

贷：递延所得税负债　　　　　　　　　　　　　27 721 000

（4）海航集团支付盈利补偿款的会计处理。海航集团并不是股权对价的接受方，只是代为支付了盈利补偿款。

借：其他应收款——海航酒店集团

　　　　　　　35 016 000　（110 884 000×30%/95%）

　其他应收款——扬子江集团

　　　　　　　75 868 000　（110 884 000×65%/95%）

贷：银行存款　　　　　　　　　　　　　　　110 884 000

收到款项时：

借：银行存款　　　　　　　　　　　　　　　110 884 000

贷：其他应收款——海航酒店集团　　　　　　　35 016 000

　　其他应收款——扬子江集团　　　　　　　　75 868 000

（5）海航酒店集团、扬子江集团向海航集团支付代垫款。

借：以前年度损益调整　　　　　　　　　　　　35 016 000

贷：银行存款　　　　　　　　　　　　　　　　35 016 000

借：以前年度损益调整　　　　　　　　　　　　75 868 000

贷：银行存款　　　　　　　　　　　　　　　　75 868 000

税务处理与纳税调整：在股权转让的 2009 年，海航酒店、扬子江集团确认了股权转让收益并计入应纳税所得额计算缴纳所得税。在 2010 年，海航酒店、扬子江集团实际支付了盈利预测补偿款，视为对最初收到的股权转让对价的调整，所以在会计处理上将涉及调整以前年度损益。在税务处理上，可以在 2010 年度调减应纳税所得额 7 586.80 万元。其会计处理与税务处理一致，不需要做纳税调整。

12.1.4 对赌协议的税收筹划

1. 对赌协议明确中原股东对目标公司的业绩补偿作为资本公积处理

根据国家税务总局公告 2014 年第 29 号的规定，关于企业接收股东划入资产（包括股东赠予资产、上市公司在股权分置改革过程中接收原非流通股股东和新非流通股股东赠予的资产、股东放弃本企业的股权）的企业所得税处理，凡合同、协议约定作为资本金（包括资本公积）且在会计上已做实际处理的，不计入企业的收入总额，企业应按公允价值确定该资产的计税基础。所以，在签订对赌协议时，必须于协议中事先约定将业绩补偿款作为资本金处理，并且目标公司收到业绩补偿款后要计入"资本公积"科目，才能避免缴纳企业所得税。

2. 投资方支付的业绩补偿尽量采取对目标公司的业绩补偿方式

投资方对原股东的业绩补偿有可能被认定为股权转让所得而缴纳企业所得税，因而在设计对赌协议时可以将业绩补偿方式改为对目标公司的补偿，然后目标公司提高对原股东的股息支付金额。

在这种对赌模式下，目标公司得到的控股股东补偿金在税务处理时计入资本公积，不用缴纳企业所得税。对于向目标公司给予补偿的股东，也可以调增其对目标公司长期股权投资的计税基础。原股东从目标公司分得的利润是免税收入，不用缴纳企业所得税。

【案例 12－8】 以案例 12－4 为例。如何设计业绩补偿条款能实现节税效果？

解析：业绩补偿方式由"公司应采取各种措施确保原股东按其持股比

例取得与前述净利润对应的资金回报"改为投资方对目标公司的补偿，然后目标公司通过提高其利润分配金额，保证原股东的资金回报水平。

目标公司交通租赁取得业绩补偿款后增加资本公积，不用缴纳企业所得税；重庆开投从目标公司分得的利润属于免税收入。

3. 尽量避免采取目标公司对投资方的业绩补偿方式

根据《九民纪要》，投资方与目标公司订立的对赌协议请求目标公司现金补偿或回购股权的，在发生法律诉讼时，人民法院应当审查是否符合《公司法》关于"股东不得抽逃出资"及股份回购的强制性规定，判决是否支持其诉讼请求。经审查，目标公司未完成减资程序的，人民法院应当驳回其诉讼请求。投资方请求目标公司承担金钱补偿义务的，目标公司没有利润或者虽有利润但不足以补偿投资方的，人民法院应当驳回或者部分支持其诉讼请求。此后，当目标公司有利润时，投资方还可以依据该事实另行提起诉讼。因此，从投资方的角度来看，目标公司对投资方的业绩补偿协议容易引发法律风险。

4. 事先取得税务机关的裁定

对赌交易作为一种新型的资本交易手段，在许多情形下没有明确的税收文件可作为依据，所以其税务处理存在较大的不确定性。因此，在税收执法实践中往往存在争议。这就需要在对赌交易合同签订前与税务机关进行沟通，争取启动事前裁定程序，以解决无税务处理的不确定性。

12.2 借"壳"上市

12.2.1 借"壳"上市的概念

1. 借"壳"上市的定义

借"壳"上市是指把非上市企业或者资产置入已上市企业中，彻底改变上市企业的主营业务、实际控制人以及名称，上市后在一定条件下再通过增发股份实现资本市场的融资。已上市企业被称为"壳"企业，非上市企业被称为借"壳"企业。

随着我国经济的快速发展和资本市场的不断壮大，越来越多的企业不再满足于通过借债和原有股东的增资来扩大生产规模，纷纷转向资本市场，想通过二级市场实现融资和并购的目的，进而实现资源整合、提高业务水平。目前，企业只能通过借"壳"上市或者首次公开募股的方式实现上市，而IPO的流程耗时较长，许多企业转而选择具有审批耗时短、可选择操作方式多等优点的借"壳"上市。

2. 借"壳"上市的流程

借"壳"上市的本质是非上市企业在完成实际控制权的转移、主营业务的改变和资产重组后实现上市。借"壳"上市首先要取得"壳"企业的控制权，然后借"壳"企业再通过资产重组的形式对"壳"企业注入优质资产，从而实现"壳"企业生产经营业务的转变。借"壳"上市的流程一般包括以下两个环节。

（1）取得"壳"企业的控制权。借"壳"企业取得"壳"企业的控制权，一般采取以下三种方式：

1）股份转让方式。借"壳"企业与"壳"企业原股东协议转让股份，或者在二级市场上收购股份以取得控制权。

2）增发新股方式。"壳"企业向借"壳"企业定向增发新股，并达到一定比例，借"壳"企业取得控制权。

3）间接收购方式。借"壳"企业通过收购"壳"企业的母公司，取得对上市企业的间接控制权。

（2）对"壳"企业进行资产重组。

1）"壳"企业原有资产与负债的置出。实施借"壳"上市，通常需要将"壳"企业的全部资产、负债及相应的业务、人员置换出去,这一过程通常又称"净壳"过程。

2)借"壳"企业的资产与负债置入。借"壳"企业将全部(或部分)资产、负债及相应的业务、人员置入"壳"企业,从而使得存续企业变为借"壳"企业。

借"壳"上市流程图见图 12-9。

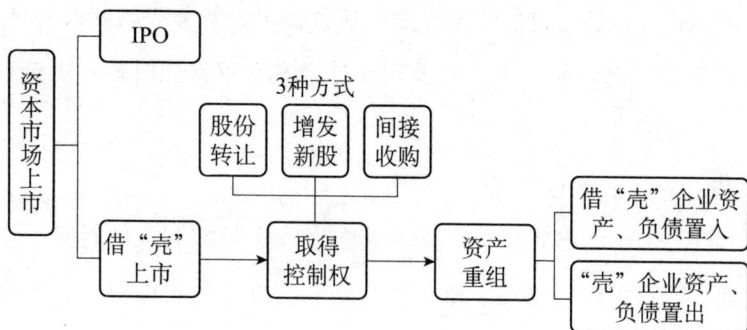

图 12-9 借"壳"上市流程图

3. 借"壳"上市的运作方式

借"壳"上市的本质是非上市企业在完成实际控制权的转移、主营业务的改变和资产重组后实现上市,这个过程较为复杂,往往需要借"壳"交易的双方通过多个步骤才能实现。借"壳"上市的运作模式一般有以下五种。

(1)股权转让+资产置换。

1)"壳"企业的原控股股东将所持的"壳"企业股份通过股权协议转让方式转让给借"壳"企业,后者以现金作为对价收购这部分股份。

2)在借"壳"企业完成对"壳"企业的控股后,与"壳"企业进行资产置换,收购其原有业务及资产,同时将拟上市的业务及资产注入"壳"企业,作为收购其原有资产的对价。

股权转让+资产置换的流程图见图 12-10。

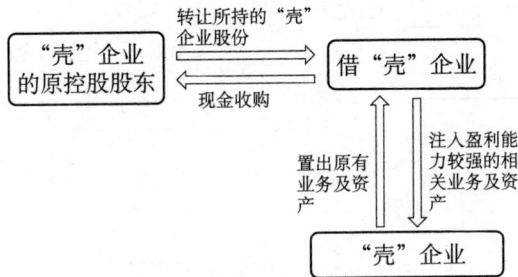

图 12－10　股权转让＋资产置换的流程图

（2）股权转让＋增发换股（反向收购）。

1）"壳"企业的原控股股东将所持的"壳"企业股份通过股权协议转让方式转让给借"壳"企业的股东，后者以现金作为对价收购这部分股份。

2）借"壳"企业股东完成对上市"壳"企业的控股后，由上市"壳"企业向借"壳"企业的全体（或控股）股东定向增发新股，收购其持有的借"壳"企业股权。

3）上市"壳"企业向其原控股股东出售其原有的业务及资产，后者以现金为对价收购这部分资产。

这种借"壳"上市方式一般又称反向收购。反向收购是指非上市企业股东通过收购一家"壳"企业（上市企业）的股份来控制该企业，再由该企业反向收购非上市企业的资产和业务，使之成为上市企业的子公司，原非上市企业的股东获得上市企业的控股权。

股权转让＋增发换股的流程图见图 12－11。

（3）股份回购＋增发换股。

1）"壳"企业向原控股股东出售全部业务及资产，同时回购并注销原控股股东所持的上市"壳"企业股份；原控股股东所持的"壳"企业股份不足以支付"壳"企业原有业务及资产的，以现金补足。

2）上市"壳"企业向借"壳"企业的全体（或控股）股东定向增发新股，收购其持有的借"壳"企业股权；在增发换股后，借"壳"企业的控

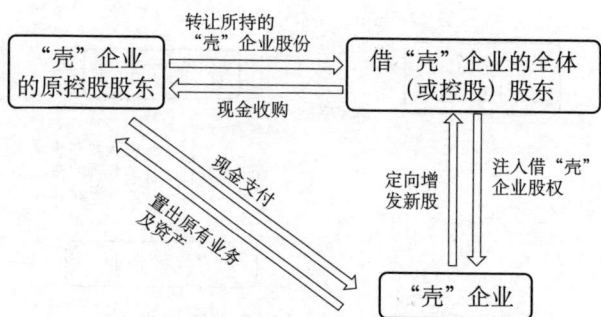

图 12 - 11　股权转让＋增发换股的流程图

股股东成为上市"壳"企业的新控股股东。

股份回购＋增发换股的流程图见图 12 - 12。

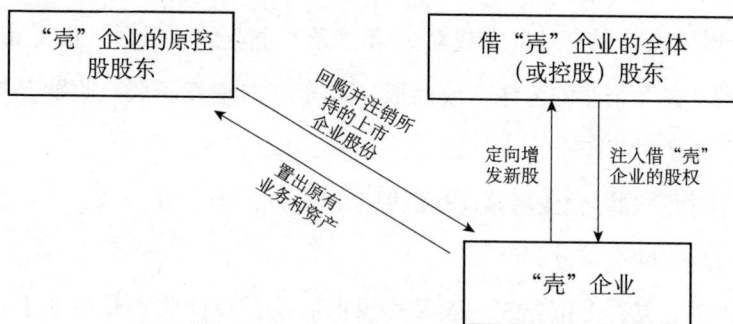

图 12 - 12　股份回购＋增发换股的流程图

（4）资产置换＋增发换股。

1）"壳"企业将全部业务和资产转让给借"壳"企业的控股股东，与借"壳"企业的主要控股股东所持的股权进行等价置换。对于差额部分，由"壳"企业通过向借"壳"企业定向增发新股的方式将借"壳"企业吸收合并。

2）借"壳"企业的控股股东在取得"壳"企业的原有业务和资产后，将其转让给"壳"企业的原大股东，以换取后者所持的"壳"企业股份，双方的差额部分以现金补足。

资产置换＋增发换股的流程图见图 12 - 13。

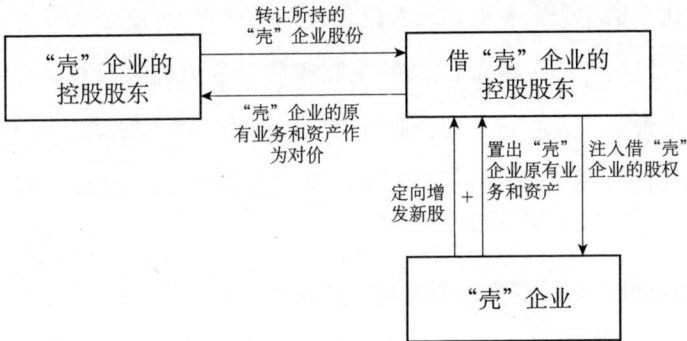

图 12 - 13　资产置换＋增发换股的流程图

（5）资产出售＋增发换股。

1）"壳"企业将原有的全部业务及资产出售给控股股东，后者以现金为对价收购这些资产。

2）"壳"企业向借"壳"企业的全体（或控股）股东定向增发新股，收购其持有的借"壳"企业股权。

资产出售＋增发换股的流程图见图 12 - 14。

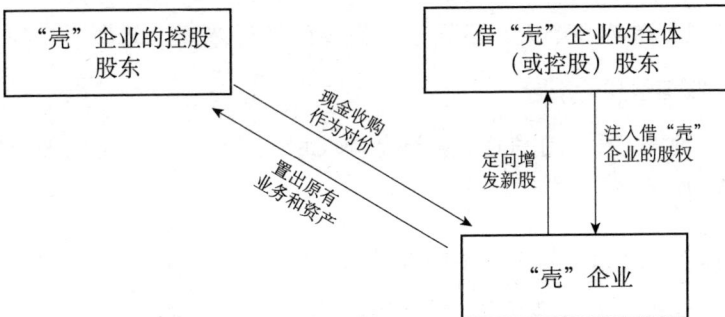

图 12 - 14　资产出售＋增发换股的流程图

12.2.2　借"壳"上市的税务处理

1. 股权转让＋资产置换

（1）"壳"企业的原控股股东将所持的"壳"公司股份通过股权协议转

让方式转让给借"壳"企业，后者以现金作为对价收购这部分股份。

1）所得税。"壳"企业的原股东要按公允价值确认股权转让所得，计算缴纳所得税。法人股东缴纳企业所得税，自然人股东缴纳个人所得税。

2）增值税。原股东转让"壳"企业（上市企业）股权，需要缴纳增值税。

3）印花税。交易双方需要缴纳印花税。

（2）借"壳"企业完成对"壳"企业的控股后，与"壳"企业进行资产置换，收购其原有业务及资产（净"壳"），同时将拟上市的业务及资产注入"壳"企业，作为收购其原有资产的对价。

在通常情况下，注入资产的评估值高于置出资产，两者的差额部分作为上市公司对大股东的免息债务（应付款），无偿使用若干年。

1）企业所得税。在资产置换环节，重组双方计算资产转让所得。

2）增值税。纳税人在资产重组过程中，通过合并、分立、出售、置换等方式，将全部或者部分实物资产以及与其相关的债权、负债及劳动力一并转让给其他单位和个人，不属于增值税的征税范围，其中涉及的货物转让，不征收增值税。

3）土地增值税。在资产置换环节涉及房地产的，换出方需要计算缴纳土地增值税。

4）契税。在资产置换环节涉及房地产的，承受方需要计算缴纳契税。

5）印花税。重组双方需要缴纳印花税。

2. 股权转让＋增发换股

（1）"壳"企业的原控股股东将所持的"壳"企业股份通过股权协议转让方式转让给借"壳"企业股东，后者以现金作为对价收购这部分股份。

1）所得税。"壳"企业的原股东要按公允价值计算股权转让所得，计算所得税。法人股东缴纳企业所得税，自然人股东缴纳个人所得税。

2）增值税。原股东转让"壳"企业的股权，需要缴纳增值税。

（2）借"壳"企业的股东完成对"壳"企业的控股后，由"壳"企业向借"壳"企业的全体（或控股）股东定向增发新股，收购其持有的借"壳"企业股权。

1）企业所得税。以股权换股权，属于股权收购，符合股权收购特殊性税务处理条件的，可以选择特殊性税务处理，借"壳"企业股东不计算股权转让所得。如果股东是自然人，需要缴纳个人所得税。

2）增值税。如果借"壳"企业是非上市企业，不涉及增值税；如果"壳"企业发行新股，不缴纳增值税。

（3）"壳"企业向原控股股东出售原有的业务及资产（净"壳"），后者以现金为对价收购这部分资产。

1）企业所得税。"壳"企业转让资产，需要按公允价值计算资产转让所得。

2）增值税。"壳"企业转让货物需要缴纳增值税。如果"壳"企业将全部或者部分实物资产以及与其相关的债权、负债及劳动力一并转让给原股东，不属于增值税的征税范围，其中涉及的货物转让，不征收增值税。

3）土地增值税。在"壳"企业转让的资产中涉及房地产的，需要缴纳土地增值税。

4）契税。在"壳"企业转让的资产中涉及房地产的，原股东需要缴纳契税。

5）印花税。交易双方需要缴纳印花税。

3. 股份回购＋增发换股

（1）"壳"企业向原控股股东出售全部业务及资产（净"壳"），同时回购并注销原控股股东所持的"壳"企业股份；原控股股东所持"壳"企业股份不足以支付"壳"企业原有业务及资产的，以现金补足。

1）所得税。"壳"企业出售资产要按公允价值计算资产转让所得，原股东撤销投资。对于投资撤回，在撤回的投资总额中相当于初始投资的部分应确认为投资收回，不确认收益；相当于被投资企业累计未分配利润和累计盈余公积按照减少的实收资本比例计算的部分，要确认为股息所得；剩余部分为股权转让所得。股权转让所得应计算缴纳企业所得税。如果股东为自然人，其股息所得和股权转让所得要计算个人所得税。

2）增值税。"壳"企业出售资产要缴纳增值税。如果"壳"企业将全部或者部分实物资产以及与其相关的债权、负债及劳动力一并转让给原股东，不属于增值税的征税范围，其中涉及的货物转让，不征收增值税。

3）土地增值税。在"壳"企业转让的资产中涉及房地产的，"壳"企业需要缴纳土地增值税。

4）契税。在"壳"企业转让的资产中涉及房地产的，原股东需要缴纳契税。

5）印花税。交易双方需要缴纳印花税。

（2）"壳"企业向借"壳"企业的全体（或控股）股东定向增发新股，收购其持有的借"壳"企业股权；在增发换股后，借"壳"企业的控股股东成为"壳"企业的新控股股东。

1）企业所得税。以股权换股权，属于股权收购，符合股权收购特殊性税务处理条件的，可以选择特殊性税务处理，借"壳"企业股东不计算股权转让所得。借"壳"企业股东是自然人的，要计算缴纳个人所得税。

2）增值税。如果借"壳"企业是非上市企业，其股权支付不涉及增值税；如果"壳"企业发行新股，不缴纳增值税。

4. 资产置换＋增发换股

（1）"壳"企业将全部业务和资产转让给借"壳"企业的控股股东（净"壳"），与借"壳"企业的主要控股股东所持的股权进行等价置换。对于差额部分，由"壳"企业通过向借"壳"企业定向增发新股的方式将借"壳"企业吸收合并。

1）企业所得税。"壳"企业以资产换股权，如果符合资产收购特殊性税务处理条件，暂不计算资产转让所得和股权转让所得。如果"壳"企业的股东是自然人，要计算缴纳个人所得税。

2）增值税。"壳"企业置换资产，需要缴纳增值税。如果"壳"企业将全部或者部分实物资产以及与其相关的债权、负债及劳动力一并转让给原股东，不属于增值税的征税范围，其中涉及的货物转让，不征收增值税。如果借"壳"企业是非上市企业，其股权支付不涉及增值税。

3）土地增值税。"壳"企业以房地产换取股权的，对其将房地产转移、变更到被投资的企业，暂不征收土地增值税。

4）契税。借"壳"企业承受房地产的，需要缴纳契税。

5）印花税。交易双方需要缴纳印花税。

（2）借"壳"企业控股股东在取得"壳"企业的原有业务和资产后，将其转让给"壳"企业的原大股东，以换取后者所持的"壳"企业股份，两者的差额部分以现金补足。

1）企业所得税。借"壳"企业以资产换股权，"壳"企业原股东以"壳"企业的股权作为对价支付，由于特殊性税务处理的条件是将股权支付限定为以本企业或其控股企业的股权支付，"壳"企业原股东对"壳"企业已不拥有控制权，因而该交易行为不符合特殊性税务处理条件，交易双方均需计算资产转让所得并缴纳所得税。

2）增值税。借"壳"企业置换资产，需要缴纳增值税。如果借"壳"企业将全部或者部分实物资产以及与其相关的债权、负债及劳动力一并转让给原股东，不属于增值税的征税范围，其中涉及的货物转让，不征收增值税。

如果"壳"企业是上市企业，原股东以"壳"企业的股权支付需要缴纳增值税。

3）土地增值税。借"壳"企业以房地产换取股权的，对其将房地产转移、变更到原股东名下，需要缴纳土地增值税。

4）契税。原股东承受房地产的，需要缴纳契税。

5）印花税：交易双方需要缴纳印花税。

5. 资产出售＋增发换股

（1）"壳"企业将原有的全部业务及资产出售给控股股东（净"壳"），后者以现金为对价收购这些资产。

1）所得税。"壳"企业出售资产要按公允价值计算资产转让所得；原股东撤销投资，对于资产公允价值大于投资成本的部分，要计算股权转让所得并缴纳企业所得税或个人所得税。

2）增值税。"壳"企业出售资产要缴纳增值税。如果"壳"企业将全部或者部分实物资产以及与其相关的债权、负债及劳动力一并转让给原股东，不属于增值税的征税范围，其中涉及的货物转让，不征收增值税。

3）土地增值税。在"壳"企业转让的资产中涉及房地产的，需要缴纳土地增值税。

4）契税。在"壳"企业转让的资产中涉及房地产的，需要缴纳契税。

5）印花税。交易双方需要缴纳印花税。

（2）"壳"企业向借"壳"企业的全体（或控股）股东定向增发新股，收购其持有的借"壳"企业股权。

1）企业所得税。以股权换股权，属于股权收购，符合股权收购特殊性税务重组条件的，可以选择特殊性税务处理，借"壳"企业股东不计算股权转让所得。如果借"壳"企业股东是自然人，要计算缴纳个人所得税。

2）增值税。如果借"壳"企业是非上市企业，不涉及增值税；如果

"壳"企业发行新股，不缴纳增值税。

【案例12-9】　江西出版集团（以下简称"出版集团"）的主营业务涵盖编辑出版、报刊、印刷、发行、物流、影视生产、国际贸易、艺术品经营等，是一家拥有多媒介全产业链的大型出版传媒公司。

江西鑫新实业股份有限公司（以下简称"鑫新股份"）成立于1998年11月，是由江西上饶信江实业集团公司（以下简称"信江实业"）作为主发起人，联合江西省投资公司、江西铜业公司、江西长运集团有限公司、常州绝缘材料总厂、常州市智通树脂厂五家企业共同发起设立的。该公司主要从事客车制造，发动机及电器使用的各类铜线材、管材的制造，以及房地产开发等业务。2002年3月，鑫新股份在上海证券交易所成功上市，正式步入了市场化、资本化运作轨道。由于鑫新股份的经营业务竞争特别激烈，再加上原材料价格的波动较大，导致业绩下滑、发展受到限制。

江西出版集团为了借助资本市场实现扩张目标，欲与鑫新股份进行资产重组，通过借"壳""＊ST鑫新"达到上市目的。

该借"壳"重组过程如下：

第一步：信江实业将其持有的鑫新股份4 000万股（占鑫新股份总股本的21.33%）以7.56元/股的价格转让给出版集团。

第二步：信江实业以现金8 500万元购买鑫新股份截至2009年6月30日经审计评估的全部资产及负债（含或有负债），同时承接原上市公司的所有员工和业务。

第三步：鑫新股份向出版集团非公开发行股票，购买其持有的江西新华发行集团有限公司100%的股东权益。此外，鑫新股份还向出版集团定向增发3.797亿股，发行价格为7.56元/股，收购出版集团的下属子公司，评估价值约为28.7亿元。

该交易过程见图12-15、图12-16、图12-17。

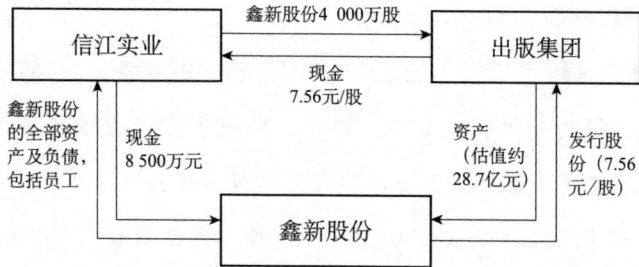

图 12-15　出版集团借"壳"交易流程图

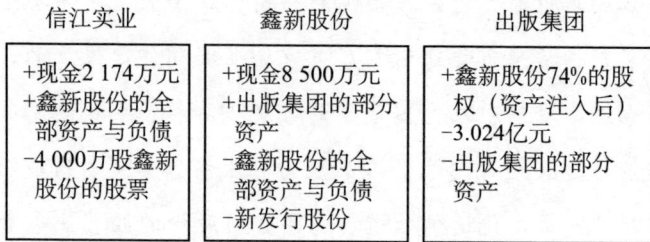

图 12-16　现金、资产、股权流动情况图

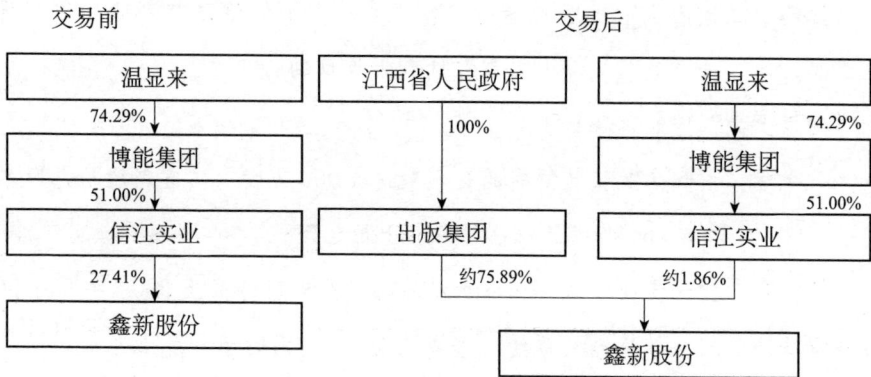

图 12-17　交易前后控股结构示意图

　　在交易完成后，出版集团合计持有鑫新股份 4.20 亿股，约占总股本的 76%。鑫新股份改名中文天地出版传媒集团股份有限公司（以下简称"中文传媒"），其主营业务更改为包括出版、印刷、发行、影视制作、贸易、物流、投资以及文化地产等出版文化传媒类，拥有完整的编、印、发、供的产业链。

　　要求：试分析出版集团借"壳"重组业务的税务处理。

解析：（1）信江实业转让股份。

1）企业所得税。信江实业将其持有的鑫新股份4 000万股（占鑫新股份总股本的21.33%）以7.56元/股的价格转让给出版集团，需要计算股权转让所得并缴纳企业所得税。

2）增值税。由于鑫新股份是上市企业，其股权转让要按"转让金融商品"计算缴纳增值税。

3）印花税。股权转让需要缴纳印花税。

（2）净"壳"——鑫新股份转让资产、负债及劳动力。

1）企业所得税。鑫新股份计算资产转让所得，缴纳企业所得税。由于鑫新股份长期亏损，可用转让所得抵减亏损。

2）增值税。免缴增值税。

3）土地增值税。资产中涉及房地产的，要计算缴纳土地增值税。

4）契税。资产中涉及房地产的，信江实业要计算缴纳契税。

5）印花税。双方均需缴纳印花税。

（3）增发换股。

1）企业所得税。鑫新股份收购江西新华发行集团有限公司100%的股权，以定向增发作为对价支付，可以适用特殊性税务处理，因而重组双方均不确认所得。

2）增值税。江西新华发行集团有限公司属于非上市企业，其股权转让不缴增值税。

3）印花税。双方均需缴纳印花税。

12.2.3　借"壳"上市的会计处理与纳税调整

1. 借"壳"上市与反向收购

反向收购按企业会计准则的规定属于企业合并，即以发行权益性证券交换股权的方式进行。在一般情况下,发行权益性证券的一方为合并方,既是法律上的母公司,又是实质上的母公司。但在某些情况下,发行权益性证券的一方因其生产经营决策在合并后被参与合并的另一方所控制,因而发行权益性证券的一方只是法律上的母公司,没有实质控制权,这类合并通常被称为"反向收购"。

目前,反向收购一般用于借"壳"上市。"壳"企业通过增发权益性证券,借"壳"企业以自己的股权作为对价支付方式,借"壳"企业成为"壳"企业的子公司,借"壳"企业的股东获得"壳"企业的控股权。"壳"企业是法律上的母公司,但借"壳"企业具有实质控制权。在借"壳"上市的几种类型中,通过资产置入模式获得借"壳"企业股权的便构成反向收购,否则便为一般性购买。

借"壳"上市模式与会计处理的关系见图 12 - 18。

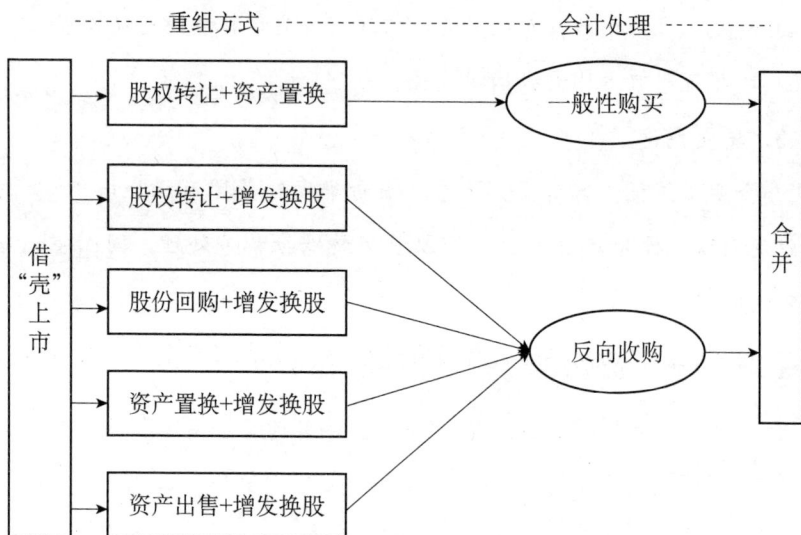

图 12 - 18 借"壳"上市模式与会计处理的关系

在反向收购中,从法律上说,发行权益性证券的一方为收购方,但由于收购后发行权益性证券的一方被参与合并的另一方所控制,所以在会计处理上由合并方变成被合并方。

例如，A公司为一家规模较小的上市公司，B公司为一家规模较大的公司。B公司拟通过收购A公司的方式达到上市目的。A公司通过向B公司原股东发行普通股，用以交换B公司原股东持有的B公司股权。在该交易后，B公司原控股股东持有A公司50％以上的股权，A公司持有B公司50％以上的股权，A公司为法律上的母公司，B公司为法律上的子公司，但实质上控制方为B公司。从法律的角度看，A公司为合并方，B公司为被合并方，但从会计的角度看，A公司为被合并方，B公司为合并方。

2. 反向收购的会计处理与纳税调整

由非上市公司取得上市公司的控制权，构成反向收购的，上市公司在财务报表中应当按照《企业会计准则第2号——长期股权投资》等的规定确定取得资产的入账价值。

【案例12-10】 A公司为上市公司，股份总数为1 000万股，A公司以每股10元的价格定向增发股票3 000万股给B公司的原股东甲公司（非上市公司），从而换取B公司100％的股权，该股权的成本为18 000万元。B公司成为A公司的全资子公司。A公司与B公司合并前不存在任何关联关系。

要求：请做出相应的会计处理及纳税调整。

解析：从法律形式上看，A公司是B公司的母公司，B公司是A公司的子公司，但从经济实质上看，B公司的原股东甲取得了A公司75％（＝3 000/4 000×100％）的股权，能够控制A公司，进而能够控制A公司的子公司——B公司。甲公司对B公司的控制没有发生改变，其实质是，甲公司通过A公司控制了B公司。按照实质重于形式的原则，在会计上将甲公司视为合并方（主并方），将A公司视为被合并方（被并方）。

（1）甲公司的会计处理与纳税调整。

借：长期股权投资——A   300 000 000

  贷：长期股权投资——B   180 000 000

    投资收益   120 000 000

税务处理与纳税调整：从法律意义上看，A公司是合并方，B公司是目标公司，甲公司是转让方。A公司购买B公司100％的股权，以股权作为对价支付。如果符合特殊性税务处理条件，可以选择特殊性税务处理，即甲公司不确认股权转让所得，取得股权的计税基础以被收购股权的原有计税基础确定（即18 000万元）。甲公司应调减应纳税所得额12 000万元，长期股权投资的账面价值与计税基础的差异应确认对递延所得税的影响。

借：所得税费用   30 000 000（120 000 000×25％）

  贷：递延所得税负债   30 000 000

（2）A公司的会计处理与纳税调整。

借：长期股权投资——B   300 000 000

  贷：股本   30 000 000

    资本公积   270 000 000

税务处理与纳税调整：如果选择了特殊性税务处理，则A公司取得股权的计税基础以被收购股权的原有计税基础确定（即18 000万元）。长期股权投资的账面价值与计税基础的差异是由企业合并产生的，应确认对递延所得税的影响。

借：资本公积   30 000 000

  贷：递延所得税负债   30 000 000

3. 一般性购买的会计处理与纳税调整

股权转让环节按股权的公允价值计算增值税和所得税，在资产置换环节按公允价值计算资产转让所得和资产入账价值。

【案例 12 - 11】 A公司为上市公司，股份总数为 1 000 万股，B公司以每股 5 元的价格从 A 公司的原股东甲公司处购买 800 万股，从而取得 A 公司的控股权。假定该股权的成本为 3 000 万元。A 公司将原资产、负债、劳动力与 B 公司的资产、负债和劳动力进行置换，A 公司置换出去的净资产公允价值为 1 500 万元，置换进来的净资产公允价值为 3 700 万元。A 公司与 B 公司在合并前不存在任何关联关系。

A、B公司置换资产、负债的情况见表 12 - 1。

表 12 - 1   A、B公司置换资产的情况   单位：万元

资产名称	公允价值	原价	折旧	账面净值	备注
设备	1 400	1 000	400	600	A公司
原材料	300	300		300	
其他应付款	200			200	
设备	1 600	1 600	100	1 500	B公司
生产厂房	1 800	1 400	300	1 100	
原材料	800	800		800	
短期借款	500			500	

要求： 请做出相应的会计处理及纳税调整。

解析：（1）原股东的会计处理与纳税调整。

借：银行存款   40 000 000

　　贷：长期股权投资——A公司   30 000 000

　　　　投资收益   10 000 000

借：投资收益   566 037.74

　　贷：应交税费——转让金融商品应交增值税   566 037.74

税务处理与纳税调整：该交易的会计处理与税务处理相同，不用做纳税调整。

（2）A公司的会计处理与纳税调整。

借：固定资产——设备   16 000 000

固定资产——厂房　　　　　　　　　　　　　　　18 000 000

　　原材料　　　　　　　　　　　　　　　　　　　　8 000 000

　贷：短期借款　　　　　　　　　　　　　　　　　5 000 000

　　　应付账款——B公司　　　　　　　　　　　　37 000 000

借：应付账款——B公司　　　　　　　　　　　　　15 000 000

　　其他应付款　　　　　　　　　　　　　　　　　2 000 000

　　累计折旧　　　　　　　　　　　　　　　　　　4 000 000

　贷：固定资产——设备　　　　　　　　　　　　　10 000 000

　　　原材料　　　　　　　　　　　　　　　　　　3 000 000

　　　资产处置收益　　　　　　　　　　　　　　　8 000 000

　　税务处理与纳税调整：交易双方还需要缴纳印花税，A公司承受房地产还需要缴纳契税。A公司将资产、负债连同劳动力一并转让，免征增值税。由于企业所得税的会计处理与税务处理相同，不用做纳税调整。

　　(3) B公司的会计处理与纳税调整。B公司转让房地产应计算缴纳土地增值税。假定厂房的重置成本为1 500万元，成新率为8成。

　　　　增值率＝(1 800－1 500×0.8)÷1 500×0.8＝32％

　　　　应纳土地增值税＝(1 800－1 500×0.8)×30％＝180 (万元)

借：应收账款——A公司　　　　　　　　　　　　37 000 000

　　累计折旧　　　　　　　　　　　　　　　　　　4 000 000

　　短期借款　　　　　　　　　　　　　　　　　　5 000 000

　贷：固定资产——设备　　　　　　　　　　　　　16 000 000

　　　固定资产——厂房　　　　　　　　　　　　　14 000 000

　　　原材料　　　　　　　　　　　　　　　　　　8 000 000

　　　应交税费——应交土地增值税　　　　　　　　1 800 000

　　　资产处置收益　　　　　　　　　　　　　　　6 200 000

借：固定资产——设备　　　　　　　　　　　　14 000 000

　　原材料　　　　　　　　　　　　　　　　　3 000 000

　贷：其他应付款　　　　　　　　　　　　　　　　2 000 000

　　应收账款——A公司　　　　　　　　　　　　　15 000 000

税务处理与纳税调整：交易双方还需要缴纳印花税。B公司将资产、负债连同劳动力一并转让，免征增值税。由于企业所得税的会计处理与税务处理相同，不用做纳税调整。

12.2.4　借"壳"上市的税收筹划

1. 选择合适的借"壳"模式

如前所述，不同借"壳"模式的税负是存在差异的，通过表12-2可以看出，第一种模式"股权转让＋资产置换"的税负最重。

表12-2　不同借"壳"模式下的税负比较

项目		企业所得税	个人所得税	增值税	土地增值税	契税	印花税
模式1 股权转让	原股东	√	√	√			√
模式1 资产置换	借"壳"企业	√			√	√	√
模式1 资产置换	"壳"企业	√			√	√	√
模式2 股权转让	原股东	√	√	√			√
模式2 增发新股	借"壳"企业股东		√				√
模式2 增发新股	"壳"企业						√
模式2 净"壳"	"壳"企业	√			√		√
模式2 净"壳"	原股东					√	√
模式3 净"壳"	原股东	√	√			√	√
模式3 净"壳"	"壳"企业	√			√		√
模式3 增发新股	借"壳"企业股东		√				√
模式3 增发新股	"壳"企业						√
模式4 净"壳"＋增发	"壳"企业	√					√
模式4 净"壳"＋增发	借"壳"企业股东		√			√	√
模式4 出售"壳"资产	借"壳"企业	√		√	√		√
模式4 出售"壳"资产	原股东	√		√	√		√

续表

	项目		企业所得税	个人所得税	增值税	土地增值税	契税	印花税
模式5	净"壳"	"壳"企业	√			√		√
		原股东	√	√			√	√
	增发换股	借"壳"企业股东		√				√
		"壳"企业						√

重组双方可以通过对借"壳"方式的选择,实现税收负担的最小化。例如,将资产置换改为股权收购或资产收购,其税务处理由非货币性资产交换转换成资产收购或股权收购的特殊性税务处理,可以不计算资产转让所得,从而实现递延缴纳所得税的目标。

2. 合理利用特殊性重组的优惠政策

在净"壳"过程中,资产置换尽量采取股权支付,且股权支付比例不低于85%,以适用特殊性税务处理,实现递延缴纳企业所得税的目标。

根据财税〔2014〕109号文的规定,在特殊性税务处理条件下,暂时无须缴纳企业所得税,起到了免税重组的效果,即使日后再次转让时需要纳税,也起到了延期纳税的效果。因此,企业应尽量使股权收购或资产收购满足特殊性税务处理的一般条件,且收购的股权或资产不低于被收购企业全部股权或资产的50%,同时保证在股权收购发生时的股权支付金额不低于交易支付总金额的85%,以满足特殊性税务处理条件,达到免税重组的目的。

3. 设立子公司,将资产置换转换为股权置换

"壳"企业将置换资产分立子公司,然后将子公司的股权进行置换,除了暂不确认股权转让所得外,还可避免缴纳土地增值税和契税。"壳"公司为房地产企业的除外。

【案例12-12】 以案例12-11为例。筹划方案如下:

第一步:假定A、B公司先将拟置换出去的资产、负债与劳动力分别成立子公司A1和B1。

第二步：在 12 个月后，将 B1 公司的股权与 A1 公司的股权进行置换，两者的差额部分由 A 公司定向增发股票。

要求：请做出相应的税务分析。

解析：（1）A、B 公司分别成立子公司 A1、B1。A、B 公司成立子公司 A1、B1，属于企业新设分立，符合特殊性税务处理条件，不用计算分立所得，不用计算增值税、土地增值税和契税。

依据财税〔2009〕59 号文的规定，该企业分立符合特殊性税务处理条件，因而被分立企业可以暂不确认分立资产的资产转让所得。

在资产重组过程中，纳税人通过合并、分立、出售、置换等方式，将全部或者部分实物资产以及与其相关的债权、负债及劳动力一并转让给其他单位和个人，不属于增值税的征税范围，其中涉及的货物转让，不征收增值税。

根据《财政部、国家税务总局关于企业改制重组有关土地增值税政策的通知》（财税〔2015〕5 号），按照法律规定、合同约定，企业分设为两家或两家以上与原企业投资主体相同的企业，对原企业将房地产转移、变更到分立后的企业，暂不征收土地增值税。

公司依照法律规定、合同约定分立为两家或两家以上与原公司投资主体相同的公司，对分立后公司承受原公司土地、房屋权属，免征契税。

以合并或分立方式成立的新企业，其新启用的资金账簿记载的资金，凡原已贴花的部分可不再贴花，未贴花的部分和以后新增加的资金按规定贴花。

企业因改制签订的产权转移书据，免予贴花。

（2）A1 公司与 B1 公司的股权进行置换。股权置换双方均以股权作为对价，符合特殊性税务处理条件，双方不用计算股权转让所得。

股权置换和定向增发不缴纳增值税、土地增值税和契税。

4. 减少资产置换次数，避免重复缴纳契税和印花税

如果多次进行资产置换，且涉及房地产的，需要多次缴纳契税和印花

税，因而在借"壳"过程中应尽量避免资产置换次数，以免重复缴纳契税和印花税。

【案例 12-13】① 亚夏汽车是一家主营汽车销售和汽车相关服务的企业。近年来，汽车市场竞争激烈，亚夏汽车承受较大的经营压力，需要通过重大资产重组等方式出清劣质资产，引入符合国家产业政策、具有较大发展空间的优质资产，完成借"壳"上市，借此提高上市公司的盈利水平。截至 2018 年 4 月 30 日，安徽亚夏实业股份有限公司（以下简称"亚夏实业"）是亚夏汽车的第一大股东，它持有亚夏汽车股份有限公司 18.61% 的股份；第二大股东和第三大股东均为自然人股东，其中周夏耕持股 9.61%，周晖持股 8.81%，公司的实际控制人为周夏耕。

中公教育主要从事非学历职业教育培训，自成立以来，一直深耕职业教育培训，起初公司的经营范围局限于北京，而后不断扩展服务范围，覆盖了全国 31 个省、市、自治区，目前已形成一套完整的集公务员、银行、事业单位和其他职业招录的线上及线下培训服务，是我国最早开展职业教育培训的民营企业之一，在非学历职业就业培训行业内积累了较高的知名度和影响力。为保障重组事项的顺利进行，中公教育全体股东于 2018 年 4 月 10 日按各自持有的中公教育股份比例出资设立了中公合伙。中公教育的股权结构见图 12-19。

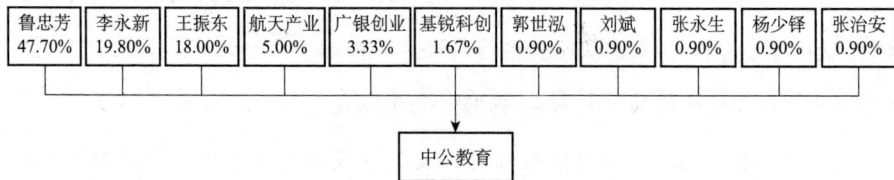

鲁忠芳 47.70%	李永新 19.80%	王振东 18.00%	航天产业 5.00%	广银创业 3.33%	基锐科创 1.67%	郭世泓 0.90%	刘斌 0.90%	张永生 0.90%	杨少铎 0.90%	张治安 0.90%

中公教育

图 12-19 中公教育的股权结构

该资产重组的过程如下：

---

① 感谢中央财经大学税务专业硕士毕业生张曦同学提供的资料支持。

第一步：资产置换＋定向增发。亚夏汽车将除保留资产以外的全部资产与负债作为置出资产，与中公教育全体股东所持股份的等值部分进行资产置换。置出资产的评估价值为 135 144.03 万元，置入资产作价 1 850 000 万元。置出资产占置入资产价值的 7.31%，中公合伙承接置入资产。该资产置换的流程及股权架构见图 12－20。

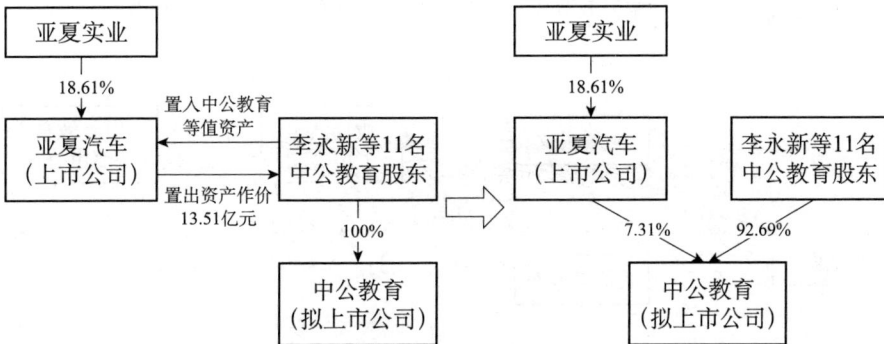

图 12－20　该资产置换的流程及股权构架

置入资产和置出资产的差额为 1 714 855.97 万元，由亚夏汽车通过定向增发股份的方式支付。在定向增发后，中公教育的股东持有亚夏汽车 85.03% 的股份。该定向增发交易及股权结构见图 12－21。

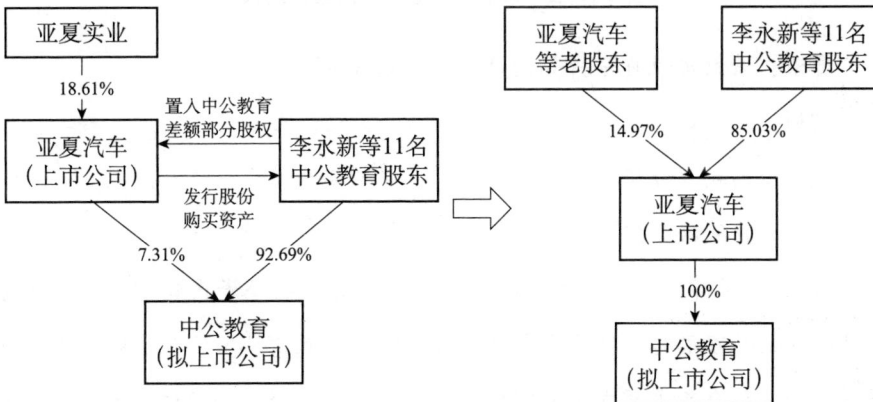

图 12－21　该定向增发交易及股权结构

第二步：股权转让。李永新支付 100 000 万元现金给亚夏实业，收购亚夏实业持有的 72 696 561 股亚夏汽车股票；中公合伙以其置入的亚夏汽车资产为对价，收购亚夏实业持有的 80 000 000 股亚夏汽车股票。该股权转让交易及股权结构见图 12-22。

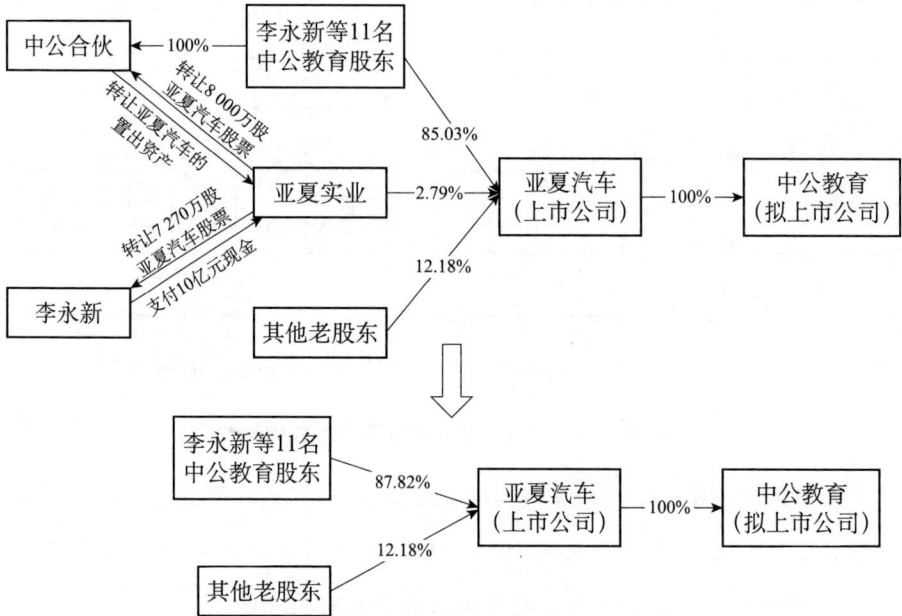

图 12-22　该股权转让交易及股权结构

要求：请做出税负分析并设计税收筹划方案。

解析：

现方案的税负分析如下：

（1）资产置换＋定向增发。

1）企业所得税。亚夏汽车以 135 144.03 万元的净资产和增发的价值为 1 714 855.97 万元的股权作为支付对价收购中公教育 100% 的股权。亚夏汽车股权的支付金额占总支付金额的 92.69%，大于 85% 的股权支付比例，可以适用特殊性税务处理，也就是当期股权支付的部分不缴纳所得税，仅就亚夏汽车净资产转让所得缴纳所得税。

在这次交易中，如果中公教育的股东是企业法人，要计算股权转让所得，并缴纳企业所得税；如果中公教育的股东是自然人，要计算缴纳个人所得税。在中公教育的股东中有3家有限合伙企业，分别是航天产业、广银创业和基锐科创，根据财税〔2000〕91号文及财税〔2008〕159号文的规定，合伙企业以每一个合伙人为纳税人，合伙人为公司的不用计算转让所得，不用缴纳企业所得税，合伙人为合伙企业的需要继续向上穿透。

2）增值税。根据国家税务总局公告2013年第13号，亚夏汽车将除保留资产外的全部资产、负债及劳动力一并转让给中公教育的行为，不属于增值税的征税范围，不征收增值税。

3）契税。如果亚夏汽车的置出资产中有房产和土地，中公教育在资产置换过程中所获得的房产和土地因已发生权属转移，需要依法缴纳契税。

4）土地增值税。财税〔2018〕57号文规定，在企业以房地产投资入股等情况下，暂不征收土地增值税。如果亚夏汽车的置出资产中有房产和土地，暂不缴纳土地增值税。

5）印花税。中公教育与亚夏汽车进行资产置换所签订的合同符合产权转移书据的标准，需要按规定缴纳印花税。按照0.5‰的税率，对金额为135 144.03万元的合同进行贴花，交易双方各自需要缴纳印花税67.57万元。亚夏汽车通过定向增发股份购买中公教育的剩余股权，根据《中华人民共和国印花税法》，需要按照0.5‰的税率计算缴纳印花税，即对金额为1 714 855.97万元的合同进行贴花，交易双方均需缴纳印花税857.43万元。

（2）股权转让阶段。在实现资产置换后，中公教育成功入"壳"，接着李永新支付100 000.00万元现金给亚夏实业，亚夏实业转让其持有的72 696 561股亚夏汽车股票作为交易对价；亚夏实业向中公合伙转让其持有的亚夏汽车80 000 000股股票，中公合伙受让80 000 000股的交易对价是由亚夏实业或其指定的第三方承接资产置换步骤中的置出资产。

1) 企业所得税。亚夏实业以80 000 000股亚夏汽车的股票换取第一步中亚夏汽车的置出资产，中公合伙不属于企业所得税的纳税人，不满足特殊性税务处理条件，亚夏汽车持有的72 696 561股上市公司的股票转让给李永新并获得现金，亚夏实业需要计算股权转让所得，并计算缴纳企业所得税。中公合伙将亚夏汽车的置出资产平价转让给亚夏实业，不用缴纳企业所得税。

2) 增值税。中公合伙将全部资产及负债转让给亚夏实业，该行为不属于增值税的征税范围，不征收增值税。

亚夏实业转让亚夏汽车（上市企业）的股权，需要缴纳增值税。

3) 契税。在亚夏汽车的置出资产中有房产和土地，亚夏实业在交易中所获得的土地和房产因发生权属转移，需要依法缴纳契税。

4) 土地增值税。中公合伙将亚夏汽车的置出资产平价转让给亚夏实业，在亚夏汽车的置出资产中有房产和土地，由于没有增值，不用缴纳土地增值税。

5) 印花税。亚夏实业将股权分别转让给中公合伙和李永新，应当按照产权转移书据对交易各方进行贴花，并缴纳印花税。

中公教育与亚夏汽车重组交易的税负分析见表12-3。

表12-3 中公教育与亚夏汽车重组交易的税负分析

项目		企业所得税	个人所得税	增值税	土地增值税	契税	印花税
现方案	净"壳"+增发	亚夏汽车	√①					√
		中公股东		√②				√
		中公合伙					√	√
	出售"壳"资产	中公合伙						√
		亚夏实业	√		√③		√	√
		中公股东						√

---

① 资产转让部分应缴纳的企业所得税=(资产转让收入135 144.03万元-资产计税基础)×税率。

② 应缴纳的个人所得税=(股权转让收入-股权计税基础)×20%，自然人股东可以享受在5年内分期纳税的优惠政策。

③ 转让上市企业的股权按差额计算缴纳增值税。

税收筹划方案设计：

第一步：亚夏汽车以原有资产、负债和劳动力为对价回购亚夏实业拥有的股份，两者的差额以现金支付 10 亿元，从而实现控股股东撤资和净"壳"两个目的。

1）企业所得税。对于亚夏实业来说，股份回购相当于对亚夏汽车的撤资。在撤回的投资总额中相当于初始投资的部分需要确认为投资收回，不确认收益，相当于被投资企业累计未分配利润和累计盈余公积按照减少的实收资本比例计算的部分要确认为股息所得，剩余部分为股权转让所得，应计算缴纳企业所得税。与现方案相比，由于回购股份中相当于股息的部分免税，因而该方案的企业所得税等于或低于现方案的企业所得税。

亚夏汽车转让资产，需要计算财产转让所得并缴纳企业所得税。

2）增值税。与现方案相同，亚夏实业转让股份需要缴纳增值税，亚夏汽车转让资产免缴增值税。

3）土地增值税。如果涉及房地产，亚夏汽车需要缴纳土地增值税。

4）契税。与现方案相同，如果涉及房地产，亚夏实业需要缴纳契税。

5）印花税。与现方案相同，双方需要缴纳印花税。

第二步：定向增发，亚夏汽车除了获得中公教育 100% 的股权外，还获得现金支付 10 亿元。

与原方案相同，不需要缴纳增值税，但需要缴纳企业所得税、个人所得税和印花税。

总结：与原方案相比，该方案减少了中公合伙的契税和资产购买、转让两环节的印花税，而且亚夏实业的企业所得税税负有可能降低（股权回购视同撤资，相当于未分配利润和盈余公积的部分不用缴纳企业所得税），但增加了亚夏汽车的土地增值税。如果置出资产中不包括房地产，则该方案可以实现减少印花税和企业所得税的目标。

5. 自然人股东身份转换

由于特殊性重组适用于法人股东，对于股东是自然人的，通过搭建中间层法人公司结构，可以实现免税重组。与此同时，对于法人股东的股息收入还可以免缴企业所得税。

【案例 12 - 14】 以案例 12 - 13 为例。假设中公教育的股东成立中公控股公司，由中公控股公司再控股中公教育，其税负分析如下：

在这次交易中，亚夏汽车股权的支付金额占总支付金额的 92.69%，大于 85% 的股权支付比例，可以适用特殊性税务处理。中公教育的股东是企业法人，对于股权支付部分不用计算股权转让所得和企业所得税。

■■■■ 案例讨论

1. A 公司主要从事药品连锁零售业务，拥有超过 3 000 家连锁药店，系大型医药连锁经营企业。经过多年发展，A 公司已成为行业内的龙头企业。

甲上市公司拟以发行股份及支付现金的方式购买乙集团、丙公司、丁公司（出让方）持有的标的资产（A 公司 50% 股权），并向特定投资者 B 公司非公开发行股份募集配套资金。

根据《购买资产框架协议》，标的资产作价暂定为人民币 15 亿元，其中现金为 8.5 亿元、股份为 6.5 亿元。发行股份的价格为 7.05 元/股，不低于定价基准日前 20 个交易日股票均价的 90%。

在 8.5 亿元现金中，2 亿元现金自本次交易正式协议生效之日起 10 个工作日内由甲上市公司向交易对方支付；3.5 亿元现金在标的资产交割至上市公司名下且上市公司本次募集配套资金到位后 30 个工作日内向交易对方支付；3 亿元现金分期支付，若标的公司业绩承诺期的实际净利润高于承诺净利润，则上市公司应按如下约定向交易对方分 5 次支付剩余现金对价 3 亿元，具体如下：

序号	支付时间	支付金额（万元）
1	2020 年度标的公司业绩承诺实现情况《专项审核报告》出具后 20 个工作日内	6 000
2	2021 年度标的公司业绩承诺实现情况《专项审核报告》出具后 20 个工作日内	6 000
3	2022 年度标的公司业绩承诺实现情况《专项审批报告》出具后 20 个工作日内	6 000
4	2023 年度标的公司业绩承诺实现情况《专项审核报告》出具后 20 个工作日内	6 000
5	2024 年度标的公司业绩承诺实现情况《专项审核报告》出具后 20 个工作日内	6 000

B 公司是上市公司实际控制人控制的公司。募集配套资金的用途为支付本次交易的现金对价，募集资金总额为 4 亿元。发行股份的价格为 6.27 元/股，不低于定价基准日前 20 个交易日股票均价的 80%。甲上市公司收购 A 公司 50% 股权案例的示意图如下。

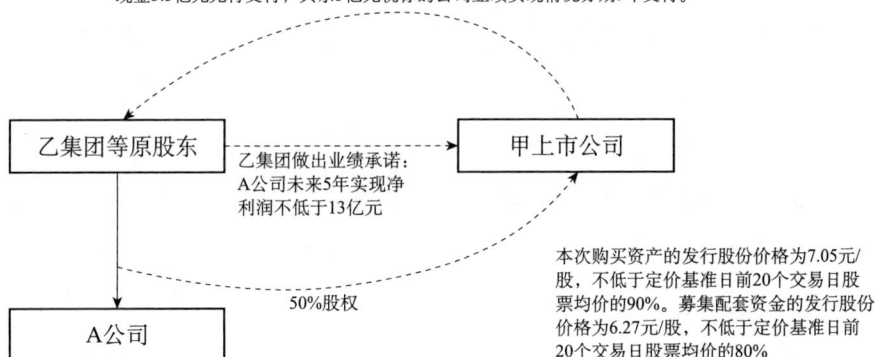

股权转让对价共15亿元。其中，股份支付6.5亿元，现金支付8.5亿元。
现金5.5亿元先行支付，其余3亿元视标的公司业绩实现情况分期5年支付。

乙集团等原股东

甲上市公司

乙集团做出业绩承诺：A公司未来5年实现净利润不低于13亿元

本次购买资产的发行股份价格为7.05元/股，不低于定价基准日前20个交易日股票均价的90%。募集配套资金的发行股份价格为6.27元/股，不低于定价基准日前20个交易日股票均价的80%

A公司

50%股权

根据甲上市公司与补偿义务方乙集团签署的《购买资产框架协议》，补偿义务方承诺标的资产 A 公司在 2020 年度、2021 年度、2022 年度、2023 年度和 2024 年度实现的合并报表范围扣除非经常性收益后归属于母公司所有者的净利润分别不低于 1.5 亿元、2 亿元、2.5 亿元、3 亿元、4 亿元。

若标的公司在业绩承诺期的任一年末当年实际净利润低于当年承诺净

利润，业绩承诺方应按照下列方式对甲上市公司进行补偿：

$$
\begin{array}{l}
当期应补偿\\
金额
\end{array} = \left(\begin{array}{l}当期承诺\\净利润数\end{array} - \begin{array}{l}当期实际\\净利润数\end{array} \right) \div \begin{array}{l}业绩承诺期内各年的\\承诺净利润数总和\end{array} \\
\times \begin{array}{l}标的资产\\交易价格\end{array}
$$

若乙集团存在当期应补偿金额，甲上市公司有权在协议约定的尚未支付的现金对价中直接扣除当期应补偿金额部分，该被扣除的现金对价将不再支付。

若标的公司在业绩承诺期内每一年度的当期实际净利润超过当期承诺净利润，就超出承诺利润部分，奖励接受人可按如下方式获取当期超额业绩奖励：

$$当期超额业绩奖励 = (当期实际净利润数 - 当期承诺净利润数) \times 50\%$$

在业绩承诺期内，奖励接受人累计获取的超额业绩奖励金额总额不超过本次交易作价的 20%。

奖励接受人的具体范围、分配金额及分配时间由标的公司董事会确定，报上市公司董事会备案后实施。

试讨论：

（1）股权出让方乙集团股权转让收入的确认时间与确认金额。

（2）股权出让方乙集团取得股票的计税基础。

（3）收到超额业绩奖励的税务处理。

2. 2020 年 7 月，天津一汽夏利汽车股份有限公司（以下简称"一汽股份"）发布重大资产出售及发行股份购买资产并募集配套资金暨关联交易报告，本次交易的整体方案由上市公司股份无偿划转、重大资产出售、发行股份购买资产及募集配套资金四部分组成，上述股份无偿划转、重大资产出售、发行股份购买资产互为条件，共同构成本次重大资产重组不可分割的组成部分。

（1）股份无偿划转。截至本报告书签署之日，一汽股份持有一汽夏利761 427 612 股，持股比例为 47.73％。一汽股份拟将其持有的一汽夏利697 620 651 股（占一汽夏利本次交易前总股本的 43.73％）无偿划转给铁物股份。在本次无偿划转完成后，铁物股份持有一汽夏利 697 620 651 股（占一汽夏利本次交易前总股本的 43.73％）。

（2）重大资产出售。一汽夏利将其拥有的截至评估基准日除鑫安保险17.5％的股权及留抵进项税额以外的全部资产和负债转入夏利运营（留抵进项税额因无法变更纳税主体而保留，后续将由一汽夏利向夏利运营以现金予以等额补偿）后，一汽夏利拟向一汽股份出售夏利运营 100％的股权及鑫安保险 17.5％的股权，一汽股份指定一汽资产为承接方，由一汽夏利将夏利运营 100％的股权和鑫安保险 17.5％的股权直接过户至一汽资产。

（3）发行股份购买资产。一汽夏利拟向中国铁物、铁物股份、芜湖长茂、结构调整基金、工银投资、农银投资、润农瑞行、伊敦基金发行股份，购买其合计持有的中铁物晟科技 100％的股权及铁物股份持有的天津公司100％的股权、物总贸易 100％的股权。股份发行价格为 3.05 元/股，不低于定价基准日前 20 个交易日公司股票交易均价的 90％。

（4）募集配套资金。在本次募集的配套资金中，155 570.00 万元用于补充标的公司流动资金，其余用于支付本次交易的相关税费及中介机构费用。

在本次交易中，拟出售资产包括鑫安保险 17.5％的股权及夏利运营100％的股权。根据中林出具并经国务院国资委备案的评估报告，以 2019 年12 月 31 日为评估基准日，鑫安保险 100％股权的评估价值为 125 536.85 万元，一汽夏利持有的鑫安保险 17.5％股权的评估价值为 21 968.95 万元；模拟承接一汽夏利截至评估基准日除鑫安保险 17.5％的股权及母公司留抵进项税额以外的全部资产与负债，并享有对一汽夏利债权后的夏利运营 100％

股权的评估价值为－20 183.14万元。因此，本次交易拟置出资产的评估价值合计为1 785.81万元，具体情况如下：

评估对象	净资产账面价值	评估值	增值额	增值率
鑫安保险100％股权	115 873.55	125 536.85	9 663.30	8.34％
夏利运营100％股权	139 465.12	－20 183.14	－159 648.26	－114.47％

注：净资产账面价值为母公司口径的净资产账面价值。

鉴于拟出售资产的整体经营状况不佳，经各方协商且参考经国务院国资委评估备案的拟出售资产评估值，拟出售资产的交易价格确定为1元，并视过渡期间损益的专项审计结果确定是否向上市公司进行补偿。

在本次交易中，拟购买资产为中铁物晟科技100％的股权、天津公司100％的股权及物总贸易100％的股权。根据中联出具并经国务院国资委备案的《拟购买资产评估报告》，以2019年12月31日为评估基准日，本次交易拟购买资产的评估值为1 212 871.36万元，具体情况如下：

单位：万元

评估对象	净资产账面价值	评估值	增值额	增值率
中铁物晟科技100％股权	422 520.70	1 178 994.33	756 473.63	179.04％
天津公司100％股权	19 854.52	20 474.58	620.06	3.12％
物总贸易100％股权	11 949.88	13 402.45	1 452.57	12.16％
合计	454 325.10	1 212 871.36	758 546.26	166.96％

注：净资产账面价值为母公司口径的净资产账面价值。

经交易各方友好协商，以上述评估值为基础，中铁物晟科技100％股权、天津公司100％股权及物总贸易100％股权的交易价格合计为1 212 871.36万元。

铁物股份及中国铁物承诺铁物置业在本次重组实施完成当年至2024年度累计净利润数合计不低于2 757.05万元。在业绩承诺补偿期内任一会计年度截至当期期末累计实际净利润数未达到截至当期期末累计承诺净利润数，或者铁物置业在其对应业绩承诺补偿期内累计实际净利润合计数未达到累计承诺净利润合计数，铁物股份及中国铁物应对一汽夏利进行补偿。补偿方式为：铁物股份及中国铁物以其在本次重组中获得的一汽夏利股份（包括以资产认购方式获得的新增发行股份及以无偿划转方式获得的股份，下同）对一汽夏利进行补偿。如果发生根据《业绩承诺补偿协议》约定的铁物股份及中国铁物向一汽夏利进行补偿的情形，一汽夏利应在业绩承诺资产专项审核报告出具日起 60 日内计算应补偿股份数，并由一汽夏利发出召开上市公司董事会和股东大会的通知，经股东大会审议通过，一汽夏利以人民币 1.00 元的总价向铁物股份及中国铁物定向回购其当年应补偿的股份数量，并依法予以注销。

试讨论：

（1）本次交易中股权划转的税务处理。

（2）本次交易中资产出售的税务处理。

（3）本次交易中资产购买的税务处理。

（4）发生业绩补偿的税务处理。

资产证券化

13.1 资产证券化的概念

1. 资产证券化的定义

资产证券化是指发起人把未来一定期限内可能产生现金流的资产，销售给特定目的载体（special purpose vehicle，SPV），然后SPV以此资产或资产组合产生的现金流为支撑，向投资者发行可自由流通证券的结构性融资安排。通俗说来，资产证券化是指将缺乏流动性但具有可预期收入的资产，通过在资本市场上发行证券的方式予以出售，借以获取融资，从而提高资产的流动性。

从本质上说，资产证券化是将缺乏流动性但未来可能产生稳定现金流的资产出售给特殊目的载体，并通过风险隔离和信用增级转化为可自由流通的资产支持证券；从流程上说，它是发起人将自己拥有的资产出售给特殊目的载体，特殊目的载体以这些资产形成的资产池所产生的现金流为依托发行证券，并由投资者自由购入的过程。具体说来，它是指将缺乏流动性但能产生可预见的稳定现金流的资产，通过一定的结构安排，对资产中的风险与收益要素进行分离和重组，进而转换为在金融市场上可以出售的流通证券的过程。简言之，就是将能够产生稳定现金流的资产出售给一个独立的专门从事资产证券化业务的特殊目的载体，SPV以资产为支撑发行证券，并用发行证券所募集的资金来支付购买资产的价格。

2. 资产证券化的参与主体及流程

资产证券化的结构较为复杂，在一般情况下，其参与主体及主要职能见表 13-1。

表 13-1　资产证券化的参与主体及职能

参与主体	担当的角色
发起人	即原始权益人，是资产证券化基础资产的原始所有者
计划管理人	计划管理人是整个资产证券化业务中最主要的中介机构，其主要业务是设立资产支持专项计划（SPV），负责托管基础资产，并对 SPV 实施管理，通过 SPV 连接起投资者与发起人。我国主要是由券商或者基金管理公司子公司作为计划管理人
特殊目的载体	special purpose vehicle，简称 SPV，是资产证券化的核心参与者，主要接受发起人转让的资产并以其为基础发行资产支持证券
信用评级机构	对资产支持证券进行评级，并实时跟踪进行调级
信用增级机构	对资产支持证券进行信用增级支持，由发起人或第三方承担
承销人	发行及承销资产支持证券
贷款服务机构	接受 SPV 委托的贷款管理机构，一般由资产证券化发起机构担任
资金保管机构	接受 SPV 委托的财产账户资金保管机构
投资人	资产支持证券的购买者、最终持有人，可以是自然人，也可以是机构

注：原始权益人是指基础资产的原始拥有者，通过将基础资产转移给专项资产支持计划，从而获得资金的主体。在一般情况下，将基础资产转移后，资产或者权益对应的提供义务的主体也发生变化。比如债权 ABS，将债权移交后，原始债权人将其权利与义务彻底转移。但是，部分收益权的原始权益人却无法做到这一点，比如供热收益权中由于底层用户的零散性等，原始权益人依旧负有收取供热费的义务，此时的权利与义务无法彻底转移。

发起人是指将资产出售并用于证券化的参与方。

发起人与原始权益人不一定重合，比如原始权益人将应收账款作为基础资产，基础资产多且较为分散，风险管理的把控难度较大，因而在资产证券化架构设计中会设立一家保理公司，将所有繁杂的应收账款均转让到这家保理公司名下，形成资金池，由保理公司作为发起人以及资产服务机构从事资产证券化业务。

企业资产证券化的业务流程如下：

第一步，原始权益人根据自身融资需要，确定融资规模，明确证券化目标，然后对拥有的资产进行评估和整理，从中选择规定数量的资产作为基础资产，从资产负债表中剥离，组成资产池。

第二步，证券公司发起设立一个专项资产管理计划作为资产证券化的

SPV。原始权益人将基础资产出售给 SPV，最大限度地实现了基础资产风险与原始权益人风险的破产隔离，降低了融资风险。SPV 通过运用各种金融工具或有效手段，确保本息的按期偿付。

第三步，信用评级和信用增级。在发行资产支持证券前，评级机构要进行发行信用评级，通过对各种相关合同与文件的合法性和有效性的审查，向投资者公布发行评级结果。发行评级结果越高，表明资产支持证券的风险越低，发行成本也就越低。此外，评级机构要实时监督资产池内资产的质量状况，并根据其变化适时调整资产支持证券的信用等级。

第四步，发行证券并向原始权益人支付购买价款。在发行评级后，SPV 委托承销商对资产支持证券进行承销，承销商可采取公开发售或者私募方式。资产支持证券具有低风险、高收益的特征，银行机构、保险公司和投资基金等机构投资者是主要的投资者。SPV 从承销商处获取资产支持证券发行收入后，按照资产买卖合同约定的价格向原始权益人支付基础资产的购买价款。至此，原始权益人达到最终筹资目的。

第五步，管理资产池。服务机构受 SPV 委托管理资产池，主要职责包括记录并收取债务人每月偿还的现金并存入专项账户，实时监督债务人的履约情况，在债务人发生违约时采取相关的补救措施，对资产池的保险、税务等事宜进行管理。

第六步，按期偿还本息，支付中介机构服务费用。托管机构受 SPV 委托在规定的偿付日足额支付投资者本息。利息一般是定期支付，本金偿付方式根据资产池内资产和相关的偿付安排确定。在资产支持证券的本息全部支付完毕后，支付聘用中介服务机构的各项费用。若仍有剩余，则返还原始权益人。

资产证券化业务的流程图见图 13 - 1。

3. 资产证券化的分类

（1）根据资产支持证券的原始权益人不同，资产支持证券可以分为信

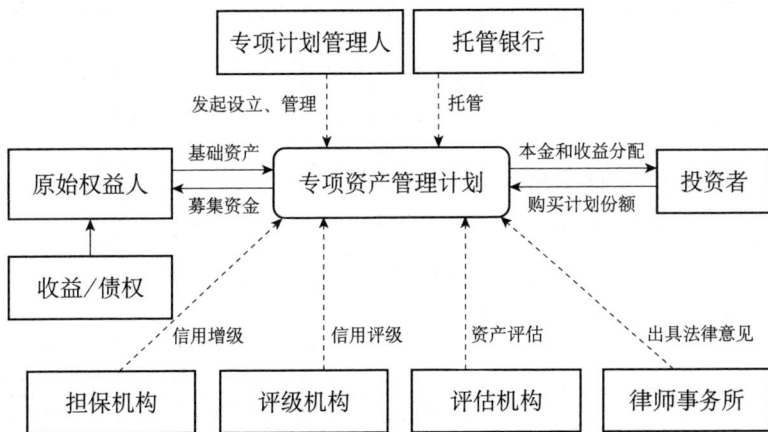

图 13-1 资产证券化业务的流程图

贷资产支持证券、企业资产支持证券。

1）信贷资产支持证券。信贷资产支持证券由中国人民银行、银保监会主管，原始权益人为银行，其基础资产为银行信贷资产，如个人住房抵押贷款、信用卡贷款、对公贷款等。

信贷资产证券化是指银行业金融机构作为发起机构，将信贷资产信托给受托机构，由受托机构以资产支持证券的形式向投资机构发行受益证券，以该财产产生的现金支付资产支持证券收益的结构性融资活动。信贷资产证券化的流程图见图 13-2。

2）企业资产支持证券。企业资产支持证券的原始权益人为非银行机构，包括非银行金融机构以及非金融企业，其基础资产主要为企业债权（存量资产）和企业收益权（未来资产）。

企业资产证券化是指证券公司以专项资产管理计划为特殊目的载体，以计划管理人身份面向投资者发行资产支持证券，按照约定用受托资金购买原始权益人能够产生稳定现金流的基础资产并将该基础资产的收益分配给投资者的专项资产管理业务。企业资产证券化适用于大型公司或者机构类客户的债权类或收益权类资产项目，如水电气资产、路桥港口收费权、

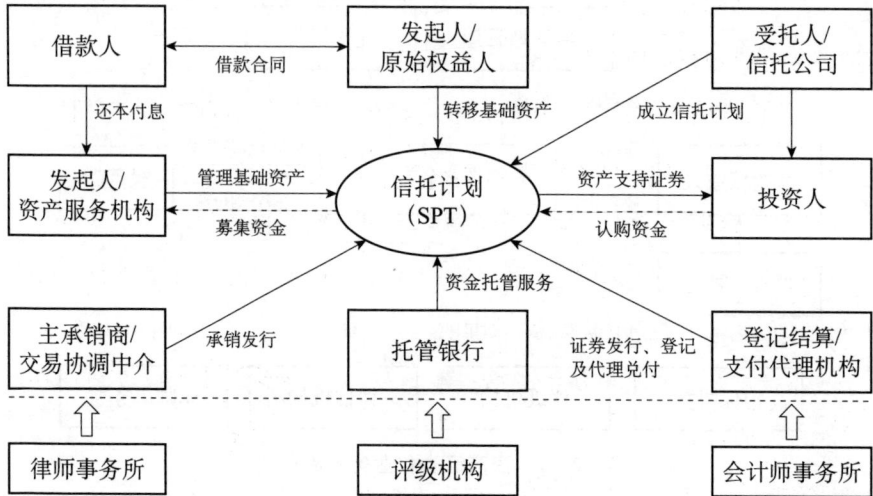

图 13-2 信贷资产证券化的流程图

融资租赁资产、PPP 项目、不动产投资信托 REITs、股票质押权回购债权、航空票款、门票收入、企业债权、委托贷款、应收账款等。企业资产证券化的流程图见图 13-3。

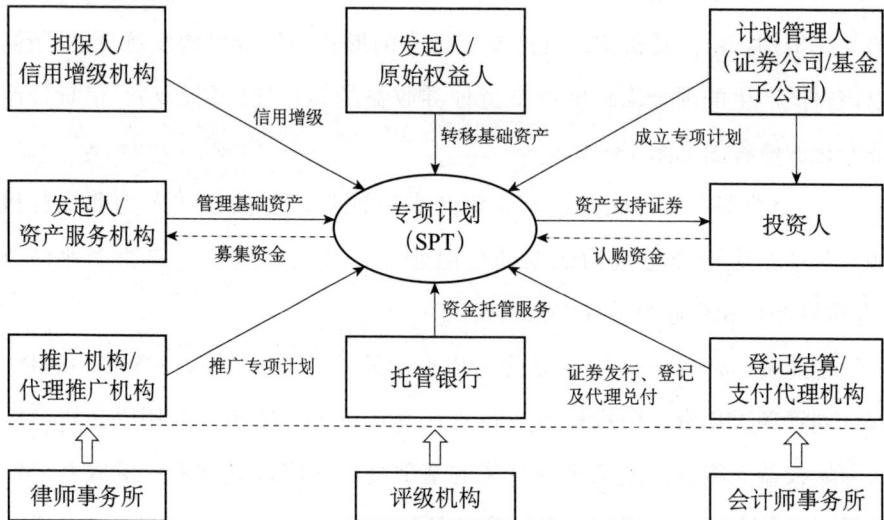

图 13-3 企业资产证券化的流程图

（2）根据基础资产性质的不同，企业资产证券化又可以分为债权类资产证券化和收益权类资产证券化。

1）债权类资产证券化。其基础资产转让前体现在发起人资产负债表的资产项目上，与此相关的未来现金流能够可靠预期。

2）收益权类资产证券化。其基础资产为企业的财产权利，未来现金流的不确定性较高，相关的收入或收益只能在未来某一时点才能确认，不能构成会计意义上的资产。

收益权类企业资产包括供热费、水电费、物业费等收费权以及信托产品受益权、股权收益权等。

【案例 13-1】 中信华夏苏宁云享资产支持专项计划。

（1）交易参与方。中信华夏苏宁云享资产支持专项计划是由苏宁云商集团股份有限公司（以下简称"苏宁云商"）发起，由华夏资本管理有限公司（以下简称"华夏资本"）作为计划管理人，以苏宁云商持有的 6 处供应链仓储物业的股权及物业收益作为基础资产设立的资产支持专项计划（SPV）。

该计划的交易参与方见表 13-2。

表 13-2　中信华夏苏宁云享资产支持专项计划的交易参与方

项目	内容
发起人（原始权益人）	苏宁云商集团股份有限公司
计划管理人	华夏资本管理有限公司
基金管理人	苏宁金石（天津）管理有限公司（以下简称"苏宁金石"）
托管人	兴业银行股份有限公司
基础资产	不动产投资信托 REITs（持有项目公司股权及目标资产权益）

（2）交易流程。

1）苏宁云商（原始权益人）将 6 处供应链仓储物业的房屋所有权以及对应的土地使用权分别出资设立 6 家全资子公司（即项目公司）。项目公司的成立流程见图 13-4。

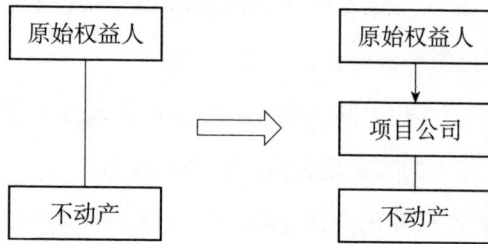

图 13 - 4　项目公司的成立流程

2）苏宁金石（基金管理人）设立不动产投资信托 REITs，发行私募基金的总份额为 181 440 万份，每份面值 1 元，苏宁云商以 6 家全资子公司 100％的股权认购以上全部私募基金份额；华夏资本（计划管理人）成立中信华夏苏宁云享资产支持专项计划（SPV）。

设立私募基金和专项计划的流程以及私募基金收购项目公司的流程见图 13 - 5 和图 13 - 6。

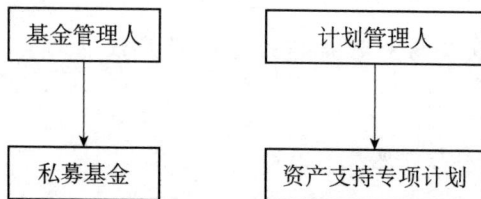

图 13 - 5　设立私募基金和专项计划的流程

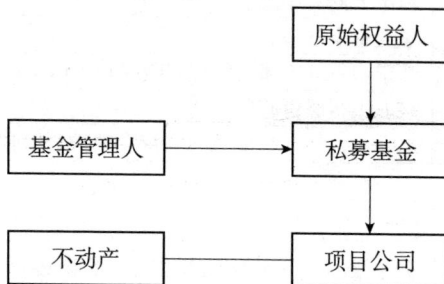

图 13 - 6　私募基金收购项目公司的流程

3）华夏资本（计划管理人）代表SPV购买100%的REITs份额，完成对6处供应链仓储物业资产所有权的间接收购。

苏宁云商将其持有的REITs份额交付给华夏资本，华夏资本代表SPV通过持有全部REITs份额而间接享有项目公司100%的股权及目标资产的权益。SPV在每期获得基金份额的分红后，再支付给投资者。

项目公司的现金流主要来源于所持6处物业的租赁收入，苏宁云商与项目公司签订了10年不可撤销的租约（经营性租赁方式），承诺以稳定的市场租金长期租用供应链仓储物业。以上6处物业包括在广州、成都、南昌、无锡、青岛、包头的物流中心房屋及其占有范围内土地的国有土地使用权。

4）增信措施。在增信措施上，该专项计划主要采用优先级/次级的结构化设计，发行优先级证券12亿元，次级证券6.47亿元。苏宁云商子公司江苏苏宁物流有限公司出资1.94亿元认购专项计划发行的次级证券30%的份额。

在其他增信措施方面，苏宁金石引入苏宁电器集团为与资产支持专项计划相关的金融产品提供增信，即根据苏宁电器集团与苏宁金石签订的《优先收购协议》，在私募投资基金对外出售供应链仓储物业的交易价格总额低于物业评估总值时，苏宁电器集团应补足相应款项。

【案例13-2】 长春供热集团供热收益权资产专项计划。该资产支持计划的基础资产对应的是供热收益权，现金收入较稳定。长春供热集团供热收益权专项资产管理计划资产支持证券（以下简称"供热收益权资产专项计划"）由中国中投证券有限责任公司（以下简称"中投证券"或"计划管理人"）发行，其募集的资金用于购买基础资产，即合同中的供热收益权。该计划以基础资产带来的全部收益按约定向资产支持证券的持有人（即投资人）还本付息。该资产专项计划于2013年发起，2014年正式设立。

供热收益权资产专项计划的参与主体见表13-3。

表13-3 供热收益权资产专项计划的参与主体

主体角色	机构名称	机构简称
发起机构（原始权益人）	长春市供热集团	长春供热
受托人、发行人	中国中投证券有限责任公司	中投证券
资金保管机构	浦发银行长春分公司	浦发长春
登记托管机构	中国证券登记结算有限公司	中证登
主承销商	中国中投证券有限责任公司	中投证券
法律顾问	奋迅律师事务所	奋迅律所
会计/税务顾问	瑞华会计师事务所	瑞华

供热收益权资产专项计划的交易结构见图13-7。

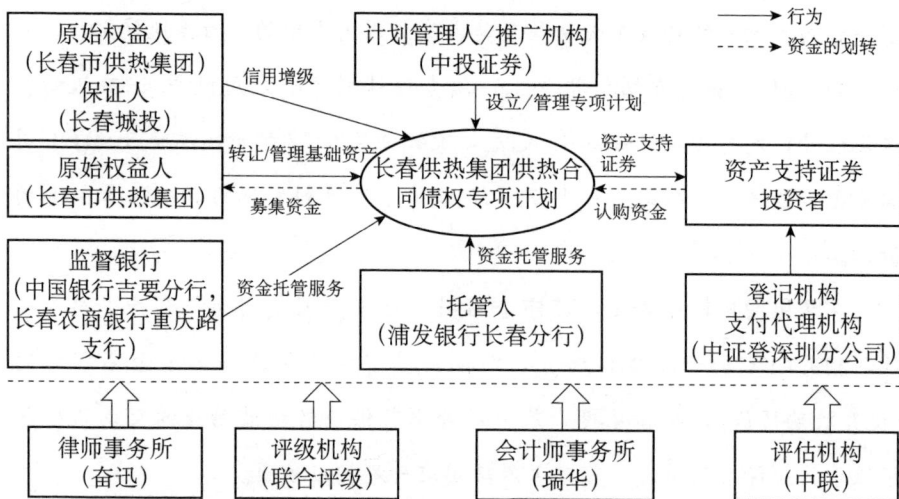

图13-7 供热收益权资产专项计划的交易结构

计划管理人（中投证券）根据它与原始权益人（长春市供热集团）签订的《资产买卖协议》，其管理的资金用于购买长春市供热集团的基础资产，即未来特定时期的供热收益权，进而中投证券以及专项计划取得了未来供热收益权。

由于基础资产产生的现金流依靠的是各类大型供热设备，底层用户繁多且分散，长春供热收益权根据《资产买卖协议》的约定，对基础资产中的特定供热用户仍负有持续提供供热服务的责任和义务，以及负责基础资产对应的供热费的收取和催收等事宜。

13.2 资产证券化的税务处理

资产证券化的流程复杂、主体众多,它涉及的纳税环节和纳税主体也十分复杂。在整个资产证券化的过程中,涉及增值税、企业所得税、个人所得税、印花税等。

13.2.1 资产证券化涉及税种

当资产证券化的参与者签订各项合同时,相应产生印花税的应税行为;在发起过程中,基础资产的真实出售行为会产生增值税的应税行为;在特殊目的载体持有基础资产并取得收益的过程中,会产生增值税的应税行为;投资者在获得资产证券投资收益的情况下,涉及缴纳所得税的问题,并且根据纳税主体的不同,又分为企业所得税、个人所得税等。资产证券化各主体涉税行为分析见表 13 - 4。

表 13 - 4 资产证券化各主体涉税行为分析

涉税主体	纳税环节	税种	征税对象
发起人	转让证券化资产	印花税	与受托机构签订的合同
		增值税	转让资产的销售额
		所得税	转让资产取得的收益
SPV	取得证券化资产	印花税	与发起机构签订的合同
	管理证券化资产	增值税	资产的利息收入
		所得税	取得项目收益
	发行资产支持证券	印花税	发行资产支持证券的行为
投资者	买卖资产支持证券	印花税	买卖资产支持证券的行为
		增值税	买卖资产支持证券获得的溢价收入
		所得税	买卖资产支持证券获得的收益
	持有到期资产支持证券	所得税	持有到期资产支持证券的收益
其他相关方	为资产证券化项目提供服务	印花税	与相关机构签订服务合同
		增值税	取得服务报酬
		所得税	取得服务收益

13.2.2 发起人的税务处理

发起人的资产转让行为可能产生增值税、印花税、企业所得税的纳税义务。我国可以由资产证券化转让的基础资产有信贷资产和非信贷资产两种，信贷资产在转让时可以视为债权的转让，非信贷资产一般包括企业资产收益权、请求权等，也具有未来债权的性质。除了发起环节外，发起机构赎回或置换已转让的信贷资产，产生的收入或损失也会产生相应的企业所得税纳税义务。

1. 增值税

在资产证券化发起过程中所涉及的基础资产，如信贷资产、企业资产收益权等，通常具有债权或未来债权的性质，对于债券类的转让行为不缴纳增值税。

2. 企业所得税

在资产证券化的发起环节是否需要缴纳所得税，要根据转让行为的性质进行确定。如果是真实的销售行为，那么发起人需要将取得的对价收入一次性并入确认收入年度的应纳税所得额；与此同时，相关基础资产的计税基础减除已税前扣除的准备金后的余额，可在计算应纳税所得额时扣除。如果基础资产的转让不构成真实销售，那么取得的对价收入应当作为担保融资款计入，无须确认收入或损失，也无须缴纳企业所得税。此外，对发起人赎回或置换已转让的基础资产，也应同发起环节一样按规定计算缴纳企业所得税。

3. 印花税

在发起人出售基础资产的环节中，就会签订资产转让、资金保管等相关合同，这样的转让合同会产生印花税的纳税义务。如果出售基础资产未构成真实出售，那么这项资产证券化的实质是担保融资行为，所签订的转让合同实质为担保合同。基础资产的风险和收益未与发起人产生分离，未构成权利转移，也无须就资产转让缴纳印花税。如果出售基础资产构成真实出售，则需要缴纳印花税。

《财政部、国家税务总局关于信贷资产证券化有关税收政策问题的通知》（财税〔2006〕5号）明确，信贷资产证券化的发起机构将实施资产证券化的信贷资产信托予受托机构时，双方签订的信托合同暂不征收印花税。发起人在资产证券化的运作过程中，会与资金保管机构、证券登记托管机构以及其他为证券化交易提供服务的机构签订其他应税合同，根据财税〔2006〕5号文的规定，均暂免征收发起机构应缴纳的印花税。发起机构因开展信贷资产证券化业务而专门设立的资金账簿，也暂免征收印花税。

13.2.3　特殊目的载体的税务处理

特殊目的载体在获得发起人的基础资产后，要对基础资产进行分级增信，发行资产支持证券，发行证券以及基础财产收益的产生和分配环节也会产生相关的纳税义务。

1. 增值税

特殊目的载体获得基础资产收益的增值税由资产计划管理人代为缴纳。财税〔2017〕56号文对资管产品管理人在运营阶段发生的增值税纳税行为适用的征税方法和税率（征收率）以及具体适用要求做出明确：对于贷款服务，取得的利息收入全额征收增值税；对于金融商品转让收入，以卖出价减去买入价的差价征收增值税。其适用税率见表13-5。

表13-5　资管产品增值税适用税率

纳税人	适用增值税征税方法	适用税率（征收率）	适用情形
资管计划管理人	一般计税方法	6%的增值税税率	管理人未分别核算资管产品的运营业务和其他业务的销售额及增值税的应纳税额
	简易计税方法	3%的征收率	管理人分别核算资管产品的运营业务和其他业务的销售额及增值税的应纳税额

2. 所得税

在信贷资产证券化交易中，财税〔2006〕5 号文规定，对于信托项目收益在取得当年向资产支持证券的机构投资者分配的部分，在信托环节暂不征收企业所得税；在取得当年未向机构投资者分配的部分，在信托环节由受托机构按企业所得税的政策规定申报缴纳企业所得税；对于在信托环节已经完税的信托项目收益再分配给机构投资者时，对机构投资者按现行取得税后收益的《企业所得税法》规定处理。

在企业的资产证券化交易中，由于 SPV 不是独立的纳税实体，其取得的基础资产收益的所得税由资产管理计划管理人缴纳。

3. 印花税

财税〔2006〕5 号文规定，受托机构发售信贷资产支持证券，暂免征收印花税。对于信贷资产以外的资产证券化产品，需要就发行和认购资产支持证券缴纳印花税。

13.2.4 投资者的税务处理

1. 增值税

资产支持证券的投资者应就转让资产支持证券取得的差价收入缴纳增值税。

财税〔2016〕36 号文对企业提供贷款服务获得"保本收益、报酬、资金占用费、补偿金"的含义做出了进一步规范，并明确金融商品持有期间取得的非保本的上述收益不属于增值税的征税范围。除此之外，《财政部、国家税务总局关于明确金融房地产开发、教育辅助服务等增值税政策的通知》（财税〔2016〕140 号）对资管产品运营期间发生增值税应税行为的纳税人明确为资管产品的管理人，并将资管产品持有至到期排除在"金融商品转让"的增值税税目之外。

2. 所得税

投资者转让资产取得的对价收入应一次性并入确认收入年度的应纳税所得额，而且相关资产支持证券的净值可在计算应纳税所得额时扣除。根据财税〔2006〕5 号文的规定，机构投资者取得的资产支持证券差价收入，应按规定缴纳企业所得税。若投资者转让资产支持证券发生损失，应按照《国家税务总局关于发布〈企业资产损失所得税税前扣除管理办法〉的公告》（国家税务总局公告 2011 年第 25 号）规定的程序和要求向主管税务机关申报后，在税前扣除。

投资者取得的基金持有收益应并入应纳税所得额计算缴纳所得税。

个人投资者需要按 20％的税率缴纳个人所得税。

3. 印花税

根据财税〔2006〕5 号文，投资者买卖信贷资产支持证券，暂免征收印花税。因此，机构投资者投资信贷资产证券化产品免征印花税，投资非信贷资产证券化产品需要缴纳印花税。

13.2.5　其他相关方的税务处理

在资产证券化的过程中，除了发起人、特殊目的载体和投资者外，还有相关的专业服务机构，如资金托管机构、信用评级机构、审计服务机构等。它们在资产证券化过程中取得的收入也应按照现行《企业所得税法》及《增值税暂行条例》的相关规定进行处理。

1. 增值税

专业服务机构为信托计划提供服务取得的服务费收入，应按服务业计算缴纳增值税。

2. 企业所得税

专业服务机构提供服务取得的服务费收入，应并入应纳税所得额计算缴纳企业所得税。

3. 印花税

上述专业服务机构为信托计划提供服务而签订的相关合同（基础资产委托/转让合同、受托人信托合同、资产服务机构服务合同、信用评级机构及审计服务机构相关服务合同、资金托管机构资金保管合同）不属于印花税应税凭证的范畴，无须缴纳印花税。

【案例 13-3】 某金融机构作为发起机构，将其部分借贷资产（证券化资产）委托给某信托有限公司（以下简称"信托公司"），并设立信贷资产证券化信托（以下简称"信托计划"），以实现信托资产与金融机构自有资产的风险和自身破产风险的隔离。信托公司作为受托机构负责管理信托，并作为发行人代表信托计划在全国银行间债券市场向投资者发行优先级资产支持证券和次级资产支持证券（资产支持证券），并将发行收入净额支付到金融机构指定的账户。该交易的结构示意图见图 13-8。

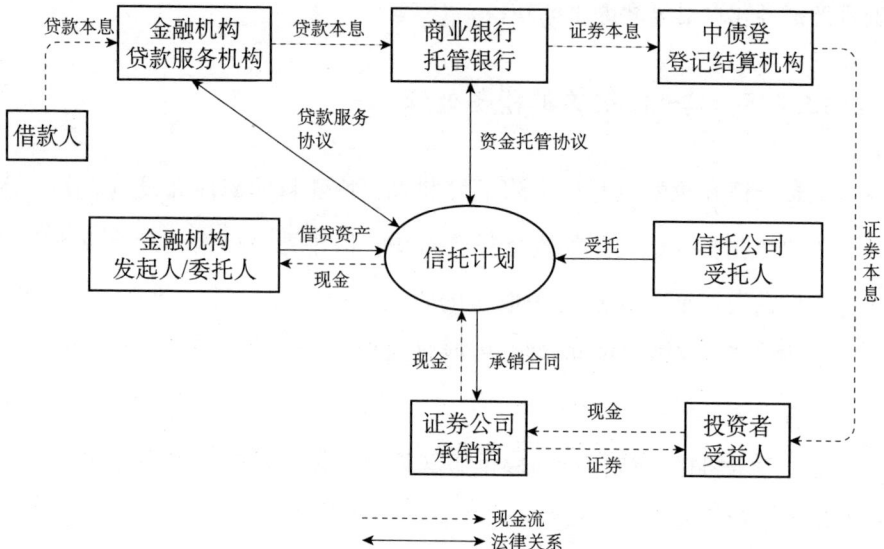

图 13-8 信贷资产证券化交易的结构示意图

（）

要求：请做出相应的税务分析。

解析：（1）金融机构将借贷资产委托给信托公司设立信托及形成信托财产。

1）增值税。出售、转让债权或将持有的债权转为股权，不征收增值税。在会计上，金融机构发行资产支持证券后将终止确认相关贷款，即相关贷款从金融机构的资产负债表中转出。因此，金融机构将相关资产信托予信托公司，可被认为转让相关资产的交易，即转让债权的行为，无须缴纳增值税。

2）企业所得税。金融机构转让基础资产取得的收益和发生的损失应按《企业所得税法》的规定进行处理。平价转让贷款资产不会产生收益或损失，因而不会产生企业所得税的纳税义务。

3）印花税。根据财税〔2006〕5号文的规定，金融机构与信托公司就资产证券化交易签订的信托合同可免征印花税。此外，信托公司为信托专门设立的资金账簿也暂免征收印花税。

（2）信托公司发行资产支持证券。

印花税。根据财税〔2006〕5号文的规定，信托公司发行资产支持证券和投资者认购资产支持证券，暂免缴纳印花税。

（3）机构投资者买卖资产支持证券。

1）增值税。机构投资者需要就销售信贷资产支持证券的差价收入缴纳增值税。

2）企业所得税。机构投资者需要将买卖信贷资产支持证券获得的收益或损失并入其当期应纳税所得额，计算缴纳企业所得税。

3）印花税。根据财税〔2006〕5号文的规定，机构投资者买卖信贷资产支持证券，暂免征收印花税。

（4）特殊目的信托通过发起人收回本金及利息。

1）增值税。信托计划就其从信托项目中取得的贷款利息收入缴纳增值税。根据财税〔2006〕5号文的规定，本例中信托财产产生的收益主要为贷款产生的利息收入，无论是否在相关收益产生当年进行分配，均应全额征收增值税，由信托公司作为受托机构就相关收益缴纳增值税。

2）企业所得税。特殊目的信托不具有单位、企业或其他组织的法律形式，不应作为独立的纳税主体。在信贷资产证券化交易中，财税〔2006〕5号文规定，对于信托项目收益在取得当年向资产支持证券的机构投资者分配的部分，在信托环节暂不征收企业所得税；在取得当年未向机构投机者分配的部分，在信托环节由受托机构按企业所得税的政策规定申报缴纳企业所得税；对于在信托环节已完税的信托项目收益再分配给机构投资者时，对机构投资者按现行有关税后收益的《企业所得税法》规定处理。

3）印花税。委托管理合同暂不征收印花税。

（5）信托财产收益的产生与分配。根据《信托合同》，委托人金融机构将基础资产委托给信托公司，用以设立信托并形成信托财产；在会计上，金融机构发行资产支持证券后将终止确认相关贷款，即相关贷款从金融机构的资产负债表中转出。因此，该信托财产产生的收益对金融机构无影响，金融机构不确认所得。

1）增值税。信托财产产生的收益将根据《信托合同》约定的方式，由受托机构通过支付代理机构向资产支持证券持有人支付。根据财税〔2016〕36号文的规定，贷款服务，包括各种占用、拆借资金取得的收入，金融商品持有期间（含到期）的利息（保本收益、报酬、资金占用费、补偿金等）收入应缴纳增值税。根据财税〔2016〕140号文的规定，财税〔2016〕36号文所称的"保本收益、报酬、资金占用费、补偿金"，是指合同中明确承诺到期本金可全部收回的投资收益。在金融商品持有期间（含到期），投资者取得的非保本的上述收益，不属于利息或利息性质的收入，不征收增值税。

2) 企业所得税。投资者转让资产取得的对价收入应一次性并入确认收入年度的应纳税所得额，而且相关资产支持证券的净值可在计算应纳税所得额时扣除。

投资者取得的持有收益应并入年度应纳税所得额，缴纳企业所得税。

(6) 专业服务提供商收取的服务费用。

1) 增值税。专业服务提供商取得的服务费收入，均应按规定缴纳增值税。

2) 企业所得税。专业服务提供商取得的服务费收入，均应按规定计算缴纳企业所得税。

3) 印花税。根据财税〔2006〕5号文的规定，资金保管机构、信托公司就《资金保管合同》以及金融机构、信托公司就《服务合同》及其他与为证券化交易提供服务的机构签订的应税合同，暂免征收印花税。

(7) 金融机构对不合格资产的赎回。在信托期限内，若委托人、受托人或者贷款服务机构发现发生了指定情形，则发现该情形的一方应立即书面通知前述其他方。该情形在规定期限内不能被纠正的，委托人应按《信托合同》的约定向受托人赎回相应信贷资产。

1) 增值税。金融机构向信托公司赎回资产，应属于信托公司对债权资产的转让，而债权资产的转让不需缴纳增值税。

2) 企业所得税。根据财税〔2006〕5号文的规定，当金融机构对不合格资产进行赎回时，信托公司需要按照赎回净收益扣除资产的净计税基础计算企业所得税的应税所得，具体纳税方式可参照信托财产收益的产生与分配中所述的具体缴纳方式。金融机构对赎回的资产按实际支付的赎回价格确认计税基础。

3) 印花税。根据财税〔2006〕5号文的规定，金融机构向信托公司赎回资产与金融机构将信托资产授予信托公司属于同一信托合同下的交易，不需缴纳印花税。

【案例 13 - 4】 以案例 13 - 1 为例。请做出相应的涉税会计处理。

解析：（1）产品设立环节。

1）苏宁云商。苏宁云商（原始权益人）将 6 处供应链仓储物业的房屋所有权以及对应的土地使用权分别出资设立 6 家全资子公司（即项目公司）。

①增值税。苏宁云商在以房地产对外投资时应视同销售，缴纳增值税。

在公司分立设立项目公司的情况下，根据财税〔2016〕36 号文的规定，将债权、负债和劳动力等与实物资产共同转让、分立、出售的，可免于征收增值税。

②土地增值税。对于原始权益人来说，以不动产出资设立项目公司属于对外投资，因而按照视同销售房地产确认销售收入，以增值额为计税基础缴纳土地增值税。

单位、个人在改制重组时以房地产作价入股进行投资，对其将房地产转移、变更到被投资的企业，暂不征收土地增值税。但是，房地产开发企业无法享受该土地增值税的税收优惠政策。

③企业所得税。采用不动产出资方式设立项目公司，可视同原始权益人对外投资，根据财税〔2014〕116 号文的规定，非货币性资产对外投资可以在不超过 5 年的期限内分期计算缴纳企业所得税，不动产评估后的公允价值扣除计税基础后的余额，确认为转让所得并以此计算应纳税额。当采用分立方式设立项目公司时，如果满足财税〔2009〕59 号文第五条中特殊性税务处理的五个条件以及股权/资产收购大于 50% 和股权支付占 85% 的比例要求，则计税基础由被收购股权的原有计税基础确定。需要注意的是，如果采用特殊性税务处理，则项目公司在将股权转让给私募基金时，受到 12个月内不得转让股权的限制。

④契税。契税的纳税义务人是承受不动产权属的项目公司。《契税暂行

条例》规定契税的计税依据为成交价格，同时根据财税〔2015〕37号文和财税〔2018〕17号文的规定，对分立后的公司承受原公司土地、房屋权属，免征契税。因此，采取分立方式设立项目公司的，在满足条件的情况下，项目公司可以享受免征契税的税收优惠。

⑤印花税。企业对外投资和分立涉及的不动产转移，不征印花税。

2）苏宁金石。苏宁金石（基金管理人）设立不动产投资信托REITs，发行私募基金份额总计181 440万份，每份面值1元。华夏资本（计划管理人）设立中信华夏苏宁云享资产支持专项计划（SPV）。

印花税：设立私募基金和资产支持专项计划，需要缴纳印花税。

3）苏宁云商和苏宁金石交易双方。苏宁云商以6家全资子公司100％的股权认购苏宁金石全部的私募基金份额。

①增值税。

苏宁云商：项目公司为非上市企业，且未公开发行股票，因而项目公司的股权不属于有价证券。根据财税〔2016〕36号文的规定，转让项目公司股权不属于转让有价证券，无须缴纳增值税。

②土地增值税。

苏宁云商：转让股权无须缴纳土地增值税。

③契税。

苏宁金石：当项目公司的股权转移至苏宁金石时，基础资产的所有权未发生转移，仍属于项目公司，因而无须缴纳契税。

④企业所得税。

苏宁金石：由于契约型私募基金可以直接被"穿透"，不具有独立的纳税主体地位，因而苏宁金石无须缴纳企业所得税；从基金购买股权的角度来看，也不涉及所得税问题。

苏宁云商：应当按照股权转让所得（即转让股权的公允价值减去历史

成本后的余额），按 25％的税率计征企业所得税。

⑤印花税。交易双方按照股权收购合同缴纳 0.5‰的印花税。

4）投资者购买专项计划。投资者购买专项计划，双方缴纳印花税。

（2）运营环节。

华夏资本（计划管理人）设立中信华夏苏宁云享资产支持专项计划（SPV），并代表 SPV 购买 100％的 REITs 份额，完成对 6 处供应链仓储物业资产所有权的间接收购。

苏宁云商将其持有的 REITs 份额交付给华夏资本，华夏资本代表 SPV通过持有全部 REITs 份额而间接享有项目公司 100％的股权及目标资产的权益。SPV 在每期获得基金份额的分红后支付给投资者。

1）增值税。

苏宁云商：苏宁云商将其持有的 REITs 份额转让至资产支持专项计划，属于金融商品转让。财税 [2016] 36 号文规定，金融商品转让按照买卖价差作为销售额，计算缴纳增值税。如果平价转让，则无须缴纳增值税；如果折价转让，负差可结转至下一纳税期，用于抵减下期的金融商品转让销售额，但如果年末仍出现销售负差，不能结转至下一会计年度；如果溢价转让，则以买卖价差作为计税依据，按照 6％的税率计征增值税。

项目公司：在经营期间，项目公司的租金收入属于增值税征税范围中的现代服务，应按照不动产经营租赁缴纳增值税。另外，如果满足财税 [2016] 68 号文的规定，房地产开发企业的一般纳税人出租自行开发的 2016 年 4 月 30日之前开工的"老项目"，可以选择简易计税方法，按照 5％的税率简易计征。此外，根据财税 [2016] 36 号文附件 3 的规定，在 2018 年 12 月 31 日前，公共租赁住房经营管理单位出租公共租赁住房取得的收入，免征增值税。

投资者：投资者通过证券交易所转让资产支持专项计划的份额，需要按照"金融商品转让"，根据买卖价差缴纳增值税。

2）企业所得税。

苏宁云商：苏宁云商转让基金份额取得的转让收益，应按照适用税率计征企业所得税。

项目公司：项目公司在持有经营期间获得的租金收益，根据《企业所得税法实施条例》的规定，属于企业提供固定资产取得的收入，该租金收入应按照25%的税率缴纳企业所得税。

投资者：投资者通过证券交易所转让资产支持专项计划的份额，对于买卖价差收入，需要并入应纳税所得额并缴纳企业所得税。

3）房产税。

项目公司：根据《房产税暂行条例》的规定，项目公司在运营环节取得的底层资产租金收入，应当按照从租计征的方法，适用12%的税率计征房产税。

4）印花税。在持有运营环节，项目公司运营不动产需要与承租方签订租赁合同，双方按照租赁合同约定租金的1‰计征印花税。与此同时，项目公司应与苏宁云商签订资产服务协议。由于资产服务协议不属于印花税的征税范围，无须缴纳印花税。

（3）收益分配环节。

1）增值税。

苏宁金石：苏宁金石取得项目公司的股息分配收入，不缴纳增值税。

SPV和投资者：苏宁金石向专项计划进行收益分红以及专项计划向投资者进行收益分配，由于取得的收益为非保本收益，根据财税［2016］36号文和财税［2016］140号文的相关规定，非保本收益不属于利息或利息性质的收入，不缴纳增值税。需要注意的是，在实务中，有些资产证券化产品规定了享受收益分配的优先级，如果税务机关认定该收益是保本收益，则需要按照财税［2017］56号文的规定，适用简易计税办法，并按照3%的征收率计算缴纳增值税。

2）所得税。

SPV：苏宁金石在向专项计划进行收益分配时，由于SPV不是独立的纳税实体，而且目前并未针对专项计划出台相关的税收政策，因而通常由专项计划的管理人代为缴纳所得税。

投资者：专项计划向证券投资者分配投资收益时，按照证券投资者的主体分为个人投资者和机构投资者，分别按照利息、股息、红利所得缴纳所得税。

（4）退出环节。

当资产支持专项计划期满，假设由苏宁云商回购项目公司股权，苏宁金石取得的股权转让收益在分配给专项计划后，最终分配给投资者，由投资者就投资收益缴纳所得税。

苏宁云商的子公司江苏苏宁物流有限公司认购资产支持专项计划发行的次级资产支持证券30%的份额，应作为可供出售金融资产，需要缴纳印花税。

【案例13-5】[①]　A集团公司为实现融资目的，与B租赁公司出资设立C有限合伙企业，并安排A集团公司旗下的投资子公司（以下简称"A投资公司"）作为C有限合伙企业的普通合伙人（见图13-9）。B租赁公司作为原始权益人，将其有限合伙份额作为基础资产委托A集团公司旗下的信托公司（以下简称"A信托公司"）设立收益权类企业资产证券化专项计划（见图13-10）。承销团向合格投资者发行证券化产品后，B租赁公司作为资金过桥方将发行该证券化产品取得的融资款（转让其持有的C有限合伙企业股权份额的收益权的对价）交付C有限合伙企业（作为对C有限合伙企业的出资款），C有限合伙企业委托A信托公司向A集团公司发放信托贷款并获得信托贷款利息，该利息作为C有限合伙企业的主要收入，并成为B

---

① 感谢中央财经大学税务专业硕士毕业生官昊同学提供的案例支持。

租赁公司收益权类资产证券化投资者投资收益的发放基础（见图 13 - 11）。

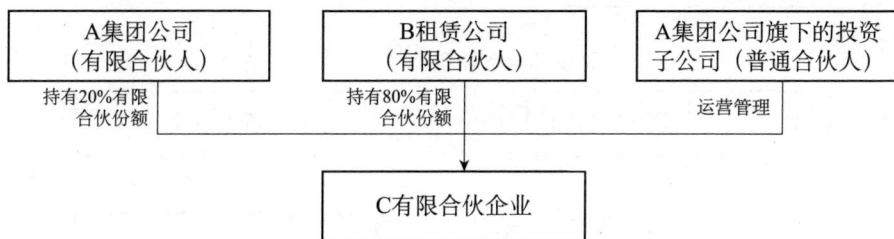

图 13 - 9　C 合伙企业的组织架构图

注：A 投资公司、A 集团公司与 B 租赁公司共同设立 C 有限合伙企业。A 投资公司负责有限合伙企业的管理和运营，A 集团公司持有 20% 的有限合伙份额，B 租赁公司持有 80% 的有限合伙份额。C 有限合伙企业以其全部财产扣除合伙企业应当承担的其他费用后，向合伙人进行利润分配。

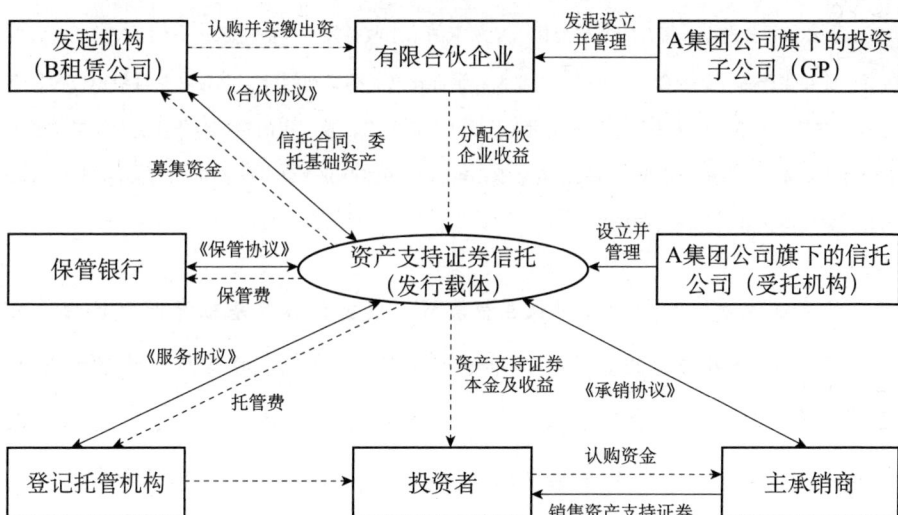

图 13 - 10　资产支持计划架构图

注：发起机构 B 租赁公司以其持有的 80% 有限合伙份额的未来收益权作为基础资产，委托 A 信托公司发行资产支持证券以募集资金，A 信托公司设立资产支持证券信托。在 B 租赁公司收益权类企业资产支持证券发行成功后，由主承销商将募集资金划转至 A 信托公司开立的发行收入缴款账户。根据相关合同的约定，募集资金将由 A 信托公司自发行收入缴款账户直接支付至 C 有限合伙企业账户，作为代发起机构缴付其就 B 租赁公司的实缴出资。该信托交易的流程图见图 13 - 11。

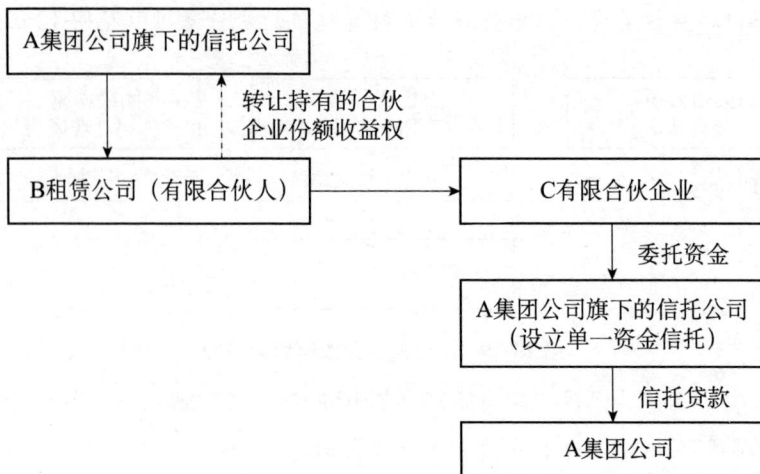

图 13-11 信托交易的流程图

注：B 租赁公司以其持有的 80% 有限合伙份额的未来收益权作为基础资产，委托 A 信托公司发行资产证券化产品募集资金，A 信托公司将发行证券化产品募集到的资金作为取得 B 租赁公司持有的 80% 有限合伙份额的未来收益权的支付对价，B 租赁公司将其取得的转让对价作为出资款交给 C 有限合伙企业，C 有限合伙企业将该笔资金委托给 A 信托公司设立单一资金信托，同时指定向 A 集团公司发放信托贷款并获得信托收益。

从表面上看，B 租赁公司收益权类资产支持证券的基础资产为 B 租赁公司向 A 信托公司转让的 80% 有限合伙份额对应的未来收益权，专项计划的运营收益来自 C 有限合伙企业经营过程中的利润分配，但通过 C 有限合伙企业委托信托公司设立的单一信托计划，B 租赁公司设立收益权类企业资产证券化获得的融资款最终作为一笔贷款流向 A 集团公司。层层穿透，B 租赁公司收益权类企业资产证券化的基础资产实质上是 A 信托公司向 A 集团公司收取信托贷款利息的未来收益权。

要求：请对以上资产证券化交易行为进行税务分析。

解析：（1）设立阶段。

在 B 租赁公司收益权类资产证券化项目设立阶段，B 租赁公司将其拥有的 C 有限合伙企业的有限合伙份额的未来收益权转移给资产支持证券发行载体的管理机构，即 A 信托公司设立的专项计划。

1）增值税。B 租赁公司基于对 C 有限合伙企业的有限合伙份额享有的未来收益权，不属于财税〔2016〕36 号文规定的金融商品，因而设立阶段的基础资产转移不属于金融商品转让行为；此外，B 租赁公司享有的该未来收益权不满足会计范畴中资产的确认条件，因而基础资产的转移也不涉及资产出表的问题，不属于 B 租赁公司的资产流转，并未构成真实销售，B 租赁公司在会计上作为担保融资处理。因此，在设立阶段，B 租赁公司对有限合伙份额未来收益权的转移不属于增值税的征税对象。

2）企业所得税。B 租赁公司拥有的有限合伙份额对应的未来收益权不属于会计层面的资产，无法在 B 租赁公司的会计账簿中体现，因而 B 租赁公司在收益权类资产证券化设立环节对基础资产的转移也不涉及所有权的转移。从形式上说，该基础资产的转让行为不构成真实销售。因此，B 租赁公司在企业资产证券化设立阶段对基础资产转移取得的对价，不属于企业所得税的征税范围，其获得的资金作为担保融资处理。根据《企业所得税法》及其实施条例的相关规定，企业不需要就担保融资行为缴纳企业所得税。

3）印花税。若财税〔2006〕5 号文关于信贷资产证券化的印花税规定可以类推到收益权类企业资产证券账户，则在 B 租赁公司收益权类资产证券化产品的设立阶段，B 租赁公司与 A 信托公司签订的信托合同暂不缴纳印花税，B 租赁公司与 A 信托公司为开展资产证券化业务而设立的资金账簿同样暂免征收印花税；若不能类推适用，则根据《中华人民共和国印花税法》，发起机构 B 租赁公司将基础资产托予 A 信托公司设立的专项计划，立合同双方（B 租赁公司和 A 信托公司）应根据借款合同按所载金额（募集金额），以 0.05‰ 的税率缴纳印花税；B 租赁公司和 A 信托公司在该阶段专门设立的资金账簿，应按照资金账簿当期账面增加额缴纳印花税。

（2）运营阶段。

1）单一信托计划。在B租赁公司收益权类资产证券化中，单一信托计划的资金流动情况见图 13-12。

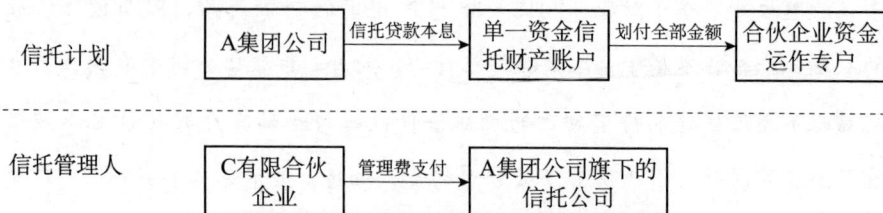

信托计划　　　| A集团公司 | —信托贷款本息→ | 单一资金信托财产账户 | —划付全部金额→ | 合伙企业资金运作专户 |

- - - - - - - - - - - - - - - -

信托管理人　　| C有限合伙企业 | —管理费支付→ | A集团公司旗下的信托公司 |

图 13-12　信托计划的资金流向图

①增值税。A信托公司向C有限合伙企业收取的管理费用，属于提供直接收款的金融服务，应按照6%的增值税税率缴纳增值税。

对于A信托公司在单一资金信托运营阶段产生的信托贷款收益，根据财税〔2016〕140号文、财税〔2017〕56号文和财税〔2017〕90号文，假设A信托公司分别核算了资管产品运营业务和其他业务的销售额及增值税应纳税额，单一资金信托计划的管理人（即A信托公司）应作为运营收入的增值税纳税义务人，以取得的利息及利息性质的收入适用简易计税方法，按照3%的征收率缴纳增值税。

②企业所得税。A信托公司作为单一资金信托的管理人向C有限合伙企业收取的管理费属于信托公司的自身经营所得，A信托公司应就该部分所得按25%的税率缴纳企业所得税。

A信托公司获得的信托贷款利息，其最终归属为C有限合伙企业，C有限合伙企业获得信托贷款利息的所得税纳税人为合伙人，合伙人A集团公司、B租赁公司和A投资公司应按照约定的分配比例确定应纳税所得额并缴纳企业所得税，管理人A信托公司的这笔信托收益没有所得，不缴纳企业所得税。

③印花税。A信托公司与A集团公司订立借款合同，双方当事人应以

借款金额为计税依据，按照0.05‰的税率缴纳印花税；C有限合伙企业与A信托公司的委托合同不属于印花税涉税范围，因而不缴纳印花税。

2）资产支持证券专项计划。

①增值税。

SPV：财税〔2006〕5号文关于信贷资产证券化的营业税缴纳规定以及营业税改征增值税的政策规定，信贷资产证券化中的受托机构从其管理的信贷资产信托项目中取得的贷款利息收入，应征收增值税。

本例中的专项计划运营收益来源于A信托公司依据其拥有的未来收益权，从C有限合伙企业分配到的合伙企业收益，不具有保本性，因而SPV获得的运营收益不属于增值税应税范围，不征收增值税。需要注意的是，在实务中，如果税务机关认定该收益是保本收益，则需要按照财税〔2017〕56号文的规定，适用简易计税办法，并按照3%的征收率计算缴纳增值税，其增值税由管理人A信托公司代为缴纳。

②企业所得税。

SPV：资产专项计划取得的收益应缴纳所得税，由于SPV不是独立的纳税实体，而且目前并未针对专项计划出台相关的税收政策，因而在通常情况下由专项计划的管理人（即A信托公司）代为缴纳。

A信托公司：若财税〔2006〕5号文关于信贷资产证券化企业所得税的规定可以类推到收益权类企业资产证券化，在B租赁公司收益权类资产证券化的运营环节，A信托公司获得的运营收益同样可享受文件中对信贷资产证券化运营收益企业所得税的税收优惠政策。A信托公司取得信托收益当年向投资者分配的部分，在信托公司层面暂不征收企业所得税；A信托公司取得信托收益当年未向投资者分配的部分，A信托公司应按规定缴纳企业所得税。

若财税〔2006〕5号文的相关规定不能类推到收益权类企业资产证券

化，则在 B 租赁公司收益权类资产证券化运营阶段取得的收益不属于专项计划管理人（即 A 信托公司）的经营所得，不计入管理人当期应纳税所得额并缴纳企业所得税。

③印花税。B 租赁公司在收益权类资产证券化运营阶段与其他中介机构签订的服务合同、委托合同，不属于印花税的征税范围。

A 信托公司在运营阶段向 B 租赁公司收取的款项应定性为 A 信托公司提供贷款服务取得的利息收入，因而 B 租赁公司和 A 信托公司应就该笔收入按照借款合同的印花税税目，依照 0.05‰ 的税率缴纳印花税。

（3）投资者获得收益。

1）增值税。投资者若向其他投资者转让其持有的 B 租赁公司收益权类资产证券化产品，原投资者应就转让所得价款与其购入该资产证券化产品所付价款的差额按照金融商品转让税目，依照 6％ 的税率缴纳增值税。投资者获得的分配收益不属于金融商品持有期间获得的保本收益，因而不属于增值税的应税范围。

2）企业所得税。若财税 [2006] 5 号文对信贷资产证券化企业所得税的税收规定可以类推到收益权类企业资产证券化，则 A 信托公司取得信托收益当年向投资者分配的部分，信托公司暂不征收企业所得税，该部分企业所得税由投资者承担；A 信托公司将已完税的信托项目收益再分配给机构投资者时，投资者应将该部分税后收益还原为税前收益并缴纳企业所得税。

投资者买卖 B 租赁公司收益权类企业资产证券获得的差价收益，按照适用税率缴纳企业所得税；投资者从 B 租赁公司收益权类资产证券化专项计划清算分配中取得的收入，应按政策规定缴纳企业所得税，在清算过程中发生的损失，投资者可按《企业所得税法》的政策规定在税前扣除。

若财税 [2006] 5 号文的相关规定不能类推到收益权类企业资产证券化，则 B 租赁公司收益权类资产证券化适用于一般资管产品的税收规范，A

信托公司不作为该笔所得的所得税纳税义务人,最终投资者需要就各自实际取得的信托项目收益缴纳企业所得税。

3)印花税。投资者向其他投资者转让其持有的B租赁公司收益权类资产证券化产品,应按照产权转移书据税目,依照0.5‰的印花税税率缴纳印花税。

■■■■ 案例讨论

招商银行作为发起机构将不良小微贷款的债权委托给华润国投信托有限公司,华润国投信托有限公司设立"和萃2016年第二期不良资产证券化信托"。受托机构将发行以信托财产为支持的证券,募集资金交付发起机构招商银行。2016年6月28日,华润国投信托有限公司正式在银行间债券市场发行"和萃二期"产品,法定期限为5年。"和萃二期"的入池资产全部为不良小微抵押贷款,整体抵押率很高,抵押物均为住宅或商铺,抵押物的处置变现是产品现金流的主要回收来源。其交易结构图如下。

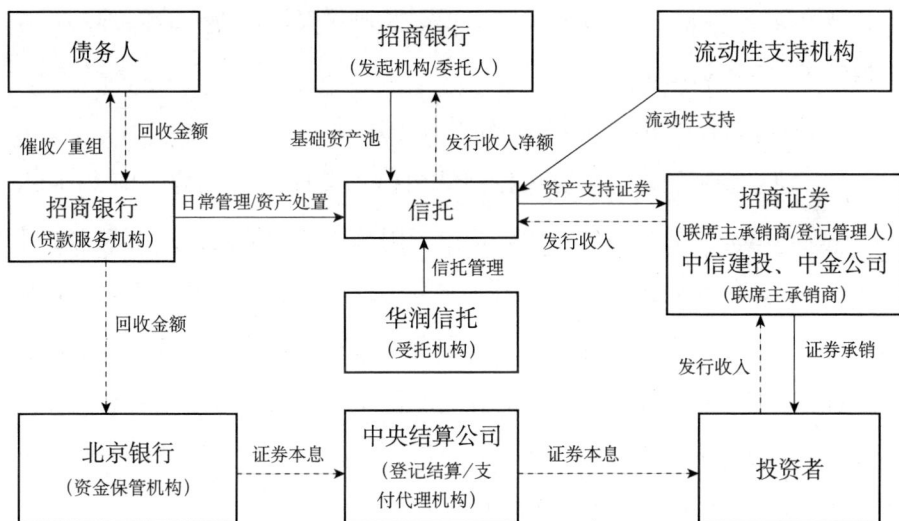

"和萃二期"的交易结构图

试讨论:该交易过程中各环节的涉税问题。

VIE 结构搭建和拆除

14.1　VIE 结构搭建

1. 红筹架构①

红筹架构是指公司的主要运营资产和业务虽在中国境内，但通过一系列境内外重组，使境内权益由境外的离岸法域公司控制，并借此离岸法域公司实现在境内外交易所挂牌上市交易的架构。为了实现将境内权益注入或转移至境外公司，一般可采用股权控制及协议控制两种方式实现。红筹架构模式示意图见图 14-1。

2. 协议控制（VIE）结构的搭建及税务处理

（1）协议控制的概念。协议控制结构模式又称 VIE 模式，即 variable interest entities（可变利益实体），是由美国相关会计准则衍生出来的法律结构安排，其精髓是通过合约控制而非直接持股来实际控制一家公司，从而实现合并财务报表的目的。其内涵是境外特殊目的公司（境外拟上市主体）通过采用一系列排他性协议的方式取得境内运营实体的主要利润和控制权，并将境内运营实体的会计报表予以合并，从而使得境外特殊目的公司达到境外上市的财务标准并实现上市。

---

① 蔡航，姚婷. VIE 架构公司的红筹回归：漫漫回归路，资质第一步. 安杰视点，2020-04-14.

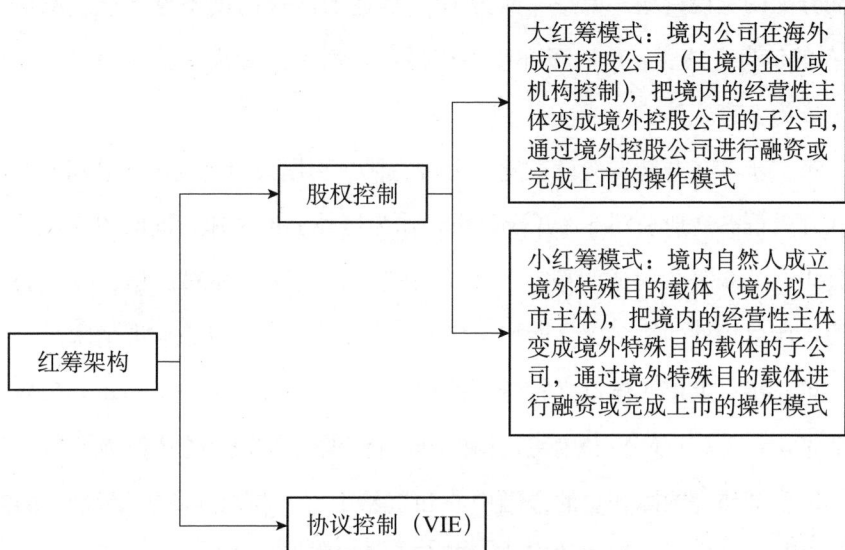

图 14 - 1　红筹架构模式示意图

VIE 结构的搭建是为了规避某些服务领域限制或者禁止外国资本进行投资的法律规定，包括互联网、教育、生物医药领域。VIE 结构安排境外投资人投资于集团公司的境外架构，通过境外架构在境内的全资子公司以协议的形式控制境内的运营实体，而境内运营实体的持股人被安排为中国境内自然人或者内资公司，持股人通过协议形式将表决权、控制权及经济性收益全部输送给 WFOE。这种安排能够实现公司业务从表征上符合中国法律对于外商投资限制的要求。

（2）VIE 结构的搭建流程。① 具体说来，搭建 VIE 结构一般通过以下五个步骤进行：

第一步，在避税地设立离岸公司。在一般情况下，境内经营实体的个人股东会选择在英属维尔京群岛（The British Virgin Islands，BVI）等地设立离岸公司 A。成立离岸公司 A（BVI 公司）的目的在于享受股息、红利等

---

① 感谢中央财经大学税务专业硕士毕业生宗贞提供的资料支持。

利润分配的免税待遇。但是，因为 BVI 等地的法律制度不够严谨，离岸公司 A 的信息不透明，所以境外诸多交易所一般不接受离岸公司 A（BVI 公司）成为上市主体。

第二步，在开曼群岛设立境外上市主体。离岸公司 A（BVI 公司）会选择在开曼群岛注册公司 S（开曼公司）作为境外上市主体，同时引入风险投资公司、公众等共同成为股东。因为开曼群岛的法律相对严格、信息公开透明，所以境外的诸多交易所均会接受 S（开曼公司）成为上市主体。

第三步，上市主体设立特殊目的载体（special purpose vehicle，SPV）。一般来说，S（开曼公司）会选择在中国香港设立离岸公司 B 作为 SPV；因为中国香港作为国际知名的金融中心和贸易中心，与内地签署了税收协定，在股息、利息以及特许权使用费方面享受预提所得税的优惠。

第四步，设立外商独资企业。离岸公司 B（香港地区）在我国内地设立外商独资企业 C（wholly foreign-owned enterprise，WFOE）。

第五步，签署协议。内地的 WFOE 与经营实体签订一系列控制协议，如独家服务和技术咨询协议、股权质押协议和股东委托-代理协议等，以达到实际控制内地经营实体的目的。

VIE 结构的框架图见图 14-2。

3. VIE 结构控制协议

VIE 结构的关键是内地经营实体与内地 WFOE 之间签署的一揽子协议。这些协议促使两者之间实质性控制关系的稳定，有利于内地经营实体的利润实现合法输出。一揽子协议包括：

（1）借款协议。借款协议是搭建 VIE 结构过程中的核心与基础，因为该协议可以直接引入境外资金。也就是说，境外上市公司在获得投资资金后，通过公司间的股权关系转入离岸公司 B（中国香港的 SPV），再进一步转入内地 WFOE，最终通过内地经营实体与 WFOE 之间签署的借款协议，

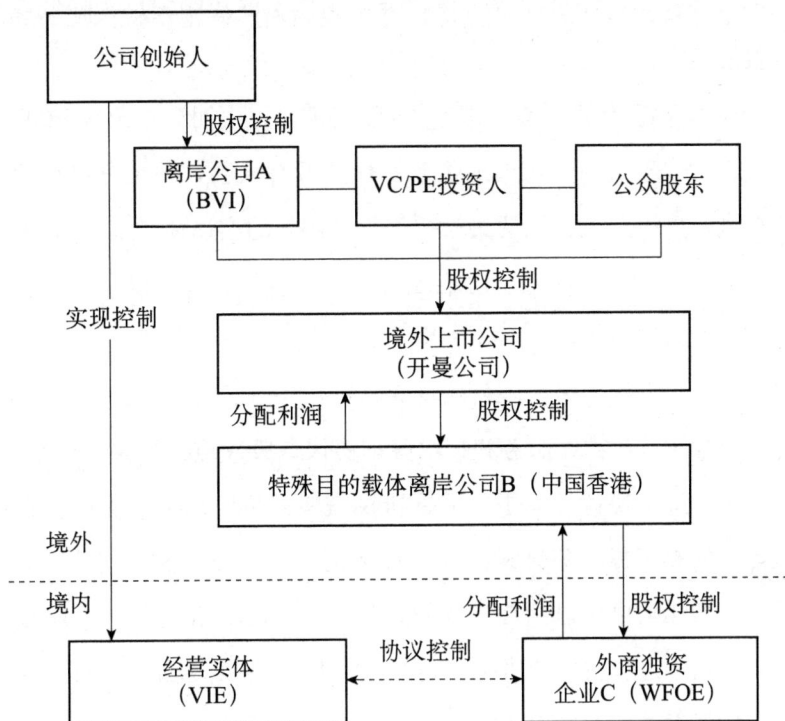

图 14 - 2　VIE 结构的框架图

以借款的名义将境外投资资金转入内地，实现引入境外资本的目的。

（2）独家服务和技术咨询协议。与借款资金的资本流动方向相反，独家服务和技术咨询协议则是境外企业获得境内经营实体利润的关键协议。从表面上看，该协议约定境外企业提供相关服务并收取费用，但实际上是为境内经营实体的利润输出提供途径。通过境内经营实体支付服务费的方式实现资金的对外输送，可以减轻税收负担并且满足境外投资人的投资回报需求。

（3）股权质押协议。股权质押协议是境内经营实体为了获得境内 WFOE 借款而提供的保证协议，该协议的实质是质押合同。其中约定，境内经营实体的股东将其股权作为质押物，该协议的目的是限制境内经营实体股东的某些权利，保全股权价值，维持实质上的控制关系，降低境外投资人的投资风险。

（4）股东委托-代理协议。股东委托-代理协议中明确规定 WFOE 可以选派人员作为代理人，参与内地经营实体的股东大会，并且可以行使一系列股东权利，如投票权、经营决策权等。该协议的实质便是 WFOE 通过委派代理人的形式实现"控制"内地经营实体的目的，并可以参与内地经营实体的重大经营决策等。

例如，阿里巴巴网络有限公司（WFOE）与浙江阿里巴巴（经营实体）之间存在借款协议、独家服务和技术咨询协议、股权质押协议、股东委托-代理协议等一揽子协议。其中，借款协议表明阿里巴巴网络有限公司向浙江阿里巴巴的股东提供免息贷款，并且该贷款只能用于规定用途；为了获取该贷款，浙江阿里巴巴的股东需要用其持有的股权作为抵押；阿里巴巴网络有限公司通过股权质押协议、委托-代理协议明确选派的代理人所具有的权利，确保对浙江阿里巴巴实质上的控制；为了实现利润转移的目的，阿里巴巴网络有限公司向浙江阿里巴巴提供独家服务和技术支持，后者向前者支付约定的服务费，此服务费并没有统一的标准来判断其合理性。

4. VIE 结构的税务处理及税收利益分析。

（1）WFOE。WFOE 向内地经营实体收取的技术服务费等，要缴纳增值税和企业所得税。

WFOE 作为外商投资企业，在《企业所得税法》实施之前比一般企业更容易享受税收优惠，内地经营实体可以通过支付高额服务费转移利润。

（2）离岸公司 B（香港公司）。香港公司收到 WFOE 的股息收入要缴纳预提所得税。

在 VIE 模式下，由于中国与开曼并未签订税收协定，仅签订了税收情报交换协议，若 WFOE 直接向开曼公司分红，需要按规定扣缴 10％的预提所得税，而通过设置香港公司作为非居民企业安排，再在中国内地设立 WFOE，当 WFOE 的利润返回香港公司时，可以享受 5％ 的预提所得税。通过设置香港公司环节，降低了利润向境外投资者分配的税负，增加了境外上市公司的留存收益。

（3）开曼公司。开曼公司的主要功能是上市融资。

（4）离岸公司 A（BVI 公司）。离岸公司 A（BVI 公司）出让股权或股票以及所分得的红利（资本利得），可直接归于离岸公司 A（BVI 公司），无须缴纳资本利得税；与此同时，对于 BVI 公司的股东而言，如果红利留在 BVI 公司内就不需要缴纳个人所得税，因而可以达到免除缴纳个人所得税的目的。

14.2 VIE 结构的拆除及税务处理

近年来，由于发行市盈率偏低、股价持续低迷等原因，有些境外上市公司拟拆除 VIE 架构，回归境内 A 股上市，以借助国内资本市场的融资效能来优化资本结构。

VIE 回归通常可以分为私有化（如已在境外上市）、VIE 结构拆除以及境内重组等主要阶段。

1. 境外上市公司退市

（1）退市流程。如果已实现境外上市，红筹股回归首先应该进行境外上市公司退市操作。通常是由创始人或实际控制人以及机构投资者等（以下简称"新投资人"）将资金注入境外新设主体，通过吸收合并被并入境外上市公司，实现境外上市公司的原股东退出、境外上市公司进行退市，同时新投资人成为原境外上市公司的股东。境外上市公司的退市流程见图 14－3。

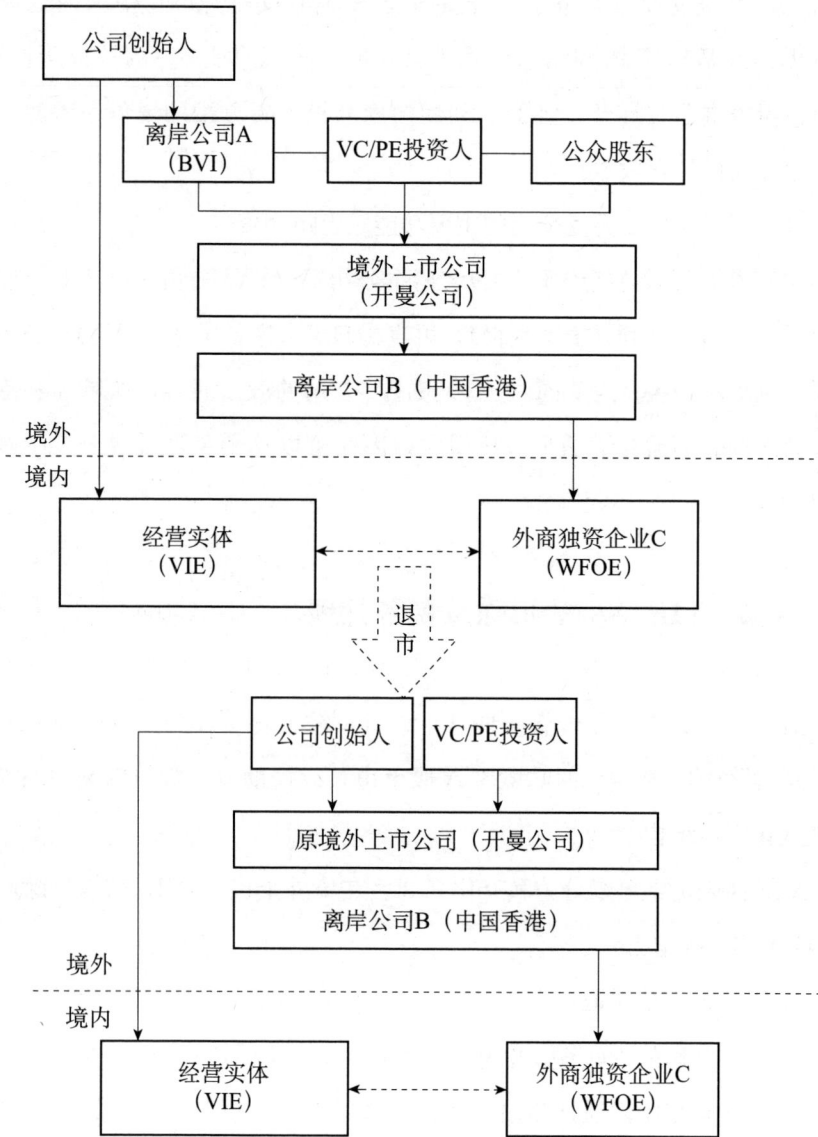

图 14-3　境外上市公司的退市流程

（2）税务处理。境外上市公司的原股东通常为流通股股东以及境内自然人股东（一般为创始人或实际控制人）和机构投资者或其设立的境外平台公司（一般为 BVI 公司）。原股东从境外上市公司退出，作为股权转让方取得股权转让所得，虽然该所得属于境外所得，但需要根据股东的不同类型和身份，进行不同的税务处理。

对于中国居民个人股东，需要就股权转让所得在中国缴纳 20％的个人所得税。

对于非居民个人股东，如果适用穿透规则，需要缴纳个人所得税。

对于中国居民企业股东，需要就股权转让所得缴纳企业所得税。

由于创始人、实际控制人等往往通过境外持股平台持有境外上市公司股权，境外机构投资者往往在公众股东中占据较大比例，因而大部分股东可能属于非居民企业，需要依据国家税务总局公告 2015 年第 7 号对其纳税义务进行详细的分析和判断。国家税务总局公告 2015 年第 7 号包括一系列复杂规则，须依据"安全港"规则和合理商业目的的判断，综合判断非居民企业类股东是否在中国产生纳税义务。例如，在进行判断时，需要考虑原股东是否被认定为在公开市场买入并卖出，从而适用"安全港"规则；原股东的税收居民国（地区）是否与中国签署了税收协定（安排），从而适用"安全港"规则；VIE 结构中各层级境外公司的设立和经营是否具有合理的商业目的，境内外各层级公司的股权价值、拥有的资产、承担的功能和风险等以及退出原股东在境外所适用的税率水平等。

2. VIE 结构的拆除

由于境外上市公司在搭建 VIE 结构时对于 WFOE 的功能定位或商业安排存在差异，因而拆除方式也有不同。

（1）解除控制协议。

1）解除协议。WFOE 的功能定位为"壳"公司，或是对于境内经营实体不存在商业利用价值。在这种情况下，只需要终止或解除一揽子控制协议，不用对 WFOE 做出其他处理或注销 WFOE。

开曼公司和香港公司继续保留或注销。

2）税务处理。如果注销 WFOE，需要对清算所得缴纳企业所得税。

如果注销开曼公司，中国居民个人（企业）取得的清算所得需要缴纳所得税。

（2）重组 WFOE。如果 WFOE 的生产经营要素对于境内经营实体未来的正常经营活动仍然十分重要，那么在终止或解除控制协议后，公司股东应对 WFOE 进行重组。

1）WFOE 成为创始人的子公司。为了实现境内上市目的，香港公司需要将其持有的境内公司股权转让给创始人或实际控制人、其他投资人或者其持股平台，该步骤属于直接转让境内公司股权，香港公司需要就股权转让所得缴纳 10% 的预提所得税；如果适用税收安排，则需要缴纳 5% 的预提所得税。

如果注销开曼公司，中国居民个人（企业）取得的清算所得需要缴纳所得税。

股权转让后的公司架构示意图见图 14-4。

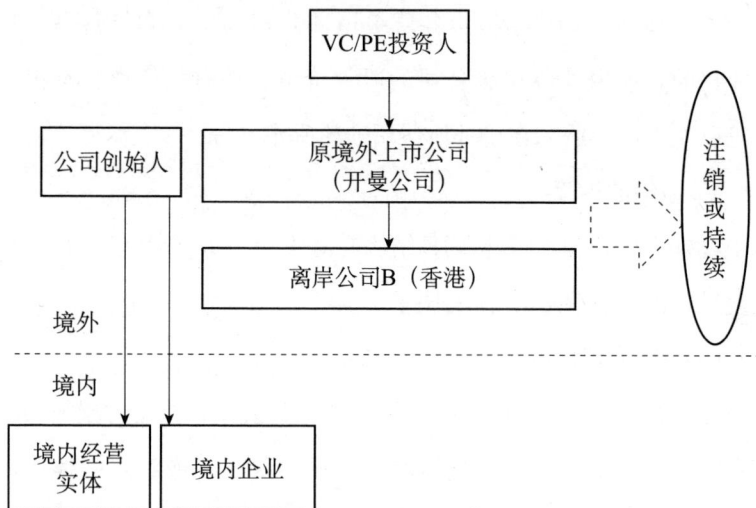

图 14-4　股权转让后的公司架构示意图

2）WFOE 成为境内经营实体的子公司。

①直接换股。在这种方式下，WFOE 的股东（香港公司）把其持有的股权转让给境内经营实体，而后 WFOE 成为境内经营实体的子公司。对于 WFOE 而言，它将由外商独资企业变为内资企业。直接换股交易后的公司架构示意图见图 14-5。

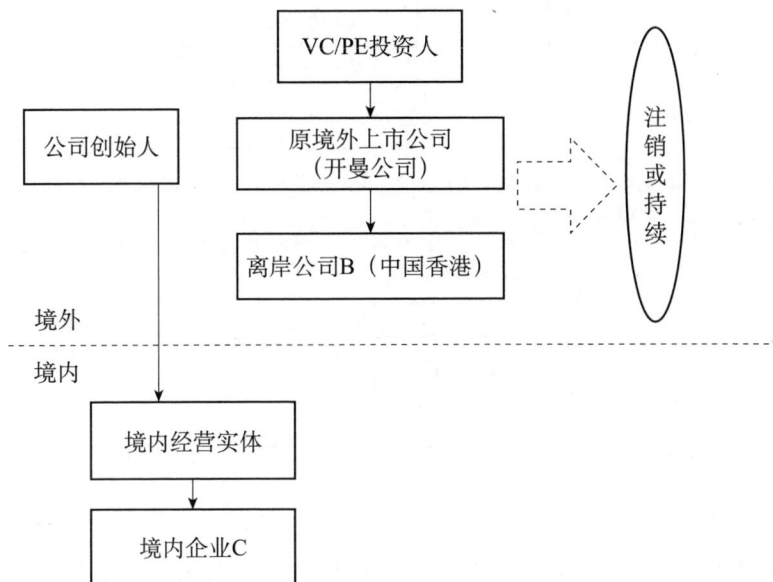

图 14-5 直接换股后的公司构架示意图

对于股权转让方离岸公司 B（中国香港）来说，首先在股权转让环节应确认股权转让所得，并计算缴纳企业所得税。在一般情况下，香港公司会被认定为非居民企业，根据《内地和香港特别行政区关于对所得避免双重征税和防止偷漏税的安排》，若转让股权的一方直接拥有支付股息公司至少 25％的股份，则股权转让所得可按 5％扣缴预提所得税，其他情况下的股权转让所得需要按 10％扣缴预提所得税。

②采取换股合并方式。离岸公司 B（中国香港）以其持有的 WFOE 的股权向境内经营实体增资，结果是离岸公司 B 成为境内经营实体的股东之

一，WFOE 成为境内经营实体的全资子公司。换股合并后的公司架构示意图见图 14-6。

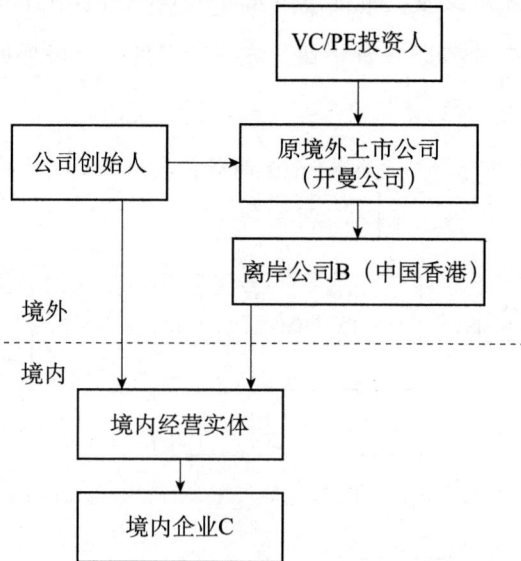

图 14-6　换股合并后的公司构架示意图

对于离岸公司 B（中国香港）来说，在一般情况下，香港公司会被认定为非居民企业，上述交易则是较为复杂的跨境重组交易行为。依据《财政部、国家税务总局关于企业重组业务企业所得税处理若干问题的通知》（财税［2009］59 号），只有非居民企业向与其具有 100％直接控股关系的居民企业转让其拥有的另一居民企业股权的情况下，参与此重组交易的企业才可适用特殊性税务处理，享受递延纳税的税收优惠。境内经营实体并非离岸公司 B（中国香港）的全资子公司，因而离岸公司 B（中国香港）以其持有的 WFOE 的股权向境内经营实体进行换股合并，在企业所得税上一般应当视同销售，按照税法规定应当以公允价值确认股权转让所得，同时关注是否符合内地与香港地区税收协定安排中持股比例的要求，并按规定扣缴预提所得税。

（注：假如离岸公司 B（中国香港）根据《国家税务总局关于境外注册中资控股企业依据实际管理机构标准认定为居民企业有关问题的通知》（国税发〔2009〕82 号）的第二条被认定为居民企业，则上述交易属于境内重组行为，根据财税〔2009〕59 号文，可以适用特殊性税务处理，离岸公司 B（中国香港）的股权转让所得享受递延纳税的优惠政策。）

对于 WFOE 而言，其企业性质由离岸公司 B（中国香港）控制的外商投资企业变为境内经营实体的全资子公司。

对于境内经营实体而言，其股权变为原始股东与离岸公司 B（中国香港）共同持有，也就是境内经营实体变为中外合资经营企业。

3）WFOE 成为境内经营实体的孙公司。由境内经营实体与境外上市公司（开曼公司）签订股权转让协议，境外上市公司（开曼公司）转让其持有的离岸公司 B（中国香港）的股权，境内经营实体控股离岸公司 B（中国香港），WFOE 变成境内经营实体的孙公司。对于 WFOE 而言，它仍是离岸公司 B（中国香港）的子公司。其公司架构见图 14－7。

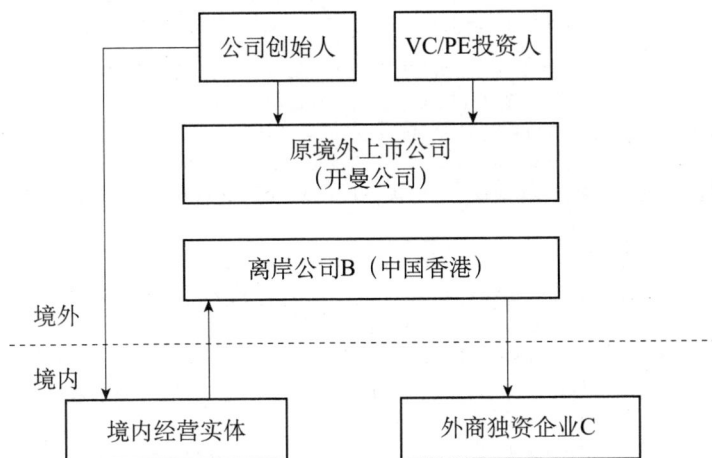

图 14－7　公司架构

境外上市公司（开曼公司）应当根据国家税务总局公告 2015 年第 7 号

的有关规定，确定其转让离岸公司 B（中国香港）的股权是否具有合理的商业目的，是否会被认定为直接转让 WFOE 的股权。①

如果离岸公司 B（中国香港）存在真实的经营活动，境外上市公司（开曼公司）转让离岸公司 B（中国香港）的股权，则一般不会被认定为直接转让 WFOE 的股权，税务机关不会对其适用穿透原则②，境外上市公司（开曼公司）的股权转让所得无须在中国境内缴纳相关所得税。

然而，如果离岸公司 B（中国香港）的功能为"壳"公司，不存在真实的经营活动，境外上市公司（开曼公司）可能被认定为间接转让中国居民企业股权，并且此次股权转让活动不具有合理的商业目的，有意规避企业所得税的纳税义务③，主管税务机关就可以按照经济实质对此次股权转让交易重新定性，对境外上市公司（开曼公司）适用穿透原则，那么境外上市公司（开曼公司）的股权转让所得就需要在中国境内缴纳预提所得税。

4）WFOE 被境内经营实体吸收合并。这种方式是指 WFOE 的资产和业务转移至境内经营实体，离岸公司 B（中国香港）成为境内经营实体的股

---

① 《国家税务总局关于非居民企业间接转让财产企业所得税若干问题的公告》（国家税务总局公告 2015 年第 7 号）第三条：判断合理商业目的，应整体考虑与间接转让中国应税财产交易相关的所有安排，结合实际情况综合分析以下相关因素：

（一）境外企业的股权主要价值是否直接或间接来自中国应税财产。

（二）境外企业的资产是否主要由直接或间接在中国境内的投资构成，或其取得的收入是否主要直接或间接来源于中国境内。

（三）境外企业及直接或间接持有中国应税财产的下属企业实际履行的功能和承担的风险是否能够证实企业架构具有经济实质。

（四）境外企业股东、业务模式及相关组织架构的存续时间。

（五）间接转让中国应税财产交易在境外缴纳所得税的情况。

（六）股权转让方间接投资、间接转让中国应税财产交易与直接投资、直接转让中国应税财产交易的可替代性。

（七）间接转让中国应税财产所得在中国可适用的税收协定或安排情况。

（八）其他相关因素。

② 穿透原则的英文为"pass-through principle"，简单地讲，就是在税法上否认当前形式上的纳税主体的原则，而穿越到其实际控制人的一种征税原则。

③ 间接股权转让的定义以及合理商业目的的认定条件详见国家税务总局公告 2015 年第 7 号。

东，而后 WFOE 注销清算。吸收合并后的公司架构见图 14-8。

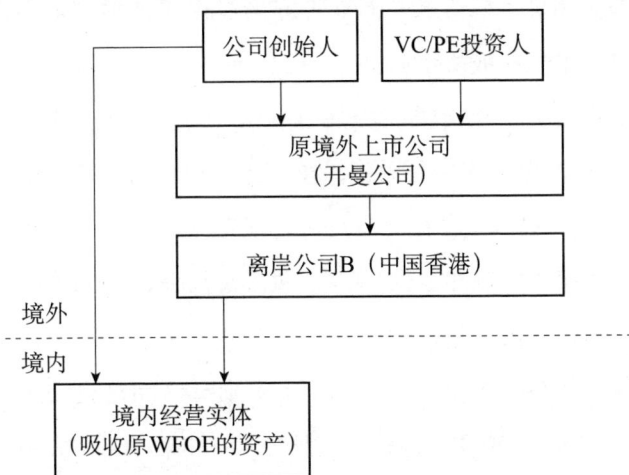

图 14-8　吸收合并后的公司架构

由于离岸公司 B（中国香港）在通常情况下会被认定为非居民企业，上述企业重组为跨境重组交易，并不符合特殊性税务处理条件，应当适用一般性税务处理的规定，被合并企业及其股东都应按清算进行所得税处理①，即 WFOE 及离岸公司 B（中国香港）应按清算进行所得税处理。WFOE 的资产处置应视同销售，需要确认增值或损失。

境内经营实体新增股东离岸公司 B（中国香港），变为中外合资经营企业。

5）WFOE 的相关要素无偿划转境内经营实体。

直接把 WFOE 的业务、资产、人员等相关要素划转境内经营实体，具体可分为以下两种情况：

①不存在资产或资产组合的"交易行为"。这种方式的前提是 WFOE 的业务、资产等经营要素相对简单，无须进行资产收购，所以境内经营实体

---

① 具体税务处理规定详见财税［2009］59 号文的第四条。

只是承接 WFOE 的员工与客户。例如，境内经营实体吸收 WFOE 的研发团队，通过重新聘用员工的方式进行企业整合。由于此项划转不涉及资产交易，所以不涉及增值税或所得税。

②存在资产或资产组合的"交易行为"。如果境内经营实体除了接受 WFOE 的员工和客户，还接受设备、技术等生产经营要素，那么将构成一项"业务合并"①，也就是存在交易行为。根据《国家税务总局关于纳税人资产重组有关增值税问题的公告》（国家税务总局公告 2011 年第 13 号），这项交易不属于增值税的征税范围，所以对于 WFOE 而言，上述业务重组无须缴纳增值税，但转让相关资产产生的所得额仍需计缴企业所得税。

【案例 14-1】 Z 网络通信股份有限公司［以下简称"Z 通信（境内经营实体）"］是一家主要从事增值电信业务和通信服务业务的综合通信服务提供商。Z 通信（境内经营实体）因为碍于境内增值电信行业的产业监管政策，所以拟通过搭建 VIE 结构的方式来实现其在境外资本市场的融资目的。Z 通信（境内经营实体）通过 VIE 结构的搭建，成功完成了海外融资。几年后，Z 通信（境内经营实体）需要着力发展国内业务，该公司开始筹划从境外资本市场退出，并且进入国内资本市场发行。

（1）Z 公司 VIE 结构的实施流程。

第一步，在境外设立离岸公司。Z 通信（境内经营实体）首先在英属维京群岛注册公司，中文名称为 Z 网络有限公司［以下简称"Z 网络（BVI）"］。Z 网络（BVI）76.25% 的权益被李某、陈某等创始人设立的 S 公司持有，15% 的权益被李某独资设立的 B 公司持有，7.05% 的权益被 Z 通信（境内经营实体）的发起人"W 信息技术有限公司"的全体股东设立的 F 公司持有，1.7% 的权益被 Z 通信（境内经营实体）的发起人"H 科技开发有限公

---

① 业务是指企业内部某些生产经营活动或资产与负债的组合，该组合具有投入、加工处理过程和产出能力，能够独立计算其成本费用或产生的收入。

司"的全体股东设立的 T 公司持有。

第二步，在开曼群岛设立境外上市主体。为了实现境外资本市场的股票发行，Z 通信（境内经营实体）在开曼群岛成立上市公司主体，中文名称为 Z 控股有限公司［以下简称"Z 控股（开曼）"］。Z 控股（开曼）的股权分别被 Z 网络（BVI）、私募基金公司 P1 和 P2 以及公众股东所持有。

第三步，Z 控股（开曼）在香港设立特殊目的载体。Z 控股（开曼）在香港注册成立一家公司，中文名称为香港 Z 控股有限公司［以下简称"Z 控股（香港）"］，该公司最初设立时是为了享受税收协定的优惠待遇，而后逐渐经营了一些业务，不完全是所谓的"壳"公司。

第四步，香港的特殊目的载体 Z 控股（香港）在内地设立了一家外商独资企业。Z 控股（香港）在北京注册了一家外商独资企业，完成了 WFOE 的设立工作，中文名称为 Z 信息服务有限公司［以下简称"Z 信息（WFOE）"］，其唯一股东为 Z 控股（香港）。上市主体 Z 控股（开曼）对 Z 信息（WFOE）实施间接控制。

第五步，WFOE 通过与境内运营实体签订了一系列控制协议，达到实际上控制境内运营实体的目的。

Z 通信（境内经营实体）召开股东大会，决议授权李某对外行使签订资产重组、商标软件域名许可、独家管理咨询、独家服务等一揽子控制协议的权力。根据李某代表 Z 通信（境内经营实体）与 Z 信息（WFOE）实际签订的一揽子控制协议，Z 网络通信有限公司的 VIE 结构见图 14-9。

(2) Z 网络通信有限公司的 VIE 协议。

1) 借款协议。境外上市公司 Z 控股（开曼）在境外融资后，通过公司间的股权关系转入境外 Z 控股（香港），再由 Z 控股（香港）转入 Z 信息（WFOE），最终通过签署借款协议，由 Z 信息（WFOE）以出借的名义将资金转入 Z 通信（境内经营实体），达到境外资本输入的最终目的。

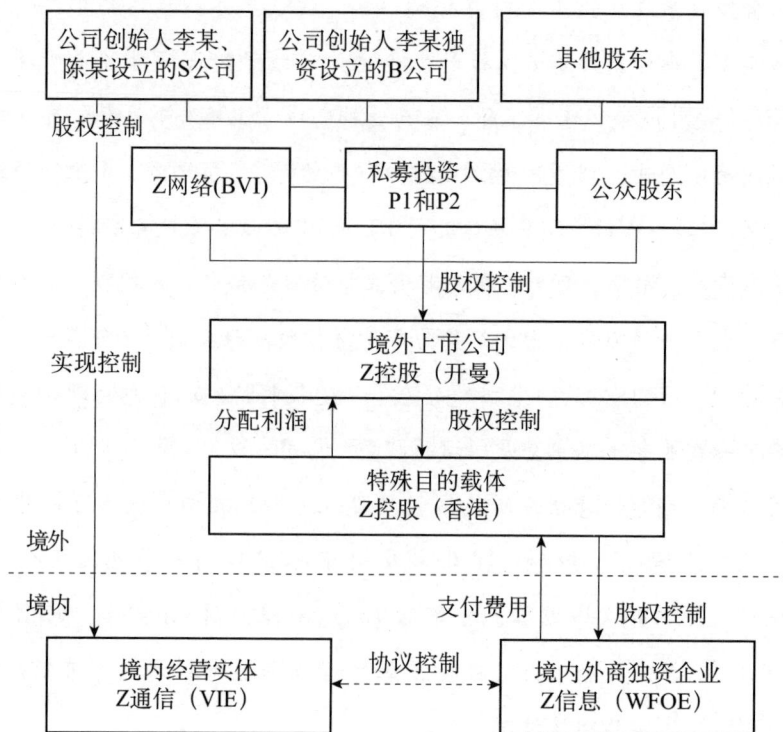

图 14 - 9 Z 网络通信有限公司的 VIE 结构

2）独家服务和技术咨询协议。Z 通信（境内经营实体）与 Z 信息（WFOE）签署了独家服务和技术咨询协议，其中规定服务对价是以年度收入的一定比例或者全部作为服务费。该协议实际上就是利用许可、服务和咨询等协议内容，达到将境内经营实体的收益转移至境外上市公司的目的。

3）股权质押协议。股权质押协议实质上是担保性协议，是 Z 通信（境内经营实体）与 Z 信息（WFOE）在签订借款协议时，Z 通信（境内经营实体）的股东用公司股权作为质押抵给 Z 信息（WFOE）。

4）股东委托-代理协议。该协议规定 Z 通信（境内经营实体）的股东同意 Z 信息（WFOE）委派的工作人员作为其代理人，在 Z 通信（境内经营实体）的股东大会上行使股东权利，包括投票权、经营决策权、选举权等。

因此，该协议的实质便是 Z 信息（WFOE）通过委派代理人的形式来控制运营实体，限制境内经营实体股东的某些权利，维持实质上的控制关系。

（3）Z 公司拆除 VIE 结构的方式。近年来，由于境外上市公司 Z 控股（开曼）在境外资本市场的市值直线下降，境内资本市场政策利好，Z 通信（境内经营实体）考虑到本公司在国内发展业务的需要，决定拆除 VIE 结构，并且选择以原路退回的方式拆除 VIE 结构。

第一步，调整股权结构。Z 控股（开曼）分别与 P1、P2 两家私募投资机构签署了全部优先股、可转换及可赎回优先股的转换、回购及转让协议。海外的私募投资机构不再持有 Z 控股（开曼）的股份。与此同时，Z 控股（开曼）也对部分自然人股东的持股比例实施了相应调整。

第二步，终止 VIE 结构下的一揽子控制协议。Z 通信（境内经营实体）召开股东大会，审议通过了关于解除 Z 通信（境内经营实体）与 Z 信息（WFOE）之间一揽子控制协议的议案，决议终止了 VIE 结构下的相关控制协议和对 Z 信息（WFOE）的报酬支付。

第三步，对 Z 信息（WFOE）进行重组。Z 信息（WFOE）是实体公司，并且其生产要素对于 Z 通信（境内经营实体）的正常、持续、独立经营都是必需的。

请对 Z 网络通信有限公司在 VIE 结构拆除后进行资产重组所面临的税务问题进行分析。

解析：（1）Z 信息（WFOE）成为 Z 通信（境内经营实体）的子公司。

1）采取直接股权交易方式。也就是说，Z 控股（香港）把其持有的 Z 信息（WFOE）的股权转让给 Z 通信（境内经营实体），Z 信息（WFOE）成为 Z 通信（境内经营实体）的子公司。

Z 信息（WFOE）的企业性质由外商投资企业变为内资企业。

Z 控股（香港）在股权转让环节会确认股权转让所得，缴纳预提所得税。在搭建 VIE 结构时，Z 控股（香港）被认定为非居民企业，根据《内地和香港特别行政区关于对所得避免双重征税和防止偷漏税的安排》，若转让股权的一方直接拥有支付股息公司至少 25％的股份，则股权转让所得按 5％扣缴预提所得税，其他情况下的股权转让所得需要按 10％扣缴预提所得税。

2）采取换股合并模式。Z 控股（香港）以其持有的 Z 信息（WFOE）的股权向 Z 通信（境内经营实体）增资，进而 Z 控股（香港）成为 Z 通信（境内经营实体）的股东之一，Z 信息（WFOE）成为 Z 通信（境内经营实体）的全资子公司。

若 Z 控股（香港）被认定为非居民企业，则上述交易构成企业跨境重组业务。依据财税〔2009〕59 号文的规定①，由于 Z 通信（境内经营实体）不是 Z 控股（香港）的全资子公司，所以适用企业所得税的一般性税务处理规定。Z 控股（香港）以其持有的 Z 信息（WFOE）的股权向 Z 通信（境内经营实体）定向增资，在企业所得税上应视同销售，并以公允价值确认股权转让所得。该股权转让所得需要按内地与香港地区税收协定安排中的相关要求扣缴预提所得税。

对于 Z 信息（WFOE）而言，它由 Z 控股（香港）控制的外商投资企业变为 Z 通信（境内经营实体）的全资子公司。

对于 Z 通信（境内经营实体）而言，它由陈某、李某等创始股东全资控股变为创始股东与 Z 控股（香港）共同持有 Z 通信（境内经营实体）的股权，Z 通信（境内经营实体）变为中外合资经营企业。

（2）Z 信息（WFOE）成为 Z 通信（境内经营实体）的孙公司。Z 通信（境内经营实体）与境外上市公司 Z 控股（开曼）进行股权交易，Z 控股

---

① 详见财税〔2009〕59 号文的第七条。

（开曼）转让其持有的 Z 控股（香港）的股权给 Z 通信（境内经营实体）。

如果 Z 控股（香港）按照国际税收中的相关标准被认定为实体公司，Z 控股（香港）存在其他经营业务，境外上市公司 Z 控股（开曼）转让 Z 控股（香港）股权按照国家税务总局公告 2015 年第 7 号中第三条的规定，具有合理商业目的，则一般不会被认定为直接转让 WFOE 的股权，也就是不适用穿透原则，境外上市公司 Z 控股（开曼）的股权转让所得无须在中国境内缴纳相关所得税。

然而，如果 Z 控股（香港）是"壳"公司，不存在其他经营业务，则境外上市公司 Z 控股（开曼）可能会被税务机关认定为通过滥用组织形式等安排间接转让中国居民企业的股权，并且此项股权交易被认定为不具有合理商业目的，只是出于规避企业所得税的纳税义务，那么 Z 信息（WFOE）所在地的主管税务机关可以按照经济实质重新认定该股权转让交易的性质，就会对 Z 控股（香港）适用穿透原则，而境外上市公司 Z 控股（开曼）的股权转让所得需要在中国境内缴纳相关所得税。

对于 Z 信息（WFOE）而言，它仍是 Z 控股（香港）的子公司。

（3）Z 通信（境内经营实体）吸收合并 Z 信息（WFOE）。Z 信息（WFOE）的资产、业务转移至境内经营实体，Z 控股（香港）成为境内经营实体的股东之一，而后 Z 信息（WFOE）注销清算。

对于 Z 信息（WFOE）而言，该公司注销清算，而且清算所得需要缴纳企业所得税。

由于 Z 控股（香港）在通常情况下会被认定为非居民企业，上述企业重组为跨境重组行为，不符合财税［2009］59 号文中适用特殊性税务处理的条件，应当适用一般性税务处理的规定，被合并企业及其股东都应按清算进行所得税处理，即 Z 信息（WFOE）及 Z 控股（香港）应按清算进行所得税处理。

Z 通信（境内经营实体）新增股东 Z 控股（香港），变为中外合资经营企业。

（4）直接把 Z 信息（WFOE）的业务等相关要素纳入 Z 通信（境内经营实体）。如果涉及资产并购，根据国家税务总局公告 2011 年第 13 号，纳税人将全部或者部分实物资产以及与其相关的债权、负债及劳动力一并转让给其他单位和个人，不属于增值税的征税范围，其中涉及的货物转让，不征收增值税，但转让相关资产产生的所得额仍需缴纳企业所得税。

■■■■ 案例讨论

2004 年 10 月 18 日，恒星国际（实际控制人为杨某）在英属维尔京群岛注册成为有限公司，法定股本为 50 000 美元，分为 50 000 股，每股面值 1 美元。注册时未发行股份。

2004 年 12 月 15 日，恒星国际发行 1 股给 Sun Light Planet（境外企业）。

2005 年 8 月，恒星国际收购银河星源（境内企业，实际控制人为杨某）控制的银河科技（境内企业）股权，上述交易作价 1 美元，支付方式为恒星国际向银河星源指定的 Sun Light Planet 发行 1 股股份。

2010 年 8 月，恒星国际的股东 Sun Light Planet 将其持有的 2 股股份转让给盈冠（香港企业），盈冠向 Sun Light Planet 发行 1 股股份作为支付对价。

2010 年 9 月，盈冠与裕域（境外企业）签署《股份买卖协议》，盈冠将其持有的恒星国际全部股份（共 2 股）以 13 000 万港元的价格转让给裕域。

2018 年 5 月，恒星国际吸收合并裕域，恒星国际原有 2 股注销，转换为 100 股，恒星国际的股东由裕域变更为杨某、岳某，其中杨某持有 95 股，岳某持有 5 股，而裕域注销。

自恒星国际成立至将其股份转让给盈冠，均为发行银河科技搭建红筹结构，以便在香港上市及上市后的变更，裕域收购盈冠持有的恒星国际股份为红筹结构拆除过程。吸收合并裕域为发行人控股权转回境内的过程。

2018 年 8 月，银河星源从恒星国际受让其持有的银河科技股份。

试讨论：

（1）裕域与恒星国际的吸收合并是否符合特殊性税务处理？

（2）恒星国际转让其持有的银河科技股份，银河星源应如何缴纳所得税？

附录　企业重组改制税收政策文件

1. 有关企业所得税的政策文件

2. 有关增值税的政策文件

3. 有关契税的政策文件

4. 有关土地增值税的政策文件

5. 有关印花税的政策文件